银行业探索与实践

——四川银行业从业人员辅助教材之一

Yinhangye Tansuo Yu Shijian

四川省银行业协会 编

Southwestern University of Finance & Economics Press

西南财经大学出版社

中国·成都

图书在版编目(CIP)数据

银行业探索与实践/四川省银行业协会编 . —成都:西南财经大学出版社,
2015.7
ISBN 978 - 7 - 5504 - 2063 - 2

Ⅰ. ①银…　Ⅱ. ①四…　Ⅲ. ①银行业—研究—四川省　Ⅳ. ①F832.771

中国版本图书馆 CIP 数据核字(2015)第 167080 号

银行业探索与实践

四川省银行业协会　编

责任编辑	王　利
封面设计	张姗姗
责任印制	封俊川
书名题写	马　捷
出版发行	西南财经大学出版社(四川省成都市光华村街55号)
网　　址	http://www.bookcj.com
电子邮件	bookcj@ foxmail.com
邮政编码	610074
电　　话	028 - 87353785　87352368
照　　排	四川胜翔数码印务设计有限公司
印　　刷	成都白马印务有限公司
成品尺寸	170mm × 230mm
印　　张	24
字　　数	440 千字
版　　次	2015 年 7 月第 1 版
印　　次	2015 年 7 月第 1 次印刷
印　　数	1— 10000 册
书　　号	ISBN 978 - 7 - 5504 - 2063 - 2
定　　价	48.80 元

《银行业探索与实践》

编 委 会

主　任：湛东升

副主任：曹昌伦

委　员（按四川省银行业协会理事、监事排序）：

赵耀中　张　勇　官学清　高新华　洪晓成

王立新　叶孝栋　王　兵　宋　豪　陈　瑜

谢　凌　江　海　邢　敏　李　军　王贵生

刘景峰　张树元　姜　华　胡　净　王园园

杨丰来　肖　伟　王　华　贺劲松　熊津成

吴乃莘　谭运财　景开强

总纂、总策划：马　捷

专 家 组

组　长：夏　秋

成　员：夏　秋　曾召友　罗志华　何　勇　王　利

饶　挺　刘　平　周　静　周　阳　王会雨

编 辑 组

成　员：吴庆东　简舒窈　丁雅智

前言

近两年来，四川银行业在党的十八大会议精神指引下，在"十二五"规划的指导下，稳步推进银行业改革和创新，有力地促进了四川经济的持续健康发展。

过去的两年是四川银行业历史上的最佳发展时期，资产质量持续优化，盈利水平大幅提高，我认为，这主要得益于以下四个方面：一是监管的有效性持续增强；二是服务经济实体的措施落在实处，新型银行产品不断涌现；三是银行风险内控能力有序提升；四是诚信经营环境得到有效改善。

四川银行业在近两年卓有成效地开展各项银行业务活动的同时，也积极开展了各种形式的调研、学术研究和讲学活动，涌现了不少有一定深度和广度的研究成果。《银行业探索与实践——四川银行业从业人员辅助教材之一》（以下简称《银行业探索与实践》）汇集了2012年以来四川银行业的研究成果。这些成果的特点主要体现为：一是科学性。有的文稿对各项业务活动的趋势和规律建立了数理模型进行分析，得出的结论科学可信。二是操作性。有的文稿利用大量的事实和数据，对所研究的业务领域进行了定性、定量的描述，对策、建议落地较好。三是借鉴性。有的文稿对本单位开展业务的情况进行了梳理、总结，通过归纳、演绎，系统性地分析业务的流程、优势和不足，对它行具有较好的借鉴作用。

入选《银行业探索与实践》一书的文稿基本涵盖了目前四川银行业所开展的业务活动，也包括了银行业改革转型、互联网金融、利率市场化等热点问题，还总结了银行业内部管理和文化建设等成果。我相信，该书对四川银行业从业人员提高业务水平，将所学的知识运用于银行业实践具有较强的指导作用，对研究银行业发展的社会各界人士也具有一定的参考价值。利用这种方式的目的在于：首先是在四川银行业内部营造学习业务、钻研业务的氛围；其次是集中行业内的研究成果和实践经验，引导从业人员在从事银行业务活动时，不断总结经验，思考存在的问题；最重要的是在四川银行业内部营造素质营销、专业营销、知识营销的氛围，在四川银行业从业人员中培养一批具有战略眼光的研究型人才、理论与实践相结合的应用型人才，在社会上展示银行业的精神风貌，将银行业的行业优势转为素质优势。

纵观未来，金融业正面临着利率市场化改革、汇率形成机制改革、建立存款保险制度和完善市场化退出机制"四改并举"的新形势，银行经营环境愈发具有挑战性。在复杂多变的金融环境下，信贷增速放缓、利率市场化快速推进、互联网金融兴起等，正在改变着传统银行赖以生存的环境，银行业转型迫在眉睫。面对新的挑战，具有长远战略眼光的理性银行必然会在未来的竞争中占据优势。斯大林说过，离开实践的理论是空洞的理论，而不以理论为指南的实践是盲目的实践。希望四川省银行业协会继续推进《银行业探索与实践》的收集整理工作，相信四川银行业将涌现出更多的优秀成果供银行业从业人员及相关人士学习、分享，使《银行业探索与实践》成为向社会展示四川银行业研究成果和精神风貌的新平台！

中国银行业协会专职副会长

杨再平

2015 年 7 月

目录

目录

目录

目录

关于建设西部重要金融中心的几点认识

王筠权

内容提要： 10 年来，四川的经济发展速度较快，运行质量趋好，为金融业加快发展提供了良好的物质基础。特别是成都金融业改革发展取得了明显的成效，已经成为中西部金融机构种类最齐全、数量最多、金融市场发展速度最快的地区。在向纵深推进西部重要金融中心建设的关键时期，科学定位，结合本地资源禀赋，扬长避短，错位发展，是当前必须关注的重点。

一、"建设西部重要金融中心"的提法好

中共四川省委十届三次全会做出的《关于深入贯彻落实党的十八大精神为与全国同步全面建成小康社会而奋斗的决定》明确指出，要"加快成都国家级服务业示范城市建设，建设'西部重要的金融中心'……"。此前多年，四川一直的提法是建设"西部金融中心"，现在加上"重要"二字，既继承了以前的基本思路，又展示了友邻周边的胸怀。目前，西部多个城市，包括重庆、西安、贵阳都提出建设金融中心，四川省委将建设西部金融中心的提法明确为建设"西部重要金融中心"，定位更明确，包容性更强，更能得到西部各省（市）社会各界的理解和支持。

二、建设西部重要金融中心的主体是市场

经济决定金融。把四川尤其是成都的实体经济建设好，是建设西部重要金融中心最重要、最核心的前提。而把实体经济建设好的科学准确定义则是把四川的现代经济建设好。现代经济是市场经济，而不是计划

经济，也不是国有经济，讲究尊重市场经济规律，按市场经济规律办事。要建设西部重要金融中心，就必须按照党的十八届三中全会决定精神和中共四川省委、省政府的部署，从社会各界能够达成共识的环节做起，针对阻碍发展的关键问题精准发力，努力破除制约市场主体活力和要素优化配置的障碍，让市场在资源配置中的决定性作用充分发挥。通过运用市场手段和差别化政策，让不同所有制的企业能够公平竞争，更大程度上激发全社会各个市场主体的创造活力；让市场来配置生产要素资源，通过市场竞争让供求关系这只看不见的手决定企业产能、实现优胜劣汰，让过剩产能和落后产能主要通过市场方式来消化吸收；通过培育良好的市场环境、政务环境，推动创新支撑，引领经济结构优化升级并向价值链高端跃升，形成经济持续发展的内生动力，持续推动我省传统产业加快改造升级，培育壮大六大战略性新兴产业，大力促进七大优势产业健康发展，培养更多有行业号召力和规模优势的本土大企业、大集团。建设西部重要的金融中心也应主要依靠市场来大力推动，通过市场环境、诚信环境、政务环境、信息环境建设以及医疗、教育优势，依靠金融产业集群自身产生的集聚效应、规模效应和经济效应，使得集群内信息与资源的传递更加快捷便利，资源共享更加广泛，经营成本更加经济，分工协作更加专业，创新动力更加充沛，从而实现更加科学快速的发展，进而吸引越来越多的金融机构、金融人才、金融资源，加速信息聚集。

三、做强做优地方法人金融机构

由于具有先天的本土优势和地方特色，地方法人金融机构对资金流、人才流、信息流具有很强的集聚效应和辐射效应，其数量与发展状况是衡量一个地区金融业发展水平的重要标志。近年来，我省地方城市商业银行、农村信用社、证券和保险机构稳步发展，但发展质量和经营水平与东部发达省份相比还存在较大差距。要以银行、证券、保险等领域为重点，继续做强做优地方法人金融机构。要贯彻落实好《四川省人民政府办公厅关于推进城市商业银行改革与发展的意见》，以引进战略投资者、优化股权结构、健全法人治理结构为切入点，系统推进城市商业银行改革，提高城市商业银行经营管理水平，增强抵御风险和服务实体经济的能力。要按照"成熟一家，改制一家"的思路，继续抓好农村信用社体制改革，确保改革质量。要继续积极培植产品对路、服务城乡的本土保险法人机构，力争做强做大几家证券期货法人机构，在全国打造证券期货业的"四川品牌"，扩大四川金融的辐射能力。此外，还要抢抓先机，进一步推动第三方支付、互联网金融等新型金融业态的发展，吸引境内外知名金融机构在成都设立法人机构，壮大地方金融机构规模。

四、建设品牌硬、实力强的本土金融中介机构

目前，四川金融机构数量和规模在中西部已经确立了优势地位，但金融业是一个链条，具有很大的杠杆性，还有互通互联的因素，要让整个金融业链条里面所有的要素充分发挥作用，中介机构的角色非常重要。现在四川的品牌性融资担保公司、会计师事务所、律师事务所与东部省份相比还很缺乏，没有评价能力突出、市场影响力受到业界公认的评级机构，企业股权交易中心的作用也尚未真正有效发挥，这是建设西部重要金融中心过程中必须要克服的薄弱环节。要通过鼓励引进资金、人才和管理模式，引导中介机构树立品牌意识，培育一批实力强、信誉好、层次高的担保、评级、审计、律师服务等中介机构。同时，要把中介机构发展纳入西部重要金融中心建设的总体规划，加快区域中心城市中介机构发展，构建具有四川产业特色的中介服务产业链，切实发挥中介服务在西部重要金融中心建设中的互联互通作用。

五、强化金融创新对经济发展的驱动作用

建设西部重要金融中心必须要高度重视金融创新工作。金融创新对于提升金融市场运作效率，提高金融资源利用和配置质量具有极为重要的意义，要充分发挥银行、证券、保险产品的优势。四川在人口及人才资源、通信、物流、商业等方面在中西部城市中具有较明显的优势，尤其是科技、教育相对发达，人才集聚，这为把成都打造成重要的金融创新中心创造了条件。在金融创新的着力点上，要充分利用和结合四川的经济特点和自然禀赋，找准发展方向，要围绕四川的航空航天、电子科技、川酒川茶、天然气化工产业、川菜上下游产业、医疗健康服务、软件业、旅游业、农副产品加工业等特色优势产业开展金融产品和金融服务创新，通过金融创新推动实体经济释放发展活力。

3

六、持续加强对内对外开放与合作

要提升西部重要金融中心的影响力、辐射力和带动力，就必须以非常包容和非常开放的态度，加强对外开放与合作。要强化四川作为丝绸之路经济带、长江经济带交汇点的战略定位，继续加强与西部省（市）的经济、金融合作，持续推动与重庆、陕西、云南、贵州、西藏、青海、甘肃等省（市、区）的经济、金融往来，共同扬长避短、取长补短。特别要重视发展成渝同城化服务，使成都在信息服务、数据处理和应用、交通、资金融通等方面成为资源汇聚和流动的中心，让西部省（市、区）认识到四川建设西部重要金融中心对于推进整个西部大开发和各省（市、区）共赢发展具有重要的作用。要适应金融对外开放新形势，积极争取设立西部内陆自由贸易区，充分利用四川全域开放和成都72小时免签等诸多有利条件，吸引更多的外资、港资、台资金融机构来川发展，从而聚集全球化的金融理念、金融人才和金融产品，推动四川金融服务转型升级，并为实体经济提供更加优质的服务。

七、切实加强法治和诚信环境建设

市场经济就是信用经济，法治和诚信环境建设既是建设西部重要金融中心的重要内容，也是建设西部重要金融中心的一个重要基础，起着凝聚人心、吸纳外援、招商引资、聚集人气和财气、推动发展的关键作用。各级地方政府要继续发挥信用建设的表率作用，带头严格依法办事，带头培养诚信文化，营造诚信环境，深入推进法治和诚信环境建设，为金融市场的各类参与者特别是金融消费者和投资者提供一个公开、公平、公正的政务环境和诚信环境，为金融市场稳健持续运行提供持续动力。这样，不管是国外还是省外的机构、企业、人才和资源都愿意聚集到四川来，使四川真正成为"财富"汇聚之地。

八、凝聚力量，强化省、市、县共建

建设西部重要金融中心，是四川省委、省政府做出的重大战略决策，而不仅是金融机构和监管部门的工作；不仅是成都市的工作，更要凝聚全省21个市州、181个县（区、市）党政、社会各界和8900万人民的智慧和力量、48万平方公里经济发展的纵深资源，以及各方面改革发展的成果，并以市场化的方式来建设西部重要金融中心。这是四川比西部其他省（市、区）具有的明显优势。通过深入实施多点多极支撑发展战略，调动全省各地各方面的积极性，利用好各地的区位优势和资源优势，把地方法人银行机构做优做强，把证券、保险业务发展好，把金融政务环境建设好。既要有"功成不必在我"的韧劲，又要坚持不懈地努力，持续深入推进经济发展和金融业改革良性互动，我们就能够实现建设以成都为主要载体的西部重要金融中心的战略目标。

（本文曾在四川银监局《监管工作信息》2014年第15期发表，编入本书时有修改）

（作者单位：四川银监局）

运用大数据理念构建银行财务信息管理平台

冯文军　蒋汶芯

内容提要： 财务信息管理是商业银行重要的基础性管理活动，在目前大数据处理火热发展的背景下，如何通过挖掘数据背后的因素将财务信息从分散、凌乱、逻辑关系不强变成集成性高、因果关系明晰的决策信息，如何将财务信息由"养在深闺"的专业性较强的信息转换成各级经营管理者尤其是基层管理人员易懂的经营决策信息源，成为提升银行经营管理水平的利器。本文应用大数据管理相关理论，浅谈如何通过提升财务信息价值有效促进中国银行实现"做最好的银行"的目标。

财务信息管理是银行重要的基础性管理活动，它通过对财务信息的编制、分析和发布，将银行一定时期的经营管理信息提供给相关的利益主体，以便他们进行决策时参考。它的使用者包括外部投资者、外部潜在投资者、监管部门以及内部的经营管理人员。对于前三类人员所需的财务信息的提供，已有相关的法律法规进行了明确的规范。本文主要针对一级分行及其以下基层分支机构内部财务信息的运用进行探讨。做好数据的挖掘，帮助他们找出数据背后的因素，将原来较为分散、凌乱的数据转化为集成、因果关系较强的信息，将专业性很强的信息转化为通俗易懂的信息，使财务信息由"养在深闺"变成提升经营管理水平的利器。

一、目前财务信息的价值没能充分体现

银行财务信息是由一系列数据表现出来的经营管理信息，是银行重

要的无形资产。从形式上看，可以区分为财务数据（即未加工的零散的财务信息，是一种初级产品）和财务信息，只有在对它们进行加工挖掘后才能成为银行的资源。由于种种原因，目前财务信息的内在价值还没能充分发挥出来。

（一）财务信息获取难度大

一是信息来源分散。目前中国银行各经营机构财务信息主要来源于财务报告系统、核心银行系统、PA 系统等多个渠道，它们从不同角度提供各经营机构的资产、负债、损益等信息。在实际工作中，如要了解某机构的全面信息，必须从不同的系统提取数据。

二是财务信息主要采用表格形式，定期或不定期地向各级管理者通过邮件或纸质提供。这种方式虽然直接，但存在信息保存不系统和不连贯等情况，尤其是在进行前后期数据对比、不同机构对比时，需要管理者或财务人员根据需要进行重新加工处理。

（二）财务信息挖掘不充分

一是在信息的挖掘上更多地采用对比分析，如与上期比较、与预算比较，得出的结论主要是同比增幅或预算完成率，对于完成得好与差的原因没有做进一步挖掘，或挖掘力度和深度不够，没有分析出数据背后的影响因素以及这些因素的影响程度。

二是财务信息对业务的前瞻性指导不充分，尤其是在多重约束条件下的经营决策方面。银行经营环境日趋复杂，基层人员在叙做业务时面临更多的约束条件。应通过算账找出业务发展的优选方案，如对成本较高的核心存款是否叙做、季末月份贷款是否投放等。

（三）信息提供者和使用者的素质不高

财务信息是一种综合性的信息反映，要求信息提供者必须对银行业务有较为全面的掌握，才能分析出数据背后的影响因素，才能提出适当的经营建议。但目前基层机构尤其是二级分行以下机构财务人员结构老化、配备不齐，由于其自身素质等原因，使其所提供的信息在质量和时效性上不能满足管理决策需要。

基层机构管理人员是财务信息的主要使用者，他们对财务信息的运用质量有较大的影响。在实际工作中，他们中的部分人员财务知识较缺乏，存在对本机构财务信息"不知其然"或"不知其所以然"的情况，财务信息难以成为他们拓展业务和加强管理的重要工具和手段。

二、大数据运用能提升财务信息价值

随着时代的发展，我们进入了信息化社会。银行每日产生和存储的数据量正在迅速增长，以数据记录、核算为主的财务工作面临严峻的大数据处理问题。"大数据"不单单是一种财务管理的方法，从其本质上来说是一种技术，只有基于大数据的处理和分析才能为银行带来增值价值。

对于"大数据"（Big Data），研究机构 Gartner 曾经给出了这样的定义："大数据"是需要新处理模式才能具有更强的决策力、洞察发现力和流程优化能力的海量、高增长率和多样化的信息资产。大数据技术的战略意义不在于掌握庞大的数据信息，而在于对这些含有丰富意义的数据进行专业化处理。换言之，如果把大数据比为一种产业，那么这种产业实现盈利的关键，就在于提高对数据的"加工能力"，通过"加工"实现数据信息的"增值"。

大数据下的财务信息管理将不再局限于传统的财务领域，原本不属于传统财务范畴的数据进入财务管理视野，向公司业务、个人业务、风险管理、人力资源管理等多个领域延伸和渗透。大数据时代，以交易、业务记录、核算、预测为主的传统财务信息工作有可能焕发出新的生机。很多之前在信息收集、储存和分析上有难度的工作，如预算管理等，将不再存在技术上的障碍；财务管理在寻找有价值的投资项目、改进管理流程、节省成本等方面将发挥更重要的作用。

大数据的提出，让财务管理工作的理念和模式发生了颠覆性的变化。我们可以通过大数据为经营管理者提供多种分析报表，通过建模预测未来数据，利用大数据解决过去看来很棘手的问题，用科学数据代替直观感受，取得更为优化的效率，最终实现各项财务指标改善，利润持续增长。中国银行的财务管理部门不应该仅限于提供月末常规报告，或者仅限于成为账务报销处理部门，而是应该利用好财务管理系统在内的多个系统数据，甚至结合业务数据进行数据处理及挖掘，通过对数据的深入加工，发现经营中的问题，增强盈利能力，改善利润表现，切实强化内生动力机制，做到转型发展、跨越式发展。

大数据有助于减轻工作量。大数据可以让财务人员从编制报表中解脱出来，将精力投入业务理解、数据管理、建模能力提高以及探索挖掘能力提升上面，从而增强数据服务能力，从被动提供数据服务到主动提供解决方案，损益与客户、业务数据相互勾连，能更好地实现算账经营，避免决策偏差。这让财务管理在银行经营管理决策中饰演着更加重要的角色，进而促使我行又好又快发展。

大数据增强了银行管理洞察力。大财务由于大数据的技术支持，可以在银行决策时用数据挖掘技术掌握很多有用的信息，这些信息将有助于降低常见的错误，提高会计核算质量，有助于降低系统性风险，使政策传导更加有效。同时，增强数据采集与分析的能力，能够让我们对未来的发展趋势进行较为准确的预测，在与同行的激烈竞争中抢占先机。

三、财务信息管理平台建设设想

构建财务信息管理平台是大数据模式下有效提升财务信息价值的方法之一，利用计算机技术，运用大数据管理理念，可以切实解决目前财务信息在业务发展和经营管理中运用不充分的问题。

（一）运用大数据平台，实现报表发布

由于监管部门、内部各级经营管理者需求，财务管理部门需要编制大量的报表及报告。由于报表是人为编制的，难免出现财务人员自身疏忽大意，直接导致了报表的错误，影响了报表质量，造成了不良的后果。建立大数据平台，利用大数据技术，将多个系统中结构化、半结构化的数据整合，可以提供强有力的数据保障。

2007 年，时任辽宁省委书记李克强告诉美国驻华大使，他更喜欢通过三个指标来追踪辽宁的经济动向：全省铁路货运量、用电量和银行已放贷款量，以挤掉统计数字的水分。这种方式被国内外媒体称为"克强指数"。这种决策者不再依赖某个单一表面数据，而是通过研究多个内在相关数据，从而更好地把握发展走向的方式，值得各级管理者借鉴。在大数据平台搭建后，不同层级经营管理者根据自身需求，选定数据项目，实现多个日期间数据对比，实现多种不相关项目数据查询，满足不同经营管理者的个性化数据需求。

（二）依托大数据平台，推动全面预算管理

近年来，我国各级政府日益重视预算管理。预算管理是一种重要手段，它有利于对财务结果及未来经济活动发展方向进行全面、充分的筹划和预测，并对整个过程的执行情况进行监控。通过全面预算管理，可以帮助管理者最大限度地实现战略目标，更加有效地管理企业。

对于财务管理而言，全面预算具有相当大的挑战性。全面预算管理能否顺利执行，在于预算的精确性。以利润编制为例，财务管理人员不但需要对应付职工薪酬、销售费用、管理费用、折旧摊销、各项税费有一个全盘的考虑，还要对当年存贷款发展、中间业务收入有一个较为准确的预计，同时还要兼顾利润与费用的关系，即是否满足监管或政策需要。而在执行过程中，获取数据往往有较大的滞后性，不能及时将信息反馈给各级管理人员，导致在市场上反应迟缓，错失先机。

在预算的编制上，大数据可以通过历史数据信息，建立模型测算下一年各项数据的可能范围，为预算编制提供参考。同时，建立大数据平台后，二级分行以上的单位均根据参考数据以及自身判断自行编制预算，数据向上累计，形成全行预算，可最大限度地消除人为感觉的偏差。

在预算执行情况方面，通过大数据平台，实现数据的快速发布。通过自上而下发布的数据，形成全行一盘棋的模式。发布数据及时有效，采用周报甚至日报，随时清晰了解各机构在不断变化的市场中的表现，帮助各级管理者及时根据市场变化进行决策修正和改善。

（三）利用大数据平台，助推绩效考核提升

绩效考核是上级行向下级机构传导经营管理导向的工具，下级机构通过研究绩效考核办法，可以从中了解和掌握上级行的经营发展战略、年度工作重点和下一步的经营管理方向。财务信息运用平台建设要以绩效考核为核心，通过建立模型、分析结果、提供改善方案等形式提升财务信息的指导性。

使用推演功能，通过 What if 假设分析，建立各指标在不同假设条件下的得分测算模型，定期发布考核测算结果，引导各机构关注绩效表现。在绩效考核办法确定后，可在月初进行数据加工，测算并发布相关考核指标的得分结果，如得分情况、得分率情况、与上期得分比较的增减情况。

对影响绩效考核指标的因素进行分析。考核得分仅仅是数据上的表现，数据背后的影响因素很多，需要我们从专业的角度去挖掘出这些因素，采用的方法主要有因素分析法，如对利息收入和支出要分解成业务量的变化、平均利率的变化；还可采用对比分析法，如存款量大体一致的经营机构却在经营效益上存在较大的差距，我们就可以通过对比去分析存款结构的差异，如定期存款与活期存款的比例、定期存款的期限结构等。

（四）借助大数据平台，积极发挥数据的作用

大数据对于决策具有较大意义。利用大数据技术可以对不同时期的

存贷款、中间业务进行穿透分析，通过对比银行的实际数据和预算数据，为当年的经营管理设计较为符合实际的发展管理方案，实现贷款资源的优化分配，促进获取利润最大化。

大数据对决策的作用不仅仅局限于数据提供或是利润解决方案方面，它更多的是改变决策者思维。大数据提供全部数据，而不需要随机样本；大数据只要关联关系，不要因果关系。银行决策者通过大数据的相关分析，可以直接得出结论，直接做出决策，而不需要银行业务特性的因果分析。

大数据可以通过建立模型，为银行节约成本。如，大数据可根据地区区域经济发展状况、我行当地网点数量及布局、客户状况等因素判断网点或离行式 ATM 选址是否合理，减少产生低效网点的概率，节约建设成本，从而节约费用。通过大数据分析网点尾箱备钞量，对不同网点、不同节假日采取差异化库限管理，减少尾箱备付资金，降低银行成本，等等。

通过建立大数据平台，可以建立各种较为科学的收益率曲线，重新使用全额 FTP 的内部资金管理模式，对各种产品进行精确的收益测定，方便各机构外出营销收益测算，有利于推进全行算账经营。同时，在经济资本运用上，可以细分至最小产品层级，使得在业务叙做的同时充分考虑收益与资本占用的关系，提高 RAROC（风险调整资产收益）表现，做到资本节约型发展。

参考文献

［1］舍恩伯格，等. 大数据时代［M］. 周涛，等，译. 杭州：浙江人民出版社，2013.

［2］大数据催生财务变革［J］. 中国总会计师，2014（1）：55-58.

（作者单位：中国银行四川省分行）

11

我国银行体系稳定性的实证分析

傅宁佳

内容提要：金融在国民经济中的地位举足轻重，而银行业作为金融体系的核心构成部分，其稳定与否对一国经济的健康发展至关重要。我国是正处于经济转轨中的发展中国家，保持我国银行体系的稳定性，对保证我国经济长期的平稳发展具有重要意义。本文首先介绍了银行体系稳定性的概念界定及判断方法，然后根据我国 1985—2014 年间的经济金融数据，结合数据分析法和时间分析法对我国银行体系在这些年份的稳定性进行了判断，接着采用 logistic 回归模型，将解释变量分为三组：宏观经济变量、金融变量和其他变量，对我国银行体系的稳定性进行了实证分析。研究结果表明：居民和政府消费的增长率、财政赤字占 GDP 的比重、实际利率、居民储蓄增长率、M2 与外汇储备之比、每元资本产出的实际 GDP 和实际利用外资的增长率均对银行体系的稳定性有显著影响。

一、选题背景与意义

20 世纪 80 年代以来，世界金融业迅速发展，但与此同时，不管是发达国家还是发展中国家，涉及银行等金融机构破产倒闭的金融危机事件时有发生，例如 80 年代美国储贷协会危机、1997 年亚洲金融危机、俄罗斯银行业危机、2007 年美国次贷危机等。这些金融危机的破坏力之强、影响之大，给世界范围内的经济带来了沉重打击，人们开始意识到银行体系的稳定性对一国金融稳定和经济增长的重要性，不少学者也开始对银行业的稳定性和经济体系之间的关系进行研究。

我国是正处于经济转轨中的发展中国家，银行业有其本身的制度性特点，因此结合我国银行业的实际情况，在现有的研究基础之上，正确认识我国银行体系的脆弱性，从预防和化解银行风险入手，保持我国银行体系的稳定性，对保证我国经济长期的平稳发展具有重要意义。

二、国内外对于银行体系稳定性的判断

国外学者 Diamond 和 Dybvig（1983）对银行体系稳定性的微观机制进行了较为深入的探讨。他们认为银行体系之所以会产生不稳定，主要是由于存款者的流动性要求不确定，以及银行的资产比负债缺乏流动性。银行体系的不稳定性也对政府存款保险制度和最后贷款人提出了需求。Patrick Honohan（1997）研究了 24 个国家的样本，对其银行体系的稳定性进行了实证分析，结果表明贷款比率、外债、信贷增长率以及政府从银行借款的比率均与银行体系的不稳定性呈正相关关系。Asli Demirgüç-Kunt 和 Enrica Detragiache（1998）在研究银行体系危机的决定性因素时选取了三组控制变量，采用多元 Logit 模型对 45 个国家（不包括经济转轨国家）在 1980—1994 年间的经济数据进行了实证分析，认为银行体系的危机是由宏观经济因素、国内金融状况和外部冲击三方面的合力造成的。他们在另一项研究中也发现银行体系的危机与过快的金融自由化有关。Kaminsky 和 Reinhart（1999）认为，许多发生了货币危机的国家，在其外汇市场遭到冲击时，也会发生程度相当的国内银行危机。Beck、Demirgüç-Kunt 和 Levine（2004）研究了银行集中化、银行法规和国家制度对发生系统性银行危机的影响。他们发现，银行业危机不太可能会发生在集中化程度较低、银行竞争和经营限制较少即国家鼓励竞争的银行体系当中。因此，没有证据表明激烈的竞争会破坏银行体系的稳定性。

自 1949 年新中国成立以来就极少出现银行破产倒闭的事件，而且近年来国有银行实行了股份制改革，国内金融机构在不良贷款率、资本充足率、盈利能力和控制风险等方面有了极大改善，但这并不意味着我国未来不会出现银行危机。金融在国民经济中的地位举足轻重，而银行业作为金融体系的核心构成部分，其稳定与否对一国经济的健康发展至关重要。我国现阶段物价普遍上涨，面临较大的通货膨胀压力。中国银监会自 2003 年成立以后才开始按季公布不良贷款的相关数据，而此前的不良贷款数据则散见于国内外学者或机构的研究报告及学术论文中，或是监管当局直接、间接发布的研究报告以及相关领导人的讲话稿中。但是

13

由于学者或机构的研究方法各异，所以其估计出来的不良贷款数据间的差异较大，因而笔者认为 Demirgüç-Kunt 和 Detragiache 提出的不良资产率，不适合作为判断中国银行体系稳定性的主要指标，但可作为参考指标。

目前，对我国的银行体系稳定性的判断主要有两种思路。一种是在金融脆弱性度量中包含对银行稳定性的度量。如在伍志文（2002）的研究中，将 18 个指标分成金融市场子系统、银行系统子系统、金融监控子系统和宏观经济环境子系统四个部分，再根据一定的临界值，加权计算金融脆弱性指数。另一种则基于宏观经济指标来对银行体系的稳定性进行直接判断，如韩俊（2000）从财政赤字占 GDP 的比重、通货膨胀率以及投资和消费的周期性波动三个方面来判断银行体系是否稳定。

本文采用文献法、计量分析法、定性分析法对银行体系的稳定性进行研究。在界定银行稳定概念时主要采用了文献法。在判定我国银行体系不稳定年份时，采用了定量和定性研究相结合的方法，既对选取的指标采取定量分析，又结合历史事件进行定性分析。在研究不稳定性的影响因子时主要采用实证研究，运用计量经济模型，建立相应的指标体系，对我国的银行体系稳定性进行量化分析，找出对稳定性有显著影响的解释变量。考虑到数据获得的困难，本文在韩俊研究的基础上，选择 1985—2013 年间财政赤字占 GDP 的比重、通货膨胀率、投资增长率和消费增长率来判断我国银行体系的稳定性，同时采用 Kaminsky 和 Reinhart 与 Demirgüç-Kunt 和 Detragiache 的判断分析方法，结合中国银行业的实践改革发展进程，判断银行业稳定或不稳定的年份。将两种结果对比，以后者弥补前者数据上的缺陷，从而得出判断结论。

三、我国银行体系的实证分析

（一）选择解释变量

Demirgüç-Kunt 和 Detragiache 在 1998 年的一项研究中，使用多元逻辑斯特模型对 65 个国家系统性银行危机影响因素进行分析，最终选取如下经济指标作为解释变量（见表 1）：

表1　　　　　Demirgüç–Kunt 和 Detragiache 的解释变量选择

解释变量	定义
GROWTH	实际 GDP 增长率
TOTCHANGE	贸易条件的变化
DEPRECIATION	汇率的变化率
RLINTEREST	名义利率减去当期通货膨胀率
INFLATION	GDP 平减指数变化率
SURPLUS/GDP	中央政府预算结余与 GDP 之比
M2/RESERVES	M2 对中央银行外汇储备的比率
PRIVATE/GDP	国内信贷与 GDP 之比
CASH/BANK	银行流动性储备与银行资产之比
CREDITGRO	国内实际信贷增长率
DEPOSITINS	存在存款保险计划的虚拟变量
GDP/CAP	每元资本产出的实际 GDP
LAW&ORDER	法律执行质量指数

资料来源：ASLI DEMIRGüç‐KUNT, ENRICA DETRAGIACHE. The Determinates of Banking Crises in Developing and Developed Countries［R］. IMF Staff Paper, Volume 45, NO.1, March 1998, Pages 81‐109.

本文在这些解释变量的基础上，结合中国银行业的实际情况，进行适当增减，选择了三组变量，即宏观经济变量、金融变量和其他变量，作为解释变量。

（二）数据处理

本文选取的数据来源于《中国统计年鉴》、中国人民银行网站、世界银行网站和《国际金融统计》（IFS）。根据研究需要，对当中的一些数据进行了相关处理。其中，在计算实际 GDP 的增长率（GDPR）和 GDP 平减指数变化率（INFR）时，分别以 1978 年为基期的 GDP 和 1978 年为基期的 GDP 平减指数计算得到，以排除价格水平因素对模型的影响。此外，为了便于计算，所有描述增长率或者变化率的解释变量均在其原本基础上扩大了 100 倍。

（三）建立模型

由于银行的危机是否发生是一个二分类因变量，最好使用非线性函数对其分析，而最常用的函数是 logistic 分布。因此，针对银行体系危机的计量分析，本文选取的模型是 logistic 回归模型。将银行体系稳定性作为虚拟变量，稳定的年份取值为"0"，不稳定的年份取值为"1"。

　　运用 SPSS 软件对所有解释变量进行二元 logistic 回归，以 wald 统计量作为变量进入或者剔除的依据，采用向后步进的方法逐步筛选，进入概率为 0.05，删除概率为 0.10，经过九个步骤的运算之后，得到以下结果，其中各变量的标准差和显著性如表 2 所示：

表 2　　　　　模型中解释变量的标准差和显著性

	S. E.	Wald	df	Sig.
CONR	0.703	4.598	1	0.032
COST	142.660	3.378	1	0.066
AIN	0.856	4.848	1	0.028
HSR	0.289	3.839	1	0.050
M2/FER	0.026	3.189	1	0.074
GDP/CAP	2.838	4.948	1	0.026
FCIR	0.070	3.411	1	0.065

　　进入模型的七个自变量的 p 值<0.1，表明在 90% 的置信度下，居民和政府消费的增长率、财政赤字占 GDP 的比重、实际利率、居民储蓄增长率、M2 与外汇储备之比、每元资本产出的实际 GDP 和实际利用外资的增长率均与银行的不稳定性显著相关。

（四）模型检验

1. 模型的优度检验

模型汇总和 Hosmer-Lemeshow 检验结果如表 3 所示：

表 3　　　　　模型汇总和 Hosmer-Lemeshow 检验结果

模型汇总	Nagelkerke	−2 对数似然值	调整 R 方
	0.703	15.939	0.132
Hosmer-Lemeshow 拟合优度检验	卡方	df	Sig.
	5.364	6	0.498

　　从模型整体来看，调整 R 方为 0.132，考虑到实际情况，认为拟合程度良好。从模型的 Hosmer-Lemeshow 拟合优度检验来看，P = 0.498，因而不能拒绝对于模型拟合数据很好的假设。Nagelkerke 统计量为 0.703，表明模型解释了被解释变量 70% 的变动。

2. 相关性和共线性分析

将进入模型的七个解释变量进行共线性判断和相关性检验，得出结果如表 4 所示：

表 4　　　　　　　　　　变量的共线性和相关性检验结果

模型	相关性			共线性统计量	
	零阶	偏	部分	容差	VIF
CONR	0.158	0.562	0.533	0.202	4.941
COST	−0.100	−0.286	−0.234	0.722	1.384
AIN	0.136	0.511	0.466	0.303	3.297
HSR	−0.074	−0.462	−0.409	0.472	2.117
M2/FER	0.174	0.228	0.183	0.423	2.366
GDP/CAP	0.065	−0.215	−0.173	0.550	1.818
FCIR	0.081	−0.247	−0.200	0.490	2.042

由于这几个解释变量的容差（Tolerance）均大于 0.202，均超过了学者陈希孺提出的 0.1 的标准，方差膨胀因子（VIF）均远远小于学者陈希孺和王松桂提出的 10 的标准，因此认为这几个变量不存在多重共线性关系，可以作为描述银行稳定性的显著性解释变量。

从居民和政府消费的增长率、财政赤字占 GDP 的比重、实际利率、居民储蓄增长率、M2 与外汇储备之比、每元资本产出的实际 GDP 和实际利用外资的增长率这七个解释变量的偏相关来看，对模型的偏贡献大小依次为：居民和政府消费的增长率>实际利率>居民储蓄增长率>财政赤字占 GDP 的比重>实际利用外资的增长率>M2 与外汇储备之比>每元资本产出的实际 GDP。

17

四、实证结果分析

（一）进入方程的变量分析

居民和政府消费的增长率、财政赤字占 GDP 的比重、实际利率、居民储蓄增长率、M2 与外汇储备之比、每元资本产出的实际 GDP 和实际利用外资的增长率对银行体系的稳定性有显著性影响。

由于在 logistic 回归模型中，发生比 Odds =（危机发生频数）/（危机不发生频数），发生比率 Odds ratio =［发生概率/（1−发生概率）］，因此本文的模型按事件发生比的形式可以改写为：

$$Odds = \frac{Prob\ （不稳定）}{Prob\ （稳定）}$$

$$= \exp\ （1.507CONR-262.194COST+1884AIN-0.567HSR$$

$$+0.046M2/FER-6.314GDP/CAP-0.13FCIR）$$

$$= e^{1.507CONR} \times e^{-262.194COST} \times e^{1.884AIN} \times e^{-0.567HSR} \times e^{\frac{0.046M_2}{FER}} \times e^{-\frac{6.314GDP}{CAP}} \times e^{-0.13FCIR}$$

1. 居民和政府消费的增长率

居民和政府消费的增长率与银行体系的不稳定性呈正相关性，表明居民和政府消费的增加会加剧银行体系的不稳定性。这也与实际的经济情况相符。消费的过热往往会出现经济的过热，企业纷纷扩张生产，银行放松贷款，出现泡沫经济，而这恰好又给银行埋下了不良贷款的隐患，增加了出现危机的可能性。

2. 财政赤字占 GDP 的比重

财政赤字占 GDP 的比重与银行体系的不稳定性呈负相关性，一方面说明了我国政府在维持银行体系稳定性中的重要作用，为了保持宏观经济的稳定和银行体系的稳定，政府不惜财政赤字来达到这一目的。危机越严重，政府采取的救助措施就越快越严厉。另一方面也说明了，当银行发生危机时，政府要尽快地使银行恢复正常的经营活动，就需要更大的财力支持，这是一种全面的紧急救助而不单是针对局部的有选择性的干预。

尽管理论与实践都表明政府过度的财政支出恶化导致了债务危机从而触发金融危机引致银行破产倒闭[①]，但是我国目前的财政赤字占 GDP 的比重仍在世界公认的安全线以内，而且国债负债率也未超过 60% 的国际警戒线，不会引发全局性的金融不稳定。相反，我国的财政赤字会减弱银行体系的不稳定性。但是也不能忽视它对银行体系的危害。历史上早有教训，财政赤字过大将引发严重的通货膨胀，从而引发银行挤兑。

3. 实际利率

实际利率与银行体系的不稳定性呈正相关性，说明实际利率越大银行的不稳定性就越强。商业银行以存贷款的利息差作为主要的盈利手段之一，实际存款利率的上升，自然会影响银行的盈利性，从而影响其稳健经营，出现危机。反之，实际利率下降，企业就会增加银行贷款，扩

---

① 刘卫江. 中国银行体系脆弱性问题的实证研究 [J]. 管理世界，2002（7）：3-10.

大投资规模，而银行融资成本下降，会放宽贷款条件，社会的总产出增加，经济增长，这为银行的经营营造了一个良好的宏观经济环境，对银行体系的稳健有积极的促进作用。此外，由于金融自由化的进程常常会出现较高的实际利率，因此实际利率也被认为是金融自由化的表现之一。

在实际的经济活动中，这一结论对于政府在治理通货膨胀时的决策有一定的现实意义。当经济过热出现通货膨胀时，政府采取紧缩性的货币政策对于抑制通货膨胀是有效的，但可能同时也会带来实际利率的急剧上升。由于过高的实际利率会增大银行体系的不稳定性，所以政府在设计治理通货膨胀的经济方案时，还应附带一个对国内银行体系影响的评估，以防万一。如果银行体系已经出现了危机，那么政府在决策时就应当仔细衡量治理通货膨胀所能带来的好处和引发银行危机可能带来的成本。

4. 居民储蓄增长率

居民储蓄增长率与银行体系的不稳定性呈负相关性，这表明居民的储蓄越多，银行体系越稳定。各项存款是支撑商业银行资产运作的极为重要的来源，分析我国上市商业银行 2013 年的资产负债表，"居民储蓄存款"这一项为 287 211.93 亿元，占总负债的 40.78%，可以看出居民储蓄存款在当中占有相当大的比例。一旦发生存款流失，商业银行由于资金来源渠道的单一和对存款的依赖，可能面临较大的流动性风险。根据模型的结果，这一解释变量对模型的偏贡献也是最大的。

5. M2 与外汇储备之比

M2 与外汇储备之比与银行体系的不稳定性呈正相关性。在实行钉住汇率制的国家中，资本突然外逃可能导致银行系统性问题的出现。我国从 2005 年开始实施以供求为基础的有管理的浮动汇率制度，实际上这是一种钉住单一美元的固定汇率制度。一个国家外汇储备的多少对该国金融系统的稳定有非常大的影响，1997 年的亚洲金融危机、1999 年的俄罗斯金融危机和 2001 年的阿根廷金融危机均与外汇储备的耗尽有关。

6. 每元资本产出的实际 GDP

每元资本产出的实际 GDP 与银行体系的不稳定性呈负相关性，表明资本利用效率越高，则银行发生危机的可能性就越低。若资本的利用效率高，那么企业投入生产、流通领域的资金周转速度就快，企业偿债能力增强，从银行借贷来的资金形成不良贷款的概率相应降低，银行的稳定性增加。因此，提高我国的资本利用效率对稳定银行体系具有重要意义。

7. 实际利用外资的增长率

实际利用外资的增长率与银行体系的不稳定性呈负相关性，说明对外资利用的增加会增强银行体系的稳定性。我国早在20世纪80年代开始就采取激励政策，加大对外资的吸引，外资的流入会带来经济的繁荣，企业扩大生产规模，增加银行贷款，社会产出增加，从而创造出一个良好的宏观经济环境，对银行的稳健经营具有促进作用。

（二）未进入方程的变量分析

1. 宏观经济变量

在宏观经济变量中，未进入模型的有实际GDP的增长率、投资增长率、GDP平减指数变化率和实际汇率的变化率。在银行体系不稳定的年份里，这几个变量都大致处于波峰或者波谷，个别年份例外。银行体系的不稳定可能由经济衰退引起，也可能由经济过热引起，但许多实体经济变量值在衰退期和繁荣期却截然相反①。这部分宏观经济变量未进入方程，可能与模型设定有关，也有可能是由于这些变量值在经济衰退或者繁荣时期的表现不一，导致软件在筛选变量时将其剔除。虽然这部分宏观变量没有进入最终模型，但其对我国银行体系稳定性的影响是不容忽视的。

2. 金融变量

按常理来说，未进入模型的金融变量即信贷增长率和流动性储备，应该与银行体系的稳定有显著的相关性，但是最终模型里没有表现出这一点。这可能是由于近20年来，我国国有商业银行一直处于垄断地位，背后又有国家信用的隐性担保，使人们对银行本身的流动性、信贷增长等指标重视度不够，银行是否发生危机也不完全取决于这些指标。但事实上，流动性作为银行经营活动的"三性原则"之一，和银行的稳定经营有相当大的关系，而信贷的过快增长也极易带来不良贷款率的上升，引发银行体系的危机。

3. 其他变量

进口增长率和出口增长率是未进入最后模型的其他变量。在银行体系不稳定的年份，这两个变量也处于低谷附近或者高峰附近。出口不振

---

① 罗建. 银行体系不稳定性与实体经济关系的实证分析 [J]. 经济理论与经济管理，2003（1）：27-30.

和进口减少往往暗示着国内的经济环境不好，这不利于银行体系经营活动的稳定性。进出口增长率对我国的银行体系稳定有一定的影响，但是影响较小，我国的银行体系受到国内因素的影响要大些。但是随着对外开放的程度越来越深，进出口的变化对银行的稳健经营必然会产生越来越大的作用。

（三）模型评价

本文的模型只是一种尝试，虽然模型中的解释变量显著，从 Hosmer-Lemeshow 检验来看模型的拟合优度也不低，一些直接反映宏观经济状况或者银行流动性的指标却并未进入模型，模型自身仍然存在着缺陷。①样本数据不足。logistic 模型使用的是最大似然估计，如果样本规模小于100，使用最大似然估计法的话，估计风险就会较大。②在解释变量的选择上较粗略。本模型主要着眼于会破坏银行体系结构的宏观经济变量和金融变量上，但法律法规完善程度、银行产权结构、投资环境、存款保险、谨慎监管等制度性变量，都可能会导致银行危机的发生，却没有被引入回归方程。同时由于数据的缺乏，判断我国银行体系是否稳定的重要指标——不良资产比率，也无法带入模型，减弱了模型对银行体系稳定性的说明效果。③数据的获得有出入。虽然原始的数据都来源于各个权威机构，但由于来源不同，统计口径也可能不同，从而会对计量分析的结果产生一定的不良影响。④在因变量的确定上有一定主观因素。在判定 1985—2014 年间我国银行体系是否稳定时，虽然结合了数据分析和时间分析方法，但在判断上仍然存在一定的主观性，这可能会对模型的最后结果产生不利影响。

五、小结

本文在已有的研究方法上对我国银行体系的稳定性进行了实证分析，揭示了一组与银行危机爆发紧密相关的变量，包括宏观经济变量、金融变量和其他变量。这些结论对于认识银行体系的危机是有帮助的。但是由于银行危机属于罕见事件（小概率事件），而现有的研究都是以相对少数的几次危机为对象，而且不同的银行危机还存在差异性，因此在理解银行体系的脆弱性是如何受到宏观经济、市场体系、制度变量等的影响时，就有一定的局限性。现实情况充满了不确定性，这种不确定性难以用一两个计量模型描述清楚并解释其发生原因，所以对得出的结论要保持谨慎的态度，必须在实际经济中得到检验才能判断其是否正确。

虽然本模型所选的解释变量可以传递与银行体系不稳定性有关的大致的经济环境信息，但是不能反映个别银行或某类银行的具体情况，因此就不能及时发现由个别银行的不稳定波及其他银行而导致的整个银行体系动荡不安，引发金融危机。所以，对银行体系稳定性的定量研究只可以作为对银行体系稳定性判断的补充，而不能取代其他判断手段。

　　此外，要提高回归模型的契合度，就要完善对银行危机的定义。银行危机可能是长期问题暴露的结果，也可能是严重的外部冲击所引起的突发事件。由于这两种情形的发生都源于银行自身的潜在结构性弱点，有相似的表现形式，区分这两种危机有助于明确和完善银行体系的稳定性与宏观经济变量之间的关系。我国的银行业问题大多是由于宏观经济波动引起的，这是在经济转轨过程中，各项改革相互作用影响的必然产物。2014年以来，我国银行业出现了不良贷款率增长较快、盈利能力增长速度有所放缓、流动性有所降低等问题，这是银行自身的脆弱性表现。虽然它们没有引发系统性的银行危机，但是如果不能改善这种现状，一旦受到猛烈的外来冲击，我国银行业将面临很大的危机压力。

参考文献

　　[1] 韩俊. 银行体系稳定性研究 [M]. 北京：中国金融出版社，2000：87-123.

　　[2] 邹薇. 银行体系稳定性——理论及中国的实证研究 [M]. 北京：经济科学出版社，2005：4-7，220-225.

　　[3] 张旭. 金融深化、经济转轨与银行稳定研究 [M]. 北京：经济科学出版社，2004：8-14，114-123.

　　[4] 王济川，郭志刚. Logistic 回归模型——方法与应用 [M]. 北京：高等教育出版社，2001.

　　[5] 庄毓敏. 商业银行业务与经营 [M]. 2版. 北京：中国人民大学出版社，2005：83-85.

　　[6] 卡尔-约翰·林捷瑞恩，等. 银行稳健经营与宏观经济政策 [M]. 潘康，等，译. 北京：中国金融出版社，1997.

　　[7] 伍志文. 中国金融脆弱性分析 [J]. 经济科学，2002 (3)：5-13.

　　[8] 罗建. 银行体系不稳定性与实体经济关系的实证分析 [J]. 经济理论与经济管理，2003 (1)：27-30.

　　[9] 刘卫江. 中国银行体系脆弱性问题的实证研究 [J]. 管理世界，

2002（7）：3-10.

　[10] 张雪兰、何德旭、李睿. 宏观经济波动与中国银行体系的稳定 [J]. 宏观经济研究，2010（12）：15-29.

　[11] 张桂霞. 关于银行体系稳定性研究的综述 [J]. 江苏社会科学，2007（2）：84-87.

　[12] 刘锡良，董青马. 我国银行改革的回顾与分析——基于银行与政府关系演变的视角 [J]. 财经科学，2008（9）：1-8.

　[13] 李麟，索彦峰. 经济波动、不良贷款与银行业系统性风险 [J]. 国际金融研究，2009（6）：55-63.

　[14] 胡祖六. 东亚的银行体系与金融危机 [J]. 国际经济评论，1998（6）：13-17.

　[15] 国际货币基金组织. 世界经济展望 [R]. 北京：中国金融出版社，1998.

　[16] GRACIELA L KAMINSKY, CARMEN M REINHART. Financial Crises in Asia and Latin America：Then and Now. The American Economic Review, Vol. 88, No. 2, May 1998：444-448

　[17] ASLI DEMIRGüç-KUNT, ENRICA DETRAGIACHE. Monitoring Banking Sector Fragility：A Multivariate Logit Approach. The World Bank Economic Review, Vol. 14, 2000：287-307

　[18] ASLI DEMIRGüç-KUNT, ENRICA DETRAGIACHE. Cross-Country Empirical Studies of Systemic Bank Distress：A Survey [J]. National Institute Economic, March 2005.

　[19] HONOHAN PATRICK. Banking System Failures in Developing and Transition Countries：Diagnosis and Prediction [R]. unpublished manuscript. University College, Dublin, 1997.

　[20] DOUGLAS W DIAMOND, PHILLIP H DYBVING. Bank Runs, Deposit Insurance, and Liquidity [J]. Journal of Political Economy, Vol. 41, June 1983：401-419.

　[21] ASLI DEMIRGüç-KUNT, ENRICA DETRAGIACHE. The Determinates of Banking Crises in Developing and Developed Countries [R]. IMF Staff Paper, Volume 45, NO. 1, March 1998：81-109.

23

（作者单位：招商银行成都世纪朝阳支行）

银行业未来的发展之路——电子银行

招商银行成都分行

内容提要：电子银行是商业银行依托信息技术，通过互联网的公共资源以及使用互联网的相关技术来实现与客户之间联系的一种新型银行服务，是一种虚拟的银行。电子银行有两种发展模式：一种是完全依赖于互联网发展起来的全电子化银行，所有的业务处理都依靠互联网进行；而另一种则是指在传统银行的基础上运用公共的互联网，借助互联网技术开拓银行的业务，上网用户可以通过它管理个人的资金，进行购物和投资，同时也开展传统的银行业务，例如柜台服务、电话银行、自助银行、家庭银行等。无论是完全依赖于互联网电子化银行的电子银行，还是传统商业银行在互联网开拓电子银行业务，都是互联网的发展为银行业提供的一种新环境，将成为 21 世纪银行业发展的必然趋势。

一、电子银行带来的变革

在信息技术迅速普及和快速进步的时代，银行业最稀缺的资源不是信息技术和资金，而是经营理念和经营方式。如何使银行业适应信息技术的发展而发生转变比对信息技术的单纯应用更重要，因为这种转变必然会给传统的银行业带来变化。

（一）电子银行的应用会改变传统银行业务的处理方式

业务操作方面，由银行柜员操作转为客户操作；业务处理方面，处理时间由受限制（每天 8 小时）变为不受限制（每天 24 小时）；服务范围方面，由本行、本地区转为跨行、跨国且不受时间和空间限制；客户联系方面，由面对面、一对一的人与人沟通改为通过手机短信或者 Email

给客户一条反馈信息,告知交易处理的情况,同时以此保持银行与客户的及时联系,避免客户与银行发生不必要的矛盾,了解客户的需要。这种改变无条件促使银行的管理模式产生变化,要求银行必须充分利用计算机及通信领域的高新技术,把知识和信息作为推动银行业向前发展的原动力,及时、准确、全面地掌握市场发展动态以及其他相关信息,从中把握市场动向、评估投资风险、预测未来的企业经营状况和市场发展趋势,据此做出正确的决策并及时贯彻执行,以在激烈的现代银行竞争中占有一席之地。同时也要求银行经营和管理应逐渐脱离传统模式走向新管理经营模式,强化营销观念,注重银行业务创新、拓展,使银行的组织架构以及原来管理传统银行的管理模式转变为管理传统银行兼营电子银行的管理模式,管理目标也将随着电子银行的产生而逐步进入完善的网络经营管理,重视管理的内涵,追求经营的质量,以效益作为衡量银行经营活动成败的标准,加强功能部门建设,拓展电子科技应用能力,重视人力资源管理,以此推动银行业整体发展,促使市场竞争转向"以人为本"的服务竞争,促进银行的组织架构和管理模式产生变革。例如,曾经在全球市值排名第一的富国银行,其50%以上的业务都是通过电子银行和手机银行来实现的,不仅提高了操作的效率和成功率,也为业务的办理节约了成本。

(二)促使银行业务走向全球化和多元化

通过电子化和网络化,银行的服务范围和功能得以大幅度扩展和加强,各项存款、授信、金融投资以及代理等业务,均可自动进行,突破了时间、地点、方式等传统因素的制约,为客户提供快捷、方便的全方位银行服务。首先,在资本流动、业务处理和信息资源全球化的趋势下,资金的流出和归集已经跨越了国界,依托互联网平台可以在极短的时间内完成大额资金划转,整个支付和结算的过程也都通过互联网来完成。同时,依据互联网这个大平台还可以实现对大数据的获取、应用和分析,可以为银行业更好地满足客户需求、开发相应产品提供有力的数据资源。其次,在业务经营多元化方面,对于通过电子商务手段完成交易的双方来说,银行所起的作用主要是支持和服务。从整个电子商务网络的发展来看,企业在网络上直接进行交易,需要通过银行提供支持支付的手段等各种方式来完成。比如,对各种金融业务交易的查询(如账户余额查询、市场行情查询、投资顾问咨询等)、各类电子商贸的支付和结算支持等。这些中间服务的开展不仅可以为银行提供新的利润点，同时也使客户与银行保持密切联系，银行可以随时跟踪客户信息，了解客户的需要。

（三）电子银行也可以为其他行业带来影响

电子银行为其他行业投入电子商务创造了有利条件。由于电子银行可为企业提供网上支付和结算，促进企业提升开发新产品和提供新型服务的能力，在网上销售产品；还可以提供信息交流场所，便于企业迅速了解消费者的偏好、需求和购买习惯，以便企业根据消费者的需求进行新策略的研究与开发，提高消费者对企业的信任度。电子银行是电子商务的伙伴，电子商务扩大了企业的竞争领域，使企业从常规的广告、促销手段、产品设计与包装等领域的竞争扩大到无形的虚拟竞争空间，促使竞争方式发生根本性变化，促使企业跻身电子商贸活动，投身电子商务行列。

二、电子银行存在的风险

虽然电子银行的出现拓宽了业务领域、提高了服务效率和质量，也降低了服务成本，但是随着电子银行的广泛应用，其安全性问题、法律问题和人员配置问题逐渐暴露了出来。

（一）电子银行的安全性问题

由于电子银行的经营服务在相当程度上依赖于信息系统的运行，因此信息系统的平稳、可靠和安全运行就成为电子银行系统安全的第一保障。由于电子银行的开放性，基于电子化支付清算系统的跨国电子货币交易容易受到来自网络内部和外部的攻击，也可能因电子银行内部职员的欺诈，或利用职业方便有目的地获取客户的私人资料而进行非法活动；还可能有黑客通过互联网侵入银行计算机系统或银行专用网络，窃取银行及客户资料，破坏银行网络系统，甚至进行非法的电子资金转账。从业务操作和处理流程来说，电子银行的操作风险可能来自客户的疏忽，也可能来自电子银行安全系统和其产品的设计缺陷及操作失误，更可能是银行职员的失职。电子银行是无纸化交易，没有任何的交易凭证，虽然系统设计在技术上配置了相应的安全控制措施，但是系统的使用总离不开人手的操作（包括用户的操作）。电子银行业务处理缩短了交易时间，降低了交易成本，增强了交易的灵活性，但由于交易是无形的，在交易过程中同时也削弱了交易的可控性，增大了交易的风险性。

（二）电子银行的法律问题

电子银行的法律风险来源于违反相关法律规定、规章和制度以及在网上交易中没有遵守有关权利与义务的规定。电子银行业务涉及的商业法律，包括消费者权益保护法、财务制度、隐私保护法、知识产权保护法和货币发行制度等。虽然立法部门为适应科技发展的需要而不断对法规进行着必要的修改，并且在相关法律正式确立之前，通过采取过渡措施，使电子商务和电子银行先行激活，通过在激活中积累经验使最终立法更加准确、全面，但是，电子银行服务范围遍及全球，在交易后面，不仅涉及本国或本地区，而且关系到银行国际机构，需要提供完善的符合国际需要的规约。电子银行的交易是国际性的，加上信息科技发展迅速，规章制度、法律标准出现真空的可能性绝对存在，这对于经营网上业务的银行来说，可能因为使用电子货币和提供虚拟金融服务业务而涉及客户隐私权的保护问题。一旦出现客户隐私权问题，客户可能会对银行提出诉讼。虽然各银行机构在提供电子银行服务的同时，均根据市场的发展需要制定了一套用户自律性质的管理办法，确定了电子合同、认证中心等协约，明确了银行提供网上服务的性质、作用、业务范围以及各方的责任、义务，但是，这种做法只是符合市场经济要求的行为原则，并没有法律上的效力。再说，法律的修改需要经过多个程序，时间较长，未必能及时跟上技术的发展步伐。

（三）电子银行的人员配置问题

随着银行业务电子化步伐的进一步加快，原有的只能适应传统手工操作和简单电脑操作的银行人员将逐渐被淘汰，因不适应日益发展的新业务、新技术的运用而导致的银行内部待业人员将不断增多。另外，随着信息技术在新业务中的广泛运用，开发应用软件所需的尖端人才将严重不足。某些小型银行的从业人员知识结构单一，缺乏既懂银行业务又精通电子信息技术的复合型人才。

三、电子银行的安全防范对策

（一）提高技术系统安全意识

为保证银行系统运行达到安全、稳定、高效，需要把计算机安全作为重要的课题，提高对银行计算机系统安全工作的认识。银行可以通过制定正确的安全管理制度，明确计算机安全管理范畴，构筑计算机系统安全管理工作的总体框架，对岗位设置、应用开发和维护、机房设备、互联网接口、系统网络、技术档案、安全工作检查等技术和管理项目做出明确规定，从不同层面、不同环节保护银行计算机系统的安全，实现系统的应用完整性、用户完整性、系统完整性和网络完整性。另外，电子银行系统的安全性在相当程度上取决于所采用的信息技术的先进程度、系统的设计开发水平以及相关设施设备及其供应商的选择等，银行依靠传统的风险管理机制已很难识别、监测、控制和管理相关风险。同样，监管机构也难以完全依靠自身的力量对电子银行的安全性进行准确评价和监控。因此，大部分国家采用了依靠外部专业化机构定期对电子银行的安全性进行评估的办法，提高对电子银行安全性和技术风险的管理和监管能力。

（二）建立健全电子银行的法律法规

首先要建立和完善电子银行业务法。要制定"电子银行法"。"电子银行法"作为电子银行市场发展的核心法律规范，应对电子银行的性质、监管、市场准入、业务范畴与标准、金融创新、法律责任、市场退出机制等做出明确规定。其次要制定"电子签名法"。电子签名的问题是目前电子银行业务发展最大的盲点，因为关于电子签名的法律效力问题，一些国家现有法律尚未对其做出明确的规范。最后要制定"电子资金划拨法"。该法主要规定有关客户与银行、银行与银行之间的法律关系，明确电子资金划拨的法律责任承担形式、损失赔偿的范围、禁止欺诈等。法律法规的完善是电子银行业务继续健康发展的有力保证。

（三）加强对高级复合人才的培养与引进

由于网络经济发展迅速，银行业务对经营管理者的素质提出了新的要求，对职员的培训也应更多地倾向于信息设备的操作、信息资源的搜集、网络消费市场的分析、信息技术发展趋势的分析、对传统业务的信息改造、信息化管理、信息技术风险分析以及信息社会中发展策略的制定等。银行的经营管理群体应由决策、管理、科技和操作等类型人才组成。只有能够适应时代新观念、掌握新知识、熟悉银行新业务、了解新现代技术以及掌握先进的管理方法、敢于开拓、勇于创新的人才，才能适应现代社会和银行发展的需要。国内一些大型银行十分注重对科技人才的配备，部分小型银行则急需既具有计算机应用专业技术知识又熟悉银行业务的复合型高级科技人才，他们在银行信息（应用）系统规划、设计、开发和运行维护中将发挥重要作用。银行建立先进、高效的以计算机网络系统作为支撑的全方位、全开放、全天候的系统为客户提供服务，更需要具备科技与银行业务复合型的中坚力量。然而，柜员和客户经理仍是把控银行业务风险的第一道关卡，如何在电子化带来的去柜员化的流程节省和人工控制风险的天然优势之间做出权衡，仍需要银行从业者不断探索。

互联网金融发展初探

钟佳志

内容提要：近年来，互联网金融得到了广泛关注，如第三方支付、互联网融资、互联网理财产品销售等。新的金融形式既对传统金融机构形成直接冲击，也带来了新的风险和问题，对监管提出了更大的挑战。本文将从互联网金融的形式和内容说起，在比较分析互联网金融的优势和风险点后，提出了互联网金融的监管思路和建议。

近年来，互联网金融得到了广泛关注，主要表现在金融业与互联网业的交叉融合。金融背后所经营的是建立在数字载体之上的资本、信息、信用和风险，具有很强的数字化基础，其表现形式极易被技术改造。虽然以互联网为代表的现代信息科技特别是近年来移动支付、社交网络、搜索引擎和云计算等工具极大地改变了金融外在的表现形式，但互联网金融的本质仍然是金融。互联网金融目前主要包括互联网支付（如第三方支付、移动支付、手机银行）、互联网融资（如 P2P 融资、众筹融资、阿里小贷）以及互联网理财产品销售（如网上卖保险、基金和理财产品）等服务。新的金融形式既对传统金融机构形成直接冲击，也带来了新的风险和问题，对监管提出了更大的挑战，需要金融行业的监管者加快学习步伐，更新监管体系和规则，规范发展秩序，防范金融风险，以促进整个金融业健康有序发展。

一、互联网金融的表现形式

按照现代信息科技对金融业产生的变革性影响划分，互联网金融主要有两种表现形式：

（一）金融互联网化

金融互联网化指的是信息技术作为一种技术性工具，替代了传统金融业的业务处理方式，主要是金融机构传统业务的互联网化。我国金融机构实施电子化、信息化和网络化由来已久。银行业如工商银行 73% 的交易量来自互联网，远远超过 3 万个营业厅的业务规模；证券业网上交易（含移动证券）产生的交易量占全部交易量的 85% 以上，个别证券公司可达 95% 以上。目前金融互联网化已经从早期的网上银行、手机银行、网上交易，逐渐演变到现在的网上证券开户、基金产品网上销售、提供金融商品消费一站式服务等。大部分金融互联网化的业务无需向监管机构申请新增业务资格，但需严格按照法律法规和自律组织的规范要求合规开展业务。

（二）互联网金融化

互联网金融化指的是信息技术不再局限于工具，已衍生出新型金融服务模式，演变为推动金融业变革的重要力量。互联网金融对传统金融行业带来的冲击正在逐步显现和扩大，如第三方支付、云计算等互联网技术的渗透不断带动着金融行业创新升级，P2P 信贷、众筹（Crowdfunding）甚至形成了不同于传统金融的新兴融资模式。互联网金融化目前的参与主体是非金融企业，常见的商业模式有：

1. 互联网贷款：P2P

作为市场管理方平台的特征性质，P2P 的地位相对独立，只提供各种有利于交易双方交易的服务，不参与交易行为，也不对交易双方提供有倾向性的意见，更不可能成为借款方式里的一个主体。借款的最终决定权，应该在出资人自己手里。此类服务比较典型的行为包括三种：纯法律手续服务，确保借款行为的法律有效性；提供风险特征信息服务，确保借款安全性的有效判断；借款人违约以后的追偿服务，确保在违约发生后降低损失。所有的制度和服务其实都是围绕着如何更好地搭建平台以吸引更多的人参与交易作为基础性特征的。

从国外来看，有 Prosper、Kiva、Lending Club 等模式，复制到国内，有附保本或保息的 P2P 模式如"证大""宜人贷""陆金所"等，有不附担保的 P2P 模式如"人人贷"，有一对多小贷公司如"阿里巴巴小贷"。据《中国 P2P 借贷服务行业白皮书（2013）》披露，P2P 机构数量从 2009 年的 9 家增长到了 2013 年第一季度的 132 家；区域分布上沿海地区较多，排名第一的广东省占比达到 22%，排在第二的浙江省占比为 20%；

交易增长较快，根据从 132 家中选取的 21 家活跃度较高的 P2P 借贷平台的交易情况，2008 年这 21 家机构交易量小于 0.1 亿元，到 2011 年度已经达到 10.03 亿元，2012 年全年的成交额达到了 104.13 亿元，交易笔数也由 2011 年的 5.79 万笔增加到了 21.14 万笔；P2P 借贷机构大部分年化利率保持在 12%~22% 之间，有 60% 的借款用于短期周转。

2. 互联网股权筹资：众筹

在美国，"众筹"这一融资方式已有人考虑将其纳入监管，成为合法融资行为。美国《JOBS 法案》第三章（又称为《众筹法》）批准了"众筹"证券，将其定义为通过互联网向众多投资者筹集资金，每个投资者只贡献少量资金。我国也已出现众筹模式的雏形，如"天使汇"就是一个可以帮助初创企业迅速找到天使投资，或帮助天使投资人发现优质初创项目的网络平台。"天使汇"的定位是一个天使投资快速撮合平台，它不同于以往的创业孵化器或者投资平台，它本身并不参与投资，而更像是一座桥梁，通过"天使汇"，创业者可以更快速地认识投资人，而投资人也能在此找到好的创业项目。

3. 互联网金融产品销售：余额宝、活期宝等

2013 年 6 月，"支付宝"正式上线"余额宝"，把资金转入余额宝的过程即是向基金公司等机构购买相应理财产品的过程。天弘基金和支付宝合作销售天弘增利宝货币基金，通过支付宝与基金公司的系统对接，用户可以迅速完成基金开户、基金购买等行为，支付宝中的余额可以在几分钟内购买基金产品。"余额宝"从诞生至 6 月 30 日的 18 天里，累计用户已经突破 250 万，存量转入资金规模达到 57 亿元。继支付宝推出"余额宝"，东方财富推出了"活期宝"。"活期宝"是东方财富旗下天天基金网推出的一款针对优选货币基金的理财工具。充值"活期宝"（即购买优选货币基金），收益最高可达活期存款的 10 余倍，远超过一年定存，并可享受 7×24 小时快速取现、实时到账的服务。

4. 互联网支付：支付宝、财付通等

互联网支付的主要表现形式有网银、第三方支付、移动支付等。2012 年我国互联网支付金额累计达 830 万亿元。中国支付清算协会发布的《中国支付清算行业运行报告（2013）》称，截至目前，获得中国人民银行"支付业务许可证"的非金融支付服务机构有 197 家，其中有 72 家获准从事互联网支付业务。从微观层面上说，互联网支付直接涉及用户的财产安全等切身利益，从宏观层面上说，还关系到国家金融体系的稳

定。例如第三方支付公司"支付宝""财付通"等拥有巨额的沉淀资金，获得了开展金融业务的潜在能力，能够对整个金融体系产生影响。从保证国家金融安全的角度看，政府对其进行监管是必要的。

5. 互联网金融云计算服务：聚宝盆

阿里巴巴计划推出"聚宝盆"，其项目实质是"阿里云"与"支付宝"联合为国内区域性银行输出云计算服务能力，这种区域范围内的农信社、农商行或者城商行在中国有 2 000 多家。让"占国内多数小型金融机构的持卡人也能享受安全、便捷的互联网金融服务，并将由此助推农村电子商务"。

总之，互联网金融服务形式越来越丰富，很多传统金融机构引入了互联网金融服务体系。以阿里巴巴为首的电商平台让传统金融业尤其是实体银行早早地感受到了危机，建设银行最先成立的"善融商务"即是应对这一冲击的表现。民生银行的七大非国有股东单位合资设立了民生电子商务有限责任公司，也是民生银行大股东或者说是民生银行应对互联网金融对传统金融业冲击的一个产物。

二、互联网金融的优势及影响

互联网金融具有信息记录和信息处理的核心特征，能大幅降低交易成本，可以达到甚至超越目前直接和间接融资的资源配置效率，促进经济增长。

（一）有利于降低信息不对称造成的交易成本，加速金融脱媒

金融业之所以成为一个重要中介，很大程度上是因为信息不对称的存在。资金需求者和供给者在需求与供给的信息、利率风险评估等方面存在信息不对称，需通过金融机构作为中介以实现交易平衡。但在互联网时代，由于阿里巴巴、淘宝、腾讯等互联网翘楚平台企业的出现，所有参与者已经可以越来越充分地了解信息。通过互联网企业搭载平台，或者说只要通过搜索方式，资金供给方可以发现资金需求方，双方的过往信誉也一目了然。如果未来资金需求方可立即知晓哪里有可调度资金，对银行或者其他金融机构作为中介的依存度就会大大降低，金融脱媒也会因此而加速。

在信息处理方面，互联网生成和传播信息；搜索引擎对信息进行组织、排序和检索，能缓解信息超载问题，有针对性地满足信息需求；云计算保障海量信息高速处理能力。总的效果是，在云计算的保障下，资

金供需双方信息通过社交网络揭示和传播，被搜索引擎组织和标准化，最终形成时间连续、动态变化的信息序列。由此可以给出任何资金需求者的风险定价或动态违约概率，而且成本极低。互联网给放贷人带来了放贷效率的大幅度提高，信息更加全面和精准。

（二）有利于小微企业和个人融资

正规金融机构一直未能有效解决中小微企业融资难问题，互联网与金融结合解决了融资中存在的严重信息不对称，带来效率的大幅提升，需求可以被更便捷高效地满足。互联网利用社交等大数据使得每个人的金融需求可以被准确地定价，互联网近乎零的边际交易成本更是让门槛降低到让人难以置信的程度。

阿里小贷是互联网金融贷款的典范。拥有庞大的交易数据和信用评价体系，淘宝可以针对商家进行更加准确的风险定价及相关的贷后管理。而对于绝大多数小微企业而言，在目前中国的信用体系及数据库资源现状下，完全通过互联网解决金融信贷需求举步维艰。现有小微金融市场上的参与者，利用互联网的手段解决小微企业的融资问题尤为关键。

（三）有利于将储蓄转化为投资

互联网理财可以充分发挥互联网便捷高效低门槛的优势，让更多百姓可以利用互联网的优势解决自己日益增长的理财需求。在国内，大多数理财产品的门槛相对较高，一般的信托产品门槛至少需要100万元，让绝大部分百姓望而却步，大多数银行理财产品依然需要5万元、10万元的门槛。互联网用其近乎为零的边际交易成本让理财的门槛降到个位数，真正实现了理财无门槛。阿里巴巴的"余额宝"和东方财富网的"活期宝"均属此类。

（四）对银行等传统金融机构冲击较大，同时也为资本市场带来机遇

互联网金融加快了利率市场化进程，对银行等传统金融机构冲击较大。一方面，金融业的实体机构网点会逐步萎缩，互联网平台将成为金融机构获得客源的重要渠道。另一方面，互联网金融更多地挖掘差异化的需求和服务：一是小微金融市场需求庞大，但银行等传统金融机构无心顾及，竞争相对较弱，容易入手；二是小微金融数量多，单笔金额小，每单逐一审批，效率相对较低，互联网大数据及系统化审批更具优势，通过规模效应与大数定理来有效地控制风险。

从国内的金融发展情况看，互联网金融的发展与早期的电子商务行业类似，还处于初级阶段，在竞争中会淘汰一批传统金融机构，最后会

有一批企业抓住机遇发展壮大起来。从长远来看，互联网金融将提升国有银行和金融机构的办事效率，并给予民间资本渗透的机会。虽然证券公司与电商等互联网企业也存在竞争与合作的关系，但电商等第三方网络销售平台的出现，有利于打破银行业在金融业的相对垄断地位。总体而言，互联网金融对资本市场的发展既有挑战又有机遇，机遇大于挑战。

三、互联网金融存在的问题和风险

对政府而言，互联网金融模式可被用来解决中小企业融资问题和促进民间金融的阳光化、规范化，更可被用来提高金融普惠性，促进经济发展，但同时也带来了一系列监管挑战。对业界而言，互联网金融模式会产生巨大的商业机会，但也会促成竞争格局的大变化。对学术界而言，支付革命会冲击现有的货币理论，互联网金融模式下的信贷市场、证券市场也会产生许多全新的课题，现有的货币政策、金融监管和资本市场的理论都需要完善。

（一）宏观调控和货币政策风险

互联网金融对宏观调控和货币政策的影响日益显著。在无中央银行存款准备金制度约束的情况下，调动并运用社会闲置资金，实现了信用扩张，但未计入 M2 与社会融资规模，造成货币供应量被低估；带来融资行为"脱媒"，银行信贷渠道在货币政策传导中的重要性下降，可能削弱数量型货币工具的效力；网络信贷资金流向缺乏有效监管，可能进入"两高一剩"等限制性行业，削弱信贷结构调整政策的效力等。

（二）P2P 演变为影子银行，易引发局部系统性风险

事实上，国内例如"人人贷""红岭""陆金所"等几乎所有的 P2P 机构，都将自己的信用加入其中，例如设置了出资人的保本条款，甚至"陆金所"还设定了保息条款。这种模式其实早就脱离了 P2P 的概念，把本来该有的中介服务机构所应该收取的无风险收入变成了风险收入，这种带有信用附加的风险收入行为，不但不属于 P2P 应有的定义，而且会给平台的生存带来极大的不确定因素。事实上这些 P2P 机构具有信用创造和流动性创造的功能，采用"资金池"方式运作，扮演了银行的角色，却不接受相应的监管，终将爆发流动性风险或者信用风险。

（三）合法性问题

互联网金融可能涉及非法发行和非法集资的问题。在我国，未经相关金融监管机构批准的公开证券发行仍然是违法行为。2013 年 5 月底，

证监会通报了淘宝网上部分公司涉嫌擅自发行股票的行为，这种利用淘宝网、微博等互联网平台擅自向公众转让股权、成立私募股权投资基金等行为涉嫌变相、非法发行股票，已经被界定为"新型的非法证券活动"。我国曾经出现过诱骗社会公众购买所谓原始股以及拟上市公司股票的诈骗事件，给很多投资人尤其是普通百姓造成了重大损失。在网络平台上贩售"原始股"，销售场所虽有改变，但本质没有变。互联网金融行业具有技术相对密集、参与人员众多、跨区域发展等特点，一旦陷入非法集资的泥沼，可能会引发事关金融稳定甚至社会稳定的问题。

（四）投资者保护问题

互联网金融需要加强监管，特别要重视投资者保护问题。由于互联网特有的广泛性和传播性，一旦出现问题如庞氏骗局，容易造成社会不稳定。P2P 行业意义虽大，但风险值得警惕，尤其要避免风险的链式传染，引起公众风险。P2P 行业投资者大部分为非专业型普通个人，数量较多，容易被高收益吸引，却不具备良好的风险识别能力和承受能力。金融消费者准确理解和掌握互联网金融产品和服务实质的难度加大，支付安全、个人信息泄露、资金亏损等风险也日益暴露，金融消费者自身合法权益更易受到侵害。关于个人数据保护，特别是个人互联网电子数据保护，也需提上日程。这一问题近年来在欧美发达国家尤为突出，典型代表为 2013 年的斯诺登事件。

（五）违约风险

违约风险主要包括小额技术信贷风险、异化产品的风险、中间账户监管缺位风险、担保与关联风险等。降低违约风险需要建立线上信用体制。阿里金融做线上的优势是有信用数据作为基础，因为淘宝卖家的现金流都有记录，能很好地对这些卖家进行信用评级，对降低不良率很有帮助。做互联网金融，要挖掘产品最真实的需求。如果仅仅是把线下模式简单地搬到线上，一定会遇到信用问题和发展瓶颈。如何把线下信用互联网化、将线下诚信行为搬到线上，将是互联网金融需要突破的难点。

四、互联网金融的监管思路和建议

我国资本市场发展历史比欧美发达国家时间短，但互联网金融方兴未艾，与欧美发达国家基本处于同一起跑线。互联网金融的形式对金融监管体系和法律制度的挑战比较大，欧美各国的监管者也在不断积累经验中，谨慎处理发展与规范的关系。

（一）欧美国家的监管现状

目前，美国、欧盟等发达国家和地区均加强了互联网金融监管，大多通过补充新的监管法律法规，使原有的金融监管规则适应互联网金融要求，对互联网金融监管采取谨慎宽松政策。与传统的金融监管相比，互联网金融监管在监管体制、监管政策、监管内容、监管机构以及监管分工方面都没有太大变化，这使得互联网金融市场的准入门槛很低。美国的《JOBS 法案》已于 2012 年 4 月成为法律，待美国证券交易委员会（SEC）颁布具体规则以规制新的众筹证券市场后，该法律即生效。美国 SEC 正在研究如何行使其规则制定权，以使该法案实现其核心目标。美国已放松了原先对小企业进行公募的限制，以促进中小企业发展。

（二）政策建议

一是对互联网金融机构进行适当监管。金融监管最为重要的目标就是保护投资者的合法利益。因为互联网金融准入门槛很低，涉及的公众投资者数量多且风险识别能力参差不齐，投资者利益容易受到侵害，所以有必要对互联网金融机构进行适当监管，包括对互联网金融机构的准入门槛、高管从业资格及从业行为等方面进行监管。

二是对互联网金融产品和服务进行适当规范。互联网金融涉及的公众投资者面很广，风险识别和承受能力差异较大，建议要求互联网金融机构提供简单、透明、低风险的金融产品或者服务，以防止投资者被误导。

三是完善信用体系建设。目前互联网金融上的信用记录与人民银行征信系统的信用记录是相互隔离的，不同 P2P 上的信用记录也是相互隔离的，每个都是信息孤岛，信用记录没有汇总在一个数据库中。为了进一步提高金融市场资金配置效率，需要建立一个综合性的征信体系。

四是加强互联网金融投资者权益保护。应适时出台相应的互联网金融投资者权益保护的法律制度，建立互联网金融投资者投诉受理渠道，同时要加强互联网金融投资者教育，提高其风险意识和自我保护能力。

五是加强行业自律。建议建立行业自律组织，制定必要的行业标准，规范从业行为。

（作者单位：招商银行成都分行）

互联网金融时代商业银行转型发展策略

卜银伟

内容提要：近年来，社交网络、大数据、云计算等互联网新思维、新技术的风靡引发了互联网金融革新，引起了人们的广泛关注。本文以互联网金融的概念界定为切入点，梳理归纳了互联网金融的发展阶段，分析提炼了互联网金融的业态模式和发展趋势，提出了在互联网金融时代商业银行转型发展应具备的思维、定位和路径，并尝试从发展方向、渠道整合、信息共享、智慧营销、数据挖掘、创新平台、流程优化、组织建设和风险控制等方面提出对策建议。

互联网金融是一种新兴的商业模式与盈利方式。从金融的本源来看，互联网金融并未从实质上改变金融的核心内涵。在互联网金融的发展过程中，商业银行理应积极融入、创新求变，推动自身的转型发展，成为互联网金融的积极参与者和推动者。

一、互联网金融的定义及业态模式

（一）互联网金融的定义

互联网金融不但改变了世界，也发展了经济理论。互联网金融并未突破金融理论的框架，也未"独立"于金融理论体系之外，但当前业界和学术界对互联网金融尚无明确的、获得广泛认可的定义。谢平（2012）认为互联网金融模式，既不同于商业银行的间接融资模式，也不同于资本市场直接融资的金融融资模式，称之为"互联网直接融资市场"或"互联网即融模式"。吴晓灵（2013）认为无论是银行还是其他金融机构，只要用互联网技术和用 IT 技术来做金融服务或其他企业用互联网技术和 IT 技术从事金融业务，都可以纳入互联网金融之列。第一财经新金融研究中心指出，互联网金融不是"运用互联网技术的金融"，而是"基于互联网思维的金融"。《中国金融稳定报告（2014）》提出，互联网金融通过互联网与金融的结合，借助互联网和移动通信技术，进而实现资金融通、支付结算和信息中介功能的新兴金融模式。

综合相关文献资料，本文认为，互联网金融是借助互联网的技术来实现资金融通行为的总和，以传统金融的在线化、互联网企业的渗透化和金融生态圈的新型化为主要业态，涵盖从商业银行、证券保险、交易所等金融中介和市场，到瓦尔拉斯一般均衡①对应的无金融中介或市场情形之间的所有金融交易和组织形式的新兴金融领域。

（二）互联网金融的业态模式

目前，互联网金融的发展具有四个方面的特征：一是以大数据、云计算、社交网络和搜索引擎为基础，有针对性地满足客户在金融服务和信用风险管理上的需求。二是以点对点直接交易为基础平台进行金融资源配置。供需双方可以在互联网上匹配和达成交易，金融服务的边界进一步拓展。三是通过互联网实现以第三方支付为基础的资金转移，第三方支付机构的作用日益突出。四是传统金融机构搭建电子商务和金融服务综合平台，通过提供支付结算、企业和个人融资、担保、信用卡分期等金融服务来获取利润。根据上述四个方面的特征，结合对相关文献的收集整理，本文对目前互联网金融的业务特征、业态模式做以下归类（见表 1）：

---

① 瓦尔拉斯一般均衡理论是指在完全竞争的市场体系中，在任何价格水平下，市场上所有商品的供给与需求总和为零，经济处于稳定的均衡状态。现在延伸出来，指在瓦尔拉斯一般均衡条件下，消费者可以获得最大效用，企业家可以获得最大利润，生产要素的所有者可以得到最大报酬，从而社会可以和谐而稳定地存在下去。即在一个理想社会中，经济社会可以达到一个完全的均衡状态。

表 1　　　　　　　　　目前互联网金融的业务特征及业态模式

业务特征	业态模式	典型：企业/产品	
		国　内	国　外
通过新技术挖掘客户信息并管理信用风险	金融产品、比价搜索	融360、好贷网、我爱卡、银率网	
	电商平台贷款主体信用评估	阿里小贷、京东京保贝、京东白条	Ebay、Lending、Kabbage
	第三方信用评估	安融惠众（网贷征信）金银岛、金电联行（供应链融资征信）	
以点对点直接交易为基础进行金融资源配置	P2P 贷款	温州贷、盛融在线、翼龙贷、红岭创投、陆金所、拍拍贷、宜信	Lending Club、Prosper
	众筹融资	点名时间、天使汇、众筹网、追梦网、淘宝·星愿	Kickstarter、Funders Club、Bank To The Future
	理财产品销售	余额宝、定存宝、腾讯基金超市、百度理财平台	Paypal、共同基金
以第三方支付为基础的资金转移	移动支付产品	支付宝钱包、微信支付、壹钱包、网银钱包、工银 e 支付	
	移动支付技术	声波支付、扫码支付、NFC 支付、密码支付	
	第三方账户余额支付	支付宝、财付通、银联在线	Paypal、Amazon、Payment
	网银通道支付 P2P 资金托管	微信支付、支付宝钱包汇付天下、易宝支付	
金融机构创新型互联网平台	传统金融机构搭建电子商务和金融服务综合平台；完全通过互联网开展业务的专业网络金融机构。	工商银行"融 e 购"、农业银行"E 商管家"、中国银行"中银易商"、建设银行"善融商务"、交通银行"交博汇"、招商银行"非常 e 购"、中信银行"金融商城"	

二、互联网金融时代商业银行转型发展的路径选择

目前，商业银行正面临着不同的互联网金融业态的持续冲击，必然促使商业银行的经营理念、价值取向、角色定位和竞争格局发生显著改变。本文认为，商业银行选择怎样的转型发展路径，将成为商业银行转型发展成功与否的重要影响因素。

（一）商业银行转型发展首先要做准确的发展定位

互联网金融并没有改变金融本身的使命和功能，其使命仍是服务实体经济以及为客户创造价值。商业银行在互联网金融时代应立足于三个定位：

（1）定位于服务实体经济转型升级。金融发展是为了促进实体经济的发展，脱离实体经济发展的过度金融创新，有可能成为引爆金融危机的导火索。因此，商业银行基于互联网金融的转型发展，必须围绕实体经济发展的需要，与实体经济发展的阶段和水平相适应。

（2）定位于满足客户普惠金融需求。在互联网金融时代，传统商业银行原有模式运行，所提供的金融服务的深度和广度很难满足客户的金融需求。商业银行只有通过多种途径，有条件地对客户进行全面、科学的客户关系管理和精准营销，才能使更多的客户享受到更加广泛、更加便利的普惠金融服务。

（3）定位于金融市场竞争新格局。在互联网金融时代，金融市场的竞争日趋激烈，金融混业经营呈现新局面。商业银行要积极适应和参与未来的金融市场竞争新格局，实现金融生态系统的互补发展、共享共赢。

（二）商业银行转型发展的可选择发展路径

基于商业银行转型发展的定位，借鉴波士顿咨询（2014）的分析方法和框架，本文勾勒出了渠道整合、信息共享、智慧营销、数据挖掘、创新平台、流程优化、组织建设、风险控制八条发展路径，供商业银行进行转型发展选择（见图1）。

以客户为中心

①渠道整合	②信息共享		③智慧营销		④数据挖掘
客户接触点	了解客户		数字化营销		基础建设
实体渠道	短信/邮件	客户细分	目标管理	营销管理	仓库建设
呼吸中心	社交平台	客户需求	客户拓展	市场拓展	数据管理
硬件设备	市场研究		数字化服务		数据挖掘
个人电脑	趋势预判		个性服务	数字服务	数据安全
移动电话	市场竞争		数字化销售		技术创新
多渠道接触客户	客户调查		线上销售	线下销售	整合创新
⑤创新平台	服务创新	产品创新	业务创新	技术创新	创新合作
⑥流程优化	流程梳理	流程管理	流程设计	流程再造	流程监控
⑦组织建设	组织架构	治理规则	企业文化	资源配置	激励方式
⑧风险控制	风控战略	风控架构	风控制度	风控流程	风控工具

图1　商业银行转型发展的可选择发展路径

（1）渠道整合。渠道的"部门分治"将导致同一客户在同一银行内部的各渠道间"被割裂"。在未来，商业银行可实现线上线下的统一，对不同的渠道实现多渠道整合。

（2）信息共享。当前，商业银行信息脱媒的压力越来越大，甚至有被"管道化""边缘化"和"后台化"的危险。在未来，商业银行应打破内部数据分享的壁垒，实现数据标准化和共享，增强对市场的响应能力和前瞻的研判能力。

（3）智慧营销。商业银行营销渠道和营销手段较为有限。在未来，商业银行可借鉴互联网社交和平台思维，同时通过大数据分析，实现个性化的智慧营销。

（4）数据挖掘。面对互联网瞬息万变的金融需求，传统的"刚性"IT系统显得捉襟见肘。在未来，商业银行可充分发挥数据挖掘的优势，为商业银行产品设计和营销服务提供有力支撑。

（5）创新平台。商业银行创新的前提是必须稳健。在未来，商业银行可积极借鉴互联网企业的创新基因，从支付方式、服务功能、服务渠道、平台模式等方面搭建创新平台。

（6）流程优化。商业银行的流程管理基本上围绕业务办理过程而开展。在未来，商业银行的流程管理应该是基于客户端的，以客户为出发点和归宿点进行流程梳理和再造。

（7）组织建设。企业文化是将企业精神固化于商业银行内部的终极手段。在未来，商业银行在组织建设过程中，需要有明确的企业文化，匹配权责与资源的考核评价机制以及人才培养等的系列配套制度和办法。

（8）风险控制。互联网技术为商业银行风险管理提供了全新的思路和手段。在未来，商业银行有望借助于全方位、立体化的信息数据，准确判断风险、提高风险控制效率，确保投资者和消费者合法权益。

三、互联网金融时代商业银行转型发展的对策建议

面对新一轮互联网金融大潮带来的挑战，商业银行应与时俱进、顺势而为，立足于金融服务的本质，从商业银行转型发展的路径入手，积极参与互联网金融竞争，努力在互联网金融市场竞争中成为参与者、推动者甚至领军者。

（一）吸收互联网思维，确立转型发展方向

互联网思维是一个多元的概念，本质是发散的非线性思维，其中最

重要的，就是客户体验。互联网金融的发展浪潮，在改变金融领域销售渠道、竞争环境的同时，也在逐渐冲击着传统金融的商业模式。对于互联网金融的发展，商业银行要有危机意识，需要改变过去的传统思维，在倡导"开放、平等、协作、分享"的互联网精神的基础上，需要更进一步纳入"包容、创新、多元"的思维元素。同时，商业银行应充分利用自身的客户基础、品牌信用、渠道网络、科技实力等方面的独特优势，吸收互联网思维来衔接金融，重构渠道体系，延展营销网络，构建产品创新平台，准确把握用户需求，不断为客户提供良好的体验，在经营理念和转型发展上真正融入互联网时代。

（二）加快渠道整合，搭建统一系统平台

渠道整合的核心是客户能够自由选择在何时通过何种渠道获得怎样的金融产品和服务。渠道整合需要顶层规划设计，统筹规划渠道建设，制定统一的渠道建设规范和布局策略。完善渠道管理体制，明确各部门、总分支机构间的职责分工，推动渠道结构调整。建立渠道管理日常沟通协调反馈机制，提升渠道协作效率。完善渠道评价机制，打造涵盖成本分析、效益核算、经营管理等在内的渠道综合评价视图。探索建立跨渠道营销转介和客户贡献度还原机制，实现价值最大化。先进的多渠道业务系统平台，可对客户需求做出更及时高效的反应：移动银行应统筹手机银行、短信银行、微信银行等移动业态，打造覆盖面更广、功能更全、集便捷性和安全性于一体、客户体验更优的移动金融服务模式。电话银行应积极向远程银行模式发展，实现从客户服务中心向客户关系管理中心的转变，充分发挥高效率低成本渠道优势。传统的物理网点要着力于布局优化、业务调整以及线上渠道的互动，并赋予网点新的服务理念、服务内容和服务模式。

（三）实现信息共享，洞察引领客户需求

客户体验优劣是决定互联网金融竞争成败的主要因素之一。商业银行要在互联网金融竞争中占据主动，必须高度重视客户体验。充分收集客户数据、掌握客户完整数据图谱，利用大数据挖掘技术刻画客户的需求特点，建立客户体验指数，综合反映客户多方面的特征。依靠大数据解读客户需求，洞察每个客户的偏好，甚至是客户本身并未察觉的潜在需求，使客户切身感受到"以客户为中心"的良好体验，更好地满足新型客户的多元化金融需求。

（四）着力智慧营销，增强智能服务能力

商业银行借助互联网金融开放式的平台、交互式的营销渠道、个性化的金融产品服务等开展智慧营销，可以强化和巩固客户关系，增强服务客户能力，并实现稳定客户、黏合客户和服务客户的目标。充分利用社交网络、即时通信等新兴媒体，实现商业银行与客户之间的开放交互式接触，实现信息同步交互共享和精细化客户关系管理，实施网络精准营销。以定制化、标准化、集成化为方向，对客户实施智能化服务，提高产品服务的技术、智力、信息附加值，满足客户个性化需求。积极探索与社交媒体、移动服务提供商等互联网平台的战略合作，构建信息流、资金流、物流"三流合一"的金融生态闭环，增强客户黏性。

（五）深度挖掘数据，提升智能决策水平

互联网金融是互联网、大数据与金融的天然融合，互联网金融的核心是数据。加强对各类形式的文档、文本、图像、音频、视频等非结构化数据的收集，借鉴电商企业重视客户之间的交易记录、点击流、客户互动评价、物流信息等思路，积极推进数据整合，在此基础上实现深层次数据挖掘。"数据→信息→商业智能"将逐步成为银行定量化、精细化管理的发展路线。商业银行可以将数据深度运用到业务经营管理过程中，实现对信息数据的聚合共享和按需索取以及对市场和客户的智能洞察，实现对业务与管理全过程、实时化的感应和度量，利用数据来指导工作，设计和制定政策、制度和措施，做到精准营销和精细管理，提升在市场拓展、客户营销、风险管理和资源配置等领域的智能化决策水平。

（六）打造创新平台，增强持续发展动力

借鉴互联网企业的创新思路，搭建创新平台，推动支付方式创新、服务功能创新、服务渠道创新和平台模式创新。在注重"便捷、安全、贯通、定制"的基础上，积极推动支付方式的创新，打造以线上收单、电子账单支付、跨行资金归集为重点的线上支付结算体系。充分利用现代技术手段，建立在线化、智能化的网络融资运作模式，实现服务功能创新。构建以商业银行为核心的移动金融生态圈，实现线上线下交互联动，为客户提供随时随地、贴身贴心的金融服务，推进服务渠道创新。积极参与互联网金融市场竞争，合理把握与第三方支付机构、移动运营商等参与方的竞争关系，实现优势互补、合作共赢的平台模式创新。

（七）致力流程优化，完善运营保障体系

加快智能手机、云计算、物联网、大数据等信息技术在关键业务和流程环节的应用，优化完善运营保障体系，提高技术应用能力，增强服务客户能力。建立标准化、模块化、多层次的流程架构，实现端到端的流程优化，创新矩阵组织架构。整合线上、线下业务相关的信息系统、制度流程和运营平台，实现从传统线下组织向线上线下融合的集成性组织转变。通过标准化、参数化、模块化的产品模型实现金融产品和综合服务方案的按需定制，实现产品体系的网络化、智能化和集成化。打造全球一体化、7×24小时、跨渠道集成的运营保障平台，提供超时空、不间断的网络金融服务。搭建基于开放式、集成化、面向服务的信息架构，建立和完善随需而变、动态调整、可扩展的运营支持体系。

（八）强化组织建设，实现精细科学管理

互联网金融时代的技术创新已经领先于管理创新，更领先于组织建设。为适应技术创新带来的治理变革，不仅要改变思维方式，更要持续推动组织建设。在互联网金融时代，商业银行应吸纳互联网所应具有的"包容"和"诚信"这两种文化元素，强调社会道德意识和社会责任意识，推动企业文化重塑。加强"学习型组织"建设，大力实施互联网金融人才培养工程，加强复合型人才培养，为商业银行转型发展做好人力资源储备。借助大数据的管理技术，采用先进的考核办法、竞争制度和奖惩机制等管理方式，更加科学地进行绩效评价，合理配置资源，促进商业银行管理从经验依赖向数据依据转化，实现企业的健康、持续发展。

（九）加强风险控制，构建有效风控体系

中国银监会副主席阎庆民指出，互联网金融兼具"互联网"和"金融"的双重基因，决定了其风险本身远比互联网和传统金融单一的风险更为复杂。对商业银行而言，确保互联网金融的安全尤为重要。一方面，要充分利用手册、网络、媒体等手段开展宣传互联网金融安全知识，提高公众风险意识；另一方面，也要更加重视客户信息安全，将金融消费者的权益保护和业务安全性放在风险防范的核心位置，防止任何对客户权益的损害。要加强制度建设，健全风控体系，确保互联网金融发展有标准可量、有规范可循、有制度可依，构建持久有效的风控体系。

参考文献

[1] 谢平，邹传伟. 互联网金融模式研究 [J]. 金融研究，2012（12）：11-22.

[2] 谢平，尹龙. 网络经济下的金融理论与金融治理 [J]. 经济研

究，2001（4）：24-31.

　　［3］吴晓灵. 互联网金融应分类监管区别对待［J］. IT 时代周刊，2013（11）：14.

　　［4］邱峰. 互联网金融对商业银行的冲击和挑战分析［J］. 吉林金融研究，2013（8）：44-50.

　　［5］袁博，李永刚，张逸龙. 互联网金融发展对中国商业银行的影响及对策分析［J］. 金融理论与实践，2013（12）：66-70.

　　［6］周宇. 互联网金融：一场划时代的金融变革［J］. 探索与争鸣，2013（9）：67-71.

　　［7］陈一稀. 互联网金融的概念、现状与发展建议［J］. 金融发展评论，2013（12）：126-131.

　　［8］邓俊豪，张跃，何大勇. 互联网金融生态系统 2020——新动力、新格局、新战略［R］，波士顿咨询，2014（9）.

　　［9］中国人民银行. 中国金融稳定报告［R］. 2014.

　　［10］新华社《金融世界》，中国互联网协会. 中国互联网金融报告［R］. 2014（8）.

（作者单位：中国工商银行四川省分行）

中外互联网金融监管对比研究

——兼论金融改革背景下互联网金融健康发展的路径选择

谢栋梁　李建军

内容提要：互联网金融作为一种新兴的金融模式，近年来呈爆发式增长态势，并进入了我国最高决策层视野。本文从介绍互联网金融内涵及主要模式入手，分析了互联网金融监管的必要性；在梳理我国传统金融监管和互联网金融监管现状的基础上，结合国外互联网金融监管经验，对中外互联网金融监管进行比较分析；结合我国金融改革宏观背景，阐释了互联网金融对金融监管体系的挑战；提出了我国互联网金融健康发展的路径选择，有较强的现实意义。

一、互联网金融的内涵、主要模式及监管必要性分析

2014 年 3 月，"互联网金融"一词首次被写入政府工作报告，国务院总理李克强在报告中提及"促进互联网金融健康发展，完善金融监管协调机制"。互联网金融进入我国最高决策层视野，激起社会对互联网金融存在合理性及其监管方式的广泛热议。2013 年，以"余额宝"为典型代表的互联网金融模式，借助其全新渠道和技术优势，为草根用户提供便利普惠金融服务，并对传统金融业造成巨大冲击。同时，学界和业界对于互联网金融监管的抨击和质疑也从未停止。近年，P2P 网贷平台"跑路"事件频发，刺激了监管层对互联网金融监管政策的快速出台。

（一）互联网金融的内涵

目前，对于互联网金融尚无明确的、获得广泛认可的定义。一般来

说，互联网金融是指依托于支付、社交网络以及云计算等互联网技术，实现资金融通、支付和信息中介等业务的一种新兴金融模式，是互联网与金融深层次的结合。①

互联网金融在运作上更强调互联网技术、金融业务与客户体验的高度融合，存在两个层次的理解：一方面，互联网企业借助电子商务发展积累的用户资源和互联网技术渗透金融行业，并通过互联网、移动互联网使得传统金融业务客户体验更好、参与度更高；另一方面，传统金融机构加速互联网业务及金融产品创新，主动推出客户体验更好、内容更丰富的互联网金融产品。②

（二）互联网金融的主要模式③

罗明雄在《互联网金融》一书中，将互联网金融分为六大模式：

（1）互联网支付。它是指依托互联网发起支付指令、转移资金的服务。其实质是新兴支付机构作为中介，利用互联网技术实现付款收款双方资金划转的服务。以"支付宝""财付通""快钱""微信支付"为典型代表。

（2）网络小额信贷。它是指互联网企业通过设立小贷公司，利用自身电子商务平台上积累的客户数据，向企业或个人发放小额信用贷款。以"阿里小贷""京东商城供应链金融"为典型代表。

（3）互联网金融销售渠道。它是指利用电子商务网站积累的庞大用户群，将金融产品和网络服务进行深度结合，借助互联网渠道向客户提供更便捷的金融服务。以"余额宝""微信支付"为典型代表。

（4）众筹模式。它是指通过网络平台为项目发起人筹集从事某项创业或活动的资金，并由项目发起人提供一定回报的融资模式。目前，我国的众筹平台多数带有公益和慈善色彩，以"天使汇""点名时间"为典型代表。

（5）P2P网络借贷。它是指资金的供给方和需求方直接匹配，绕过

---

① 百度百科. 互联网金融［EB/OL］. http://baike.baidu.com/subview/5299900/12032418. htm? fr=aladdin.

② 周宇. 互联网金融：一场划时代的金融变革［J］. 经济改革，2013（9）：67-71.

③ 罗明雄，等. 互联网金融［M］. 北京：中国财政经济出版社，2013.

银行、券商等第三方中介，通过 P2P 平台实现直接借贷。目前，P2P 网贷分为线上模式、线下模式以及线上线下结合模式，以"人人贷""宜信""拍拍贷"为典型代表。

（6）互联网金融门户。一类是指金融门户将多家金融机构的产品整合在互联网平台上，用户通过收益率、金额和期限等条件对此进行筛选，自行挑选合适的金融服务产品。另一类是传统金融机构为客户搭建的电子商务和金融服务综合平台。第一类以"平安陆金所""91 金融"为典型代表，第二类以"建行善融商务"为典型代表。

（三）互联网金融监管的必要性

互联网金融的本质仍是一种金融活动，必然会受到金融市场运行规律的约束。

从互联网自身特点看，互联网由于其高传播速度、用户分散、覆盖面广等特点，一旦形成技术操作风险，风险将迅速蔓延至全体互联网受众。对于具有典型互联网特征的互联网金融，其参与者人数众多，并且通常分布在各个地域，用户的从众心理导致行为模式趋同。如果不加以监管，群体无意识将导致互联网金融用户集体触及法律边界的可能性大大增加，增大金融系统性风险。以"余额宝"为代表的货币基金快速申购赎回模式，在客户体验不断优化的过程中，其产生的流动性风险将加大。

从金融服务消费者的角度看，中国互联网金融的投资者群体中，存在相当比例金融知识欠缺、风险承担能力较差的中小投资者群体。他们通常不能有效甄别互联网金融产品和服务信息，往往被预期高收益的互联网营销迷惑。因此，加强互联网金融的消费者教育、培养用户的风险识别意识、通过监管提高信息透明度以及保护金融服务消费者权益必不可少。

从法律规范的角度看，互联网金融产品创新面临法律依据缺失的现状。以我国 P2P 网络借贷为例，公司实力参差不齐、资金难以有效监控、信息披露不透明等问题都存在着巨大的风险隐患。而我国现行法律法规体系并未明确定位 P2P 网络借贷平台，也未明确归口监管部门。政府目前的做法是将其纳入中介服务性质的企业进行管理，而忽视其提供金融产品或服务的实质，导致金融消费者的权益不能得到有效保障，信贷行业的宏观调控难以得到有效贯彻执行。

目前，部分互联网金融平台借金融创新的名义超越法律边界，违法开展吸收公众存款、非法集资、非法资金池业务，网络借贷平台卷款跑路的现象时有发生，对居民财产安全、国家金融体系稳定带来了巨大的威胁。鉴于当前大部分互联网金融业态处于无门槛、无标准、无监督的"三无"状态，对互联网金融的监管势在必行。

二、中外互联网金融监管对比分析

（一）我国传统金融监管和互联网金融监管的现状分析

目前我国金融监管框架基于传统金融构建，监管主体为"一行三会"，即中国人民银行、银监会、证监会、保监会。金融行业处于分业经营、分业监管模式，中央银行主要负责宏观调控，银监会、证监会、保监会分别负责银行业、证券业和保险业的监管（见表1）。互联网金融带来的新兴金融商业模式对传统金融监管体系带来了巨大的挑战。部分互联网金融跨界业务的监管出现灰色和空白地带，造成监管主体普遍缺位的现状。互联网金融行业的日新月异，为金融行业的发展带来了巨大的创新与深刻变革，也对如何平衡互联网金融监管和金融创新带来了新的挑战。

表1　　　　　　　　我国传统金融、互联网金融监管现状

金融细分行业	金融产品	涉及部门	相关法律法规及文件	时间	相关内容
银行业	网上银行	中国人民银行	《网上银行业务管理暂行办法》	2001年6月	明确规定商业银行网上银行业务的市场准入标准、风险管理等内容。
		银监会	《中华人民共和国商业银行法》	1995年7月	规范商业银行行为、保护存款人利益、规范监督管理、维护金融秩序的基本法律依据。
			《电子银行业务管理办法》	2005年11月	明确电子银行业务各项业务的实施细则
证券业	网上证券	证监会	《中华人民共和国证券法》	1999年7月	所有涉及证券发行、交易以及证券监管活动的基本法律指引。
		证监会	《网上证券委托暂行管理办法》	2000年3月	以防范风险、保护投资者利益为出发点，明确网上证券委托的管理和监管。

表1(续)

金融细分行业	金融产品	涉及部门	相关法律法规及义件	时间	相关内容
保险业	网上保险	保监会	《中华人民共和国保险法》	2009年2月	调整保险组织、保险对象及当事人保险关系的法律规范总称和法律依据。
		保监会	《保险代理、经纪公司互联网保险业务监管办法（试行）》	2012年1月	规定保险代理、经纪公司对互联网保险业务的准入门槛以及经营规则。
		中国人民银行	《非金融机构支付服务管理办法》及实施细则	2010年	明确非金融机构开展支付业务的准入条件，明确网络支付纳入监管范围。
保险业	网上保险	中国支付清算协会①	《网络支付行业自律公约》、《支付机构互联网支付业务风险防范指引》等	2013年3月	行业自律管理、维护市场秩序的文件。
		银监会、中国人民银行	《关于加强商业银行与第三方支付机构合作业务管理的通知》	2014年初	对商业银行与第三方支付机构建立业务关系提出系列明确要求，填补部分监管空白。
P2P、众筹及其他	P2P网络借贷	银监会	《关于人人贷有关风险提示的通知》	2011年8月	为风险提示性文件，警示银行业金融机构P2P网络借贷平台风险。
		公安部	《刑法》第一百七十六条、第一百九十二条	1997年	法律条款中关于"非法吸收公众存款"和"集资诈骗"的界定与P2P网络借贷定义相仿，无相关法律进行明确区分和辨认。
	众筹	证监会	《国务院办公厅关于严厉打击非法发行股票和非法经营证券业务有关问题的通知》	2006年	规定以公开方式向社会公众转让股票，中国式"众筹"涉嫌非法证券活动。
		最高人民法院	《最高人民法院关于审理非法集资刑事案件具体应用法律若干问题的解释》	2010年	明确未经许可、公开推荐、承诺回报、向不特定对象吸收资金等特征的活动构成非法集资的行为。
	互联网金融销售渠道	证监会	《证券投资基金销售机构通过第三方电子商务平台开展证券投资基金销售业务指引(试行)》(征求意见稿)	2012年12月	对市场准入进行规定，未阐述具体管理措施。

51

---

① 中国支付清算协会是经国务院同意、民政部批准成立的非营利性社会团体法人，是支付清算行业自律组织。

（二）国外互联网金融监管经验介绍

目前，以美国为代表的部分发达国家凭借其成熟的金融体系和健全的金融法律法规，以及对新金融业态的包容与审慎监管，摸索出基于其本国现状的互联网金融监管经验，如表2所示。

表2　　　　　　　　国外互联网金融监管经验介绍①

国家	配套法律制度	监管对象					
		互联网第三方支付		P2P 网络借贷		众筹	
		监管机构	具体内容	监管机构	具体内容	监管机构	具体内容
美国	《金融服务现代化法》、《统一货币服务方案》、《JOBS法案》②、《电子资金转移法》、《证券法》	联邦政府、州政府、FDIC③	功能性监管，将第三方支付视为货币转移业务，FDIC负责监管第三方支付机构。	SEC④	通过购买收益权凭证参与放贷，监管方式参照证券投资行为。以 Lending Club 为代表。	SEC	2012 年美国通过《JOBS法案》，允许中小企业通过众筹融资获得股权资本。以 Kickstarter 为典型代表。
英国	《消费信贷法》	金融行为管理局(FCA)⑤	需注册登记并接受 FCA 监管⑥。	金融行为监管局（FCA）、P2PFA⑦	旨在保护金融消费者权益和借款人信息披露，以 Zopa 为代表。	金融行为监管局（FCA）	未进行针对性立法，而是纳入当前金融监管框架。
德国	《支付服务监管法》、《银行法》、《资本投资法》	联邦金融管理局(BaFin)⑧	需获得电子货币机构牌照，对沉淀资金的第三方托管提出要求。	BaFin	获得银行牌照的机构才能从事贷款相关业务，根据银行法律法规进行监管。	BaFin	以《资本投资法》为法律依据，需获得传统信贷机构牌照。

----

① 中国人民银行. 中国金融稳定报告（2014）［R］.中国人民银行网站，2014-04-09.

② *Jumpstart Our Business Startups Act*，《JOBS 法案》，又名《初创企业促进法》，于 2012 年 4 月通过。

③ FDIC，联邦存款保险公司简称，为美国国会的独立政府机构，职能包括提供存款保险、检查监管金融机构以及接管倒闭机构。

④ SEC，"Securities and Exchange Commission" 的简称，即美国证券交易委员会。旨在监督证券法规的实施，亦称美国证监会。

⑤ 巴曙松，杨彪. 第三方支付国际监管及借鉴［J］.财政研究，2014（4）.

⑥ 欧盟针对第三方支付的监管先后颁布了《电子签名共同框架指令》、《电子货币指令》、《电子货币机构指令》等针对性法律法规。

⑦ P2PFA 是 "Peer to Peer Finance Association" 的简写，也称英国 P2P 金融协会，是 2011 年由 3 家领头 P2P 借贷公司 Zopa、Rate Setter、Funding Circle 自行成立的行业自律协会。

⑧ 德国联邦金融管理局（BaFin），成立于 2002 年，由原银行和保险监管机构、证券监管机构合并而成。

表2(续)

国家	配套法律制度	监管对象					
		互联网第三方支付		P2P 网络借贷		众筹	
		监管机构	具体内容	监管机构	具体内容	监管机构	具体内容
法国	《欧盟电子货币指引Ⅱ》、《银行法》、《众筹融资指引》	法国银行监管局、法国中央银行	对第三方支付机构的实收资本、高级管理人员的资历以及公司内部治理提出要求。	商业银行监管机构	纳入银行法律法规进行监管。	金融市场监管局和银行监管局	监管机构联合发布《众筹融资指引》，规定按具体情况分别遵守《证券法》和《银行法》。
日本	《资金清算法》、《金融商品销售法》、《金融商品交易法》、"地下金融对策"系列法律	金融厅①	对非银行支付机构的准入和支付金额进行限制要求。	金融厅	建立市场准入机制，从借贷利率、违法活动处罚方面对P2P借贷行为进行限制。	金融厅	强化众筹运营商和发行企业责任，通过数据披露使投资者尽可能地了解相关信息。

(三) 中外互联网金融监管比较分析

如表1所示，目前我国关于互联网金融监管的法律法规体系建设薄弱，对互联网金融领域的监管主要建立在传统金融监管的基础之上，对于新兴的互联网金融模式的立法及监管活动还处于初级阶段。"一行三会"的分业监管模式疏于对新兴的互联网金融模式进行监管，互联网金融立法亟待完善。②

我国目前互联网金融监管现状主要有以下几点：第一，我国目前互联网金融相关法律法规建设滞后。虽然我国较早就建立了《中国人民银行法》、《商业银行法》、《证券法》和《保险法》等法律的金融监管框架。但是，随着网上金融业务内涵的不断丰富、外延，互联网金融不断拓展，使得原有金融监管框架对新兴互联网金融模式监管乏力。第二，"一行三会"的传统金融分业监管模式的局限性。互联网金融活动使得原有金融行业界限变得模糊，伴随着大量金融创新和金融跨界活动，分业监管模式对互联网金融业务出现监管真空，部分互联网金融模式监管缺位、监管主体不明。第三，我国金融监管机构面临着实施审慎金融监管和鼓励金融创新的矛盾。我国传统金融业长期利率管制广受大众诟病，

---

① 金融厅（FSA），Financial Services Agency 的简称，是日本金融监管的最高行政部门。
② 冯娟娟. 我国互联网金融监管问题研究 [J]. 时代金融，2013（29）.

中小企业"融资难融资贵"的问题长期得不到有效解决,银行收入严重依赖存贷息差,造成自身没有动力进行金融深化改革。互联网金融的多种商业模式呈现出巨大的普惠性,并推动着利率市场化、金融脱媒加速等我国金融改革进程。是对互联网金融模式采取包容态度,还是按照传统监管思路对互联网金融实施严厉监管,将是我国金融监管部门面临的重大问题。

对比国内互联网金融监管现状,国外在以下方面的互联网金融监管尝试值得我们参考学习①:首先,明确了监管主体,加强了政府监管。对于第三方支付、P2P网络借贷、众筹等新兴金融模式,部分国家明确了监管主体,对新型金融模式的准入条件、活动范围、违法追究及处罚进行了规范,并加强了政府对互联网金融的监管力度。以德国为例,德国规定所有涉及货币转移、存款吸收、贷款业务以及证券活动的互联网金融活动,均纳入德意志联邦金融管理局(BaFin)的统一管理。其次,加强了互联网金融监管法律法规等制度体系的建设。以美国为代表的成熟金融市场国家对新兴的互联网金融模式采取了审慎监管以及包容发展的措施,并通过法律法规的方式对互联网金融模式进行合法性认定,使得互联网金融的监管具有法律意义上的合法性,如美国通过《JOBS法案》明确了众筹的法律归属问题。最后,增强了行业自律组织的建设。通过组建行业自律协会,并出台行业协会行为规范,确保新兴行业能维持高质量的发展,从而有效维护金融消费者的权益。以英国为例,通过成立P2P金融协会(P2PFA),规范了行业发展,从而促进投资者权益保护和行业不断健康发展的良性循环。

三、金融改革宏观背景下我国互联网金融健康发展的路径选择

(一) 利率市场化、金融脱媒宏观背景

当前我国正处于金融深化改革的进程中,利率市场化、汇率市场化和金融脱媒的不断推进对金融业的发展带来了巨大的影响。中国目前的金融改革,恰好伴随着我国互联网企业爆发式增长、互联网金融风起云涌的外部环境。中国长期以来的利率管制、互联网多年的发展积淀为互联网金融的迅速增长创造了条件。随着移动互联网和信息通信技术的不

---

① 张芬,吴江. 国外互联网金融监管的经验及对我国的启示 [J]. 金融与经济,2013 (11):53-56.

断发展，互联网金融对金融市场的影响已经引起了传统金融业的高度关注。互联网金融已经在金融信息透明、提高金融服务效率、降低金融服务成本等方面展现优势，并为我国金融脱媒、利率市场化奠定了基础。同时，互联网金融的快速发展是我国利率市场化、金融脱媒进程的催化剂，倒逼传统金融业提升自身金融服务水平、盈利水平以及加快发展转型。在传统金融部门和互联网金融新兴模式的推动下，中国的整体金融效率乃至金融框架正发生着深刻的变革。

（二）互联网金融对金融监管体系的挑战

当前我国金融服务的矛盾体现为我国居民当前日益增长的金融服务需求与传统金融服务供给不足的矛盾。监管部门对互联网金融扩张势头缺乏有效预判，使得该领域监管缺位、市场秩序混乱、相关监管措施实施不到位。中国金融监管层针对互联网金融出台了一些监管政策，但仍面临统一规划缺乏、监管合作机制落后等问题。互联网金融的发展对金融监管体系带来了巨大挑战：

（1）金融产品和金融服务消费者权益保护方面。大部分金融产品和金融服务的消费者对金融知识的了解较少，网络金融平台通过夸大宣传、虚假销售等手段损害金融消费者权益的情况发生后，如何确保消费者的损失得到补偿、如何防范网络金融平台的道德风险，需要监管机构的明确规范。

（2）传统金融法律法规体系有效性方面。针对互联网金融活动快速发展的现状，我国传统金融法律法规体系的有效性受到质疑。原金融法律法规体系对互联网金融的定义、业务模式、准入门槛、资金活动等方面均未做出明确规定，使得监管机构面临无法可依的尴尬。

（3）对金融宏观调控影响方面。网络借贷平台产生的货币借贷在一定程度上改变了货币乘数和货币流通速度，从而间接影响了我国目前货币调控政策和经济宏观调控的有效性。

（三）我国互联网金融健康发展的路径选择

在市场利率化、金融脱媒等宏观金融改革背景下，大力发展以互联网金融为代表的金融创新模式迫在眉睫。在互联网金融发展的过程中，应牢牢把握保护金融消费者权益、坚守金融风险底线等基本原则。为了维护我国金融市场秩序的稳定，促进互联网金融的健康发展，必须有效平衡互联网金融监管和金融创新的关系，完善相关法律法规，构建起多层次的监管体系。

55

1. 明确监管主体，构建合作监管体系

根据互联网金融的业务特征以及业务领域，建立以"一行三会"为监管主体，工商部门、税务部门、公安部门、商务部门以及行业自律组织为辅的监管体系，明确监管分工以及合作机制。建议根据互联网金融的业态特征确定监管的主要部门，可考虑由银监会负责监管 P2P 网贷行业，由证监会负责对众筹领域进行监管，中央银行则负责对第三方支付的监管。对于跨监管行业的互联网金融业务，相关监管机构应以制度形式明确合作范围、合作流程及业务分工，在"一行三会"分类监管的框架下实施延伸监管。

2. 完善监管法律法规体系，构建多层次监管体系

法律法规是国家实施金融监管、保障金融安全的基本依据，建立健全互联网金融监管法律法规体系是我国互联网金融健康发展的重要保证。建议参照国外互联网金融的立法经验，从互联网金融业态的划分、金融消费者权益保护、网络信息安全等方面搭建起互联网金融法律法规体系。结合互联网金融跨区域、跨行业的经营模式特点，建议建立监管主体与行业自律相结合、跨地区跨行业的多层次互联网金融监管体系。

3. 提高准入门槛，加强金融消费者权益保护

建议参照国外关于互联网金融公司牌照准入制度，结合中国互联网金融本地化特色，提高互联网金融企业的准入门槛，防范资质差、运作不规范的企业对互联网金融行业的影响。在近年设立的金融消费者权益保护机构的基础之上，完善互联网金融消费者权益保护领域的内容，促进行业规范发展和金融消费者保护。同时，加强互联网金融消费者权益保护领域立法，建立互联网金融消费纠纷调节机制，构建良好的互联网金融市场环境。

4. 加强征信体系建设，鼓励互联网金融创新实践

中国人民银行在我国企业和个人信用体系建设中扮演着重要角色，随着互联网金融的快速发展，传统的征信数据采集的时效性、完整性面临考验。同时，建立支持新型互联网金融业态的商业信用数据平台的需求十分迫切。互联网金融的发展呈现出快速且多元的特征，各种基于互联网金融的创新实践也将应运而生，鼓励互联网金融创新实践是我国金融领域改革的必要措施之一。

四、结语

随着我国金融改革进程的不断深化，互联网金融将占据越来越重要的地位，互联网和金融的不断融合将助力我国互联网金融的发展，并促进传统金融业的互联网化趋势。比较我国和国外互联网金融监管现状可知，只有行之有效的法律框架才是互联网金融监管的有效保证，健全互联网金融监管的法律规范迫在眉睫。2014 年 4 月，中央银行组建的中国互联网金融协会已正式获得国务院批复。2014 年 5 月，广东互联网金融协会正式揭牌成立，成为全国首家由政府批准成立的省级互联网金融行业社会组织。有理由相信，随着我国互联网金融行业监管和行业协会自律体系的不断完善，互联网金融将成为服务中国实体经济、服务居民资产保值增值以及鼓励金融创新实践的重要路径。

参考文献

[1] 李慧凤. 我国网络金融的发展现状与监管思路 [J]. 中国地质大学学报, 2004 (8)：53-56.

[2] 周华. 互联网金融对传统金融业的影响 [J]. 南方金融, 2013 (11)：96-98.

[3] 徐明. 第三方支付的法律风险与监管 [J]. 金融与经济, 2010 (2)：80-82.

[4] 张宏. 美国 P2P 网贷平台的法律规范以及对中国的启示 [J]. 经济论坛, 2014 (4)：29-30.

[5] 宏皓. 互联网金融的风险与监管 [J]. 武汉金融, 2014 (4)：4-5.

[6] 中国人民银行. 中国金融稳定报告 (2014) [R]. 中国人民银行网站, 2014.

[7] 周宇. 互联网金融：一场划时代的金融变革 [J]. 经济改革, 2013 (9)：67-71.

[8] 罗明雄. 互联网金融 [M]. 北京：中国财政经济出版社, 2013.

[9] 第一财经新金融研究中心. 中国 P2P 借贷服务行业白皮书 [M]. 北京：中国经济出版社, 2013.

[10] 张芬, 吴江. 国外互联网金融监管的经验及对我国的启示 [J]. 金融与经济, 2013 (11)：53-56.

［11］巴曙松，杨彪.第三方支付国际监管及借鉴［J］.财政研究，2014（4）：6-8.

［12］由曦，宋玮.交战互联网金融［J］.时代金融，2013（1）：45-46.

［13］冯娟娟.互联网金融背景下商业银行竞争策略研究［J］.现代金融，2013（4）：9-10.

［14］张晓玮.P2P网贷监管难题［J］.农村金融时报，2013（8）：13-15.

［15］芮晓武，刘烈宏.中国互联网金融发展报告（2013）［M］.北京：社会科学文献出版社，2013.

［16］冯娟娟.我国互联网金融监管问题研究［J］.时代金融，2013（29）：54-57.

［17］刘丰毅.互联网金融：大数据时代的金融革命［M］.北京：中国经济出版社，2014.

［18］百度百科.互联网金融［EB/OL］.http://baike.baidu.com/subview/5299900/12032418.htm? fr＝aladdin.

［19］Peter Renton. Lending Club 简史［M］.第一财经新金融研究中心，译.北京：中国经济出版社，2013.

（作者单位：中国工商银行四川省分行）

互联网金融背景下的资产管理行业发展前景

白　云

内容提要：互联网金融对于传统资产管理行业最大的冲击在于能够通过追求极致的用户体验来取代金融机构与客户之间的紧密联系。本文分析了互联网金融对于资产管理传统领域的冲击，阐述了互联网金融销售渠道现状，并展望了互联网金融未来发展趋势，提出了必须依赖科技、与互联网金融销售渠道紧密联系的资产管理模式。

59

一、互联网金融对于资产管理传统领域的冲击

互联网金融对于传统资产管理行业最大的冲击并不在于能够创造出颠覆性的金融产品，而在于能够通过追求极致的用户体验来取代金融机构与客户之间的紧密联系。

（一）商业价值观的差异

就传统资产管理机构而言，其关注的核心是金融产品的品质优劣，产品能否在风险可控的前提下，获得较高的收益。但就互联网金融而言，其关注的核心则是追求极致的用户体验。如何比竞争对手提供更加完美、更加贴合用户需求的服务，是所有互联网金融企业最关心的问题。

即使某一资产管理产品能够获取较好收益，但如果不能为投资者提供良好的用户体验，互联网企业也可能选择放弃。这也充分体现了互联网企业在商业思维模式方面不同于传统机构的价值取向：互联网企业多年来在网络市场化的竞争环境中，逐步形成了"客户体验优先"的价值观，这也是互联网企业赖以生存的价值观。尽管所有传统金融机构均标

榜自己"以客户为中心",纷纷提出"客户至上"的经营理念,但在实际运作中很难落实,特别是处于相对投资者更加强势的市场地位上,不要说落实"客户体验至上",落实"客户利益至上"都比较困难。

(二) 盈利模式的不同

传统资产管理机构是以产品为中心,先销售资产管理产品,再巩固客户资源。互联网金融销售平台的核心竞争力在于,先通过前端免费或极低的成本搭建商业平台聚集大量客户资源,逐步形成客户资源垄断,然后再通过提供更为优越的用户体验销售产品或服务,最终形成稳定的盈利模式。

值得强调的是,传统资产管理机构以产品为中心的盈利模式,主要是通过为上游产业端交易对手提供融资服务而获取收益。这样的盈利模式本身没有问题,但是如果不考虑下游客户端投资者的实际需求,就容易形成产品严重同质化甚至相对过剩的问题。不同的资产管理机构提供类似的金融产品,在激烈的竞争环境中,很难体现差异化的竞争力。因此,互联网金融平台以客户需求为导向的盈利模式,值得传统资产管理机构借鉴。

(三) 运营模式的颠覆

互联网金融平台最大的优势在于能够借助网络运营模式的便捷性实现对传统理财投资渠道的颠覆性冲击。

互联网金融平台以客户需求为导向,能够借助平台天然的优势与客户形成互动,随时随地满足客户需求:首先,互联网金融平台通过掌控客户的真实需求从而实现后期的精准营销;其次,通过不断更新版本、推出新产品来不断改进和完善客户服务的不足;最后,互联网与移动互联网金融平台可以提供 7×24 小时的服务平台、支付平台,并且不受空间的限制,能够最大限度地满足客户的理财需求。

而传统资产管理机构由于欠缺与客户交流的平台,推介产品时无法精准定位客户,很可能形成资源的浪费。另外,传统资产管理机构管理流程复杂、反应迟缓,很难及时调整服务以满足不断变化的客户需求。

二、互联网金融销售渠道现状

(一) 机构网络自营渠道

金融机构通过自身网络平台进行机构宣传与产品推介乃最常见的互联网销售渠道。各大金融机构通过互联网平台提供在线理财服务已属常态。随着移动互联网技术的发展，各大金融机构也推出了相应的 APP 移动软件应用程序、微博账号、微信账号等移动理财服务，宣传自身的品牌形象与资产管理理念，并向终端客户推送相应的理财产品信息。

机构网络自营渠道的优势在于同一机构的产品较为集中，能够突出资产管理机构的品牌效应。而缺点则是客户流量较少，用户难以借助机构的网络平台对比不同产品的特点，网络平台不够开放，用户体验相对较差。

（二）电商平台渠道

阿里巴巴、腾讯等电子商务平台成了当前最火热的互联网金融销售渠道。电商平台渠道又可分为两大阵营，一方是以电商平台为主导的金融销售渠道，其中最典型的案例是阿里巴巴主导的"余额宝"系列产品；另一方则是由金融机构主导的电商网络店铺，目前已有多家基金公司、保险公司进驻淘宝或天猫平台开设旗舰店销售自己的资产管理产品。

电商金融平台的优势在于交易时间自由、客户范围广泛、支付手段便捷、产品信息透明，能够提供传统渠道无法比拟的用户体验，从而不断聚集并产生更大的用户流量。但是，电商平台渠道的金融产品，无论是"余额宝""娱乐宝"，还是各家资产管理机构旗舰店提供的理财产品，均相对单一，投资者多元化、多层次的理财需求尚难以得到满足。

（三）网络金融超市

能够覆盖各大资产管理行业的网络金融超市可能是未来互联网金融销售渠道发展的方向。目前，我国网络金融超市尚处于起步阶段，大部分网站更多地带有试验性质。

就目前来看，平安集团于 2013 年年初打造的 24 财富网站，属于此类网络金融超市的雏形。24 财富网站具备"我要理财""我要贷款""我要省钱"等多个金融服务导航板块，其中的"我要理财"导航板块又进一步细分为"旗舰店""理财""基金""保险""存款"等多个模块。该网站力图集成"导航+指引+引流+交易+APP"等功能于一体，最终打造综合化的金融产品交易中心。平安的这一设想与京东的战略不谋而合。2014 年 3 月 27 日，京东金融平台也正式上线。未来京东计划建设金融超市，同各类型金融机构合作，把它们的产品以最好的维度展示给金融消费者。

就目前而言，此类网站尚处于起步阶段，客户流量相对较少，产品种类大部分为标准化理财产品，投资者尚无法参与信托计划等非标准化理财产品的投资。

三、互联网金融未来发展趋势展望

（一）综合化、开放化的一站式平台

当前的网络金融超市刚刚起步，无论金融产品与服务的数量、种类，还是金融销售平台本身与客户之间的互动交流都还有很大的发展空间。

随着科技手段的日新月异以及资产管理行业各金融板块更加深入的合作，互联网金融销售渠道将朝着更加综合化、开放化的方向发展。投资者最终有望通过一个网页或手机 APP 客户端，一次性完成对多家、多个金融行业各种类型资产管理产品的组合式购买。此类网络金融销售渠道还可以提供用户交流平台，甚至扩展成社交圈，投资者可以对产品进行自由点评。除此之外，互联网金融销售平台还可充分调动客户积极性，建设粉丝社区，使投资者积极参与到服务其他客户和产品创新中来，模糊金融产品设计者与金融产品消费者之间的界限，从而推动未来的资产管理行业往更加开放的"自金融"方向升级发展。

（二）基于大数据和移动互联的私人定制

目前，互联网金融销售渠道的发展趋势已较为明显。有线互联网销售平台仅是互联网金融的雏形阶段，移动互联网、大数据、云计算的综合运用将是互联网金融销售平台的未来。

智能手机、平板电脑已经开始成为互联网金融销售平台的终端。在不久的将来，智能电视机、车载设备以及智能眼镜、智能手表等可穿戴式电子设备都可能成为互联网金融销售平台的泛终端。通过这些终端都可以连接移动互联网，汇集并掌控客户大量的电商交易数据、搜索产生的行为数据、社交软件的人际关系数据等。通过大数据与云计算的运用对以上数据进行深入处理分析，从而准确判断客户的金融服务需求。互联网金融销售渠道可以借助各类智能终端主动向客户推送符合其个人偏好与行为习惯的金融产品或服务，并通过其个人注册账户完成移动支付，从而使客户完美享受便捷的私人定制化资产管理服务。

展望未来，每个投资者及其家庭都需要一个无缝的、整合的、私人定制的综合金融解决方案，而移动互联技术的发展、大数据与云计算等科技手段的全面运用，将有望使之成为现实。因此，未来的资产管理行业必将更加依赖于科技，与互联网金融销售渠道的联系将更加紧密。

（作者单位：四川信托研发部）

中国式影子银行：
商业银行的机遇与挑战

饶 挺

内容提要：本文在阐述西方影子银行的定义和发展的基础上，对中国影子银行与西方影子银行进行了深入比较，提出了"中国式影子银行"的新概念。同时，本文进一步从商业银行角度分析了在中国式影子银行的未来发展中，商业银行面临的机遇和挑战，并提出商业银行应积极顺应市场形势，加快推进业务创新和发展转型，并应建立更为完善的风险管理体系，以自身发展引导中国式影子银行为我国经济社会建设发挥更多正能量。

一、引 言

2013 年 11 月，国内各大金融媒体网站均报道了一篇名为《全球影子银行规模 71 万亿美元 中国扩张达 42%》[①] 的文章。文章称：根据金融稳定委员会（Financial Stability Board，即 FSB）的最新年度数据，全球影子银行规模 2012 年年增长 5 万亿美元，总规模达到 71 万亿美元，其中美国 26 万亿美元、欧元区 22 万亿美元、英国 9 万亿美元、日本 4 万亿美元，而中国虽规模扩张了 42%，但在整体市场中仅占 3%，也就是 2 万亿美元左右。该文章一出，"影子银行"这一话题再次成为了国内学术界和实务界普遍关注的热点之一。

伴随着金融全球化的不断深入和金融创新的不断发展，影子银行已

---

① http://hkstock.cnfol.com/hongguancaijing/20131115/16142803.shtml.

发展成为一个体系，它聚集了众多的金融机构和多样化的金融工具，覆盖了全球主要金融市场，并形成了巨大的市场规模。可以说，影子银行正是在高度发达的现代金融市场中出现的一种必然产物。从目前的研究情况来看，国外关于影子银行的研究多集中在影子银行的内涵、机制、风险和监管等方面，国内的研究则多集中在中国影子银行的定义、范围、规模、运作及监管等方面，而从商业银行和宏观经济的角度对中国影子银行进行研究的相对较少。本文将从回顾西方影子银行体系的发展历程入手，系统地阐释影子银行理论及其特征，并结合中国实际情况，将中国影子银行与西方影子银行进行比较研究，分析得出中国影子银行不是西方影子银行的结论，并提出关于"中国式影子银行"的重新定位。文章最后将从商业银行的角度进一步深入分析，阐述商业银行在"中国式影子银行"发展中的地位和作用，并探寻商业银行在未来"中国式影子银行"的发展中面临的机遇和挑战。

二、西方影子银行体系理论综述

（一）西方影子银行的产生背景

进入 21 世纪以来，随着全球经济复苏，全球金融体系得到了前所未有的繁荣发展，各类金融创新层出不穷，特别是在传统商业银行系统之外的各类非银行金融机构、金融产品和金融市场迅速崛起，它们不像传统商业银行依靠存款作为资金来源，而是通过信贷资产证券化、期限错配、开发各类复杂的金融衍生产品等多种形式从资本市场获取资金，并把资金借给资金需求者，从而将资金供给与需求相连，开辟出社会资金供求的新渠道，并借此实现类似传统商业银行信贷业务的信用扩张，成为商业银行体系之外的"影子银行"。

（二）西方影子银行的定义

2007 年 8 月，美国太平洋投资管理公司执行董事保罗·麦卡利（Paul McCulley）在美联储年度会议上将那些"非银行的投资渠道、产品和机构所组成的杂乱组合"称为"影子银行"（Shadow Banking）[①]，这是"影子银行"这一概念首次被提出。2007 年 11 月，美国太平洋投资管理

---

① Paul McCulley 于 2007 年 8 月在怀俄明州参加堪萨斯城美联储银行举办的年度经济研讨会上提出了"影子银行"这一概念。他将其称为"the whole alphabet soup of levered up non-bank investment conduits, vehicles, and structures"。

公司创始人比尔·格罗斯（Bill Gross）在其专栏文章《小心"影子银行"系统》中再次使用了这个名词①。2008 年，前纽约联邦储备银行行长盖特纳（Timothy F. Geithner）在美国参议院"银行、住房和都市发展委员会"上提出了类似影子银行系统的"平行银行系统"（Parallel Banking System）概念，并将其定义为"通过非银行的融资安排，利用短期融资资金购买大量低流动性、高风险的长期资产的机构"②。2009 年，国际货币基金组织（IMF）在其《全球金融稳定报告（2008 年）》中论述相似的金融机构和金融活动时也使用了近似影子银行的"准银行"（Near-Bank）概念③。2010 年 1 月，英格兰银行金融稳定部副总裁保罗·塔克（Paul Tucker）为"影子银行"给出了新的定义，即"向居民、企业以及其他金融机构提供流动性、期限配合和提高杠杆率等服务，从而在不同程度上替代商业银行核心功能的那些工具、结构、企业或市场"④，由此将"影子银行"的定义由机构扩展至一切可以发挥金融功能的工具、方法和市场。2010 年 9 月，美联储主席伯南克（Ben Bernanke）在国会作证时将"影子银行"定义为"除接受监管的存款机构之外，充当储蓄转投资中介的金融机构"⑤。而目前对"影子银行"较为权威的定义来自 2011 年由美国金融稳定委员会（FSB）发布的研究报告《影子银行：范围界定》中提到的两个层次：一个是广义的定义，即"任何在正规银行体系之外的信用中介机构和信用中介活动"；另一个是狭义的定义，即在广义定义的基础上，特指那些"采取期限或流动性转换、高杠杆、不完善的信用风险转移等方式，并且容易引发系统性风险的或有监管套利意图的两大类金融活动"⑥。笔者认为 FSB 的狭义定义是对当前西方影子银行体系的最佳描述。

（三）西方影子银行的发展与危机

短短几年时间，西方影子银行体系快速发展，其在资产市场的占比

① BILL GROSS. Beware Our Shadow Banking System [J]. 财富，2007-11-28.

② TIMOTHY F GEITHNER. Reducing Systemic Risk in a Dynamic Financial System [R]. June 9, 2008.

③ IMF, Global Financial Stability Report 2008 [R].

④ PAUL TUCKER. Banking, Financing Markets and Financial Stability [R]. January 2010.

⑤ BEN BERNANKE. Causes of the Recent Financial and Economic Crisis [R]. Testimony Before the Financial Crisis Inquiry Commission, Washington, D.C., September 2nd, 2010.

⑥ FSB, Shadow Banking：Scoping the Issues："the system of credit intermediation that involves entities and activities outside the regular banking system" [R]. 2011.

大幅上升，已成为与商业银行并驾齐驱的全球金融体系组成部分。据国际清算银行统计，到 2007 年年末，担保债务凭证（CDO）的全球市场规模已达 1.2 万亿美元，信用违约互换（CDS）名目本金的全球市场规模更达到 60 万亿美元，呈现高速增长态势。在美国，2005—2007 年是影子银行最繁荣的时期，由于高杠杆的作用，美国影子银行的整体负债规模已超过传统商业银行负债规模 1 倍以上，而资产支持证券（ABS）的发行规模也在 2007 年达到最高峰的 4.5 万亿美元。① 在全球金融一体化加速的背景下，影子银行成为各个国家、各类企业的资金中介，它加速了资本的全球流动，为全球资本市场发展和金融体系繁荣起到了巨大作用。

但是，由于影子银行的发展初衷和目的是通过金融创新以及复杂的金融衍生工具绕开金融监管，并同时行使传统商业银行的信用放大功能，因此其天生就存在巨大的风险隐患：一是信用风险积累。通过不断地进行资产重组打包和高杠杆投资获取高额收益，影子银行的信用链条不断拉长，其中的信用风险也被快速放大。二是期限错配风险。即一方面通过发行短期票据、债券回购等方面来获取资金，另一方面为获取高额利润又将资金投向长期限资产，从而产生严重的期限错配。三是金融创新产品自身风险较高。影子银行非常依赖于各类金融衍生产品，而这些金融衍生产品如 ABS、MBS、CDO、CDS 等，其自身就具有较强的交易对手信用风险，容易出现信用损失。四是高杠杆经营。由于不受金融监管机构的监管，影子银行无须准备充足的资本金，因此大都通过高杠杆的负债经营以获得更多利润。一旦投资失败，其损失将随高杠杆而放大。五是风险传递。一旦信用链条中的某个环节出现问题，其风险损失将沿着链条迅速地向前后传递；同时，由于影子银行的危机导致金融环境向下发展，风险将从影子银行向传统商业银行等其他金融体系传播，造成系统性危机。

正是基于上述原因，当美国影子银行体系异常繁荣也就是风险积聚已经到了一触即爆之时，美国政府为应对通货膨胀压力，连续多次提高利息水平，导致美国房地产市场开始降温，房价持续下跌，流动性变得异常紧张，美国影子银行体系的生存基础受到严重冲击，结构性金融衍生工具和渠道体系首先开始崩溃，各大投资银行纷纷遭到挤兑，最终导

---

① 郭春松. 金融危机、影子银行与中国银行业发展研究 [M]. 北京：经济管理出版社，2013.

致美国五大投资银行集体倒闭、"两房"① 被政府陆续接管以及 AIG 集团被国有化等，最终使美国次贷危机演变为全球金融体系的系统性危机。

（四）对西方影子银行的评价

从美国次贷危机演变为全球金融危机的整个进程来看，西方影子银行体系在其中做出了巨大的"贡献"，也就导致影子银行体系成为金融理论界和实务界竞相攻击的目标。客观来讲，西方影子银行体系的确存在巨大风险。根据影子银行的定义，结合美国次贷危机中表现出来的主要问题，笔者认为西方影子银行体系主要具有以下五个特征：

（1）以非银行金融机构为主导。以美国为例，其影子银行体系的参与主体主要包括四部分：一是证券化机构，如各类特殊目的机构（SPV）；二是市场化主体，主要从事证券化产品发行方与投资方之间的资金融通，包括共同基金、对冲基金、私募基金、资产管理公司、财务公司等；三是结构化投资实体，如养老基金、机构投资者、高净值私人客户等；四是证券经纪公司，提供交易渠道，确保产品交易顺利完成。

（2）不受监管或仅受较弱监管。传统银行业一直受到《巴塞尔协议》关于资本充足率、流动性充足率以及中央银行存款准备金等制度的约束，还受到包括存款保险制度等保护，传统证券、基金行业也受到证券监管机构的约束，但影子银行的参与机构却游离于货币监管和证券监管当局之外。同时，影子银行的参与机构还常以规避监管来达到套利的目的。

（3）以资产证券化产品为核心。以传统金融产品的资产证券化开始，通过期限错配、流动性错配等方式，形成各类抵押支持证券（MBS）、资产支持证券（ABS）、资产支持商业票据（ABCP）、担保债务凭证（CDO）、抵押担保债券（CMO）、抵押担保贷款（CLO）等证券化产品提供给投资者。还可以以证券化产品为基础进行再次证券化形成 CDO2、CDO3 等更加复杂、信用链条更长的结构化产品，或者提供信用违约互换（CDS）等信用风险规避工具。

（4）具有高杠杆。由于不受金融监管机构监管，影子银行体系的参与机构例如投资银行、私募基金、对冲基金等，大量使用财务杠杆举债

---

① 即房利美（Fannie Mae）和房地美（Freddie Mac），是美国最大的两家非银行住房抵押贷款公司，属于由私人投资者控股但受到美国政府支持的特殊金融机构。"两房"经手的住房抵押贷款总额约为 5 万亿美元，占美国住房抵押贷款市场总额的一半。

经营，以少量的资本金撬动大额的资金。据国际清算银行 2009 年的年度报告①，2007 年底美国五大投资银行的平均杠杆率超过 30 倍，主要对冲基金杠杆率超过 50 倍，而美国"两房"的杠杆率更是高达 62.5 倍，极大地放大了系统风险。

（5）极不透明。由于证券化产品设计一般较为复杂，经过多次证券化后其中隐含的信用担保链条可能非常长。同时，影子银行活动一般发生在表外、机构外，并大量通过场外市场进行交易，这就存在着大量的信息不对称、不透明、不披露等问题。

基于上述五个特征，西方影子银行体系才会出现巨大的负面效应。而且只有同时满足这五个特征，才能被称为真正意义上的"影子银行"。

三、中国式影子银行与西方影子银行的比较

按照前文对西方影子银行理论的描述，典型的影子银行应该是采取证券化运行模式，在金融衍生品、证券化产品以及再证券化及其他结构性产品的基础上，将不同的产品线、业务部门和机构组成一个复杂的交易对手网络体系。相比之下，中国目前金融体系中资产证券化业务还处于起步阶段，仅涉及 ABS、MBS 等个别证券化试点品种，既没有标准化的证券化渠道和领域，也没有较大的市场规模。因此可以初步得出一个结论：中国并没有真正意义上的、类似于西方影子银行体系的影子银行。

从另一个角度来看，中国一直以来都是一个以商业银行间接融资为主体的金融体系。但是根据中国人民银行统计数据，2013 年 1~10 月实体经济从金融体系获得的社会融资规模②为 14.82 万亿元，比 2012 年同期多 1.81 万亿元。而 1~10 月商业银行新增本外币贷款即银行信贷总规模为 8.3 万亿元，仅占社会融资总规模的 56%，其中 1 月、3 月、4 月、8 月的占比均低于 50%，最低是 8 月，占比仅为 43%。见图 1 和图 2。

---

① BIS. Annual Report ［R］. March 2010.
② 根据中国人民银行的统计口径，此处社会融资规模是指一定时期内实体经济从金融体系获得的资金总额，因此从非金融体系获得的融资资金未包含在内。

图 1 社会融资规模与银行信贷规模对比

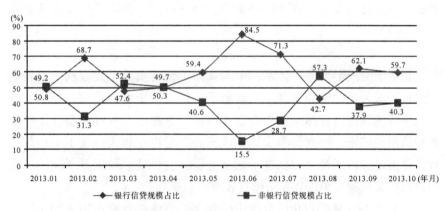

图 2 银行与非银行信贷规模在社会融资规模中的占比变化

因此，一方面金融体系融资规模中银行信贷规模在缩小，非银行信贷规模在扩大，而另一方面中国还存在着大量金融体系以外的民间借贷。在二者的共同作用下，游离于传统商业银行表内信贷融资以外的这部分融资已经成为中国社会融资总规模中的最大组成部分。这部分非银行信贷融资具有典型的中国特色，随着中国经济的不断发展，其作用和影响将越来越大。

（一）中国式影子银行的定义和范围

中国式影子银行可以定义为：凡是通过非传统商业银行信贷投放渠道提供的各类社会融资信用活动以及与之相关的各类信用产品、渠道和机构所构成的体系。它主要涵盖三大类：一是不持有金融牌照、完全无监管的信用中介机构，包括新型网络金融公司、第三方理财机构等；二是不持有金融牌照、存在监管不足的信用中介机构，包括融资性担保公司、小额贷款公司等；三是机构持有金融牌照但存在监管不足或规避监管的业务，包括货币市场基金、资产证券化、部分理财业务等。按照融资资金来源的不同，中国式影子银行也可以分为商业银行发起、非银行金融机构发起和非金融机构发起三大类。商业银行发起部分主要包括银行理财产品、非贴现银行承兑汇票、委托贷款、资产证券化等。非银行金融机构发起部分主要包括信托计划、证券公司资产管理、基金公司资产管理、资产管理公司资产管理、金融租赁公司、融资性担保公司、小额贷款公司、财务公司贷款产品等。非金融机构发起部分主要包括私募基金、创业投资基金、P2P 网络借贷、地下钱庄、典当行以及其他非正规金融组织。

（二）中国式影子银行的主要特点

相对于美国影子银行体系，中国式影子银行实质上是在利率双轨制和信贷需求大于供给的背景下，承担了连接货币资金与信贷市场功能的有别于传统银行信贷体系的中介运作体系，它在一定程度上替代了传统银行信用的扩张，但就整个实体经济而言，它也在很大程度上对传统银行信贷渠道进行了补充。从这个意义上讲，它仍是一种服务于实体经济的信用扩张机制。中国式影子银行表现出一系列特点：

（1）参与主体仍以传统金融机构为主。商业银行在中国式影子银行体系中仍处于主体地位，其他包括信托公司、租赁公司、资产管理公司、融资担保公司等金融机构以及民间借贷等非金融机构也是重要的组成部分。而美国影子银行则以各类证券化机构、结构性投资主体等金融创新性金融机构为主。

（2）金融工具相对简单。中国式影子银行中的融资工具主要以银行理财产品、委托贷款、未贴现银行承兑汇票、信托产品、租赁产品等非证券化产品为主。而美国影子银行则主要以各类复杂的证券化金融衍生工具为主。

（3）多处于监管范围内。中国式影子银行中绝大多数的银行理财产品、租赁产品、信托产品受到中国人民银行和中国银监会等监管机构的监管。而美国影子银行则很少受监管甚至完全不受监管。

（4）资金多来源于实体经济。中国式影子银行的资金来源仍以各类存款性资金为主，属于传统银行业务的发展和延伸。而美国影子银行则主要通过发行各类金融衍生工具或者银行贷款作为资金来源，属于完全不同于传统银行业务的金融创新。

（5）风险传递范围较小。中国式影子银行很少存在资产证券化过程，信用链条较短，杠杆率较低，因此其风险传递范围较小。而美国影子银行一般经过多次证券化过程，具有很高的杠杆率和较长的信用链条，风险传递波及整个金融体系，容易形成系统性风险。

（6）运行机制较为简单。中国式影子银行的运作机制有两种：一种是仍以商业银行作为资金中介，商业银行从资金供给者处获得闲余资金或投资资金后，借道信托公司、担保公司、财务公司等，以商业银行理财产品、委托贷款、银行承兑汇票等形式将资金提供给资金需求者。另一种是以地下钱庄等为资金中介，通过民间借贷将资金提供给资金需求者。而美国影子银行则完全是以资产证券化过程进行运作。一般而言，资产证券化过程包括以下七个步骤：第一步贷款发起，由金融公司或商业银行负债；第二步贷款仓储，由单卖方管道、FHLP 或多卖方管道实现；第三步 ABS 发行，由房地美、房利美等政府支持的特殊目的机构（SPV）完成；第四步 ABS 仓储，通过经纪交易商的交易账户或管道实现；第五步 CDO 发行，将 ABS 群组化、结构化后以 CDO 模式发行；第六步 ABS 中介业务，由对冲基金、结构化投资主体、有限目的金融公司等负责；第七步批发性融资，资金供给方一般为货币市场基金以及货币市场直接投资者。[①] 见图 3 和图 4。

总而言之，中国式影子银行的产生是我国金融发展、金融创新的必然结果，它作为传统银行体系的有益补充，在服务实体经济、丰富居民投资渠道等方面起到了积极作用。

---

① 刘俊山. 美国的影子银行系统 [J]. 中国货币市场，2011（7）.

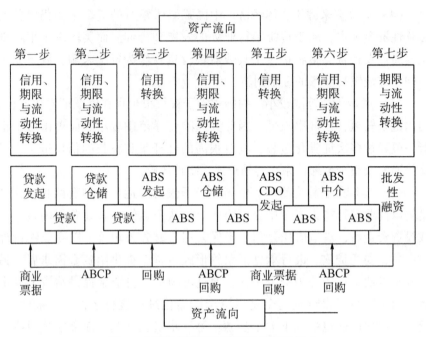

图 3　美国影子银行资产证券化运行模式

[资料来源：刘俊山. 美国的影子银行系统［J］. 中国货币市场，2011（7）]

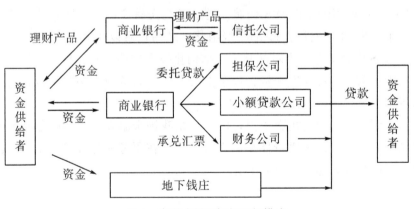

图 4　中国式影子银行运行模式

[资料来源：贺建清. 影子银行的风险与监管改革研究［J］. 金融论坛，2013（3）]

（三）中国式影子银行的发展规模

尽管中国式影子银行不像西方影子银行那样拥有十分复杂、高杠杆率的资产证券化产品、结构性投资工具，但自 2009 年以来，随着人民银行实行紧缩货币政策，商业银行信贷规模扩张受限，企业资金需求不能得到有效满足，中国金融业也随之发生系列创新变革，各种资金不断流出传统银行资产负债表，并不断流入影子银行体系，最终进入实体经济。因此，经过多年的发展和积累，中国式影子银行已经形成了一定规模。虽然国内尚无相关权威机构对中国影子银行的规模做出过准确统计，但许多学者和机构根据自己的看法和统计口径纷纷对中国影子银行规模进行了预测：野村证券研究估算 2010 年中国影子银行规模约为 8.5 万亿元；德勤的一份研究报告中估计 2011 年中国影子银行规模约为 11.5 万亿元；《2012 中国影子银行报告》测算的中国影子银行规模为 21.75 万亿元；中国社会科学院金融法律与金融监管研究基地在《中国金融监管报告 2013》中基于市场数据估计 2012 年年底中国影子银行规模达到 20.5 万亿元；王婕和王雅娟测算的中国式金融创新规模为 24 万亿元。在此，笔者按照中国式影子银行涉及的金融工具，包括银行理财产品（非保本型）、未贴现银行承兑汇票、委托贷款、信托产品、各类资产管理计划（证券、基金、资产管理公司）、金融租赁、融资性担保、小额贷款公司、私募基金、民间借贷、典当行以及目前的证券化产品等进行了大致测算，认为目前中国式影子银行总规模已超过 30 万亿元。在上述工具中，尤以信托受益权、银证及银证信合作、城投债、基建信托等产品发展最为迅速，规模也较大。见表 1。

表 1 　　　　　　　　　　中国式影子银行规模测算 　　　　　　单位：亿元

资金来源	金融工具	测算规模	备注
商业银行	理财产品	42 000	非保本型
	未贴现银行承兑汇票	10 000	
	委托贷款	65 000	
	资产证券化	735	
非银行金融机构	信托产品	94 500	包括信托受益权、银证信产品、基建信托等
	各类资产管理计划	12 000	包括券商、基金、资产管理公司等，扣除与银行理财重叠
	金融租赁	8 000	
	担保公司融资性担保	15 000	
	小额贷款公司	5 330	

表1(续)

资金来源	金融工具	测算规模	备注
非金融机构	私募基金	5 300	
	典当行	3 000	
	民间借贷	40 000	

(数据来源:中国人民银行、中国银监会、证券业协会、信托业协会、商务部发布的相关资料)

(四) 对中国式影子银行的评价

1. 必然性

中国式影子银行的出现和发展,是在全球金融自由化和国内新的宏观经济形势这一大背景下,以商业银行为主导的复杂金融体系进一步深化创新发展的必然趋势,也是在中国人民银行信贷额度调配制度管制下,为满足实体经济发展需要,资金需求方和资金供给方共同作用的结果。一方面,在中国经济高速发展和市场化经济的共同促进下,市场主体需要资金实现自身的进一步发展,因此对资金产生了旺盛的需求,而传统的商业银行贷款已完全不能在规模上满足实体经济发展的需要;另一方面,社会资金持有者在当前我国利率市场化仍然没有完全放开以及通货膨胀的经济条件下,希望有更好的投资渠道以达到资金保值增值的目的。这就催生出大量的包括信托、证券、基金、租赁、民间融资、私募基金等商业银行以外的市场资金媒介,帮助那些有投资需求或需要资金但又不符合商业银行信贷政策的市场主体实现相互的投资和融资需求。同时,商业银行也有强烈的创新发展意愿,通过积极寻求发行理财产品或信贷资产证券化等途径,加速表外信贷规模扩张或表内资产表外化,既能实现资本计提与拨备的减少,又能实现信贷投放总量的有效增加。

2. 正面性

作为我国经济发展和金融深化的体现,中国式影子银行在实体经济发展中起到了新型金融中介的作用。特别是自2010年中国实行从紧的货币政策以来,不断提高的存款准备金以及《巴塞尔Ⅲ新资本协议》的逐步实施,使得商业银行可用贷款资金减少,融资规模扩张受限,这就与支撑中国经济快速发展需要巨额资金投入形成了巨大矛盾。在此情况下,中国式影子银行的出现和发展有效弥补了传统银行信贷业务留下的空缺,许多中小微企业正是通过中国式影子银行体系获得了融资,实现了发展,而越来越多的大型建设项目也正在通过非银行传统信贷渠道实现融资。这一点从前文对社会融资总量的描述以及中国式影子银行目前的发展规模就可以印证，而这些规模最终全部用于了实体经济的发展需要，支撑了中国经济发展。同时，通过观察近几年中国经济数据可以发现，中国式影子银行规模的增长轨迹与中国经济发展存在着一定程度的正相关关系。国内已有学者对此进行了实证论证，得出了我国 GDP 与影子银行规模存在长期稳定均衡关系的结论（沈悦、谢坤锋，2013）。

3. 风险有限性

中国式影子银行不完全等于高风险。在某个时期或某个情况下，个别的、局部的中国式影子银行风险可能会爆发，但出现系统性风险的概率较低。一方面，中国式影子银行中占绝大部分的银行理财、委托贷款、未贴现银行承兑汇票、信托、租赁、资产管理计划等产品在制度、规模、运作机制等方面都受到了人民银行、银监会、证监会等监管部门的有效监管；另一方面，因为中国金融体制的特殊性，很难出现因资产价格的大幅下跌造成资产被迫出售且通过信用链条进行无限传导的恶性情况发生。因此，中国式影子银行的风险暴露是有限的。

4. 鼓励性

正是基于上述必然性、正面性和风险有限性分析，我们可以对中国式影子银行得出最后一个"鼓励发展"的评价。只要监管部门能够进一步规范业务发展，强化信息披露，增强透明度，同时加强对民间借贷等非金融体系融资的有效管理，就可以有效控制中国式影子银行的金融风险。同时，为满足实体经济发展的需要，也应当在商业银行传统信贷业务以外，多渠道、多层次地允许并适当鼓励中国式影子银行的发展。

四、商业银行在中国式影子银行未来发展中的机遇和挑战

（一）中国式影子银行未来将有更大发展

中国式影子银行已经成为当前我国金融体系的重要组成部分。随着政府监管部门对影子银行认识的不断加深，中国式影子银行体系在未来不仅不会消亡，相反，将在新的、更加完善的监管环境下实现新的发展。中国银监会已明确表示下一步将会立足实际，对"中国影子银行"的内涵、功能、规模、结构、风险等方面加强研究，加强对影子银行杠杆率、并表风险、流动性风险等方面的监管，完善行业规则，打击不法行为，并在此基础上进一步引导中国式影子银行发挥正能量，以此推进银行业

实现改革创新，为社会经济发展提供更好、更全面、更安全的金融服务。

（二）商业银行在中国式影子银行体系中的发展机遇

1. 商业银行仍将占据主导地位

我国目前的金融体系是以商业银行为主导、以中国式影子银行体系为辅助的复杂金融体系。该体系的最大特点是虽然商业银行贷款在信用创造中的地位正在逐步下降，以中国式影子银行为代表的新体系的地位正在逐步上升，但是商业银行的主导地位并未改变。

第一，虽然以债券市场为代表的直接融资发展很快，但银行部门持有了显著份额。据中国社科院金融所财富管理研究中心统计，银行部门持有的国债份额由2005年的48%上升到2012年的61%，而银行部门持有的非金融企业债券比例也从2005年的24%上升到2010年的48%。

第二，银行传统信贷规模在金融体系新增信用规模中仍然占据50%左右的份额，再加上商业银行理财产品、委托贷款、银行承兑汇票、各类银信及银证信、融资租赁等产品构成了当前中国式影子银行的主要部分，这一格局在未来较长的一段时间内不会有显著变化。

2. 有利于促进商业银行发展创新，加快实现经营转型

商业银行作为参与主体的中国式影子银行体系的蓬勃发展和频繁创新是我国金融业改革的一个积极动向，它反映了我国银行业正在从传统的、单一功能的银行业务向为客户提供包括融资、理财、风险管理、价值提升、支付清算等在内的全面金融服务的新型银行业发展转型，成为我国金融创新的主要源泉。这种创新是商业银行主动适应当前社会经济发展变化的有力举措，是商业银行进一步以转型促发展的具体表现。

3. 创新型理财产品将成为促进中国式影子银行良性发展的表率和驱动力

第一，银行理财产品是现阶段中国式影子银行体系的典型代表。银行理财产品自2004年开始发行以来，每年的发行量均以数万亿元的规模递增，到2012年年末，银行理财产品流量规模达到19.01万亿元，存量规模达到4.83万亿元。同时，随着对理财产品的不断探索创新，非保本类和资产池类理财产品已经成为商业银行创新业务发展、实现信用扩张的最主要手段。到2012年年末，其存量余额规模为2.26万亿元，市场占比约47%。

第二，银行理财产品在紧缩货币政策环境下为我国经济社会发展起到了巨大作用。一是维护经济和市场稳定。商业银行具备完善和严格的

风险审查和事后监测管理体系，可以将募集的社会资金按照符合监管要求的原则进行投资，降低了投资风险，维护了金融市场稳定。二是优化社会融资结构。"十二五"金融规划将提高直接融资比重作为金融改革的重要目标。一方面非保本型理财产品基本全部用于真实投资，另一方面银行理财的多种投资品在社会融资总量中都属于直接融资。三是推动利率市场化改革。银行理财产品完全可以成为推进我国利率市场化改革的重要实验平台，为下一步完全的利率市场化探索发展道路。

第三，银行理财产品可以在监管部门的有效监管之下，既满足投资者的财富管理要求，又满足融资者的融资需求，还可以减轻银行自身资产规模的膨胀，实现一举多得，多方共赢。

(三) 商业银行面临的系列挑战

1. 有效应对"庞氏骗局"的声誉风险

针对银行理财产品"庞氏骗局"的质疑已有一段时间。持该观点的人认为理财产品资产池借短放长，借新偿旧，暗藏风险。正如中国银行前董事长、证监会现任主席肖钢2012年10月所说，"国内银行理财产品市场本质上是一个庞氏骗局"。但作为回应，中国人民银行行长周小川在十八大金融系统记者招待会上明确表示我国影子银行的性质和规模比发达国家要小得多，且绝大多数银行及非银行金融机构的活动都处于严格的监管之下，而并非像发达国家那样完全脱离监管。银监会主席尚福林也补充表示，目前市场上的信托、理财产品也都在银监会的监管范围之内。

事实上，商业银行本身就是专业经营风险的机构，而风险就是一种损失的可能性。因此"庞氏骗局"作为一个可能性的确是存在的。但这种可能性究竟有多大，商业银行又是否愿意冒着声誉风险而采用"庞氏骗局"来获益呢？因此，从商业银行长期持续经营的角度，如何有效地、正确地纠正社会上关于理财产品的误解是一项艰巨的挑战。商业银行只有凭借自身的努力经营实现客户的预期收益，通过不断的积累才能逐步扭转社会的偏见。

2. 妥善应对严格监管下的合规风险

创新与监管之间永远存在着博弈。创新的目的是为了规避监管，而监管的目的是为了规范创新。中国式影子银行的存在就是一种创新，商业银行通过发展理财业务实现信用扩张也是现阶段的重要金融创新举措。随着银监会对银行理财产品信用扩张的逐步规范，越来越多的监管条例已经颁布出台（详见表2），商业银行必须及时调整有关产品及其运作模式，以达到监管部门的监管要求。

表 2   有关银行理财产品信用扩张的监管政策

日期	制度文件	主要内容
2009.12	《关于进一步规范银信合作有关事项的通知》（银监发〔2009〕111号）	要求信托公司在银信合作中要占据主动，管理资产。禁止商业银行拿自身存续期内的信贷资产通过信托渠道发行理财产品。
2009.12	《关于规范信贷资产转让及信贷资产类理财业务有关事项的通知》（银监发〔2009〕113号）	商业银行信贷资产转让必须真实，转出方不得安排任何显性或隐性的回购条件，禁止转让双方采取签订回购协议、即期买断加远期回购协议等方式规避监管。
2009.12	《商业银行资产证券化风险暴露监管资本计量指引》（银监发〔2009〕116号）	对银行信贷资产证券化业务提出集体监管资本的具体要求，并强调银行贷存比必须在2010年6月底前完全达标。
2010.8	《关于规范银信合作理财业务有关事项的通知》（银监发〔2010〕72号）	要求商业银行应严格按照要求将表外资产在今、明两年转入表内，并按照150%的拨备覆盖率要求计提拨备，同时大型银行应按照11.5%、中小银行按10%的资本充足率要求计提资本。
2010.12	《关于进一步规范银行业金融机构信贷资产转让业务的通知》（银监发〔2010〕102号）	要求转让信贷资产应该实现资产的真实、完全转让，风险的真实、完全转移。重申信贷资产转让需遵守整体性原则，并细化了四类信贷转让禁区；银行业务金融机构应当严格遵守信贷资产转让和银行理财合作业务的各项规定，不得使用理财资金直接购买信贷资产。
2011.1	《关于进一步规范银信理财合作业务的通知》（银监发〔2011〕7号）	强调2011年年底前将银信合作业务表外资产转入表内，原则上按每季度不低于25%的降幅制订表计划。
2011.6	银监会召开内部会议，要求清查六种违规理财产品并进行整顿	包括同业存款存放本行、购买他行理财产品、投向政府融资、绕过信托做信托受益权产品、委托贷款理财产品、票据资产理财产品。
2013.3	《关于规范商业银行理财业务投资运作有关问题的通知》（银监发〔2013〕8号）	严格管控非标准化债券资产，控制其规模，规范其通道和代销业务。

（资料来源：中国银监会网站）

3. 重点防控期限错配的流动性风险

资产池模式是商业银行充分发挥集约化功能，主动加强资产管理的一种体现。其"滚动发行、集合运作、期限错配和分离定价"的运作模式一定程度上体现了资金集合运作的便利性和经济性，成为该模式最大的优势和特点。但是，短期负债与长期资产的期限不匹配也是该模式最大的缺点。只有在产品滚动发行、能持续为资产池注入资金的情况下，该模式才能正常运行。一旦市场流动性出现较大波动时，资金池将无法继续扩张，这将使爆发系统性的流动性风险的可能性大大增加。商业银行必须采取有效措施，加强对期限错配条件下的流动性风险管理，这对银行的风险管理水平提出了很高要求。

五、商业银行未来发展建议

（一）抓住发展机遇，加快推进业务创新和转型

商业银行应该充分借助在我国金融体系中的主导地位，积极顺应金融脱媒和严格监管的系列变化，牢牢把握由中国式影子银行体系带来的发展机遇，通过进一步强化金融资产管理服务，切实加强银证、银保、银信、银基、银租和 PE 项目合作，规范银行内部的影子银行业务发展。同时，商业银行还应积极引领中国式影子银行的未来发展，配合监管部门探索推进标准化资产证券化创新业务，通过信贷资产的出售和证券化，有效应对资本约束限制，提高自身资产流动性，缓解资产负债表期限错配问题，改善资本充足率管理和不良贷款管理，提升整体资产负债管理水平。

（二）主动应对挑战，积极优化内部经营和流程管理

商业银行应该主动调整发展战略。一是要进一步加强对法规和监管办法的解读，在确保合法合规经营的基础上，确定新的发展领域，实现业务和产品的有效突破。二是要切实把握市场定位，明确风险偏好标准，并在授信审批、风险管理、业务流程、组织架构、人员配备、考核机制等制度上不断优化，以适应由于中国式影子银行发展带来的一系列挑战。三是对于大型银行而言，更需要积极思考转型发展思路，化挑战为机遇，以谋求更深、更远、更广发展。

（三）引起高度重视，建立更加完善的风险管理体系

即使在现阶段中国式影子银行的发展引发系统性风险的可能性较小，也仍有很大可能引发局部风险。因此，对于商业银行而言，最重要、最

核心的一点仍然是要加强对风险的管理，特别是对非传统银行信贷业务领域的风险管理，以最大限度地避免损失。商业银行应建立并不断完善涵盖信用风险、流动性风险、市场风险、操作风险等在内的，包括风险识别、风险评估、风险控制等子系统的全方位、系统性风险管理体系。特别要重点针对各类表外融资业务、理财业务搭建风险防火墙，真正做到表内资产与表外资产的风险隔离，促使银行通过风险与收益的转移来改变自身经营模式及分散风险的规范举措。

（本文曾荣获 2013 年度四川省金融学会省级课题二等奖）

参考文献

[1] 沈悦，谢坤锋. 影子银行发展与中国的经济增长 [J]. 金融论坛，2013 (3).

[2] 殷剑峰，王增武. 影子银行与银行的影子——中国理财产品市场发展与评价 (2010—2012) [M]. 北京：社会科学文献出版社，2013.

[3] 郭春松. 金融危机、影子银行与中国银行业发展研究 [M]. 北京：经济管理出版社，2013.

[4] 刘俊山. 美国的影子银行系统 [J]. 中国货币市场，2011 (7).

[5] 王达. 论美国影子银行体系的发展、运作、影响和监管 [J]. 国际金融研究，2012 (1).

[6] 2012 中国影子银行报告 [OL]. http://bank.jrj.com.cn/2013/01/14151714940440.shtml.

[7] 张明. 中国式影子银行：不必扼杀　只需规范 [N]. 中国经济导报，2013-04-27.

[8] 鲁政委. 银行理财业务发展的苦恼 [J]. 中国金融，2013 (4).

[9] 韩贤旺. 金融脱媒的投资机会：从影子银行说起 [N]. 中国证券报，2013-02-04.

[10] 许维鸿. 银行股与资金池 [N]. 中国证券报，2013-03-30.

[11] 巴曙松. 影子银行的规模在中国并不大 [N]. 中国经济时报，2013-03-26.

[12] 贺建清. 影子银行的风险与监管改革研究 [J]. 金融论坛，2013 (3).

（作者单位：中国工商银行四川省分行）

基于虚拟社区的金融定制服务研究

邓　超

内容提要：根据中国互联网络信息中心（CNNIC）发布的《第33次中国互联网络发展状况统计报告》，中国的网民数量截至2013年年底已达6.18亿。Web2.0的诞生和移动互联网的发展，极大地增强了网络活动的交互性。而当前我国的各类网络社区更是依托其强大的互动性和共享性，不断扩大其社区成员规模。面对如此高黏性的优质客群，基于其所发展的金融定制服务也必将应运而生。本文通过查阅大量文献，就虚拟社区金融定制服务目前取得的成果和未来的发展方向进行了相关探讨研究。

一、问题的提出

互联网的飞速发展，使整个世界变得更小，沟通更高效，让人们能够更加容易地认识与自己志趣相同的好友，也可以很方便地巩固老友间的感情。而朋友的增加以及积累，慢慢形成了互联网界的不同群落，虚拟社区开始大行其道。进入2010年，移动互联网成为整个信息界的热门话题，"无所不在的网络，无所不能的业务"的口号，让信息人在这块崭新的土壤上努力开垦。移动端的交流开始占据日常交流的主流，也让虚拟社区的发展进入了一个新的阶段。克服了对于普通电脑的依赖，更简便的操作、友好而流畅的界面，将本就黏性很高的社区成员，更紧密地联系在一起。但是，社区平台在盈利模式上较为单一，普遍使用页面广告、会员增值服务等来作为盈利手段，并不能深度地对消费者的资金流进行营销。

金融业流传着一句话："得大众客群者，可得天下。"但是，传统银行观念的误区是靠不断地增设网点，进行规模营销，广告轰炸。以民生银行的社区银行投入来说，一个社区银行大概需要 20 平方米的营业面积，店面租金每月 8 000~9 000 元（各大城市略有浮动），折合每年 10 万元左右，再加上员工薪酬以及分行每周拨付的 1 000 元营销费用，一个网点每年成本在 60 万~70 万元之间。广告投入根据媒体不同，价格也有不同。以简单的海报为例，每周也是上百元。两项成本相较于大众客群带来的营业收入，其实都是偏高的。而目前，在网络平台上仅仅只需要支付极少的维护和运营成本甚至可进行托管。因此，虚拟社区上高黏性、高共性、数量可观的客户，低廉的宣传和维护成本，应当是未来金融业发展的方向。需要的仅仅是金融行业应当贯彻这种变革能力，即根据虚拟社区定制金融服务。

二、理论基础

（一）虚拟社区的概念

虚拟社区（Virtual Community）几乎是伴随着互联网的概念而同时产生的。但它真正开始成型是在万维网的出现和电子邮件的传播后，聊天室和即时消息系统开发之时。瑞格尔德（Howard Rheingold，1994）最早将其定义为："一群人通过计算机网络互相交流，他们有某种程度的相互理解，分享某种程度的知识和信息，在很大程度上，彼此像朋友般照顾，从而形成的团队。"Gupta 和 Kim（2004）则认为虚拟社区是"彼此不认识却拥有相似目的的人，以网络的互动沟通为主要手段建立关系，分享知识、乐趣或进行经济交易，从而形成的群体"。

当前，社区的定义被进一步延展：在虚拟环境下，电脑的各端通常是完全不认识的网民。这类人群往往具有相同的兴趣、文化背景和价值观等特质，在同一网络虚拟社区，他们彼此交换信息、分享知识、宣泄情感，并形成相对稳定的社会群落。

（二）金融定制服务的概念

传统金融服务是指金融机构运用货币交易手段融通有价物品，向金融活动参与者和顾客提供的共同受益、获得满足的活动。按照世界贸易组织附件的内容，金融服务的提供者包括下列类型的机构：保险及其相关服务，所有银行和其他金融服务（保险除外）。具体来说，金融服务就是金融机构通过相关业务的开展，为客户提供包括投资、融资、储蓄、信贷等多方面的服务。

金融定制服务，就是金融机构或者相关从业人员，在完全理解定制人的意愿的情况下，开发出符合定制人要求的各类金融产品，同时也要为以后的扩展提供必要的支持。

（三）虚拟社区金融定制服务的概念及特点

本文着重研究基于虚拟社区的金融定制服务，即金融机构根据虚拟社区的运营者提出的金融诉求，结合实际情况，在充分理解其需求的情况下，开发出符合运营者要求的金融产品并提供必要的扩展支持。同时，根据互联网的可塑性，也可以是金融机构根据自身的产品来对相关的社区运营者提出定制诉求，主动迎合产品需求并做推广。在目前，从全球范围来看，大部分虚拟社区采用的是与特定的金融机构进行合作，网站的金融服务基本由金融机构提供，一方面是出于成本与技术的考虑，一方面也是出于民众接受度的考虑。但是，也有部分社区开始自己开发相应的金融服务内容，逐渐摆脱金融机构，旨在真正降低用户使用门槛，提供更为廉价和便捷的服务项目。其特点也很鲜明，就是对象一定为互联网社区，客群为此社区的具有相同聚居特点的人群，同时，快速、高效和廉价。

三、虚拟社区的金融定制模型

在虚拟社区这几年的不断发展中，出现了许许多多的发展模式，有的以自身为基础进行金融开发及服务探索；有的与相关金融机构进行深入合作，携手发展。下面以理论结合真实案例进行探讨。

（一）多对多平台模型

多对多平台模型（如图 1 所示）是指平台不仅是交易双方的中介方，同时也是金融服务的提供方。下面以国内大型虚拟社区人人网的"人人贷"为例，进行研究。

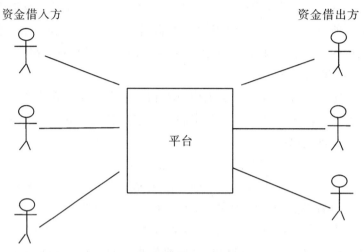

资金借入方   资金借出方

平台

图 1　多对多的金融定制模型

2012 年 9 月，人人网开始推出"人人贷"。"人人贷"的核心即是利用互联网技术，使具有闲置资金的出借人与有贷款需求的个人或企业，能在线上通过平台自行进行资金借贷匹配；而作为撮合借贷双方达成一致的平台，则可以收取一定的佣金作为报酬。人人网自身拥有庞大的客户群，且一般为大学生群体，这类群体的普遍共性在于喜欢分享，分享自己的行为或者爱好，遇到困难也习惯于在人人网上求助。一个人人网的注册用户提出贷款的需求，人人网往往可以通过他以往的网上表现和行为习惯推测出他的需求和信用等级。

这类模型最重要的是平台方，因为金融服务和交易撮合都由平台负责。金融服务的提供需要强大的资金基础作为后盾，案例中的人人网由于账上资金相当充裕，通过建立一个风险补偿机制，就能为贷款方和借款方提供合理的安全保障。同时，这种模型也要求平台方拥有具备较强金融知识的从业人员，而不仅仅是一个 IT 公司的技术人员。对于这点，目前国内大多数虚拟社区都是可望而不可即的，因为复合型人才的培养需要长期有效的教育和培训投入。

（二）客户、平台与金融机构模型

这类模型，平台仅仅提供撮合的场所，交易由金融机构与客户之间完成。下面介绍两类：

1. 客户、平台与基金公司模型

这类模型，如图 2 所示，平台与基金公司进行合作，由基金公司进行资金的管理与规划，社区仅仅提供一个交易场所，主要负责前端的销售。下面以国内线上最大支付公司"支付宝"推出的"余额宝"为例进行探讨：

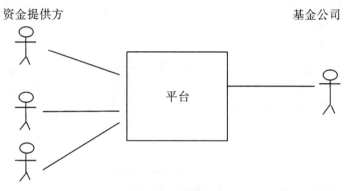

图2 客户、平台和基金公司模型

2013 年 6 月，支付宝公司与天弘基金公司联手进入互联网市场。用户可以把钱通过"支付宝"转入"余额宝"中，可以获得较高的收益回报。天弘基金在 2012 年管理资产不到 100 亿元，而借助"余额宝"这个互联网平台，天弘基金所管理的资产在一年之内一飞冲天，已经超过 5 000 亿元，一举成为中国最大的基金公司。

对于基金公司来说，通过"支付宝"进行销售，免除了传统银行的中介佣金费用和托管费用。而且很多基金特别是货币基金，目前因监管要求，都是 T+1 赎回到账，尽管可以采用垫资或者银行授信的方式实现 T+0，但同样成本高昂，且需要限制日间交易的额度上限。但是依托"支付宝"的平台，可以调整资金池的划转，简化了交易流程，这样，天弘基金几乎可以无额度上限地进行授信。此外，"支付宝"还可以提供给基金公司客户的购物规律，帮助其进行流动性管理。对于"支付宝"来说，虽然自身账户上的钱大量转入了基金公司，但是可以借此提升用户对于"支付宝"的使用价值，提升用户的黏性。同时，因为"支付宝"一直没法给用户直接提供利息，资金规模一直不能上去，而通过货币基金高于银行利息的收益，吸引了更多客户将钱转入"支付宝"，从一定程度上看，让"支付宝"具备了"吸收储蓄存款"的作用。同时，与基金公司

85

的分成，也将进一步增加其收益。

2. 客户、平台与银行模型

此类模型，如图 3 所示，社区与银行进行合作，由银行直接通过平台提供服务，撮合业务的实现。下面以 Facebook 为例：

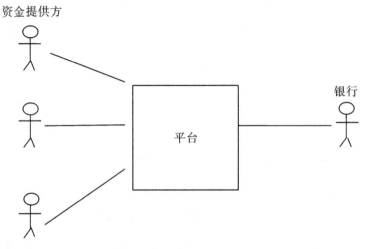

图 3　客户、平台与银行模型

2014 年 4 月，《金融时报》报道称 Facebook 将进军互联网金融，计划获得爱尔兰中央银行向其颁发的金融服务牌照，批准其向用户提供存款、发行电子货币和货币兑换业务。报道称，Facebook 将专注于银行汇款市场。据世界银行估计，2014 年的全球汇款总额超过 6 000 亿美元，而汇款的手续费均值达到 9%，显然是偏高的。Facebook 依托其自身庞大的规模和互联网的低成本，将会把传统银行的转账费用压到最低。同时，因为其庞大的客群基础，一旦 Facebook 准许用户建立账户，其将成为全球吸储能力最强的渠道，可以帮助合作银行短时间内获得庞大资金，也能为银行节约一大笔营销费用和网点成本。对于银行的广告，它可以根据自身强大的数据挖掘能力，将广告定向投放到每个用户身上，既人性化，成本低廉，也让广告的实际效果大大增强。

在 Facebook 上展开金融业务，不仅给自己和合作银行提供了一个新的盈利点，更能增强这个虚拟社区的用户黏性，潜在地增加 Facebook 的流量，把用户留在该网站的时间延长，让 Facebook 更加深入地进入人们的生活。

四、虚拟社区金融定制的风险控制

(一) 面临的风险

1. 政策风险

根据平台进行的融资，特别是依托自身，并未找相关金融机构进行合作的情况下，很容易构成非法集资。国内吴英案等非法集资案件的判决，凸显了我国监管部门对于此类行为监督的严厉和决心。一般来说，平台公司为了避免风险，都把融资贷款的理论上限设定为银行同期借款利率的几倍，社区只是提供平台，不参与交易过程，即只是提供一个场合来撮合交易，没有资金的借贷决定权。但是，这样看似跟非法金融机构、非法集资等行为区别开了，政策风险却依然存在。银监会办公厅曾发布了《人人贷有关风险提示的通知》，认为虚拟融资行业门槛较低，没有强有力的外部监管，由于法律的不完善等情况，中央银行和银监会都没有对其的法定职责，导致外部风险较大。同时，平台公司其实并不是完全不参与整个交易，因为平台要对出资方和用款人提供信用咨询和信用评价，这就在一定程度上参与了交易过程；平台又收取佣金，若用款人涉嫌骗钱，构成非法集资，那么平台公司也就成了"帮凶"。而且在撮合的过程中，若出资人和用款人双方彼此认识，私下提高或者降低利率，平台的一方有没有责任也是无法厘清的。

对于"余额宝"类货币基金来说，面临的首先是利率市场化的风险。当前中国的利率是政府主导的，未来利率将是市场主导的，利率市场化后，货币基金的收益应该会回归到4%左右的合理位置，届时互联网平台的收益是否还能有较强的吸引力还不可知。

2. 运营风险

运营风险即商业风险。风险管理是融资业务成败的核心。以贷款为例，其可以分为三大块：贷前信用审核、贷中监测和贷后管理。随着管理信息系统的逐渐成熟，信用报告的远程线上审核也是有可能的。但是，虚拟社区在很大程度上其实并没有用户的消费数据，只有爱好和职业等，当然这些也仅仅是从数据上获得，是否真实还有待考证。因此，虚拟社区对于用户的信用甄别能力是不强的，如何控制自身坏账率、如何监管资金流动都是亟待解决的问题。我们再来看如今在国内虚拟社区活跃的客群大致归类。以人人网为例，80%为大学生或者毕业三年内的大学生，这类用户基本没有经营性贷款需求。因此，虚拟社区可以在一定程度上舍弃这类贷款，转向小额消费类贷款。另一个风险来自于人才的短缺。源于互联网的虚拟社区金融服务，需要的是后端能搭建平台和运营的 IT 技术人才，前端为懂金融实际的经济人才。对这样的复合型人才的培养，国内高校的重视度还较低，也不是短期就能解决的，毕竟人才培养还需要高校的配合。贷后管理需要依托强有力的法律约束和人力成本。这样的法律团队和人力成本是否能够用信息系统的跟踪技术来避免，还需要认真考察和调研。

3. 信用风险

在使用平台进行融资前，平台公司应该首先考虑用户凭什么将资金提供给平台。若是由平台进行资金归集，那么涉嫌非法集资；若是将钱直接交某个人、某个机构处理，那么用户是否值得信任将是一个大问题。同时，资金的收益能否保证，风险的承担者是平台还是用户，这些都需要仔细思量。互联网的信息复杂、多变，网民的思想很容易被外界的刺激鼓动，资金的流向以及使用情况的透明，是对网民的负责。但是对于企业来说，有时又涉及自身机密，因此监管、平台、用户之间的三角关系调和将是社区平台在开展业务前需要落实的。而且，网络的协议是否能被中国法律承认，也需要政策的积极支持。

（二）风险应对

1. 完善政策环境

互联网金融的大趋势已不可逆，金融产品在互联网上进行销售或许会成为未来的常态。中央银行和银监会应尽快制定相关的管理条例和规定。在目前来看，民众对于互联网金融是持认可态度的，而互联网创新产生的利益极大部分也回馈给了大众。在顺应民心的同时，应该赶快落实互联网金融所应有的政策环境，以保障资金的安全和人民群众的利益。

2. 落实监管条例

对于网上金融交易，可以对最高账户余额进行设定；涉及货币转移的机构必须取得相关的牌照，同时在交易过程中要履行与银行一样的登记、交易报告等程序。社区平台不得自行从事类似银行的存贷款业务，不得擅自动用客户交易资金，要保持交易资金的高度流动和安全。

3. 鼓励银行业加入互联网创新

银行是依法成立的经营货币信贷业务的金融机构，有着完善的风险控制制度和对资金的管理经验，银行的参与也能在很大程度上保障资金的安全。此外，银行公信度高，将银行拉入互联网金融市场，可以稳定互联网金融市场,减少民众盲目跟风似的乱投资。而且银行一直处于多重监管之下,管理制度和监管都非常完善,也给监管降低了难度。

(三)基于方案的可推广金融服务

1. 社区成员的基金投资管理

社区成员可以通过平台自发筹集款项,将其统一购买互联网的金融产品来进行投资,成员间协定如何分配收益,派现金或过节聚餐、发放礼品等,操作也很便捷。收益低时每个社区成员可以在过节过生日时收到一张小贺卡或者彩票,收益高时也可进行旅游、聚餐或派发现金。

2. 众筹

对于社区成员来说,社区还是一个筹集资本的地方。比如一个成员希望下次生日的时候能够收到一本30元的书,那么就可以将他的需求发起一个众筹的链接,每个与他互相关注的成员都可以看到这个链接。如果一个好友点击,那么他将出资30元购买这本书,若10个好友点击,则均摊……如此继续下去。这样的方式同样可以运用到购买大件物品或者创业上,当然在大件物品和创业上将会有一定的限制和是否归还的相应选项。同时社区成员的实名认证以及其使用资金情况可以依托合作的金融机构进行跟踪,也可以与人民银行的信用系统进行链接,避免违约事件。

3. 社区银行的成立和借贷

目前,实体性的社区银行处于叫停阶段,但是社区银行的发展将是不可逆的潮流。网络社区同样可以进行相应的操作,根据这个社区的实际客群,选择相应的合作银行,每日更新相应的投资产品和进行有针对性的理财宣传,大大降低银行的销售成本,也可提升成交率。同时,银行因为在这个社区长期合作,可以对一些客户进行细致的甄别,运用银行的风险流程进行信用评级,可以极大地规避资金风险。在贷款上,可以实行社区联保贷款,即一人贷款,可以几十人进行联保,就算金额较大,也能在极大程度上实现风险可控。因此,贷款的获批率也会较高,增强了银行资金的流动,也方便了社区成员的生活。

针对特定群体如大学生,还可专门开发小额消费信贷。目前的大学生对于超前消费的接受程度较高,但大多数银行并没有开展大学生的信用卡业务,因此,可以在社区进行小额的消费信贷,运用联保等手段规避风险,也能为银行积累很多的客户资源,也会让这个社区在未来继续对用户充满吸引力,增强客户的黏性以及扩张速度。

五、结论和进一步要研究的问题

网络社区的潜在商业价值大多还处于待开发状态，而金融业的发展本身就贯穿着这种因新兴的事物而增加金融工具或者变更传统的金融体制的历史。在未来，电子商务是一个重要发展点。通过此次研究，我们可以得出以下一些结论：

（1）金融定制平台是对虚拟社区服务的进一步挖掘，使得虚拟社区在盈利模式上可以实现多元化。在虚拟社区上的金融服务体验，可以深度捆绑社区成员，让成员在平台上的驻留时间更长，让成员对于平台更有黏性，提升平台价值。

（2）对于资金借出方而言，实现了闲置资金的灵活投资，使得投资变得更简单，也让利益最大化。

（3）对于资金借入方而言，实现了资金获取渠道的多元化，不用使用银行贷款等诸多中间人步骤的获取资金方式，及时解决中、短期的资金问题，同时也降低资金获取的成本。对于金融机构来说，减少了产品的营销成本、运营成本，能够在短时间内获取足够的资金，充实自身链条，增大自身规模。

（4）对于监管机构而言，可以在监督监管各类互联网金融产品的同时，及时把握金融市场情况，完善自身监管方法，在鼓励创新的基础上，融入金融产品真正进入大众生活的时代。

本结论只是定性研究，还需要进一步研究以下问题：

（1）平台与金融机构要及时开发出针对互联网客户的信息评价系统，提取出对金融服务业、金融机构有效的信息进行定点客户开发；

（2）监管机构应根据多年的风险控制经验与时俱进地制定监管规则；

（3）目前市场上的互联网金融产品还不够多，需要在数量上加强深度分析与开发。

参考文献

［1］LUIS V CASALO, CARLOS FLAVIAN, MIGUEL GUINALIU. Fundaments of trust management in the development of virtual communities, Faculty of Economics and Business Studies，May 2008.

［2］邓超. 论虚拟社区与电子商务［J］. 中国商贸，2013（6）.

［3］徐峰. 从人人贷看虚拟社区与电子商务的关系［J］. 互联网周

刊，2000（5）.

［4］丁乃鹏. 电子商务中虚拟社区运行机制与增值过程分析［J］. 现代通信，2003（4）.

［5］梁林红. 虚拟社区与电子商务融合模式探究［J］. 现代商贸工业，2010（20）.

［6］石刚，赵海难. 支付及衍生类电子商务企业的发展趋势与发展对策［R］. 中国电子商务企业发展报告，2013 年 5 月.

［7］刘长江. 电子商务金融服务与风险防范初探［J］. 资本，2009（9）.

［8］黄浩. 电子商务是未来金融服务必争之地［J］. 互联网金融，2013（10）.

［9］张刚. 电子商务条件下的金融创新［J］. 湖南财经高等专科学校学报，2013（8）.

（作者单位：招商银行成都分行）

不对称降息对农信社的影响及对策

黄 胜 欧彦金 任朝君

内容提要：不对称降息是当今的热点问题，在不对称降息和利率市场化的冲击下，中小银行的风险管理和定价能力都将面临严峻考验。本文剖析了 2014 年 11 月 22 日不对称降息所释放的利率市场化、金融改革进程提速、对实体经济的倾斜力度这三个信号，并深入解析了农信社在利率市场化下改革需迫切解决的四个问题。希望本文的结论和建议对农信社在新形势下如何促进自身发展有所帮助。

2014 年 11 月 22 日，中央银行下调金融机构人民币贷款和存款基准利率，将一年期贷款基准利率下调 0.4 个百分点至 5.6%，一年期存款基准利率下调 0.25 个百分点至 2.75%，同时结合推进利率市场化改革，将金融机构存款利率浮动区间的上限由存款基准利率的 1.1 倍调整为 1.2 倍。此次中央银行降息，有不对称降息、存款利率浮动上限进一步打开、利率期限档次简化三大特点。一方面是希望下调贷款利率，利用基准利率这个价格杠杆来降低市场的融资成本，引导资金流向实体经济，以此来缓解经济增长压力，但更为实质性的内容是深化利率市场化改革。这不仅通过政策性方式把银行的利润空间全面压缩，激活银行间的竞争及促进银行经营模式的转变，还将促使我国银行业生态环境发生重大改变，具有里程碑意义。加之存款保险制度即将出台，利率市场化改革的步伐已明显加快。本次降息有助于 2015 年年初存量贷款重新定价时，系统性下调融资成本，特别是以贷款基准利率为定价标准的小微、"三农"和房地产贷款。存贷利差的进一步缩小，势必进一步压缩利润空间，迫使农信社寻求新的利润增长点。对于经营管理相对滞后、社会责任负担较重、服务经营成本高、员工素质差、电子信息化程度低、结算服务功能弱的农信社而言，如何面对经济增速趋缓、竞争日趋激烈、利率市场化改革、金融脱媒、监管要求日趋严格和"三农"日趋多元化的挑战，如何科学认识当前形势，准确研判未来走势，把握经济发展新常态，适应新形势下的新要求，主动推进战略可持续发展，都提出了新的挑战和要求。为此，笔者拟从以下几个方面进行浅谈：

一、存贷利差缩小带来的挑战

后利率市场化时代利率管制的保护作用将消除，银行业将逐步迈入市场化竞争时代。对于基础差、底子薄的农信社而言，利率市场化的"登场"，带来新的考验和压力。

（一）农信社的主导业务将受到巨大冲击

现阶段，农信社的业务仍以存贷款业务为主导，收入也主要来源于存贷款利差收入。由于利差收入与利率密切相关，因此存贷利率不对等下降必将会给农信社的主导业务带来巨大冲击。从存款市场来看，存款利率市场化后银行间的市场竞争会逼迫农信社动用利率决定权来提高利率，以提高吸收存款的能力。从贷款市场来看，优质客户将成为银行竞相争夺的焦点，市场竞争的结果必然导致贷款利率出现下降。存贷款利率逆向变动，其结果必然是利差收入大幅度收窄。

（二）利率定价和预测管理成为必须解决的新课题

利率定价和预测管理一直都是农信社的管理盲点，没有制定科学的贷款利率定价策略，主观性、随意性、盲目性较大。存贷款利率双向浮动后，利率价格因素将变得越来越重要。如何准确预测利率走向，如何合理确定利率价格，将成为农信社必须要跨过的一道门槛。同时，长期以来受利率体制的影响和"保护"，农信社利率风险管理严重滞后，尤其是近年来，虽然贷款利率逐步市场化，但农信社经营管理层的意识未及时跟进，导致缺少管理利率风险的方法、经验、手段和人才。农信社如何解决经营管理手段落后的现状已成为必须尽快解决的课题。

（三）农信社的利率风险加大

对于农信社来说，利率风险的产生取决于两个条件：一是市场利率发生较大波动，二是资产和负债期限不匹配。利率风险的大小取决于市场利率波动的大小及资产和负债不匹配的程度。实行利率市场化后，利率随市场行情不规则而频繁波动，这对农信社的资产负债管理带来了严

93

重挑战。农信社也许会存在资产与负债不相匹配且存贷款利率变动也不同步的现象,一旦利率发生变化,就会对利差收入产生重大影响。

(四) 面临的经营压力将进一步加大

存贷款利率的双向浮动给农信社直接带来的是融资成本升高,主营业务收入降低。人员网点多、业务小而散、社会责任重、资产质量差,长期以来积累的这些负担已经压得农信社喘不过气来,存款利率上浮区间扩大无疑给农信社又压上了一副重担(农信社由于品牌弱,存款利率不得不一浮到顶),加大了融资成本,压缩了利润空间。加之存款保险制度即将出台,农信社不得不缴付一定的保费,更是在经营成本上雪上加霜。目前尚不清楚保费的缴费标准,但可以预见的是,和国有大中型银行相比,农信社的保费缴纳会相对较高,原因至少体现在两个方面:一是因农信社抗风险能力较弱、资产质量不高等因素将造成保费费率高于国有大中型银行;二是存款最大赔付标准为 50 万元,意味着单户存款余额 50 万元以上和 50 万元的保费缴付金额相差无几甚至完全一致,国有大中型银行 50 万元以上存款户数较多、金额较大,保费缴付相对会少一些,而农信社 50 万元以下存款的户数和金额占比都在 95% 以上,相对保费缴付会高一些,经营压力也更大一些。

二、存贷利差缩小带来的机遇

存贷利率不对称下降是利率市场化改革的必然途径,也是我国金融体制改革纵深发展的必然要求。它在为农信社带来考验的同时,也带来新的历史发展机遇,激励农信社创造条件拓展生存和发展空间。

(一) 激励农信社自身管理升级和产品创新

利率竞争是金融机构管理和技术的竞争,是综合实力的竞争。只有在管理、技术和实力上领先于对手,才能报出有竞争优势的利率价格。存贷款利率双向浮动倒逼农信社精细管理、加强核算。企业和个人客户由于对期限、利率、风险程度、流动性等需求不同,将对存贷款产品提出更高的要求。这就要求农信社必须遵循市场规则,重新审视组织结构、管理模式和经营策略,树立科学的经营观念与风险意识,尽快建立与市场经济相适应的现代金融企业制度,不断进行金融创新,推出适应客户需求的金融工具和产品。

(二) 激励农信社尽快完善自我约束机制

利差缩小后,农信社必将被迫根据市场资金供求状况,在进行成本核算的基础上，灵活调整利率水平，同时也将迫使农信社细化对客户的分类管理和差异化服务。这将有助于信用社纠正盲目扩张业务的惯性经营思维，有助于农信社探索新的适合于客户需要的服务方式。也必将激励农信社建立以头寸控制、成本控制、风险控制、期限匹配为核心的资金约束机制，有利于培养农信社的成本效益理念。

（三）激励农信社非传统业务发展

利差缩小后，利率风险加大，农信社的传统业务——存贷款业务将会受到前所未有的冲击。长期以来，存贷款业务的利差收入一直是农信社的主要收入来源，利差收入的大幅度收窄必将威胁到农信社的生存和发展，这也助推着农信社寻求新的利润增长点。农信社可以围绕客户规避风险的需求，根据不同客户风险偏好程度的不同，为客户提供全方位的金融服务，大力拓展业务空间，加快网点转型和经营方式的转变，真正实现多元化发展，有效规避和防控利率风险。

三、应对策略

为应对利差缩小的挑战，农信社应转变经营模式，按照"小银行+大平台"要求做实省联社管理和服务平台，拓宽服务、客户、资金三个市场，建立利率管理、风险防范、定价、考核四个体系。

（一）明晰自身市场定位

农信社首先需要明晰自身市场定位，面对激烈的竞争，要牢牢抓住"特"字，要坚持立足农村市场、服务"三农"的宗旨不变，充分发挥自身网点覆盖面广、金融辐射面大的优势和特色，同时要明确自身业务结构中存在的问题以及未来应该调整的方向。

（二）积极进行业务创新，拓展新的利润增长点

为了应对利率市场化的冲击，农信社不但要提高传统业务经营效率，还必须积极地进行业务创新，以拓展新的利润增长点。农信社应通过持续有效的金融产品创新大力拓展零售业务，精细化改造公司业务，大力发展中间业务，规范开展创新业务，如投资理财、代理保险、代理基金等。通过拓展业务经营空间，不断开掘新的利润增长点，实现经营结构和收益结构的多元化，从而有效规避金融风险。

（三）尽快建立利率市场化管理体系

一是要主动进行利率管理。把应对利率双向浮动与深化改革同步进行。在积极推进农商行改制基础上，县级联社要设立利率风险管理部门，

根据当地经济状况、同业竞争程度，制定严密的风险管理规程和监控约束机制，注重收集各种信息，分析预测市场利率变化和风险评估，自行调整和实施适合市场需要的利率。二是要建立信息评价决策机制。重视对宏观经济和货币政策信息的分析研究，提高对利率走向预测的前瞻性和准确性，建立一套科学、合理、灵活的利率定价决策机制，提高决策水平。三是要建立综合测算体系。兼顾收益、风险和成本，综合考虑客户的信用风险、综合收益、筹资成本和运营成本，搞好综合测算。

（四）科技引领，专业提升，促业务发展和战略转型

要发挥科技引领作用，为农信社适应激烈的金融市场竞争和实现持续健康发展打下坚实的技术基础。要建设网上银行、手机银行、微信银行等系统，紧跟移动互联网、大数据、云计算发展趋势，建设新一代电子银行平台。要应对利率市场化带来的风险，必须加强软硬件建设：一是要加强人才队伍的建设，实现员工专业能力提升，大力加强对从业人员的金融知识培训，提升金融知识储备，强化风险意识，加强与高等金融院校的人才培养工作，积极引进和培养高素质专业化的优秀人才，增加行业竞争的筹码，同时要形成一个大培训体系和业务的互动交流平台。二是要加强科技建设的力度，要坚持科技引领助推业务发展的策略，善于运用新的科技手段和工具，使业务创新得到足够的科技支撑，从而提高非利差业务的竞争力。

（五）缩短管理半径，调整组织架构

一是优化经营平台。要完善公司部、个贷部、微贷、小贷、农贷五大信贷业务条线的信贷营销平台，以风险资产经营管理部为清收盘活平台，以经营型负债业务部为资金组织平台。对三大平台下达业务指标，实行单独考核，打造核心竞争力。二是实行扁平化管理。对存贷规模较大的基层信用社实行应扁尽扁，由联社统一直管，缩短管理链条，提升工作效率，以精细化管理为手段，控制成本，提升效益。三是差别化管理。要结合实际，对基层信用社实行宜存则存，宜贷则贷，宜管则管。即：哪个信用社具有存款优势，就以存款为最高追求目标；哪个信用社具有贷款优势，即使存款资源不强也要坚定不移地推行贷款营销；哪个信用社管理混乱、高管素质不高，就要首先整顿，实行责任追究。四是打造旗舰网点。要对所有营业网点分类排队，测算产能和效益盈亏平衡点，积极争取监管部门支持，逐步淘汰功能不全、产能不达标、综合核算亏损的网点。优先布局有市场发展潜力的精品网点，提高服务效率，

提升竞争形象。

（六）积极争取政策支持，加强同业交流

农信社应积极争取政府给予有利于利率市场化的政策支持，要争取进入全国债券市场，改善存贷单一的经营方式，要争取各种支农扶持政策落地，化解各类政府性不良贷款，优化监管指标，提高抗风险的能力，在优化金融生态环境的同时加快业务经营转型，增强核心竞争力。同时要加强同业合作，农信社之间可以采用"抱团取暖"的办法来应对利差缩小带来的竞争压力。此外，为避免恶性竞争，农信社应加强银行间的合作与信息沟通，共同维护市场竞争秩序和同业间的共同利益。

（七）做实平台，做到"三个拓展"

做实省联社管理和服务平台，使农信社既有小法人的灵活经营优势，又有大银行的系统服务优势。加强科技信息建设，充分利用 SC6000Z 系统上线契机，强化资金运营平台，加强对外协调。立足"三农"，拓宽服务范围；调整策略，拓宽客户基础；改善服务，拓宽资金来源，向金融产品要效益，向新兴业务要效益。

（作者单位：四川省农村信用社联合社绵阳办事处）

利率市场化背景下中国银行资产负债管理探究

——基于 NIM 视角的分析

邱申旭

内容提要：本文从中国银行"做最好的银行"的战略目标出发，围绕利率市场化背景下的资产负债管理效率问题进行分析。首先选取度量指标，对比分析当前中国银行与国内银行业的资产负债管理效率水平，发现中国银行 NIM 值低于其他银行平均值。然后实证分析各银行 NIM 值与中央银行存贷基准利差的关系，发现它们具有显著的相关性。随后分析了利率市场化将会给银行的资产负债管理带来的影响。最后就如何提高中国银行资产负债管理效率及水平提供参考意见。

一、引言

受到后国际金融危机持续发酵的影响，当今世界经济正在艰难地复苏。而国内经济稳中有进，改革进一步深化，人民币国际化进程加速，市场化改革加快推进，网络金融蓬勃兴起。基于复杂多变的内外部金融环境，中国银行提出了"担当社会责任，做最好的银行"的战略目标。

中国银行董事长田国立先生认为，"最好的银行"有三个基本特征：历史悠久、持续经营、市场地位卓越，例如花旗银行、富国银行、汇丰银行等。它们真正做到了"基业长青"，成为了全球银行业的标杆和楷模。中国银行自 1912 年成立至今已有 100 余年的历史，要想永葆"基业长青"，既要持续稳健经营，更要顺应时代潮流，勇于开拓创新。

银行拥有庞大的资产和负债，其吸收存款和发放贷款两项业务作为传统的银行业务在银行盈利中仍然起着基础性作用。因此，银行的资产负债管理效率和水平直接关系到银行的获利能力。中国银行要"做最好的银行"就必然要重视资产负债管理的效率和水平。本文旨在通过相关数据分析中国银行与国内其他银行在资产负债管理效率中的差异，寻找造成这些差异的原因。最后运用回归分析测算中国银行要想保持持续的盈利水平所要具备的 NIM 水平，力求在纷繁的数字背后为中国银行找到提高资产负债管理效率的有效途径。

二、商业银行资产负债管理效率的度量指标选择

从 20 世纪 70 年代中期开始，资产负债管理（ALM）被广泛应用于国外商业银行的经营管理之中。它具体指在给定资本约束和风险承受能力的情况下，为实现企业的财务目标而制定、实施、监督企业资产和负债的有关决策。资产负债管理代表了当前国际上商业银行经营管理的先进水平，是一种全方位的管理方法，在商业银行经营管理中占据着重要的地位。资产负债管理的效率，主要是指商业银行通过资产负债管理，实现其利润最大化目标的效率和程度。该效率通常用两种方法来衡量：生产成本边界法和净息差法。生产成本边界法将效率最高的银行作为目标效率的标准，其他银行与其比较从而衡量该银行的效率水平。净息差法则将银行的净息差这一财务指标作为衡量银行资产负债管理效率的核心。从产业组织的观点来看，净利息收入是银行经营管理的基础。随着资产负债管理水平的不断提高，商业银行能够有效地对资金的来源、运用、期限以及利率结构等进行合理搭配，从而降低资金使用成本，提高资产收益，使利差收入增加。

众所周知，商业银行的收入来源由三部分构成：利息收入、非利息收入和营业外收入。早期银行收入绝大部分来自于传统存贷业务的利息收入。随着金融行业的发展，非利息收入在营业收入中的比重不断扩大，利息收入所占比重不断缩小。即便如此，商业银行的利息收入在总收入中仍占据着重要的位置。净利息收入和非净利息收入占据了银行净收入的最大比重，在不考虑营业外收支的情况下，这两部分收入的总额近似等于银行的利润总额。

净利息收入作为银行利润的主要来源，是银行获利能力的重要体现。净息差（Net Interest Margin，简称 NIM），也叫做净利息收益率，即净利

息收入与平均生息资产规模的比值。该指标包含了资产、负债的规模因素以及它们的价格因素，是具有综合性和概括力的指标，与付息率、高成本负债占比负相关，与资产收益率、高收益资产占比正相关，其计算公式为：

$$净息差 = 净利息收入／平均生息资产$$
$$= （利息收入 - 利息支出）／平均生息资产$$

上式中，利息收入主要包括贷款利息收入、同业往来利息收入、投资收益等；利息支出主要包括存款利息支出、同业往来利息支出等。

三、中国银行与国内商业银行资产负债管理效率的比较分析

近年来，得益于国内经济持续稳定增长，我国银行业也取得了长足的进步。几家大型国有商业银行无论资产总量还是利润总额都排在全球商业银行前列。在 2013 年国内银行净利润排名中，中国银行位列第四，与农业银行大致持平，与工商银行和建设银行差距较大。在我国银行业利息收入占总收入比重非常大的情况下，工商银行和建设银行庞大的资产和负债总量保证了其获得较大利润。但是，较高的资产负债总量并不意味着绝对的高收益，其中还有资产负债管理效率高低的问题。因此，有必要比较中国银行与国内同行在资产负债管理效率上的差异。

笔者收集了 2005—2013 年我国部分商业银行的净利息收益率数据，见表 1。

表 1　　　　2005—2013 年我国部分商业银行净息差（NIM）值　　　单位:%

银行分类 ＼ 年份	2005年	2006年	2007年	2008年	2009年	2010年	2011年	2012年	2013年
中国银行	2.39	2.58	2.94	2.70	2.11	2.16	2.12	2.15	2.24
交通银行	2.57	2.62	2.90	2.83	2.28	2.41	2.59	2.59	2.52
建设银行	2.85	2.88	3.29	3.26	2.41	2.49	2.70	2.75	2.74
农业银行	1.05	1.49	3.05	3.25	2.36	2.59	2.85	2.81	2.79
工商银行	2.76	2.40	2.84	2.93	2.34	2.47	2.61	2.66	2.57
国有银行平均值	2.32	2.39	3.00	2.99	2.30	2.42	2.57	2.59	2.57
华夏银行	2.38	2.45	2.65	2.32	2.03	2.45	2.81	2.71	2.67
民生银行	2.11	2.27	2.85	3.15	2.59	2.94	3.14	2.94	2.49

表1(续)

年份 银行分类	2005年	2006年	2007年	2008年	2009年	2010年	2011年	2012年	2013年
招商银行	2.58	2.63	3.08	3.42	2.23	2.65	3.06	3.03	2.82
光大银行	1.77	2.41	2.75	2.92	2.01	2.42	2.49	2.54	2.16
兴业银行	2.33	2.48	2.89	2.84	2.35	2.43	2.51	2.65	2.44
中信银行	2.40	2.60	3.11	3.35	2.38	2.53	3.00	2.81	2.60
浦发银行	2.57	2.62	2.90	2.83	2.33	2.41	2.60	2.58	2.61
股份制银行平均值	2.31	2.49	2.89	2.98	2.27	2.55	2.80	2.75	2.54

(资料来源：经过审计的各银行年度财务报表)

根据表 1，笔者绘制了 2005—2013 年中国银行、其他国有商业银行以及股份制商业银行的净息差变动趋势图。见图 1。

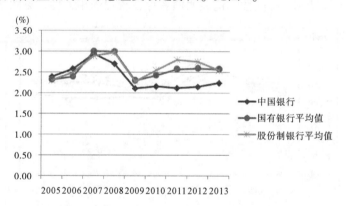

图1　2005—2013 年中国银行、其他国有银行、股份制商业银行 NIM 变动趋势图

从图 1 中我们可以看出，国有银行 NIM 平均值与股份制银行 NIM 平均值数值较为接近，且随年度的走势保持高度一致，这说明我国国有银行与股份制银行在资产负债管理效率上水平相当，且都随各种经济因素的影响有着相同的表现。由于共同受到 2008 年国际金融危机的影响，国有银行以及股份制银行的 NIM 值从 2.99%左右直降至 2.3%，出现了较为明显的下滑。从 2009 年开始，由于经济开始复苏，国有银行与股份制银行的 NIM 值逐渐上升，且股份制银行略高于国有银行。

2007 年之前，中国银行与其他国有银行以及股份制银行的 NIM 值都较为接近，但是随着国际金融危机的到来，中国银行的 NIM 值下滑的幅度较其他银行都大。2008年以后一直保持在2.10%左右，明显低于其他银行的2.50%。通过对比可以发现，中国银行最近几年的资产负债管理效率的水平逐渐有所提升，但与其他国有银行以及股份制银行依然存在差距。在目前市场化改革进一步深化，存贷利差进一步收紧的情况下，要追赶和超越国内其他银行，中国银行唯有采取积极有效的措施，调整客户结构，降低资金使用成本，提高资金收益，优化资产负债管理，有效缓解利率市场化带来的冲击，才能在国内同行的激烈竞争中赢得主动。

四、中国银行以及其他银行NIM值与中央银行存贷基准利差的关系

有研究表明，银行净息差与利率的波动性存在正的相关性。而比较所列银行NIM均值与人民银行一年期存贷款基准利差的走势可以发现，两者的走势呈现出趋同性，这表明两者存在较强的相关性。见图2。

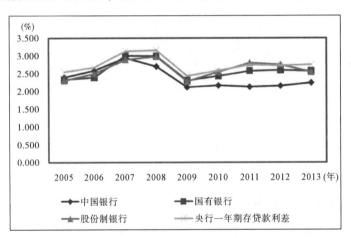

图2　2005—2013年各银行NIM走势与中央银行一年期存贷基准利差走势图
（资料来源：各银行年报及中国人民银行网站）

那么各银行NIM值与中央银行一年期存贷基准利差的相关性有多高呢？为此，笔者选定11家样本银行历年NIM值作为因变量即被解释变量，以滞后一年的中央银行一年期存贷款基准利差［SPREAD（-1）］为解释变量，建立面板数据随机效应模型进行回归分析，如下所示：

$$NIM_{it} = C_0 + C_i + \beta_i SPREAD_{t-1} + \sigma_{it}$$

$$t = 2005, 2007, \cdots, 2013$$

上式中，NIM_{it} 表示银行 i 在 t 年的 NIM 值，C_0 表示不随样本变化的固定回归截距，C_i 表示银行 i 回归截距的随机效应，$SPREAD_{t-1}$ 表示中央银行 t-1 年的一年期存贷款基准利差，β_i 为回归系数，σ_{it} 为残差。

回归结果显示，NIM 与一年期存贷款基准利差之间确实存在着显著的正相关性。就中国银行而言，基准利差每变动 1bps，可能会引起第二年银行 NIM 同向变动约 1.04bps（见图 3），国有银行同向变动 0.86bps，股份制银行同向变动 0.93bps。这说明中国银行较股份制银行和国有银行对基准利差变化的敏感性更强。

可以预见，伴随着利率市场化的稳步推进，中央银行一年期存贷基准利差将逐步缩小，各个银行的 NIM 值也将呈现下降的趋势。整体来讲，中国银行较其他银行对存贷基准利差变动的敏感性更强，因此，在利率市场化推进过程中，假设所有银行都保持当前的资产负债管理水平，中国银行的 NIM 值下降的幅度将高于其他银行。也就是说，中国银行在利率市场化背景下所承受的 NIM 下行的压力相对较大。但是，我们也应当看到，国际上有些著名的银行，在利率市场化改革中，通过各种措施提高资产负债管理效率，从而使 NIM 值经受住了利差收窄的压力。例如，即便在 2008 年金融危机期间，富国银行依然能通过提高资产负债管理效率，使其 NIM 值仍然保持在 3.10% 的高水平。

```
Dependent Variable: NIM
Method: Least Squares
Date: 08/28/14   Time: 11:38
Sample: 2005 2013
Included observations: 9
```

Variable	Coefficient	Std. Error	t-Statistic	Prob.
C	-0.291646	0.193464	-1.507495	0.1754
SPREAD	1.041696	0.070040	14.87288	0.0000
R-squared	0.969326	Mean dependent var		2.575333
Adjusted R-squared	0.964943	S.D. dependent var		0.263175
S.E. of regression	0.049275	Akaike info criterion		-2.989658
Sum squared resid	0.016996	Schwarz criterion		-2.945831
Log likelihood	15.45346	Hannan-Quinn criter.		-3.084238
F-statistic	221.2026	Durbin-Watson stat		1.656898
Prob(F-statistic)	0.000001			

图 3　中国银行 NIM 与中央银行一年期存贷款基准利差的回归结果

五、利率市场化对中国银行 NIM 的影响

（一）利率市场化增加了资金成本

在我国，金融监管机构对商业银行的存贷比实施严格的监管约束。银行要想获得足够的信贷额度，则必须加强对存款的争夺，从而会推高存款利率。当下，季末或年末激烈的银行理财产品竞争已成为储蓄存款价格攀升在利率市场化下的预演。自从扩大存款利率浮动区间以来，由于资金压力较大，大部分银行已最大限度地利用浮动区间，将存款利率上浮至上限。为了应对激烈的市场竞争，中国银行也于 2014 年年初将储蓄存款利率上浮至上限。伴随着利率市场化的推动，未来的资金成本还会被逐步抬高。这将直接导致利息支出的增加，净利息收入随之减少，在其他条件不变的情况下，银行的 NIM 值将下滑。

（二）利率市场化提高了定价管理难度和 NIM 波动幅度

随着利率市场化的推进，存贷款定价模式将由外生转为内生，银行要自主决定存贷款利率。此前，包括中国银行在内的我国商业银行的贷款定价大都采取在基准利率的基础上按不同比例浮动的定价方法。这种方法很难综合考虑贷款的资本成本、期限风险、费用、利润、市场竞争等因素，也没有根据不同客户对于银行的贡献率不同而适用不同的贷款利率。也就是说，银行定价的区分度较低，不能体现与贷款利率的关系。利率市场化同时也增强了银行的贷款定价能力，为保障合理的利润空间，银行也将提高资产定价水平，这将使各银行的 NIM 呈现一定幅度的波动。以美国银行业为例，在利率市场化过程中，其净息差从 1970 年的 4.1%下降到 1975 年的 3.3%，之后又逐步回升，到 1986 年利率市场化基本完成时，上升到 3.9%，之后反复波动。净息差波动幅度加大，利润的波动性也相应增强了。

（三）利率市场化对风险管理提出更高要求

在利率市场化背景下，为追求利润持续增长的目标，银行会加快调整资产结构，更加倾向于高风险、高收益的资产业务，例如增加中小企业、零售业务占比，风险偏好上升将在所难免。这样的举措既增加了净利息收入，使 NIM 稳定增长，同时也将提高银行加权风险资产的风险，使资产质量的稳定性有所降低。随之而来的是信用风险管理的难度和信贷成本控制的难度上升。这就需要大范围应用违约风险定价模型、概率模型等计量工具，提高风险计量的准确度和可操作性，以获取合理的风

险回报，在精确计量风险和有效控制风险的前提下，使资产有较高的收益，这就对银行的风险管理提出了更加严格的要求。

六、政策建议

在利率市场化的大趋势下，银行面临净息差下行的压力，也就意味着净利息收入在利润中所占的比重有所降低。像中国银行这样资产负债体量庞大的国有银行，为了弥补利率市场化带来的利息损失，最主要的途径是提高银行的资产负债管理效率。正如前文所述，中国银行比工商银行和建设银行在资产负债总量上有一定差距，要想获得持续的利润增长，中国银行在利率市场化背景下强化资产负债管理显得更加迫切和必要。净息差（NIM）是反映银行资产负债管理效率和水平的综合性指标。我们可以从如何提高银行的净息差出发去寻找答案。

（一）加强负债业务管理，有效降低利息支出

负债管理的目标是以支付尽可能低的成本取得稳定的存款。我们可以借鉴市场营销学中差异化定价策略，从不同的角度对负债对象进行细分，优化负债结构，从而有效地控制负债成本。

一是实行客户差异化定价策略。客户差异化定价是根据客户对银行存款的贡献度不同而对客户的存款采取不同的利息价格即利率的定价策略。银行应当制定严格的存款利率审批标准，对贡献度大的重点客户，结合其活期存款、定期存款等不同形式的金融资产比重和结构，适用不同的利率，控制客户整体付息水平。

二是实行区域差异化定价策略。实施区域差异化定价是根据区域间经济社会发展水平不同而进行的定价。县域市场总体上属于竞争不完全的市场，存贷利差远高于城市。中国银行目前只在县级以上区域有经营网点，未来可以考虑在乡镇一级建立网点，争取到低成本的资金来源。

另外，积极准备应对利率市场化改革带来的同业存款竞争形势变化，适度改变被动负债，探索金融市场的主动融资策略，努力实现低成本的存款与金融市场资金互相补充的负债结构。

（二）优化资产管理，提高资产收益率

首先，加大对小微企业贷款的支持和拓展。田国立董事长认为"做最好的银行"，必须紧跟国家经济社会的发展战略。围绕当前国家积极支持小微企业的政策导向，此举不单是"响应号召"，还在于小微企业蕴藏着巨大的能量，可以为银行带来巨大的收益。当前，各个银行围绕小微

企业展开的竞争已经相当激烈。当前，银行对于大型企业的信贷定价的谈判地位明显下降，提高信贷利率的难度逐渐加大。而小微企业客户的议价能力明显较弱，可以作为银行可持续发展的战略支撑，但要注意对小微企业的风险控制，严格控制不良贷款率。

其次，积极开拓新兴市场，创新业务模式，发展个人消费贷款、信用卡等业务，逐步降低对大型客户的依赖，提高银行在信贷业务中的议价能力。同时优化投资业务结构，在风险可控的前提下，适当提高风险偏好，例如提高回报率高的金融债、优质公司债等证券的比例，促进整体投资收益率的提升。

（三）提升风险管理水平，严控资产质量

资产的质量高低，决定了其未来能够为企业带来的经济利益的多少。如果银行的资产质量低，其未来为银行带来的经济利益将少于预期，根据会计准则规定计提的资产减值准备将影响银行当期会计利润。信贷资金如果不能收回，就会造成事实上的损失。因此，风险管理水平的高低，直接关系到银行的盈利水平，尤其在当下经济增速放缓，资产质量面临严峻考验的时期。风险管理也是银行资产负债管理中的重要内容之一。

一是积极开发和应用新的风险管理技术。在大数据时代，银行可以充分利用自身在获取和积累客户信息方面的优势，探索大数据技术的应用。在风险管理实务中，提高对信贷业务风险的贷前识别和贷后监控能力，尤其是针对消费贷款、小微企业等客户风险特征的识别与判定。

二是构建和完善全面风险管理体系。随着资产负债结构的多元化发展，银行面临的流动性风险、市场风险日益凸显。为此，需要树立起更加积极开放的风险管理理念，将以往被动的风险防范与识别策略向主动的风险对冲策略方向发展。同时开发多种金融市场工具，以便对市场形势的变化做出快速的反应。业务结构的日益复杂化又会导致操作风险的上升，因此，需要重视业务流程设计和内控制度等方面的改革与调整，实现风险防控与效率提升的统一。

七、结语

作为中国银行新的战略目标和企业的最高价值追求，"承担社会责任，做最好的银行"的理念已经深入每个中国银行员工的心里，这也是中国银行对全社会做出的一个庄严承诺。田国立董事长强调，"最好的银行"不是利润最多、规模最大的银行，而是在金融业发展中能够引领发展，起标杆和表率作用的银行。

当然，作为企业，其第一要务仍然是盈利，但与"做最好的银行"的价值目标并不冲突而是互相促进的。在考量一个银行的盈利能力的指标中，NIM 是一个较为全面和综合的指标。在利率市场化的大背景下，有必要探讨对银行盈利起关键作用的资产负债管理效率问题。尤其是对像中国银行这样的大型国有商业银行来讲，其拥有庞大的资产负债规模，在利率市场化条件下，如何提高资产负债管理水平，保持盈利的增长，显然是值得深入思考的问题。

"做最好的银行"涉及多个方面，是一个系统工程。除了本文探讨的资产负债管理效率问题之外，还有很多值得中行人深入研究的课题。相信在中国银行每一位员工的勤奋拼搏和开拓进取中，"做最好的银行"这个梦想一定不会遥远。

参考文献

［1］洪崎. 商业银行如何应对利率市场化提速挑战［N］. 金融时报，2012-07-30.

［2］豫东智，郭娜，关继成. 利率市场化下我国商业银行资产负债管理策略研究［J］. 农场金融研究，2012（9）

［3］雷腾. 利率市场化下我国商业银行资产负债管理策略探讨［J］. 东方企业文化，2013（11）：104-105.

［4］李苇莎. 利率市场化趋势下商业银行资产负债管理的应对之策［J］. 上海金融，2002（10）.

［5］刘胜会. 我国商业银行资产负债管理效能的度量［J］. 国际金融研究，2006（4）.

［6］渤海证券研究所. 光明就在前方——银行业净息差研究［R］. 天津：渤海证券，2009.

［7］樊彦翔，刘翔. 我国商业银行资产负债管理效率分析——基于 ROA 的实证检验［J］. 当代经理人，2006（21）.

［8］刘孟飞，张晓岚，张超. 我国银行业多元化、经营绩效与风险相关性研究［J］. 国际金融研究，2012（8）：59-69.

［9］刘淑俊. 我国国有商业银行资产负债管理情况研究［J］. 科技信息，2008（35）.

（作者单位：中国银行四川省分行）

试论汇率市场化进程的方向及影响

唐元逵　李福艳　张晨阳　杨　菲　李霖晖

内容提要：2014 年人民币汇率市场化进程提速，下一步汇率市场化改革或将围绕简政放权、扩大浮动比例、增加交易主体、扩容离岸人民币市场等方面进行。汇率市场化改革促进了国际收支平衡，有助于调整汇率波动预期，提升经济发展潜力，释放金融改革红利。与此同时，汇率市场化改革影响银行的资本充足率和资产负债管理水平，还将给金融市场业务的发展带来新的机遇和挑战。

一、汇率市场化进程方向分析

（一）汇率市场化改革的政策背景

党的十八届三中全会提出要"发挥市场在资源配置中的决定性作用，完善人民币汇率市场化形成机制"[1]，2014 年政府工作报告指出"保持人民币汇率在合理均衡水平上的基本稳定，扩大汇率双向浮动区间"，可以看出，汇率市场化改革是体现市场资源配置作用和实现改革红利的重要抓手。

---

[1]　几个概念说明：汇率市场化进程、汇率市场化和汇率市场化形成机制改革。汇率的市场化进程指人民币汇率从受管理转向由市场供求决定的过程，汇率市场化的内涵与之类似。汇率市场化形成机制改革，也可简称为汇率市场化改革，主要从监管机构的角度看待汇率市场化进程，主要指监管机构主动减少干预，使市场供求的作用逐步体现的行为。当考察汇率市场化进程进度、目标等内容时，通常使用汇率市场化形成机制改革的概念，体现实质上的政策变动以及变动趋势；当考察汇率市场化的后果及应对措施时，通常使用汇率市场化进程或汇率市场化的概念。

（二）汇率市场化改革的内涵与目标

汇率市场化形成机制改革指汇率形成机制的市场化改革，即汇率的形成由行政干预或政府干预主导向市场供求关系决定转变的过程。人民币汇率改革的总体目标是："建立健全以市场供求为基础的、有管理的浮动汇率体制，保持人民币汇率在合理、均衡水平上的基本稳定"①。有两个关键点：一是发挥市场的决定性作用，即中央银行退出常态干预；二是"有管理"，即"如果汇率出现异常大幅波动，人民银行也将实施必要的调节和管理，以维护人民币汇率的正常浮动"②，为防范汇率市场化进程中遭受异常冲击而干预市场留下余地③。

（三）汇率市场化改革的历史与现状

1. 历次汇率改革：政策因素影响汇率走势

中国汇率改革经历了五个主要阶段：2005年7月21日，人民币汇率形成机制改革启动，人民币一次性升值2%；2007年5月21日，人民币兑美元日间汇率波幅从0.3%扩大到0.5%，人民币升值加快；2010年6月后人民币继续升值，跨境人民币业务开始提速；2012年4月16日，人民币汇率日间波幅从0.5%扩大到1%，人民币小幅贬值后回到升值轨道；2014年3月17日，人民币兑美元汇率日间波幅扩大到2%，人民币出现贬值，日间市场波幅扩大。如图1所示。

2008年金融危机后的市场表明，"有管理"的浮动汇率中"管理"发挥了重要作用；汇率改革的结果主要是人民币升值。这表明大多数时候，改革前人民币币值被低估，例外的是2012年4月和2014年3月日间汇率波幅放开前后，人民币出现过一波贬值行情④。

---

① 人民银行网站. 人民币汇率形成机制改革 ［EB/OL］.

② 人民银行网站. 中国人民银行新闻发言人就扩大人民币汇率波动幅度答记者问 ［EB/OL］. 2014-3-18.

③ 考虑到汇率市场化改革过程中可能出现投机资金的冲击，或者经济状况的突然转向，行政干预手段一般会保留。中国的经济改革一般有渐进式、双轨式、增量式改革，这些改革模式一般认为是比较成功的。在改革进程中，行政干预力量一般会逐步减少，但行政干预手段一般不会放弃，汇率改革也遵循这样一种模式。可参见樊纲（1993）、林毅夫（1999、2004、2008）、张军（1992、2006）等人的有关著作。

④ 人民币单边升值背景下放开汇率波动幅度，人民币出现贬值的行情，估计是前期企业大量的延迟购汇行为在人民币波幅放开后恐慌性购汇所致。另外，境外预期人民币升值的衍生产品大量获利或者止损平盘对人民币汇率的贬值趋势也有重要影响。

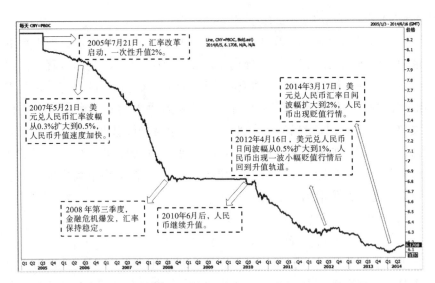

图 1　历次汇率改革与人民币汇率走势（数据来源：路透网）

2. 汇率市场化进程的现状

（1）人民币汇率形成机制不断完善，波幅扩大，但围绕中间价双边波动特征尚不明显。汇率形成机制的完善体现在以下两个方面：一是浮动区间扩大，表现在银行间汇率围绕人民银行中间价波幅扩大（见图2）和人民币汇率波动率上升（见图3）上；二是人民币直接挂牌交易的币种增加，2013年以来新增人民币与澳大利亚元、新西兰元直接挂牌交易①。在汇率形成机制逐步完善的同时，汇率双边波动尚不明显。

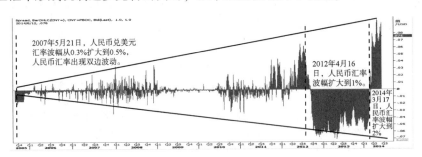

图 2　银行间汇率围绕人民银行中间价波动的情况（数据来源：路透网）

---

①　目前国内可直接交易的币种有：美元、欧元、日元、英镑、马来西亚林吉特、俄罗斯卢布、加拿大元、澳大利亚元、新西兰元，美元交易量占比仍在90%以上。

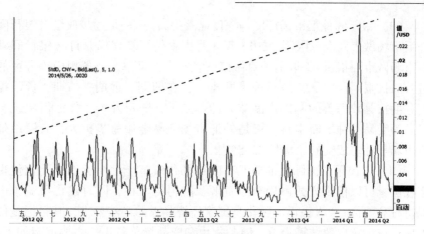

图3 2012年第二季度以来人民币汇率波动情况

（数据来源：路透网，以银行间市场汇率的标准差表示）

（2）人民币汇率日趋均衡。国际收支与人民币汇率之间的关系本质上是价格与供求的关系，国际收支均衡也反映出人民币汇率正逐渐趋于均衡。一般认为，经常项目余额与 GDP 之比在±4%之间时，该国国际收支是可持续的。能够使一国国际收支处于均衡状态的汇率是该国货币的均衡汇率。图4 中，2009 年后经常项目顺差占 GDP 的比重逐渐下降到4%以下。

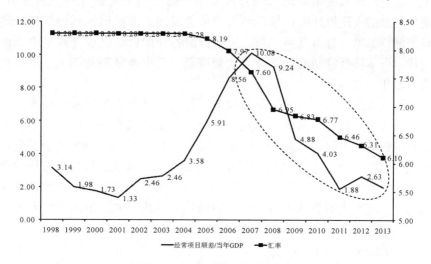

图4 人民币汇率与国际收支平衡

从图4中可以看出，虚线标识部分，汇率与国际收支占 GDP 的比率表现出走势的一致性。（数据来源：《国家统计年鉴(2013)》以及人民银行 2013 年年末国际收支及汇率数据）

（3）银行间外汇市场广度与深度显著提高。① 一是逐步放松对银行间外汇市场做市商准入限制。2013 年 4 月国家外汇管理局修订《银行间外汇市场做市商指引》，取消了对做市商在资本充足率、业务规模等方面的进入门槛限制。二是交易品种不断丰富，在即期、远期、掉期、货币掉期和期权等较完善的基础产品体系的基础上，账户外汇、外汇衍生组合产品等交易品种不断丰富。三是外汇市场交易金额稳步扩大，人民币外汇市场累计总成交同比增长 22.5%。

（4）人民币的国际化推动汇率的市场化改革。主权货币国际化使得主权国家可以信用方式占用全球资源，获得铸币税，同时在货币竞争中保持有利地位②，人民币国际化是国家经济壮大的必然要求，其目标是使人民币成为重要的结算货币、储备货币和商品标价货币。主要框架如下：第一，利用人民币升值预期，推进跨境人民币的使用③，做大跨境人民币业务量和境外人民币存量；第二，搭建境外人民币投资渠道，通过 RQFII 等形式允许境外人民币投资境内（以配额形式控制），推动境外发行离岸人民币债券，试点沪港股市直连；第三，与重要国家和地区签订货币互换协定，目前已有 24 个国家的中央银行与我国签订了互换协议；第四，试点境内大型跨国企业的资金池，允许试点企业自由兑换自有资金；第五，促进离岸人民币外汇市场稳步发展，除中国香港特区外，新加坡、伦敦等地的人民币外汇市场也将得到快速发展。人民币国际化相当于增量上的资本项目自由兑换，当人民银行的各种配额限制放开到足够大的时候，资本项目管制的意义就会大幅降低，汇率改革顺势而为，最终实现市场化。

尽管近期汇率改革看似风生水起，但尚未涉及汇率形成的根本，这体现在人民币每日中间价的形成上。中间价定价权在中央银行手里，外汇指定银行在中间价形成中的报价仅具有参考意义。如 2008 年金融危机时期到 2010 年 6 月间，人民银行中间价就保持了持续的稳定，银行间市场人民币相对于中间价升值（见图 5）。下一步的改革预计以扩大浮动区间为主，短期内不会从根本上调整中间价的形成机制，但透明度有可能

---

① 工银市场研〔2014〕42 号。

② 邵宇. 人民币国际化之路：使命召唤还是刀锋之舞〔J〕. 金融市场研究，2013（18）：4
-15. 另参见：唐元逯. 中国 30 年经济周期波动分析：1978—2008〔D〕. 四川大学，2010.

③ 谢栋铭，人民币国际化需要新引擎〔N/OL〕. 英国金融时报中文网. 作者认为人民币贬值使得人民币的国际化少了一只引擎。

提高。

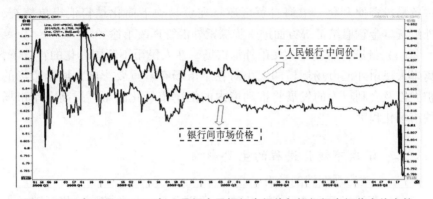

图 5　2008 年 9 月至 2010 年 6 月间人民银行中间价与银行间市场收盘价走势

（数据来源：路透网）实线为人民银行中间价，虚线为银行间市场收盘价。可以看出，这段时间，人民银行中间价非常稳定，受中间价的影响，银行间市场价格也十分稳定。

（四）下一步汇率市场化改革可能面临的重点领域

汇率市场化改革是不可逆的过程，未来我国将继续沿着人民币汇率市场化改革路径，遵循主动性、渐进性、可控性的原则，进一步推动人民币汇率市场化改革。下一步的改革预计包括以下方面：

（1）进一步完善人民币汇率制度的顶层设计。进一步扩大人民币汇率的浮动区间，当汇率区间放到足够大时，中间价的影响将几乎可以忽略；放松银行结售汇综合头寸管理限制。当综合头寸放到足够大时，外汇指定银行的头寸规模和交易意愿将主要由市场决定。上述改革甚为关键，预计将渐进进行，即逐渐扩大一定比例，市场适应后再扩大一定比例。

（2）进一步活跃人民币外汇市场交易。一是促进更多非美元币种与人民币的直接挂牌交易，减少美元汇率套算的影响，进一步做活市场。二是进一步放松外汇市场交易参与者的资格，包括放松银行交易资格的限制和增加证券公司等非银行金融机构参与者。三是进一步丰富人民币外汇市场交易工具，人民币外汇期货、外汇理财产品、外汇保证金交易、卖出人民币外汇期权等业务将逐步有序开展。

（3）外汇管理简政放权。易纲在 2014 年初表示，外汇管理将持续推进"正面清单转向负面清单""重审批转向重监测分析""重事前监管转向重事后管理""重行为管理转向重主体管理"等多个转变，大力推进简政放权和行政体制改革。在取消强制结售汇制度与收付汇的逐笔核销、

113

改革进出口收付汇核销制度的基础上，进一步简化结售汇办理手续，促进贸易投资便利化。上海自贸区还将在贸易项下简化结售汇审单核查、外汇资本金意愿结汇等方面进一步探索外汇管理改革途径。

（4）继续扩容离岸人民币外汇市场。在人民币不断国际化的背景下，离岸人民币外汇市场规模的大小对在岸市场有着重要影响。离岸市场的扩大以及套利行为的发展将推动境内的汇率市场化改革，提高在岸市场的市场化程度。

二、汇率市场化进程的主要影响

（一）对宏观经济的影响

（1）促进国际收支平衡。汇率，本质上是一种价格。价格反映并引导市场实现均衡，当价格固定在一点上时，一旦市场均衡不在该点上，则市场就不是有效率的。图6粗略描述人民币外汇市场的均衡，E表示汇率，Q表示外汇，D代表外汇需求，S代表外汇供给。汇率浮动区间的存在让国际收支平衡有了更多可能，浮动区间逐步扩大，则汇率在引导国际收支平衡方面的作用将得到进一步发挥。但放宽浮动区间或者取消浮动区间是以人民币的国际化阶段为基础的。如果一国货币并非国际货币，则汇率自由浮动并不能有利于调节国际收支失衡。因为当顺差出现时，本币的相对升值可能逐步消除顺差；而当逆差出现时，本币的贬值并不一定能消除逆差，相反可能引发资本外逃、耗尽本国储备、出现债务危机等问题。近年来，随着人民币的逐步国际化，汇率改革渐进式进行是

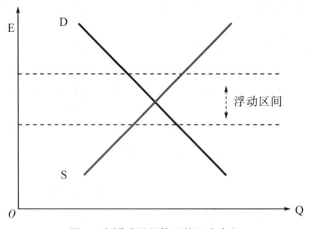

图6　有浮动区间管理的汇率市场

有助于促进国际收支平衡的。

（2）汇率市场化进程调整汇率波动预期。汇率市场化改革初期，人民币汇率是波动十分小的曲线，典型的升值趋势。这种预期的结果是大量利用汇差、利差的套利行为、虚假贸易①以及境外对赌人民币升值而大量建立的人民币多头头寸及相应的衍生产品。人民币的升值趋势虽然有助于推进人民币的国际化（境外机构更愿意持有具有升值潜力的资产），但这种强烈的升值预期对有序实现汇率市场化和经济结构的有序调整是不利的。汇率波动区间放宽后，即使长期汇率趋势可以得到有效确认，因短期汇率波动完全可能短时间覆盖长期趋势，汇率的单边波动预期将得到调整，这有利于汇率市场化的顺利进行。

（3）渐进式的汇率市场化改革将促进企业提升技术水平和生产效率，改变产业分布，最终实现经济结构调整升级。经济发展理论认为，经济的增长有赖于先进知识的传播②，发展中国家获取发达国家的先进知识需要外汇，因而发展中国家对外汇储备的强烈需求本质上反映了对先进知识的渴求。随着国家经济增长及知识的快速传播，国内的生产效率提高，规模扩大，原先贬值的固定汇率制度使得境内出口商的收益上升，而从国外进口设备（知识）的成本却较高，相对而言是不利的，故贬值的固定汇率保护了落后的生产力。在我国贸易顺差持续增长、外汇储备居世界第一、人民币国际化稳步发展的背景下，逐步放开汇率波动区间，人民币缓慢升值，逼近均衡，对引导企业合理布局③、扩大知识进口、提高科技水平是有利的。但是汇率市场化又不能一蹴而就，原因在于企业的技术升级或结构调整需要一定时间，短期汇率快速升值将严重打击现有出口产业，对经济造成巨大冲击。

（4）促进金融改革，释放"改革红利"。在经济持续快速增长 30 余年、增速有下滑趋势的背景下，进一步深化改革是保持经济稳定可持续

115

---

① 余永定. 资本项目自由化：理论与实践 [J]. 金融市场研究，2014（2）：4-14.

② 与知识增长或技术革命相关的经济发展理论可参见：约瑟夫·熊彼特. 经济发展理论 [M]. 何畏，易家详，等，译. 北京：商务印书馆，1991；袁葵苏. 经济发展的基本模式 [M]. 北京：中国人民大学出版社，2009.

③ 如初级出口产业受到汇率升值影响，要压低成本，则要么在国内转移，如从东部到西部，要么向其他国家转移，如缅甸、印度、越南等国。

增长的必然选择①。概括起来，当前金融改革主要包括人民币国际化、资本项目可自由兑换、利率市场化和人民币汇率形成机制改革。这几项改革是相互影响的：在资本项目不可兑换的前提下，人民币的国际化实际是增量的、有额度控制的经常项目可自由兑换。人民币的国际化将逐步弱化资本管制的影响，最终推动资本项目可自由兑换。人民币国际化形成的可自由兑换的离岸人民币外汇市场通过人民币国际化与在岸人民币市场联动，推动境内人民币汇率改革；境内人民币市场化的改革将进一步促进着人民币的国际化和资本项目的可兑换。汇率市场化与人民币的国际化又推进人民币利率的市场化。

假设有甲、乙二国，汇率为 P，本国利率为 R1，外国利率为 R2，时间为 t，r=R1-R2，其他因素保持不变，则连续复利条件下，套利活动使得下述式子成立：

$$P = e^{(R1-R2)t}$$

或 $$R1 = (1/t)\ln P + R2$$

或 $$r = (1/t)\ln P$$

当 R1 是固定利率时，如果 P 和 R2 可自由浮动，则当外国利率走高时，本币升值；当外国利率走低时，本币贬值。利差完全反映到汇差上，当境外刺激经济增长而降低利率时，人民币升值，将不利于中国出口的增长。就 r 而言，由于 R2 自由浮动，r 也是自由浮动的。

上述说明：在资本项目可自由兑换（人民币国际化）和汇率市场化条件下，利率管制将自然地失去意义，利率市场化可顺理成章地实现。

（二）对外向型企业经营的影响

1. 套利空间将逐步缩小并被消除

在人民币持续升值预期下，即使面临严格的结售汇管理，套利行为也是持续存在的。随着人民币汇率市场化进程的不断推进，管制逐步放开，汇率波动加大，短期汇率波动方向并不明显，套利空间逐步缩小。套利业务较多的外向型企业，特别是利润率较低、认定人民币将持续升

① 安德斯·阿斯伦德认为，新兴经济体在经济增幅放缓、收入达到中等发达国家水平的时候，应当启动改革，否则将难以跟上世界经济增长的步伐。阿斯伦德对中国的经济改革颇有期待。安德斯·阿斯伦德. 为何新兴经济体须在经济增速放缓中启动改革？（下）[J]. 金融市场研究，2014（4）.

值、留有汇率风险敞口的企业，其遭受的影响将十分巨大。

2. 提高汇率风险管理水平

汇率市场化改革进一步放大了汇率波动空间，企业的支出或者收入受到汇率波动的重要影响，汇率金融衍生工具是必要的选择。金融危机后，许多企业谈金融衍生工具而色变。在汇率波幅扩大后，这种局面或将改变：对不锁定远期汇率的上市企业而言，其出口的应收账款价值将受到汇率波动的影响，进而影响其利润；对进口企业而言，应付账款的存在同样会影响其最终的支付成本，进而影响其利润。管理汇率风险的能力体现着企业的财务管理水平。

（三）对商业银行的影响

1. 对商业银行资本充足率的影响

资本充足率反映商业银行在存款人和债权人的资产遭到损失之后，该银行能以自有资本承担损失的程度。其基本计算公式为：资本充足率=资本/加权风险资产。汇率的双边宽幅波动将影响商业银行外汇资本金的价值，进而影响其资本充足率。同样，商业银行的外币加权平均资产也会受到影响。商业银行作为汇率风险管理工具的提供方，将不得不加强对自身面临的汇率风险的管理。

2. 对商业银行外汇资产负债的影响

汇率双边宽幅波动有助于消除单边持续升值预期，减少外汇资产和负债不匹配的风险。在人民币单边升值预期的过程中，持有外币的客户倾向于结汇，因而银行负债倾向于减少；同时，由于境内外利差的存在，企业倾向于贷出外币，这不仅可以享有利差收益，还可在未来购汇还贷时享有汇差收益，因而银行的资产倾向于增加。银行如未能实现负债与资产的协调发展，则可能不得不以不利的价格进行人民币和美元（外币）的互换，对经营业绩造成影响。另外，在人民币升值的套利过程中，部分企业在获得外汇贷款的同时，可能保留了远期购汇的敞口，在双边波幅加大的情况下，银行资产可能面临一定的信用风险。

3. 对商业银行金融市场业务的影响

汇率改革为商业银行金融市场业务发展带来了一些机遇：一是代客结售汇衍生业务有可能出现较快增长。在人民币持续升值预期下，结售汇客户的风险管理可简单归纳为"购汇即期，结汇远期"。在汇率双边宽

117

幅波动的改革进程中，远期结汇、远期售汇业务及人民币外汇期权等更复杂的基础性金融衍生产品有可能同样受到客户的重视。二是代客结售汇业务有可能面临更多的市场机会。人民币的国际化将推动资本项目逐步放开，结售汇业务有可能迎来快速发展时期。三是银行间市场交易有可能更加活跃。随着代客交易业务的发展、交易工具的进一步丰富和完善，银行间外汇市场预计将更加活跃，交易量将出现较大增长。

同时，汇率改革也使商业银行金融市场业务面临一些风险：一是代客金融衍生业务的客户信用风险将增加。在原有授信和保证金系数不变的情况下，汇率波幅的扩大将直接提高客户交易浮亏超过保证金的概率，客户违约的风险大幅增加，可能形成银行垫款。二是银行自身做市交易的风险控制难度提高，在市场波动中逐利的风险可能远大于收益。三是结售汇业务将面临更加激烈的竞争，总收益可能上升，点差收益比重有可能下降。

（一）政府的应对措施

1. 继续坚定地推进人民币汇率的市场化改革

汇率市场化改革是"发挥市场在资源配置过程中的决定性作用"的重要一环，是金融改革的关键内容之一，政府应创造环境，推动汇率市场化进程更加实质性地进行，逐步提高人民银行中间价定价的透明度，增加交易主体，放宽交易限制，使得市场在汇率形成中的作用进一步发挥。

2. 继续保持渐进式的汇率改革，在改革的阶段把握上，应与人民币的国际化发展进程尽量一致

人民币的国际化是人民币作为国际货币得到国际社会承认，即成为储备货币、交易货币、计价货币、结算货币等，其各项业务规模需要达到一定水平。可以建立人民币国际化的一些基本指标作为参考，如储备货币占全球储备资产的比重、离岸人民币外汇交易量规模、以人民币计价的商品交易规模以及人民币的国际结算量等，同时跟踪人民币市场化改革后这些指标的变化，使两者的进程尽量一致。

3. 从中间价管理转向预期管理，促进外汇市场健康发展

汇率波幅逐步放开，则直接控制中间价以影响汇率的意义将降低，管理汇率的手段需要更多地转向预期引导。从前述分析也可看出，单边确定的预期更有利于套利，即使使用中间价拖住汇率波动的幅度，汇率波动的大趋势仍是难以阻挡的。强化经济政策与经济指标的关系，释放明确的预期信号引导市场，可能更加有利于外汇市场的健康发展。

（二）企业的应对措施

1. 转变经营发展思路

外向型企业要把握人民币汇率市场化渐进改革的缓冲期，尽快转变经营思路，提高企业科技水平和生产效率，向高附加值产业转移，或者未雨绸缪，尽快将企业转移到生产成本低的地区，在人民币升值过程中实现持续生存。

2. 提高汇率风险管理水平

针对短期汇率波幅扩大的特点，外向型企业应根据自身收付汇情况，合理利用银行汇率风险管理工具套期保值，减少受到汇率波动风险冲击的影响，还可以利用银行提供的看涨或看跌风险逆转组合，将结售汇汇率锁定在一个区间，获取更大便利。

（三）银行的应对措施

1. 加快研究和推广结售汇套期保值类业务

面对汇率市场化改革后汇率波幅加大的情况，结售汇套期保值需求将增长，企业"即期购汇，远期结汇"的汇率风险管理模式不复存在，这对银行风险管理工具供给水平提出了挑战。银行应加大结售汇套期保值业务的研究和推广，同时也要提高风险管理能力。

2. 不断提升做市交易水平

随着人民币汇率市场化改革持续推进，银行应强化对市场走势的研判，研究不同市场情景下的交易策略与指引；深入研究量化分析技术，完善人民币外汇衍生品定价模型，增加量化分析对人民币外汇复杂衍生品定价的技术支持，不断提升复杂衍生品做市交易水平。

3. 做好风险防控

（1）加强市场风险管理，严格控制做市交易敞口规模。面对汇率波幅扩大、市场走势不确定性上升的形势，严格遵守敞口限额控制；同时

充分考虑人民币汇率波幅扩大后各家做市商可能采取扩大双边报价点差甚至降低做市报价诚信度对市场流动性带来的影响，有效控制做市交易敞口，适当调整做市交易策略。

（2）加强结售汇衍生产品客户信用风险监测，做好信用风险管理管控。一是继续加强结售汇新签约交易合规性审核，防止客户去做贸易背景不真实的人民币外汇衍生交易。二是加大结售汇新签约交易的非现场检查力度，对大额结售汇交易进行抽查。三是做好存续交易市值评估动态监测工作，根据汇率波动情况动态地调整监测频度。四是加大结售汇交易的履约风险监测力度，重点针对授信项下的远期结售汇、人民币外汇期权业务，加强跟踪与监测，防止出现因客户违约发生垫款。

（3）做好外汇信贷业务风险防控。没有收汇还款来源或者收汇还款来源与还款时间不匹配的外汇贷款需要购汇还款。在人民币升值预期下，保留购汇敞口对企业而言是有利的。在汇率双边宽幅波动的背景下，要重点关注这类企业的信用风险。

（4）协调外汇发展资产和负债业务。考虑到人民币的中长期趋势，银行外汇存款趋向于下降，而贷款趋向于上升，贷款业务要以存款业务的发展为基础，防范资产负债不匹配风险。对公外币存款业务要重视波动性不大的资本金存款业务，也要利用外汇存款价格稳定外汇存款。

参考文献

［1］金融市场晨报，2014 第 50 期、第 69 期.

［2］工银市场研［2013］99 号，［2014］30 号、42 号.

［3］葛艺豪. 人民币国际化的历史审视［J］. 金融市场研究，2013（8）：148-154.

［4］邵宇. 人民币国际化之路：使命召唤还是刀锋之舞［J］. 金融市场研究，2013（11）：4-14.

［5］余永定. 资本项目自由化：理论与实践［J］. 金融市场研究，2014（2）：4-14.

［6］郁慕湛. 扩大波幅是人民币汇率市场化必由之路［N］. 上海证券报，2014-02-26.

［7］蒋浩. 汇率市场化改革再进一步，波幅或从 1% 扩至 2%［N］.

中国企业报，2014-01-14.

[8] 亚洲证券业与金融市场协会（ASIFMA）第四届离岸人民币市场会议. RMB ROAD MAP [R]. source：Reuters.

（作者单位：中国工商银行四川省分行）

加强信贷业务精细管理 全面提高风险管理水平

黎匡平

内容提要：金融危机爆发以来，我国银行业信贷规模不断扩大，商业银行信贷业务面临的风险日益突出。要提高风险管理水平，必须加强信贷业务精细管理。本文多方位剖析了国有商业银行信贷业务经营中普遍存在的问题，对贷款新规的风险管理措施进行了深层次解读，并对风险管理提出了一系列建议。

信贷业务风险一直是各商业银行和公众关注的重点。国有商业银行改制以来，扩大贷款规模，短期内改善了贷款总体质量，有力地支持了经济发展。而金融危机以来，我国银行业信贷规模不断扩大，有不少银行业金融机构自身难以解决或没有主动性和积极性去解决许多问题。对此，笔者进行了以下思考：

一、商业银行信贷业务面临的风险

信用风险：一般是企业在商品的生产和销售过程中，因为市场条件和生产技术等因素引起的。近年来，信用风险更多地暴露于个人按揭贷款上，借款人不按照还款计划及时 、足额偿还贷款本息的现象屡见不鲜。

政策风险：政策变动对信贷业务的影响可能是直接的，也可能是间接的，因为对企业的影响而间接威胁银行的信贷安全。

操作风险：由人员、系统流程和外部事件所引发的风险。其主要表现形式有：内部欺诈、外部欺诈、员工行为和工作场所问题，客户、产品和经营行为问题，实物资产损坏、经营中断和系统瘫痪，执行、交货和流程管理等环节存在的操作风险问题。

利率风险：在信贷业务中，利率风险表现为由于市场利率变动引起存款、贷款利率在期限、数量、方式上不相匹配而给银行业金融机构带来损失的可能性。利率是随市场资金供求关系的变化而变动的，利率波动幅度越大，信贷业务的利率风险越高。

二、国有商业银行信贷业务经营中普遍存在的问题

（1）信贷流程缺乏有效性。目前我国国有商业银行普遍按照牵制原则设立授信评审会制度。即通过在贷款调查环节人为设立双人调查、形成调查报告、由信贷业务前台主管签阅后提交信贷管理部门审查、授信评审会审议、最后由信贷审批人终审等各道关卡来降低风险。但是银行的客户经理听命于领导，授信评审会成员由银行内部相关人员组成，其人员组成基本不流动，贷款是否通过审议，由集体讨论决定，从而组成一个牢固的内部利益集团。在某种程度上，组织流程可能很难起到真正的决策作用。

（2）客户选择存在偏差。近年来，随着经济的快速发展，集团性企业得到了空前发展，商业银行在信贷客户选择上出现盲目"抢大户"的情况，对中国几百强、世界几百强榜上有名的企业，银行新增贷款未进行有效的信贷风险组合，贷款大量涌入交通、电信、电力等垄断行业和上市公司，集中于少数大客户。贷款投向的高度集中，短期看虽然能增加银行盈利，降低不良贷款，但从长远看，贷款大户的系统性、行业性、政策性风险大，一旦发生贷款损失，对放贷行甚至整个银行业都将产生难以估量的负面影响。

（3）贷前调查、贷后管理形式化。在贷前调查中，大多只是对借款企业的主体合规合法性进行审查，包括审查企业执照的合法性、是否年审有效、对外投资比例、有无违法经营行为等之后，就与企业建立信贷关系，对行业和企业缺乏深入细致的研究和个案分析，不能及时发现一些潜在的信贷风险。在贷后管理实际执行过程中，由于缺乏有效的奖惩措施，贷后检查的频率虽然能达到要求，但反映客户风险的贷后检查报告质量低下，各个时期的贷后检查报告内容雷同，只有企业相关数据的简单罗列，未能深入揭示企业财务、经营和借款人自身的异常情况。在贷后检查手段上，往往过于偏重听取企业自身介绍，分析性复查较少，贷后管理流于形式，没能真正起到防范风险的作用。

（4）对信贷管理人员的制约手段不合理。目前我国国有商业银行对信贷管理人员的控制主要落实在贷款责任制上，制定了详细的考核办法和严厉的处罚措施，期望在信息不对称、监督困难的情况下制约信贷管理人员的不良放贷行为。但过度以责任制来制约信贷管理人员，忽视对人的激励，并不能取得良好的效果。如目前各行普遍存在的责任人为了避免出现贷款损失遭受处罚，往往对有问题贷款在到期前进行不应有的展期或给予借新还旧，反而隐藏了风险。

三、贷款新规的风险管理控制措施

（1）强调全流程管理原则。不论是固定资产贷款、流动资金贷款还是个人贷款，均经过从借款人申请贷款到贷款业务结束的过程，全流程贷款管理强调将有效的信贷风险管理行为贯穿于上述贷款生命周期中的每一个环节，实现了贷款管理从粗放型管理向精细化管理的转化。

（2）强调诚信申贷原则。一是借款人恪守诚实守信原则；二是借款人应证明其设立合法、经营管理合规合法、信用记录良好、贷款用途明确合法以及还款来源明确合法等。

（3）强调协议承诺原则。协议承诺原则要求银行业金融机构作为贷款人，应与借款人乃至其他相关各方通过签订完备的贷款合同等协议文件，规范各方有关行为，明确各方权利与义务，调整各方法律关系，追究各方法律责任。

（4）强调贷放分控原则。该原则将贷款审批与贷款发放作为两个独立的业务环节，分别管理和控制，以达到降低信贷业务操作风险的目的。贷款人应设立独立的贷款发放部门或岗位。

（5）强调实贷实付原则。在借款人需要对外支付贷款资金时，根据借款人的提款申请及支付委托，将贷款资金通过贷款人受托支付等方式，支付给符合合同约定的借款人交易对象的过程。实贷实付原则的关键是让借款人按照贷款合同的约定用途使用贷款，减少贷款挪用的风险。

（6）强调贷后管理原则。贷款行为要求监督贷款资金按用途使用，对借款人账户进行监控，强调借款合同的相关约定对贷后管理工作的指导和约束性；明确贷款人按照监管要求进行贷后管理的法律责任。

（7）强调法则约束原则。对于明显违反贷款新规的银行业金融机构，监管部门将利用市场准入、现场检查、非现场监管等手段给予处罚，以保障贷款新规的执行力。

四、其他风险管理措施建议

（1）改变组织结构及激励机制。商业银行应通过设计科学的激励机制，在人事管理上实行各级信贷管理人员由上一级信贷主管直接任命或指派，并对上一级信贷主管负责的制度，在业务管理上给予信贷管理人员充分的自主权，使信贷管理人员享有较强的独立性。同时，通过财务激励措施使信贷人员自身报酬最大化和人力资本增值的目标有机地结合起来，从源头上遏制信贷管理人员因追求自身效用最大化而偏离企业所有者目标的现象。

（2）量化客户及业务的风险管理。贷款人可以借助现代计量方法和各种专用软件研究确定目标市场，对客户进行动态评估与分析，尽可能地选择多种彼此互不相关或者负相关的行业客户组成信贷资产组合，以便分散风险。同时设立独立的风险审核小组，对各级行信贷组合和信贷管理程序进行定期审核。在指标设置上，按照管理到户、目标到户、措施到户的原则，设计客户资料收集归档、客户风险检查报告质量、风险预警及时性、客户货款归行率、到期贷款收回率、利息收回率等定性和定量考核指标，对借款人及其业务进行量化的风险管理。

（3）加强从业人员的业务学习，提高从业人员的业务水平。任何良好的规章制度都要靠人来执行，而高素质的人员队伍和良好的职业道德能够在降低管理成本的同时提高管理效率，信贷业务中各项工作的落实都离不开长期系统的培训与学习。

（4）从严格内部管理的角度出发，制定科学合理的业务流程与操作规范。使之不仅满足防控风险的需要和监管部门的要求，还要有助于提高各项业务的可操作性与效率，同时降低管理成本。

（5）制定科学合理的内部考核机制。目前我国商业银行的内部考核大多以存款规模、贷款规模、利润、资产质量等短期指标为依据。以短期目标作为考核重点有助于商业银行迅速扩张，抢占市场份额，但过于重视短期指标考核不利于商业银行的风险管理和业务操作的规范性管理。因此，建立科学的考核体系，使短期目标与长期目标相结合，在重视经营结果的同时注重操作过程，将是我国商业银行内控制度建设的重要内容。

（作者单位：中国银行遂宁分行风险管理部）

多重约束下商业银行资产组合管理研究

——以 X 银行为例

汪 翀 喻志刚 苏 健 张 川

内容提要：商业银行在追求利润最大化的同时，受到多重约束条件的限制，但是目前国内外对约束条件下银行行为的研究，缺乏对多重约束条件的综合分析，无法发现多重约束条件之间可能产生的制度冲突。本文试图弥补这一缺失。本文以资产组合管理为切入点建立最优规划模型，以 X 银行的实际业务数据为基础进行数值模拟，对多重约束下的资产组合进行研究。结果显示，在现行收益和多重约束条件下：①风险收益仍是影响银行决策的最主要因素；②和资本约束相比，信贷规模约束对银行决策的影响更为显著；③零售产品发展具有较强的内在动力；④银行具有一定的风险敏感性，但利率市场化和信贷规模管控可能削弱其风险敏感性；⑤信贷规模约束对中小企业的发展存在抑制作用。

一、前言

现代商业银行的重要特征是：在多重约束的经营环境下进行资产组合管理，追求利益最大化。经营约束既包括风险管理、经济资本管理、行业限额管理等内部管理约束，也包括监管资本要求、信贷规模限制、市场份额等银行外部监管约束和市场约束。银行必须综合考虑收益以及各类约束条件，对资源进行有效配置，从而实施其投资行为。

因此，银行的投资行为是一个复杂的体系，银行所面临的约束越多，其制度间发生冲突的可能性就越大，相对于银行业监管而言的逆向选择的可能性也越大。为了研究多重约束条件下银行投资行为和监管问题，需要以多重约束的对象——资产组合为切入点进行分析，其解决的核心问题是：银行应该选择怎样的资产组合，才能在满足各项约束条件的情况下，实现利润最大化。

本文的主要研究思路是：将多重约束下的统筹协调决策系统归结为一个最优规划问题，计算得到最优资产组合，并将其和原资产组合进行比较分析，得出银行投资以及银行业监管的相关结论。由于最优规划涉及银行大量的内部数据，包括收益、风险成本、信贷规模占用、资本占用、行业限额等方面的细分数据，因此几乎不可能获得大量银行的数据进行大规模的检验分析，而只能进行例证性的研究。本文选取具有一定代表性的国内某银行分支机构（以下简称 X 银行）的业务数据进行研究。

二、文献综述

国际银行业的发展历程，是由不受管制的自由竞争，逐步走向完善的银行业管制，由负债监管逐步发展为资产负债监管以及资本监管。目前，以经济资本为主的风险管理体系逐渐成为国际银行业内部约束的核心，而以巴塞尔体系为主的监管体系则是国际银行业外部约束的核心。因此，国外关于约束条件下银行资产组合管理的文献，主要集中在经济资本对资产配置的影响方面以及资本监管对银行风险、行为的影响方面。受此影响，国内大多数相关文献也集中在上述两方面。

（一）关于经济资本配置研究的进展

信孚银行开发的 RAROC 方法是基于风险和收益相统一配置经济资本的主要方法，1993 年美国银行也开始运用 RAROC 方法进行经济资本配置，不同的是两家银行在 RAROC 指标的计算方面存在不同[1]。Merton 等（1993）以 RAROC 为基础建立理论模型，提出应该通过分析边际风险资本来构建经济资本的配置体系，以此来为银行业务提供决策根据。Christopher James（1996）认为，在以 RAROC 为基础的经济资本配置过程中，银行各个部门应考虑内部融资问题，类似于银行内部的资本市场。Schroeck（2002）认为，RAROC 标准能有效地评判银行是否有效地进行了价值创造，以 CAPM 方法计算回报率应该作为 RAROC 的标准数值。

---

[1] RAROC：Risk Adjusted Return On Capital，即风险调整资本收益率，其公式为：RAROC＝（收入−成本−预期损失）/经济资本。所谓经济资本，是指根据资产风险大小计算得到的银行所需要的资本金额。

Stoughton 和 Zechner（2007）将 EVA① 最大化作为目标函数建立最优规划模型，在此基础上提出应以 RAROC 作为经济资本配置的主要标准。陈小宪（2004）提出，RAROC 标准是经济资本配置以及经营目标设定的重要手段，是现代银行风险收益综合管理的核心技术。武剑（2004）认为，经济资本配置在操作上主要有资本增量分配法、预期损失分配法、损失变化分配法，巴塞尔 II 内部评级法将风险和资本挂钩，由此成为经济资本配置的重要基础。武剑（2008）同时认为，经济资本对各项业务的风险敞口进行量化，计算了一定置信度下覆盖风险所需的资本数额，管理层可以在此基础上设置其风险偏好乃至发展战略。

（二）关于资本监管对银行风险、行为影响研究的进展

Kahaen 等（1977）使用静态偏好模型，研究了银行的风险行为：在存款者得到完全保险的情况下，存款者没有足够的激励来监督银行，以促使其降低风险；银行的保费是统一的，因此银行会基于提高收益的目的而提高风险。Koehn 和 Santomero（1980）的研究认为，没有资本监管的时候，资本比率的提高可以降低银行的破产概率。但是，资本监管强制性地对商业银行杠杆率实施限制，导致了银行的资产配置效率降低；商业银行风险资产组合的总量虽然有所下降，但是风险敞口反而增大了。Keeley 和 Furlong（1990）认为，银行资本增加导致了存款保险卖出期权的价值降低，从而降低了银行增加风险投资的激励，因此资本监管标准的提高将导致商业银行投资组合的风险敞口增大。Gennotte 和 Pyle（1991）认为，商业银行的激励扭曲促使了其倾向风险投资，所以提高资本对银行失败概率的影响是难以确定的。Blum（1995）第一次使用动态研究框架并提出了资本监管有可能增加银行的风险。Lorianan Pelizzon 和 Stephen Schaefer 则继续沿用了 Blum 的方法，提出资本约束有可能导致银行的风险增加，但要是没有资本约束，银行的违约概率也会增加。Sheldon（1996）以 10 个国家、219 个银行 1987—1994 年的数据为基础，研究了巴塞尔 I 的实行所导致的变化。研究发现，资本监管要求导致了银行资产风险的增加。Calem 和 Rob（1996）的研究发现，资本相对不足的商业银行将追求较为保守的策略，而资本相对充足的商业银行则倾向于承担更多的风险，而高风险通常带来高回报。Rochet（1992）的研究结

---

① EVA：Economic Value Added，即经济增加值，是在扣除了资本成本以后的剩余值，以此来体现企业的价值创造能力。

果则完全不同，他认为资本要求较低时，银行将选择风险高的资产；而资本要求较高时，银行倾向于选择低风险资产。因此，Rochet 认为应设定足够高的资本要求。Jacques 和 Nigro（1997）的研究发现，在巴塞尔协议实行的第一年，资本监管要求导致了美国银行资产组合风险敞口缩小。Edis、Michael 和 Perraudin（1998）研究了英国银行业数据，结果表明实行资本监管以后，如果不考虑资产选择，那么银行的稳定性显著增加了。Furfine（2000）使用了 1989—1997 年美国大商业银行的数据进行实证分析，结果显示：最低资本要求的上升对贷款数量呈现负面影响，贷款以基本相同的百分比下降；基于风险的资本要求上升，将导致银行资产组合的风险降低。Hovakimian 和 Kane（2000）的研究表明：资本监管没有明显降低银行的风险倾向，也没有阻止银行转移风险。Aggarwal 和 Jacques（2001）对 1991—1993 年美国银行跨地区数据进行了实证研究。结果发现，1992 年，资本不足的商业银行以及资本充足的商业银行的资产组合风险都显著降低了；同时，在扁平的资本要求下，存在逆向激励，银行增加了高风险资产。Barth 等（2001）认为，过度的资本监管将导致市场约束缺失，继而导致银行运营效率的降低及风险敏感性的降低，因此有可能最终导致更大的危机。Heid、Porath 和 Stolz（2004）研究了德国存款银行 1994—2002 年的资本以及风险资产情况，结果发现，资本相对不足的存款银行倾向于增加资本并且降低了风险资产比例，调整了资本结构；而资本相对充足的存款银行，则提高了风险资产比例；资本适中的存款银行对资本以及风险资产比例的调整则较小。曹俊勇和张兰（2006）以 2000—2004 年我国商业银行作为研究样本进行了实证分析，结果表明，最低资本要求的实行可以有效地促使资本达标的银行进一步降低银行风险。张强、武次冰（2007）分析了资本监管对我国商业银行风险的影响，结果发现，资本监管显著降低了银行的风险，但其效果正在渐渐减弱。吴俊、康继军、张宗益（2008）以 12 家商业银行的数据，对银行资本金和银行风险行为之间的关系进行分析。研究发现，在资本监管的前提下，资本的变化和风险行为的变化具有显著负相关关系。江曙霞、任婕茹（2009）使用 1998—2007 年美国商业银行的数据进行实证研究，结果发现对不同的银行，资本监管存在"差别待遇"，对那些资本较为充足的银行，资本监管导致了监管资本套利，从而无法达到较为理想的目标。

(三) 文献评述

虽然信孚银行以银行内部计算的经济资本作为 RAROC 分母，但在国内许多银行的经营实践中，分母既可以是监管当局的资本要求，也可以是基于内部评级计算的经济资本，甚至可以是两者的加权平均。无论 RAROC 指标使用哪种计算方法，其本质都是关于资本约束条件下银行资产配置的优化方法，并且这种优化方法的隐含条件是单一的资本约束条件。

在资本监管对银行风险行为影响的实证研究方面，结论差距比较大，具体观点如表 1 所示：

表 1　　　　　　　资本监管对银行风险行为影响的研究情况

对银行风险影响	学者
资本监管降低了银行风险	Kahaen 等、Jacques 和 Nigro、Edis、Michael 和 Perraudin、Furfine、Aggarwal 和 Jacques、曹俊勇和张兰、张强、武次冰、吴俊、康继军、张宗益
资本监管提高了银行风险	Koehn 和 Santomero、Keeley 和 Furlong、Blum、Sheldon、Stephen 和 Schaefer、Hovakimian 和 Kane、Barth 等、江曙霞、任婕茹
无法明确	Gennotte 和 Pyle、Calem 和 Rob、Rochet、Heid、Porath 和 Stolz

本文认为，以上研究结论之所以存在较大差距，并不仅仅是因为研究假设、数据取值等技术性差异。从部分学者提出的资本监管导致逆向选择的情况来看，对银行经营中普遍存在的多重约束现象考虑不足，极有可能是实证研究结果产生较大差异的主要原因。以美国银行业为例，Q 条例、存款准备金、存款保险等约束条件虽然不直接对资产组合产生影响，但这些监管约束仍然将通过对负债业务的监管而间接影响资产业务。在这种情况下，单独考虑资本约束就有可能导致结论发生偏差。

具体到中国的银行业，多重约束情况依然显著，因此有必要在多重约束的框架下研究银行的资产组合管理问题。目前国内很少有分析两项以上约束的研究，就本课题组查找到的文献而言，主要有：

郭红玉、黄晓薇、白新民、许争（2012）采用 VAR 方法和情景分析法实证分析了规模约束下和资本充足率约束下的信贷管理问题，发现：第一，规模约束直接影响商业银行的信贷规模，但存在 4 个月的时滞；第二，资本充足率约束直接影响到商业银行的信贷合同签订比例。陈野华、王玉峰、王艳（2011）认为：需要将净资本或经济资本视为银行的稀缺资源进行合理配置；净资本与经济资本之间的正差额被银行视为监管税，为其实施监管资本套利提供了空间；只有当净资本和经济资本几乎一致时，政府监管和投资银行资产配置才是有效率的。

上述文献虽然都提及了两项以上的约束条件，但在约束条件的整合上并没有提出完善的方法，同时，研究的约束条件的选择范围也相对狭窄。本文力求弥补这一缺失。

三、多重约束条件下最优化模型设置

（一）理论模型构建

本文以 X 银行为例，进行多重约束条件下的最优化分析。采用该机构为例主要基于以下考虑：①X 银行为四大国有商业银行之一，经营时间较长，资产规模较大，适合于资产组合管理，且在行业内具有一定代表性；②主要资产业务由本级机构和下一级机构管理，信息较完全，具备统筹协调的能力；③对 X 银行总部的各项外部约束（包括信贷规模、资本约束等）已通过规范且严格的额度切分机制传导到 X 银行，同时 X 银行已建立资本、信贷额度、行业限额等方面的考核机制，在业务经营中对约束条件进行传导。最优规划模型如下：

$$\text{MAX}\ (\mu E)$$

$$\text{S. T.}\begin{cases} eE \leqslant K \\ kE \leqslant K \\ sE \leqslant S \\ D\ (\Psi E) \leqslant Q \\ D\ (\Psi E) \leqslant q\ (sE) \\ E \leqslant E^{PD} \\ E^{MIN} \leqslant E \leqslant E^{MAX} \end{cases}$$

上式中，E 表示 n 项资产的风险暴露向量（E_1，E_2，…，E_n）。银行业风险暴露一般指叙做资产业务的名义金额，是构成资产组合的基本变量，故本文在经营目标和经营约束的计算公式中，均以风险暴露作为核心变量。μ 为 n 项资产的风险调整净收益率向量（μ_1，μ_2，…，μ_n），风险调整净收益率表示单位风险暴露的风险调整净收益。

本文认为，价值最大化目标是比较适合银行的评价指标。目前，我国多家银行正在逐步将价值最大化目标引入银行管理体系，其中一个主

131

要指标是经济增加值（EVA）。基于此，本文选择"风险调整净收益最大化"作为银行的经营目标[①]。"风险调整净收益"在银行资产净收益中扣除风险成本（结合《新巴塞尔协议》，风险成本表现形式为预期损失），故经营目标是在考虑了风险因素之后的净收益。

经营约束包括：

（1）经济资本约束：$eE \leqslant K$，其中 e 表示经济资本占用率向量（e_1，e_2，…，e_n），K 表示 X 银行的资本限额。该约束指银行需要一定的资本来覆盖资产组合的非预期损失（UL）。X 银行目前使用的经济资本计量模型参照巴塞尔 II 渐进单风险因子（ASRF）模型建立，具备"组合可加性"，即：单项资产经济资本占用的线性加总值，等于资产组合的整体经济资本占用，故约束形态表现为线性。

（2）现行监管资本约束：$kE \leqslant K$，其中 k 表示现行监管资本占用率向量（k_1，k_2，…，k_n）。根据我国银监会实施的监管现行法，X 银行资本充足率应达到 11.5%，由此得到现行监管资本约束。本文将经济资本和监管资本两种约束单独处理，是因为其机理不同。经济资本约束是银行基于自身风险状况计算的资本需求，属于内部约束；监管资本约束属于监管当局的强制性要求，属于外部约束。

（3）信贷规模约束：$sE \leqslant S$，其中，s 表示风险暴露比向量（s_1，s_2，…，s_n），S 表示信贷规模上限。信贷规模约束是近年来中国人民银行总行为控制信贷过度投放而实施的一项总量控制，对每家银行分配相应的信贷总额。资产组合由风险暴露构成，但并非所有的风险暴露都占用信贷规模。信贷规模和风险暴露之间存在比例关系，介于 0 ~ 1 之间。其数值越小，表明银行对资产类产品的综合推广运用能力越强，反之则越弱。本文将该指标定义为"规模暴露比"。

（4）集中度约束：$D(\Psi E) \leqslant Q$，$D(\Psi E) \leqslant q(sE)$，$E \leqslant E^{PD}$，其中，

Ψ 表示规模暴露比矩阵 $\begin{pmatrix} s_1 & 0 & 0 \\ 0 & \cdots & 0 \\ 0 & 0 & s_n \end{pmatrix}_{n \times n}$ ；D 为 p×n 阶矩阵（p = 12），D

的元素 d_{ij} 表示第 j 项资产是否属于第 i 个行业，是则为 1，否则为 0；Q 为 p 个行业的规模上限向量 $(Q_1, Q_2, \cdots, Q_p)^T$；q 为 p 个行业的信贷规模占比上限向量 $(q_1, q_2, \cdots, q_p)^T$，$E^{PD}$ 为 n 项资产的 PD 限额向量①。根据银监会"腕骨"（CARPALs）监管体系的要求，银行应采取有效手段控制资产组合的集中度风险。X 银行主要控制措施包括对行业集中度和单一客户集中度实施相关规定。

（5）市场环境约束：$E \leqslant E^{MAX}$，其中，E^{MAX} 为 n 项资产基于市场环境约束的风险暴露上限向量。银行资产组合的构成必然要受到区域经济环境的制约，具体包括该区域的经济基础、资源禀赋、产业特征、发展方向等因素。

（6）资产替换周期约束：$E^{MIN} \leqslant E$，其中，E^{MIN} 为 n 项资产基于资产替换周期约束的风险暴露下限向量。我国银行业资产经营基本上遵循"买入——持有——到期"的模式，资产未到期难以压缩。即便到期，对资产组合中各项资产进行替换仍是一项困难的工作，银行压缩资产通常比较谨慎，需要进行详细部署和制订分步计划。

（7）其他约束。除上述约束外，银行业还存在贷存比、存款准备金、合规性等多种约束。本文认为在现有条件下，这类约束难以对资产组合形成有效影响，故未将其纳入模型进行分析。

（二）模型假设

最优规划模型的研究假设具体如下：

假设 1：任意两个变量间的风险调整净收益率 μ_i、经济资本要求率 e_i、监管资本要求率 k_i、规模暴露比 s_i 等指标，均相互独立。

假设 2：风险调整净收益率 μ_i、经济资本要求率 e_i、监管资本要求率 k_i、规模暴露比 s_i 四项参数，均按照 2011 年年末的情况计算。

假设 3：资产增长包括现有客户（产品）的增长和新客户（产品）的增长，本文将后者称为潜在变量。本文假设潜在变量的各项特征和现有资产组合的分布特征一致。因此，资产增长所包括的两个部分就不需要进行区分，资产组合新增的资产既有可能来源于原有变量，也可能来源于新增变量。

假设 4：对所有的约束条件均不再设置缓冲区域。

133

———————————

① PD 指的是违约概率。X 银行对单一客户的最高风险暴露进行限制，且不同违约概率对应不同的限额，故称 PD 限额。

（三）数据选取

本文选取 X 银行 2011 年年末信贷资产组合数据进行分析，资产组合包含了 X 银行所有表内外资产业务。

（1）模型变量为风险暴露 E_i，表示第 i 项资产的风险暴露。风险暴露在 10 万元以上的公司资产业务涉及的相关指标，均以客户为单位计算；风险暴露不足 10 万元的公司资产业务涉及的相关指标，统一加总计算；个人资产业务涉及的相关指标按照产品分类计算；中央银行、商业银行、村镇银行、财政部、小额担保公司涉及的相关指标，各自加总计算。① 由此本文得到 1 669 个截面数据样本，其中风险暴露在 10 万元以上的公司资产业务样本 1 647 个，个人资产业务产品样本 16 个，其余样本 6 个。

（2）μ_i 表示第 i 项资产的风险调整净收益率，其计算方法为：

风险调整净收益率 =（净收益-预期损失）/风险暴露

净收益 = 综合收入-各项成本

（3）e_i、k_i 分别表示第 i 项资产的经济资本要求率和监管资本要求率，其计算方法为：

经济资本要求率 = 内评法经济资本占用/风险暴露

监管资本要求率 = 现行法监管资本占用/风险暴露

（4）s_i 表示第 i 项资产的规模暴露比，其计算方法为：

规模暴露比 = 信贷规模/风险暴露

（5）行业限额根据 X 银行行业限额确定。

（6）E_i^{MIN} 以第 i 项资产 2011 年年末风险暴露为基准，根据资产替换的时间以及风险暴露的大小确定，其中风险暴露越小，或距 2011 年年末时间越长，资产替换的比例就越大，反之则越小。

（7）E_i^{PD} 根据第 i 项资产的 PD 限额取值。

（8）E_i^{MAX} 以第 i 项资产所属行业综合确定：在 2011 年中实际增长较高的细分行业，其最大增长率应最高；前五大行业为 X 银行在客户营销方面具有较强实力的领域，四川省政策支持下的重点发展行业潜力较大，具有较高的最大增长率。

---

① 风险暴露在 10 万元以下的客户占资产组合风险暴露总额的 0.002 2%，金额极小，显然难以对研究结论产生影响。本文所称的加总计算是指：对某一类型的风险暴露，其对应的收益额、资本占用、信贷规模等总量指标直接加总，收益率等相对指标则由加总后的总量指标计算得到。

四、最优规划结果分析

(一) 规划结果

使用 MATLAB7.0.1 软件，对模型进行线性规划，得到 2012 年最优资产组合 E^*，该组合包含了 1 669 项风险暴露数据、1 647 项公司客户风险暴露数据、16 项个人资产产品风险暴露数据以及剩余的 6 项风险暴露数据。因数据过多，无法在文中列表显示，故本文仅列示上述 1 669 项风险暴露数据的统计分析结果，并进一步和 2011 年实际资产组合的情况进行比较。

为便于比较分析，本文定义 2012 年最优资产模拟组合中风险暴露较 2011 年实际值上升的资产为增长类资产，定义下降的资产为压缩类资产，其中增长类资产 1 293 项、压缩类资产 376 项。资产组合总体情况如表 2 所示。

表 2　　　　　　　　　增长类及压缩类资产主要指标①　　　　　　单位:%

资产类别	风险暴露占比(2011)	风险暴露占比(2012)	风险调整净收益率	经济资本占用率	监管资本占用率	规模暴露比
增长类	65.32	73.07	1.47	6.66	7.51	65.73
压缩类	34.68	26.93	0.01	10.98	9.57	71.35

表 2 显示，增长类资产在风险调整净收入、经济资本占用、监管资本占用等方面优于压缩类资产，其中，风险调整净收益率显得尤为突出。进一步分析该指标的资产项数分布情况，具体结构如图 1 所示。

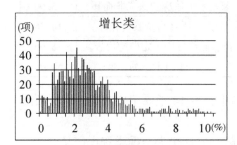
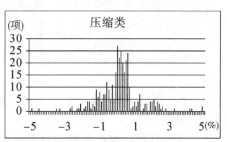

图 1　增长类及压缩类客户风险调整净收益率分布情况示意图

---

① 风险调整净收益率、经济资本占用率、监管资本占用率、规模暴露比根据 2011 年实际资产组合数据计算而得。

图 1 的纵坐标表示资产项数，横坐标表示风险调整净收益率。图 1 显示，增长类资产风险调整净收益率全部为正，主要分布在 0~4% 的区域内；压缩类资产则主要分布在 -1%~1% 之间。无论从均值还是大体分布来看，增长类资产的风险调整净收益率都显著大于压缩类资产，因此，结构调整应首先注重综合收益的提升和风险成本的降低。在 0~1% 区域内，增长类资产和压缩类资产同时大量存在。统计发现：此区域内增长类资产的资本占用和规模暴露比远远低于压缩类资产，因此，除综合收益、风险成本之外，资本占用、规模暴露比也是对结构调整产生重要影响的因素。

（二）规划结果分维度分析

本文将通过不同维度对 2012 年最优资产组合进行分析。其中，零售业务以产品维度分析；公司业务则从信用等级、企业性质、企业规模、行业 4 个维度进行分析。

1. 产品维度

2012 年最优资产组合中，零售产品较 2011 年度增长率如表 3 所示。

表 3 　　　　2012 年最优资产组合零售产品增长率情况表　　　　单位:%

产品名称	风险暴露增长率	产品名称	风险暴露增长率
个人二手商业用房贷款	19.95	质押消费贷款	20.01
个人投资经营贷款	20.00	个人一手汽车贷款	20.00
个人一手商业用房贷款	-19.76	个人二手住房贷款（非循环）	15.00
个人运营汽车贷款	20.00	个人二手住房贷款（循环）	14.91
抵(质)押授信额度消费贷款	20.00	个人一手住房贷款（非循环）	15.00
个人信用循环额度消费贷款	20.00	个人一手住房贷款（循环）	14.96
国家教育助学贷款	-15.45	企事业单位职工定向购房贷款	15.06
商业性助学贷款	20.00	银行卡产品	50.00

表 3 显示，在 16 项个人金融产品中，有 14 项属于增长类，有 2 项属于压缩类。

模型显示：现行收益和约束条件鼓励发展个人金融类资产产品。

2. 信用等级维度

资产组合各信用等级风险暴露增长率情况如图 2 所示。

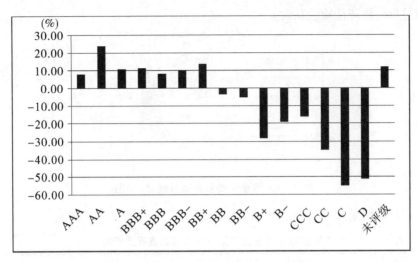

图2　各信用等级风险暴露增长率示意图

图 2 显示：在最优规划过程中，BB+级以上各个信用等级的客户，其风险暴露均呈现上升态势；而 BB 级以下各个信用等级的客户，其风险暴露均呈现下降态势，表明 BB+和 BB 是影响风险暴露增减的分界点。进一步分析图 2 中 BB+级以上和 BB 级以下各个信用等级对应的风险暴露情况，并未发现风险暴露的增长率和信用等级的级次之间存在显著的相关关系，表明虽然信用等级是授信决策的重要影响因素，但并非唯一的决定性因素。

另外，本文根据取样合理性原则和假设检验方法，研究每一信用等级对最优决策的影响，具体思路是：如果对公司类资产进行随机取样，增长类和压缩类的比例应接近均值（根据最优解数据，77.35%的样本为增长类，22.60%的样本为压缩类）。如果某一信用等级的资产，其增长类和压缩类的比例显著偏离均值，则说明该信用等级对最优决策产生显著影响。以 AA 级为例，检验步骤为：①假设：AA 级资产对最优决策无显著影响；②根据假设对所有 AA 级资产（共计 114 项）进行取样，计算每一种可能的"增长/压缩"组合出现的概率，得到其概率分布（见图3）；③设置小概率事件的显著性程度为 5%，得到左右侧两个小概率事件的区域；④若增长类资产项数出现在左侧"小概率区域"，则认为 AA 级资产对最优决策为显著负面影响，右侧"小概率区域"则为显著正面影响，中间区域为无显著影响；⑤该检验使用离散型概率分布，若样本个数过少，将降低检验精度。

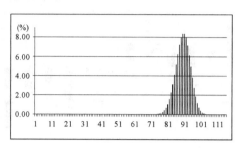

图 3　AA 级增长类资产项数概率分布图

具体结果如表 4 所示：

表 4　　　　　　信用等级对最优决策影响显著的临界置信度

信用等级	正面影响	负面影响	信用等级	正面影响	负面影响
AAA	–	–	BB–	–	显著
AA	显著	–	B+	–	显著
A	显著	–	B–	–	显著
BBB+	显著	–	CCC	–	显著
BBB	–	–	CC	–	–
BBB–	–	–	C	–	–
BB+	–	–	D	–	–
BB	–	显著	未评级	–	–

从表 4 可以看到 AAA、BBB、BBB–、BB+、CC、C 没有显示出显著影响，其中 BBB、BBB–、BB+ 三类属于中间过渡的信用等级，CC、C 级影响不显著主要是由于样本过少，降低了检验精度。

分析发现：AAA 没有显示出明显的正面影响，主要是因为部分 AAA 级客户收益较低，预计随着利率市场化政策的推进，这种情况将更加明显。在利率市场化条件下，高风险资产的高收益特点将进一步显现，而现有的约束条件显示信贷规模约束明显降低了银行投资低风险资产的激励，因此利率市场化和信贷规模管控的政策组合极有可能削弱银行的风险敏感性。

模型显示：在现行收益和约束条件下，信用等级对最优决策具有较大参考价值，即银行的投资具有一定的风险敏感性，但这种特性不稳定和不均衡。随着利率市场化的推进，风险和收益的匹配性将进一步加强，在信贷规模管控条件下，银行的风险敏感性将受到削弱。

3. 企业性质、规模、行业维度

由于企业性质、规模、行业均无法排序，故仍然采用上述取样合理性原则进行分析。

（1）企业性质维度

研究发现：在 19 类企业性质中，大部分企业性质对最优决策没有显著影响，只有 2 类企业性质在 5% 的显著性程度下存在负面影响，1 类企业性质在 10% 的显著性程度下存在正面影响。负面影响的企业性质包括"内资—国有独资有限"和"内资—国有企业"。正面影响的企业性质为"外商投资—中外合资"。

模型显示：在现行约束条件下，国有企业性质对最优决策具有一定负面影响，但总体来看企业性质不应该是银行最优决策的主要考虑因素。

（2）企业规模维度

研究发现：以 5% 的显著性程度为标准，在大、中、小三类企业中，中型企业对最优决策具有负面影响，其他类型无显著影响。

上述结论和银行业目前所倡导的发展方向存在一定偏差，分析发现中型企业在收益、资本方面和大型企业差异不大，但是规模暴露比明显高于大型企业。本文认为，大型企业的主要优势在于其对银行的多元化产品需求更大，银行在营销大型客户时可以有效地节约信贷规模这一稀缺资源；由于利率市场化程度不高，目前中小企业的高收益特性并未完全显现出来，因此在现行约束条件下没有显示出对银行最优决策的显著正面影响。

模型显示：除非利率市场化进一步深入，或者监管当局监管模式从信贷规模管控逐步转向以具有风险敏感性的资本管控为主，否则在现行收益和约束条件下，中小企业难以得到银行的大规模支持。

（3）行业维度

研究发现：以 5% 的显著性程度为标准，传统的公路、水利、炼钢、公共设施管理等行业对最优决策具有负面影响，而建筑、设备制造、汽车制造等行业对最优决策具有正面影响。其中，公路、水利行业的主要特点是收益较低，炼钢行业不仅收益低，风险也很高，公共设施管理则受到平台贷款约束（行业约束）。

模型显示：在现行收益和约束条件下，以西部开发、产业转移为特点，符合四川产业发展优势的行业，极有可能在未来的发展中得到银行业的大力支持，而一些传统行业则需要政府加大扶持力度。

（三）最优规划结果的 Logit 模型分析

最后，本文通过 Logit 模型对主要约束条件的影响进行回归分析。主要考察风险调整净收益率、经济资本占用率、监管资本占用率、规模暴露比 4 项主要指标对最优化资产组合结果的具体影响。其中，因变量 Y 表示在最优资产组合中，某客户是否属于增长类客户，是则为 1，否则为 0；自变量包括：风险调整净收益率（X1）、经济资本占用率（X2）、监管资本占用率（X3）、规模暴露比（X4）。本文使用离散模型中常用的潜回归方法，通过设定过渡变量，为概率提供了一个潜在的结构模型，将自变量与事件发生的概率联系起来。本文选择 Logit 函数作为模型的分布函数，模型具体形式如下：

$$p\,(Y_i = 1) = \frac{e^{\alpha + \beta1X1 + \beta2X2 + \beta3X3 + \beta4X4}}{1 + e^{\alpha + \beta1X1 + \beta2X2 + \beta3X3 + \beta4X4}}$$

上式可进一步变更为：

$$\ln\left(\frac{p\,(Y_i = 1)}{1 - p\,(Y_i = 1)}\right) = \alpha + \beta1X1 + \beta2X2 + \beta3X3 + \beta4X4$$

使用 EVIEWS3.0 软件，对模型进行极大似然估计，结果如下：

$$\ln\left(\frac{p\,(Y_i = 1)}{1 - p\,(Y_i = 1)}\right) = 0.97 + 239X1 - 4.88X2 + 2.46X3 - 2.64X4$$

Prob（z-statistic） 0   0   0.06   0.18   0

LR statistic（4 df）：1056；Probability（LR stat）：0

从模型输出结果看，模型通过了似然比检验，说明模型整体对最优化结果的解释有效。从 Z 检验的结果看，"X1-风险调整净收益率"对最优化过程中风险暴露的增长具有非常显著的正向影响，并且这种影响较其他因素更大；"X4-规模暴露比"对最优化过程中风险暴露的增长具有显著的负向影响；"X2-经济资本占用率""X3-监管资本占用率"未通过 5% 的显著性检验。

本文认为，经济资本占用和监管资本占用之所以不显著，其主要原因极有可能是规模约束的效力相对较强，削弱了其他约束对银行经营的导向性作用。具体到本例中，是否存在这种情况，可用如下方法验证：在最优规划模型中去除信贷规模约束，可以得到一个没有信贷规模约束的最优解，用 Logit 模型验证经济资本占用率和监管资本占用率是否显著影响该最优解——①若显著，则说明在增加了信贷规模约束后，经济资本占用和监管资本占用对银行经营从影响显著变成了不显著，制度冲突使得经营导向作用削弱；②若不显著，则结论①不成立。分析结果如下：

$$\ln\left(\frac{p\ (Y_i=1)}{1-p\ (Y_i=1)}\right) = 0.038+319X1-9.06X2-25.40X3$$

Prob（z-statistic）　　0.38　　0　　0　　0

LR statistic（4 df）：793；Probability（LR stat）：0

从模型输出结果看，模型通过了似然比检验，说明模型整体对最优化结果的解释有效，所有自变量均通过 5% 的显著性检验。因此，信贷规模约束和资本约束之间的冲突得到验证。

模型显示：风险调整净收益率、经济资本占用率、监管资本占用率、规模暴露比整体对资产选择形成显著影响。其中，风险调整净收益率为正面影响，规模暴露比为负面影响；由于多重约束条件之间的冲突，资本占用影响的显著性程度降低。

141

五、政策建议

对于多重约束，银行和监管当局的出发点有所不同：银行的出发点是如何在现行内外部规则下获取最大价值，而监管当局的出发点则是如何通过完善外部规则来确保银行系统稳定。基于两种主体不同的出发点，本文的政策建议也分为两部分。

（一）对银行业的政策建议

1. 以价值创造作为银行的核心目标

加强对利率市场化、经济结构转型等宏观经济重大变化的准确研判，对银行发展方向和发展方式实施主动调整和转型，做好从发展理念转型到工作方式转型的规划部署。

2. 以均衡收益、风险、资本管理为重点，扩规模和调结构并重

具备精细化管理水平是扩规模和调结构的重要前提。搭建统一有效的信贷资源规划平台，提升收益、风险、资本量化均衡能力，以制度传导、机制建设和系统控制实现各类信贷资源的精细化配置和使用，依托

资源的稀缺性强化和拓宽市场领域。

着力解决当前影响银行业风险收益的突出矛盾。在利率市场化程度逐步加深的背景下，推动个人业务向多元化发展，在中小企业回报有效提高的前提下，提升中小企业信贷业务占比。提升对产品的综合推广运用能力，降低规模暴露比，合理规避不同时期的主要约束短板，推动风险价值提升。

加强资产流动性管理，提高资产组合管理能力。逐步在"买入→持有→到期"的资产业务传统模式基础上，引入"买入→持有→卖出→买入新资产"的资产循环新模式，通过批量打包买售、资产证券化等途径提高资产流动性，在拓宽资产规模增长途径的同时实现资产结构快速优化。

3. 在多重约束背景下不断提高经营管理能力，真正实现"算了做"

完善信息系统建设，为"算了做"奠定技术基础。信息系统应在点、线、面 3 个层次实现有效的信息传递和共享，应支持客户全面信息查询，支持产品、行业、关联客户等各维度信息汇总，支持总体资产组合核心数据统计，为"算了做"奠定坚实基础。

完善激励约束机制，促进"算了做"有效落实。进一步优化绩效考核方案，加大 EVA、RAROC 等涵盖收益、风险、资本的综合指标的考核力度，将机构经营目标与个人绩效目标在方向和机制上高度结合，以有效的考核传导落实"算了做"。

（二）对监管当局的政策建议

在资产组合管理过程中，银行必须兼顾资本约束以及信贷规模约束。多重约束不仅大大提高了银行的管理难度，同时由于资本约束和信贷规模约束之间的冲突，导致了逆向选择的风险。所谓逆向选择，是指基于制度设置的不合理而产生的资源配置扭曲现象。监管的核心目标应该是降低银行投资过度风险，从而维护公众利益，但是目前的监管规则设置不仅过多，而且缺乏风险敏感性。即便银行无法做到精确的资产组合最优化管理，但在信贷规模和现行法监管资本要求如此严厉，而盈利指标又逐年加码的情况下，为了在约束条件下完成各项发展指标，银行必须不断提高自身的风险容忍度。

过去很长一段时间内，银行缺乏高风险投资激励，其中一个重要的原因就在于利率管制：无论风险高低，银行的收益率不会有明显的差别，而低风险资产的预期损失和准备金都相应较低，这样银行就会主动投资于低风险资产。但是目前银行资产业务的收益越来越综合化，利率管制也在放松，高风险资产的收益在逐步上升，目前市场上民间信贷的高额利息就是一个非常有力的证明。

本文认为利率市场化和信贷规模管控是不匹配的政策组合。利率市场化的最终效果，是使得资产的风险和收益相匹配，其配套的政策组合应该是具有风险敏感性的外部资本监管。但是，本文已经证实了多重约束条件之间会产生相互影响，强有力的约束将导致其他约束的功能弱化，目前的情况显示信贷规模管控就是这样一种强有力的约束。如果在利率市场化的大背景下，仍然继续实施诸如信贷规模管控这样的缺乏风险敏感性的监管措施，银行就会具有充分的动机实施逆向选择。届时，监管规则不仅无法降低银行风险投资倾向，而且极有可能促使银行投资于高风险资产。

因此，本文建议监管当局应加快对国内几家大型银行的内部评级模型和流程的审核，尽快实施具有高度风险敏感性的巴塞尔 II 内部评级法资本监管体系；建议将信贷规模管控和贷存比作为一种阶段性的控制措施使用，特别是在利率市场化的进程中应逐步放宽或取消规模管控和贷存比要求，避免银行的逆向选择。

（该文为四川省金融学会 2012 年重点课题简略版，该课题获当年一等奖，该文已在《国际金融研究》2013 年第 5 期发表，作者单位：中国银行四川省分行）

参考文献

［1］MERTON, ROBERT C., ANDER F. PEROLD . Theory of Risk Capital in Finance Firms ［J］. Journal Applied Corporate Finance, 1993, 6(3).

［2］JAMES C. RAROC Based Capital Budgeting and Performance Evaluation：A Case Study of Bank Capital Allocation ［R］. Wharton Financial Institutions Center, 1999.

［3］SCHROECK G. Risk Management and Value Creation in Financial Intitutions ［M］. John Wiley and Sons, 2002.

［4］STOUGHTON N M, ZECHNER J. Optimal Capital Allocation Using RAROC and EVA ［J］. Journal of Financial Intermediation, 2007 (16).

［5］KAHANE Y. Capital Adequacy and the Regulation of Financial Intermediaries ［J］. Journal of Banking and Finance, 1977 (1).

[6] KOEHN M, A M SANTOMERO. Regulation of Bank Capital and Portfolio Risk [J]. Journal of Finance, 1980 (35).

[7] FURLONG R. Changes in Bank Risk-taking [J]. Federal Reserve Bank of San Francisco Economic Review, Spring 1988.

[8] KEELEY M C, F T FURLONG. A Reexamination of Mean-variance Analysis of Bank Capital Regulation [J]. Journal of Banking and Finance, 1990 (14).

[9] GENNOTTE G, D PYLE. Capital Controls and Bank Risk [J]. Journal of Banking and Finance, 1991 (15).

[10] BLUM J, HELLWIG M. The Macroeconomic Implications of Capital Adequacy Requirements for Banks [J]. European Economic Review, 1995 (39).

[11] LORIANA PELIZZON, STEPHEN SCHAEFER. Do Bank Risk Management and Regulatory Policy Reduce Risk in Barking? [EB/OL]. www. london.edu/ifa/Researeh/WorkingPapers/ps-0603.

[12] DEWATRIPONT M, TIROLE J. The Prudential Regulation of Banks [M]. Cambridge: MIT Press, 1995 (3).

[13] SHELDON G. Capital Adequacy Rules and the Risk-seeking Behavior of Banks: A Firm-Level Analysis [J]. Swiss Journal of Economics and Statistics, 1996 (132).

[14] CALEM P S, R ROB. The Impact of Capital-based Regulation On Bank Risk-taking: A Dynamic Model [J]. Board of Governors of the Federal Reserve System, Finance and Economics Discussion Series, 1996 (96).

[15] ROCHET J. Capital Requirements and the Behaviour of Commercial Banks [J]. European Economic Review, 1992 (36).

[16] JACQUES K, P NIGRO. Risk-based Capital, Portfolio Risk, and Bank Capital: A Simultaneous Equations Approach [J]. Journal of Economics and Business, 1997 (49).

[17] EDIS T, MICHAEL, W PERRAUDIN. The Impact of Capital Requirements On U.K. Bank Behaviour [R]. Federal Reserve Bank of New York Economic Policy Review, 1998 (10).

[18] SANTOS J A C. Bank Capital Regulation In Contemporary Banking Theory: A Review of the Literature [R]. BIS Working paper, 2000 (9).

银
行
业
探
索
与
实
践

［19］FURFINE G. Evidence on the Response of US Banks to Changes in Capital Requirements ［R］. BIS Working paper, 2000 (7).

［20］HOVAKIMIAN A, E J KANE. Effectiveness of Capital Regulation at U. S. Commercial Banks, 1985—1994 ［J］. Journal of Finance, 2000 (55).

［21］AGGARWAL R, K JACQUES. A Simultaneous Equation Estimation of the Impact of Prompt Corrective Action on Bank Capital and Risk ［J］. Journal of Banking and Finance, 2001 (25).

［22］BARTH, JAMES R, GERARD CAPRIO JR, ROSS LEVINE. Banking System Around the Globe：Do Regulation and Ownership Affect Performance and Stability? ［M］. Chicago University Press, 2004 (31).

［23］HEID, PORATH, STOLZ. Does Capital Regulation Matter for Bank Behaviour? Evidence for German Savings Banks ［R］. Discussion Paper Series 2：Banking and Financial Supervision, 2004 (3).

［24］陈小宪. 风险·资本·市值：中国商业银行实现飞跃的核心问题 ［M］. 北京：中国金融出版社, 2004.

［25］武剑. 论商业银行经济资本的配置与管理 ［J］. 投资研究, 2004 (7).

［26］武剑. 经济资本管理的理论与实践 ［J］. 现代金融, 2008 (6).

［27］曹俊勇, 张兰. 我国银行业资本充足性监管效应研究 ［J］. 浙江学刊, 2006 (5).

［28］张强, 武次冰. 中国商业银行资本充足性监管有效性的实证分析, 湖南大学学报：自然科学版, 2007 (11).

［29］吴俊, 康继军, 张宗益. 中国经济转型期商业银行资本与风险行为研究——兼论巴塞尔协议在我国的实施效果 ［J］. 财经研究, 2008 (1).

［30］江曙霞, 任婕茹. 资本充足率监管压力下资本与风险的调整——基于美国商业银行数据的实证分析 ［J］. 厦门大学学报：社科版, 2009 (4).

［31］郭红玉, 黄晓薇, 白新民, 许争. 规模约束和资本约束下银行信贷管理研究 ［J］. 科学决策, 2012 (5).

［32］陈野华, 王玉峰, 王艳. 基于双重资本约束的投资银行全面风险管理体系构建——美国五大投资银行"终结"的启示 ［J］. 国际金融研究, 2011 (12).

信息系统项目管理实践与思考

李　飚　余汝虹

内容提要：随着信息化建设的深入，中国银行四川省分行对信息科技风险的认识也从单一信息安全管理转为涵盖开发、运行、信息安全等较为全面的信息科技风险管理，管理手段也从技术导向型向全面融合和体系化演进。本文论述了中国银行四川省分行信息系统项目管理工作的具体实践措施，以及如何推进信息系统项目管理的后续工作，对同业信息科技管理工作将有所启发。

信息科技风险源于计算机硬件、软件、网络等引发的技术问题，表现在客户体验下降、市场响应速度滞后、业务决策分析受限、IT 支持能力降低等方面，最终影响业务运营与发展。随着信息化建设的深入，中国银行四川省分行对信息科技风险的认识也从单一信息安全管理转为涵盖开发、运行、信息安全等较为全面的信息科技风险管理，管理手段也从技术导向型向全面融合和体系化演进。

新《巴塞尔资本协议》中对信息科技风险进行了定义，明确地将信息科技风险作为操作风险的重点纳入银行全面风险管理框架。监管部门制订了信息科技风险管理方面的指引与规范，对商业银行信息科技风险管理工作提出了全面、具体的要求。作为信息科技风险管理的重要组成部分，信息系统项目的开发、测试和维护的风险管理越来越受到各商业银行的高度重视。

一、信息系统项目管理工作措施

中国银行四川省分行一直都非常重视信息系统项目的开发与管理，

持续推进项目管理制度与规范的建设，逐步形成了一套比较完整的信息系统项目三级审批及三层制度管理体系，重点加强了信息系统项目立项审批、系统设计、阶段评审、测试管理、投产变更、后评价等环节的管理，不断提高开发与管理的质量与效率，以保证银行业务的持续顺利开展和全面风险管理目标的顺利实现。

（一）组织架构与制度建设

1. 组织架构

中国银行四川省分行于 2004 年成立信息科技管理委员会，建立起科技管理委员会和信息科技部二级立项审批架构，制定相应的管理制度作为四川省分行应用系统项目管理和生产变更管理规范。信息科技部内部也制定了需求、开发、测试、实施细则等管理制度与流程，不定期地对项目进行技术评审，同时开发有需求管理和变更管理等流程管理工具，分别用于对相关处理流程的管控。

为适应核心银行系统大集中后总行管理策略及措施的变化和分行领导要求，中国银行四川省分行于 2011 年成立了应用系统项目评审委员会。项目评审委员会由主管科技的行领导担任组长，信息科技部总经理担任副组长，委员由省分行相关部门总经理室成员担任，职责为应用系统项目立项评审和审批有关事项，仲裁应用系统项目部门之间的争议，确定项目优先级排序，授权相关部门对应用系统项目进行后评价，建立起由行长办公会、项目评审委员会和信息科技部组成的应用系统项目三级审批架构，实行应用系统项目立项分级审批原则。

同时，根据监管要求，中国银行四川省分行已将信息科技风险作为操作风险的重要组成部分纳入全面风险管理体系，建立了三道防线。第一道防线由全行信息科技部门组成，负责科技管理、开发、运行、信息安全等日常工作，负责制定全行信息安全策略、完善信息科技风险管理制度与流程，并组织实施。第二道防线由风险管理部门与合规部门组成，负责制定信息科技风险评估体系、设定监控指标。第三道防线由审计部门构成，负责组织对信息科技工作进行内部、外部的专项审计。

2. 制度建设

中国银行四川省分行持续推进信息科技风险管理制度建设。2011 年，修订了应用系统项目管理制度，进一步完善了信息系统项目的立项、外包、后评价和费用管理。经过多年的建设，中国银行四川省分行逐步形成了一套比较完整的信息系统项目三层管理制度体系，第一层是应用系统项目管理办法、信息系统生产变更管理办法，第二层是管理实施细则、操作手册及流程，第三层是具体管理流程执行中的表单与记录，实现了信息系统项目全类型、全生命周期、全流程的制度覆盖。

3. 信息系统项目报告

坚持以多种形式向高级管理层和全行报告信息系统项目的推进情况。一是每月以部发文形式，将所有信息系统项目及有关情况通报全辖；二是不定期地向应用系统项目评审委员会提交重大信息系统项目的进度报告、后评价工作报告等报告，由其进行审议批准；三是信息系统项目的重大问题，向分行高级管理层进行专题汇报，由其进行决策。

为提升信息科技服务能力，促进科技与业务的有机融合，2014年中国银行四川省分行首次进行了《分行特色科技产品目录》的编撰工作，旨在全面介绍我行所有的特色应用系统（产品），方便管理层和全行员工了解掌握，为业务拓展和经营管理提供科技产品应用指南。

（二）立项审批、优先级排序、后评价管理

1. 需求发起与立项

中国银行四川省分行的信息系统开发项目分为总行立项分行推广、分行自主开发、分行推广、分行维护四类项目。由项目发起方准备业务需求说明书、可行性分析报告、立项申请书，信息科技部准备技术方案建议书等立项资料，由项目评审方依据分行经营和发展规划，对项目的必要性、可能性、投资收益、合规性等方面进行审议。

与总行信息系统存在关联时，有关项目资料需报总行信息科技部，由总行专家组对系统架构、技术标准、资源配置、风险评估等进行审核，配置资金计划，并协调总行业务部门提出总行系统配套改造需求。

按照制度规定，总行立项、分行推广的A类项目视为中国银行四川省分行自动立项；分行自主开发项目则按费用投入或推广范围或开发工作量的不同划分为B1、B2、C类三个等级，分别由行长办公会、应用系统项目评审委员会、信息科技部会同相关部门进行立项审批；分行推广、维护类项目如果工作量或推广范围或费用投入达到立项条件，则按分行自主开发项目处理。

2. 优先级排序

信息系统项目优先级排序的意义在于确保银行科技资源的优化配置，确保项目与银行战略目标保持一致，并引入一个连贯统一的项目评估与选择机制。中国银行四川省分行项目优先级排序管理采用召开应用系统项目评审会议，由评审委员根据项目发起方提供项目投入产出情况、信息科技部提供实施风险分析，立足全局进行决策，通过优先级评价模型进行排序。

优先级排序评价模型是项目优先级排序工作的核心组成部分，由二级评价指标构成。一级指标由两部分组成：项目投资回报率或优先考虑因素、实施风险。采用业务发展、经营管理两种排队队列进行分别排序并为其配备资源，法律及监管当局要求的项目具有最高优先级。排序模型定期（年度）进行优化和调整。优先级评价模型设计综合了经典理论的排序模式，以层分法为骨架，使用风险收益模式的风险和收益标准。优先级评价模型每年由四川省分行应用系统项目评审委员会会议进行检讨，视情况审议修订。

3. 后评价管理

信息系统项目后评价工作，对于保证信息系统项目开发质量和提高项目的投资回报率具有重要的意义。中国银行四川省分行后评价管理由应用系统项目评审委员会授权、信息科技部牵头进行，责成项目发起方成立后评价工作小组实施项目后评价，信息科技部汇总后评价工作情况并提交后评价工作报告，应用系统项目评审委员会对后评价工作报告进行审议。

应用系统项目后评价报告由业务和科技部分内容组成，分别包括风险评价、项目成本效益、实际投产情况、业务需求评价、业务规章制度的完善程度、流程设计的合理性、技术方案的合理性、系统资源配置的合理性、与行内部技术标准的一致性、系统开发/测试/投产质量、系统运行的操作风险等指标或内容。

（三）工程管理

1. 开发与测试

中国银行四川省分行在项目开发管理方面借鉴国际通用方法，逐步完善信息系统开发管理流程，以提升科技项目开发质量。在应用系统项目管理体系的总体框架下，明确由信息科技部总经理室所有成员、高级技术经理和开发团队主管组成技术专家组，负责评审项目初步技术方案、审阅风险分析报告、阶段评审。项目实施采用项目组机制，项目组按照中国银行四川省分行的应用系统项目工程量估算实施标准和同类型项目历史数据，估算项目工程量，编制项目实施计划，最终由信息科技部根据现有开发产能进行项目排期。

针对不同规模和复杂度的自主开发项目，为平衡质量控制和生产效率的不同要求，分别采用应用系统项目开发主流程或简易流程来实施。典型的项目开发流程由四个阶段组成，即需求分析、产品设计、程序实现与验收测试。需求分析过程包括需求提炼、软件需求分析、编写需求分析文档、评审需求分析、确认需求分析等环节；产品设计过程包括总体结构设计（运行环境和系统架构、模块结构、数据体系结构计、接口）、编写总体设计文档、评审总体设计、编写详细设计文档、评审详细设计等环节；程序实现过程包括编码、代码复查、内部测试（单元测试、集成测试）等环节；验收测试过程为组织业务人员参加验收测试。

　　引入微软 VSS 工具，实施了版本管理。通过规范版本管理操作流程，定义开发、测试和产品化三个阶段"晋升/退回"策略，并借助 VSS 工具的"检出/检入"功能，质量保证人员可以实现全生命周期的版本管理和质量控制；同时，所有项目进度报告、文档资料已全部实现了在线管理与归档保存，提高了工作效率和归档质量。

　　2. SIT&UAT

　　与总行系统存在关联的自主开发项目投产前都需执行总行统一要求的 SIT 和 UAT 测试。

　　SIT 测试为按照总行软件中心规范要求进行的集成测试，由总行软件中心统一提供关联系统集成测试环境、统一进行关联系统版本管理，由分行提供版本说明书、申请版本出入库、准备测试案例、进行 SIT 测试，负责信息系统测试版本管理，测试完成后提交程序完成清单、代码复查记录单和系统测试报告。

　　UAT 测试为总行测试中心统一组织的用户验收测试，严格按照《中国银行股份有限公司分行特色业务应用系统验收测试管理办法》的规定和流程进行，由总行测试中心统一提供关联系统验收测试环境、软件中心统一进行关联系统版本管理，由分行完成测试筹备、测试实施、项目收尾等各阶段测试环境准入申请、分行信息系统测试版本管理、测试执行实施、问题管理、测试验收报告报送等验收测试工作。

　　3. 投产变更

　　为有效控制和防范信息系统项目投产变更风险，我行制订了相关制度与流程，明确规定了各职能部门和相关人员的职责，严格信息系统项目投产评审和审批、授权机制，坚持统一管理、分类处理、影响最小、双人复核、投产前测试、变更公示、生产验证、变更回退和变更后评价等原则，凡重大生产变更在变更投产前均需召开变更投产讨论会，讨论和审议《重大变更风险分析报告》。

所有信息系统投产项目均需在业务部门提出申请后，通过总行信息中心运行维护管理平台申报，附加用户验收测试报告、生产变更实施（回退、验证、应急）方案等资料，并需通过分行信息科技部和总行信息中心二级审批方可实施。总行信息中心的变更控制委员会通过例行会议对变更申请进行审批，与总行系统存在关联的自主开发项目并需按照总行排期计划投产。

二、推进信息系统项目管理的后续工作

中国银行四川省分行通过多年的努力，信息系统开发管理工作取得了一定成效，今后将继续推进信息科技风险的全流程管理，促进科技与业务的深度融合，确保信息系统开发管理符合银行的总体业务战略和信息科技风险管理策略。

一是要进一步完善需求管理。逐步探索建立发挥科技引领作用的工作机制，积极与一线业务部门沟通，积极参与市场营销、售后服务、流程整合等工作，从被动接受需求向主动了解需求、整合需求、加强需求研发转变，主动支持和配合业务部门制定业务需求，直接参与客户营销和产品推广与宣传，充分发挥科技产品经理职能。

二是要加强信息系统项目质量控制。随着项目测试工作的不断深入，测试案例作为信息系统开发的重要资产之一，测试案例的标准化、测试案例的统一管理、测试案例的复用性等工作的重要性日益突出。我行将依托总行资源，推广运用"Quality Center（简称QC）"测试管理工具。QC是被测试业界广泛应用并认可的，具有严谨的测试数据一致性验证策略和完备的测试管理流程的测试管理工具，符合目前测试工作以及长期发展的需要。

（作者单位：中国银行四川省分行信息科技部）

关于中小商业银行零售业务转型的策略思考

李乾辉

内容提要：中小商业银行生存不易，空间有限，要积极实现零售业务转型。本文论述了转型的动因、转型的困难及转型的策略。

在我国的金融体系中，中小商业银行的持久生存空间，要么在于通过规模和空间的拓展，实现向上突破，成为区域性商业银行；要么在于扎根本土，精耕细作，向纵深扎根，成为优势突出、特色鲜明的本土精品银行。对于既面临跨区域经营的政策机遇从而有可能实现跨越式发展，又面临经营条件变化挑战的中小银行来讲，在经营模式上进行转型，是增强其零售业务竞争力的重要方向。

一、中小商业银行零售业务转型的动因

（一）银行零售业务面临越来越多的非银行机构的业务替代

银行传统的支付和信用中介的地位正受到越来越多的挑战：阿里巴巴的"余额宝"在很短时间内就汇集了 60 多亿元的个人资金；购物网站的"支付宝"、通信公司的移动支付、第三方支付公司的小额支付在一些领域侵蚀着银行的支付领地；证券公司创新推出的财富管理、基金公司的"活期宝"也在动摇着银行储蓄存款的"奶酪"；小额贷款公司、汽车车商同样也在大力争抢银行的零售贷款市场。

（二）银行零售客户的金融需求细分趋势日渐明显

从事生产经营的客户，关注银行结算渠道的便利性和服务效率，也希望与银行的业务往来能够为其可能发生的信贷融资实现信用增级；一

些有一定资金积累的客户，重视在保持存款安全性基础上得到更高的理财收益和银行增值服务；部分富有的私人银行客户，本身具有一定的风险判断和承受能力，看重银行能提供专业化、高水平的财富管理建议，以拓宽投资渠道，实现财富的进一步增加；众多的公众客户，希望银行能够提供优惠、全面、便捷和有良好心理感受的金融服务。

（三）银行业内的行业竞争空前加剧

全国股份制商业银行、区域性股份制商业银行不断到地市级城市开设分支机构，导致银行业经营主体不断增加。同时，各银行都受到来自上级行"规模增长、客户增加"的业绩压力，市场上"僧多粥少"的现象大量存在，同行多数时间成为对手，往往是一个客户同时在几家银行办理业务，竞争成了比营销、比效率、比价格、比服务的市场争夺。

（四）中小商业银行发展进入"多轮驱动"阶段

基于对自身特点、优势的理性分析以及对本机构实力、网络布局、品牌影响、产品及技术比较劣势的判断，中小商业银行往往选择机构客户作为业务开拓的突破口，以期在短时间内实现规模和客户量的快速增加；在完成阶段发展任务后，中小商业银行开始强调多方向均衡发展，注重在公司业务、零售业务、金融市场业务、中间业务、创新业务之间来回"弹钢琴"，从而实现多线业务支撑，业绩增长由"独轮驱动"向"多轮驱动"转型。

二、中小银行零售业务转型面临的挑战

（一）零售业务发展缺乏战略体系的支撑

企业战略有一个"树形结构"，处于最上面的是总战略，在总战略之下有分战略管细化，在分战略之下有子战略管落地。多数中小商业银行对零售业务虽有战略性认识，但在总、分战略配套和战略落实方面存在系统化不足、工作推进主体缺位、工作考核缺乏刚性等问题，以至于战略目标不清晰，工作安排和进度管理不严谨、不深入，战略性实施的效果大打折扣。

（二）机构设置在一定程度上制约了"以客户为中心"的零售业务转型

中小商业银行的总部往往机关化色彩较浓，职能部门之间协调多靠行政权力，业务条线的指导权和支行的决定权同时并存，只有比较少的机构按照流程银行的设计进行了部门设置和分工，条线的管理职权较弱，

153

部门之间配合不力的情况时有发生，中、后台支持前台的力度不够，需要优化决策、运行保障和风险控制机制。

（三）产品创新和科技开发滞后于客户金融业务需求

作为后发银行，中小银行本该在产品、服务方式上快速追赶大银行，甚至在个别方面超越大银行，但往往是产品创新、服务创新受制于人才队伍素质和科技开发，中小银行在银行卡、网上银行、手机银行、电话银行、智能支付的功能完善方面，在理财业务、贵金属业务和创新业务方面缺乏综合服务竞争能力。

（四）品牌的接受程度受到地域和客户认知的限制

中小商业银行总规模较小，异地支付渠道欠缺，仅在总部所在地有较高的公众知晓度，但只有少数行在本地的服务水平和产品接受程度能处于同业领先位次；在跨区域市场则往往被认为是小银行、资本实力较弱的银行，客户信赖感不强，需要提高美誉度，更要提升知名度和影响力。中小商业银行在服务品牌的建设中，还处在"积跬步"的阶段，量的积累要达到相当的程度才能有"致千里"的效果。静下心来苦练内功是现实的要求。

三、中小商业银行零售业务转型的策略探讨

（一）转型经营思想

中小商业银行的战略规划，要有二元设计：一元是创造条件，争取设立更多的跨区域经营的分行或村镇银行，实现经营地域和发展空间的拓展，异地机构发展初期多以公司业务为切入，强调规模化增长；另一元是把稳定性高、资本消耗少、总量巨大的零售业务作为长期的战略业务，着眼长远，统筹规划。做好"收、管、种"三方面工作，不光要忙于"收"，还要勤于"管"和"种"。"收"是为了当期的业绩，"管"是为了近期的绩效，"种"则事关长期的利益。有了这样的战略认识，并切实加以实施，公司业务和零售银行业务的协调发展就有了可能，零售银行业务的转型发展就有了基础和前提。

（二）增强服务零售客户的综合能力

中小商业银行一方面要扭转业务手段单一的竞争劣势，完善银证、银信、银基、银保、网络支付等几方面的服务功能，满足客户更多方面的业务需求，当前尤其要重视电子银行业务的发展，跟进技术进步和消费潮流，服务消费转型，拓展服务时间和服务地域半径；另一方面要及

早准备，积极应对利率市场化带来的经营压力。伴随着利率市场化的推进，存贷款上下限逐步放开，存贷利差空间逐渐缩小。中小商业银行的一个重要任务是开辟新的收入来源，探索以个人财富管理、私人银行业务为代表的多元发展策略，既为客户增加收益，又实现银行的多渠道增收。

（三）完善以客户经理制为主体的市场服务机制

中小商业银行要增强市场拓展能力，强化对增量客户的渗透和对存量客户的挖潜，客户经理制是关键的管理措施。一是配置与业务规模和目标要求相适应的具备良好的业务素质和较强的综合能力的零售客户经理队伍；二是客户经理要发挥内外衔接的纽带作用，以增强服务质量为己任，向内协调内部资源，向外联系客户、维护客户，代表银行向客户提供优质、高效的一体化金融服务；三是完善以营销能力和专业水平为主要指标的客户经理等级管理制度，定期进行评价，竞争择优，动态调整，保持团队活力；四是依据客户经理业绩贡献和量化指标完成情况，公平、公开、透明地实施考核和奖励，强化薪酬与绩效紧密挂钩的激励机制。

（四）探索特色化、专业化发展道路

与多元化经营模式相对应，专业化经营模式更强调围绕核心和重点业务开展经营，专注于成为核心和重点业务领域内领先的银行、有独特管理技能的银行。在特色银行建设方面，中小商业银行有信息对称、市场反应敏捷、决策效率高、经营重心低的特点，可以在特色化上实现比较优势。中小商业银行要在精细化经营、特色经营方面下功夫，更加贴近细分市场和目标客户，在产品和服务上更具专业性和亲和力，在小微企业贷款、科技人才创业、小微企业金融债、个人消费金融、个人理财等领域实施聚焦发展战略，培养行业专家，形成差异化的技能和工作机制，成为专业领域内客户发展的得力帮手和风险控制的专业顾问，助推客户价值增长，实现多方共赢。

（作者单位：绵阳市商业银行）

对中小企业信贷业务风险管理的几点思考

向　芸

内容提要： 近年来，中小企业信贷业务带来的信贷风险成为管理工作中的重点。如何能切实为中小企业服务，又能防范好信贷风险，成为银行信贷管理的重要课题。本文分析了中小企业风险主要特征及形成原因，并对中小企业信贷业务风险管理工作进行了思考。

为中小企业提供融资服务成为银行信贷业务近几年来的重要组成部分，进而中小企业信贷业务带来的信贷风险也成为管理工作中的重点。如何切实为中小企业服务，又能防范好信贷风险，成为各银行信贷管理的重要课题。本文就银行如何防范中小企业信贷业务风险谈几点工作认识。

一、中小企业主要风险特征及形成原因

中小企业由于规模较小，管理体制不健全等，形成了管理、经营、市场、信用及道德等方面的主要风险特征。如表1所示。

表1　　　　　　　　中小企业主要风险特征及形成原因

风险特征	形成原因
管理风险	大多无"上级主管部门"，决策时，通常是一人说了算，且企业法人治理结构不完善，偶然性、随意性比较大。
经营风险	生产经营理念落后，处于传统的经营模式，设备工艺落后、科技含量不高、产品研发能力弱，竞争力较弱。

表1(续)

风险特征	形成原因
市场风险	大多生命周期较短,经营辐射半径较短,资金池较小,受国家相关政策的调控影响较大,受市场波动影响较大,抗市场风险能力较差。
信用风险	大多数企业固定资产少、流动资产变化快、无形资产难以量化、经营规模较小,银行信用、商业信用、消费信用等方面难以量化,造成信用资源不足。
道德风险	部分企业法定代表人、股东及高管利用银行掌握的信息不对称,存在设法逃废银行债务现象。

二、中小企业信贷业务风险管理工作思考

(一) 注重信贷业务各环节风险的早期评估计量和防范

中小企业信贷风险贯穿于信贷业务各个环节,银行在各业务环节早期采取措施能够有效地防范信贷风险,并在各环节设置专业化程度较高的多个部门共同负责信贷业务风险管理,各部门、各岗位分工明确,各司其职,在业务上相互沟通、协作及监督。

在客户前期介入时通过理性分析客户、慎重选择客户,开展调查评价,达到早期控制风险目的。如通过税务、工商、房产、土地等部门了解企业经营、纳税、房产登记、土地出让情况,通过了解员工的收入水平等来分析企业经营状况、发展前景和企业经营者的个人素质等。

在信贷业务审查审批环节,通过充分提示和全面判断信贷业务风险,进行信贷业务风险管理的早期预测和监督,同时加强信贷审批人员的独立决策权,强调审批流程独立、客观、公正。

在客户出账环节,对客户经营情况变化、合规风险、法律风险等进行管控,对抵(质)押权证、合同条款等要件进行审查,并采取到抵押登记部门查询抵(质)押物登记状态等方式把控出账风险,筑起风险防控的一道墙。

在贷后管理环节,建立风险预警机制,通过不定期的风险监测,提前做好突发事件的应对工作,应对贷款发放后中小企业客户自身的生产经营状况、外部市场环境、宏观经济形势、国家法律法规等发生变化造成客户还款能力发生变化的情况,进行风险的早期度量和防范。

157

（二）创新信贷产品，通过多样产品控制信贷风险

中小企业抵（质）押物不足，各种不确定性因素较多等风险性，造成其在信贷业务办理过程中风险控制相对较难。针对该情况，很多银行推出了多种信贷产品，并针对每种信贷产品拟订风险控制措施。如仓单质押贷款、联保贷款、原酒基酒抵押贷款、保理业务、应收账款质押贷款、汽车合格证质押贷款、进口信用证等业务。这些信贷产品是根据中小企业自身现状和贷款方式制定的，是经过调查和实践而来的，相应的风险管理措施较完备，在较好地满足中小企业有效资金需求的同时，能有效地控制信贷业务风险。

（三）实施区域性信贷策略，建立关键风险指标

中小企业经营辐射半径较短，经营环境受所在区域政策影响较大，其风险控制具有系统性。对这类信贷业务，可实施区域性信贷策略，针对该区域中小企业经营特色制定相关信贷风险控制措施，与客户所在地相关部门、协会、街道办对接，通过加深对客户所在区域政策了解来控制信贷风险，并以区域为单位建立关键风险指标，量化风险控制。

三、结论

中小企业信贷风险防范是银行信贷业务发展与管理的重要环节，银行在工作中应根据企业自身特色，结合银行内外因素，不断完善监控方法，提高管控能力，以增强银行中小企业信贷业务风险管理能力。

（作者单位：大连银行成都分行信贷管理部）

以四川地域为例浅析林权抵押贷款

尹 璐

内容提要： 林权抵押贷款是我国林权制度改革的产物，是对林业融资机制的创新，但从四川的发展情况来看还处于初期阶段。本文从分析林权和林权抵押贷款的定义出发，结合四川地区在林权抵押贷款方面的发展情况，重点分析了国内林权抵押贷款的几种模式以及其中的风险点，最后提出了四川地区发展林权抵押贷款需要更多的金融机构积极参与，并建立起良好的风险防控机制的建议。

159

自 2003 年我国开展集体林权制度改革以来，集体林地逐步明晰产权、承包到户，农民真正拥有了林地使用权与林木所有权，经营林业、发展林业积极性空前高涨。但由于长期农村信贷资金的缺乏，林业发展遭遇融资瓶颈，缺乏有效的资金投入，农民很难通过发展林业来增加收入。林权抵押贷款就是林权制度改革的产物，是对林业融资机制的创新。一方面，林权抵押贷款可以推动林权市场化建设、盘活现有森林资产价值、促进农村信贷和林业融资的发展完善；另一方面，林权抵押贷款也面临着价值损失风险、抵押物处置风险和信用风险等，导致金融机构面对如此大的市场却谨慎介入，对林权融资的参与度非常有限。因此，有必要对林权抵押贷款风险问题做进一步研究，找到林木所有人和银行的共赢机制。

一、相关基础概念的定义

（一）什么是林权

林权是指权利主体对林地的使用权和林地上的森林、林木的所有权，以及由所有权这个基本权能派生出的他项权利，即使用权、占有权、处分权、抵押权、收益权等。

林木的种类繁多，以可否作为合法有效的抵押物为标准可以划分为两大类——商品林和非商品林。

可以抵押的林权包括：用材林、经济林、薪炭林等商品林的林地使用权；用材林、经济林、薪炭林等商品林的采伐迹地、火烧迹地的林地使用权。

不可以抵押的林权包括：生态公益林的林权；属于国防林、名胜古迹、革命纪念地和自然保护区的林权；特种用途林中的母树林、实验林、环境保护林、风景林的林权；未取得合法有效的权属证明的林权。

本文以下所述的林权，均是指依照法律法规可以用于抵押的林权。

（二）什么是林权抵押贷款

林权抵押贷款是指借款人以其依法有权处分的林权作为抵押物向银行业金融机构申请借款的行为。借款人通常是从事林业种植、加工和经营的企业或个人。林权的权利范围以林业行政管理部门颁发的林权证载明的权利为基础，且经林业行政管理部门确权、评估和办理登记；抵押物的登记部门必须为县级以上的林木主管部门；在抵押权存续期间，抵押人不得转移和转让抵押林权，借款人到期不能偿还贷款本息的，贷款人有权依法处理其抵押物。

二、四川地区林权抵押贷款现状

2000 年 12 月 31 日，国家林业局第 1 号文件发布《林木和林地权属登记管理办法》，明确了林权登记的范围和对象，载明县级以上林业主管部门依法履行林权登记责任，建立了完善的登记体系。四川省据此在农村开展了大规模的登记确权工作，2008 年完成林权的确权工作。2009年，中国人民银行成都分行、四川省林业厅、四川银监局印发《四川省林权抵押贷款管理试行办法》（成银发〔2009〕1 号）、《四川省林权流转管理办法（试行）》，从地方法规方面明确了林权抵押贷款的相关规定，借贷双方的权益受到法律的保护。四川省各级林业管理部门负责林权抵押登记，已办理的抵押登记信息可以在县级登记机关查询。

2013 年，四川省林业厅指定成都农村产权交易所（以下简称成都农交所）作为全省唯一的林权流转信息发布及交易中介服务机构。成都农交所为事业单位，由市国土局等五个部门出资设立，注册资本 600 万元，主要提供农村产权交易的中介服务。在林权流转方面，成都农交所可提供林权评估、流转信息发布、委托挂牌等中介服务，由于其特殊地位，可以通过省林业厅同省内各市/县林业主管部门有效沟通，在林权流转、登记、备案等方面提供中介服务具有一定优势。缺点是成都农交所在全省林权流转方面的影响力不大，暂时只提供撮合交易等中介服务，无林权的收储职能，无法实现抵押林权的兜底代偿功能。

林权价值评估层面，信息最全面、最准确的是地方林业局勘察设计队出具的"森林资源实物量调查报告"（以下简称林调报告）。除此之外，全国林业评估机构的资信调查从高到低分为甲、乙、丙、丁四级，甲级可以在全国范围内从事评估业务，乙级可以在全省范围内从事评估业务，丙、丁级可以在县级及以下范围内从事评估业务。目前四川省各家金融机构在受理林权抵押贷款业务时，大多采用资产评估机构的评估报告，评估报告的依据是林调报告，而不是专门的林业评估机构的报告。

四川省的林业资源丰富，总量约 3.6 亿亩（每亩约 666.67 平方米），其中约 1.5 亿亩为商品林，可流转的林地体量较大，林业资源主要集中分布在雅安、广元、西昌等地，林权流转以市场主体的自发行为为主。前期的流转价格较低，侵害了部分林农权益。目前价格呈逐步走高趋势，素质较高的林权流转价格约在 1 000 元/亩。

据四川省林业厅不完全统计，2013 年四川省内林权抵押贷款余额约 80 亿元，目前鲜有林权处置的案例，其他无具体经验借鉴。尽管林权抵押贷款管理办法已出台多年，但省内从事林权抵押贷款业务的银行仍以信用社、农业银行和邮储银行为主，股份制银行介入得较少。近年招商银行、兴业银行等曾计划大力推行林权抵押贷款产品，以弥补这部分市场空白，但因各项配套机制缺乏的问题，风险隐患明显，新产品的推行举步维艰。

三、阻碍林权抵押贷款的风险因素

（一）抵押物价值损失风险

森林资源资产虽是可再生的自然资源，具有价值的自然增值性，但其价值损失的风险性也不容忽视。

1. 因自然因素造成价值损失

林木一般生长周期长，且分布在较偏远地区，管理难度大。林业和农业相同，生长增值都比较依赖于自然条件的好坏，易受自然灾害影响，如发生火灾、干旱、冰雹、海啸、地震等自然灾害，还有某些病虫灾害的发生，无疑会对抵押物的价值产生减值或毁灭性的影响，金融机构无疑很难或不能从抵押物上得到价值补偿。

2. 借款人的不良管护造成价值损失

科学的经营管护会增加森林资源资产的价值，但不良的管理措施会使其价值减少。如科学、合理的抚育间伐可以改善林木质量、卫生环境，促进林木生长，提高林木收益。但是抵押人也有可能进行超强度间伐，从而使抵押林木价值大幅减少。此外，盗砍滥伐现象在一些地方还比较严重。因管理不力，一旦发生上述情况，抵押林权的价值将遭受重大损失。因此，抵押人应对抵押林木进行科学管理和看护，尽量保持林木的优质和完整。

3. 政府政策造成价值损失

政府政策也可能对森林资源资产抵押贷款造成价值损失的风险。例如，出于整个地区发展的需要，政府修建公路、铁路等，征用林地所在土地，或考虑到生态环境的发展，把林地化为生态公益林。这些林地都不能变现，林农遭受意外损失，银行信贷风险损失也就不可避免。

（二）缺乏风险补偿机制的风险

作为抵押物的森林资源资产可能因自然因素、借款人的不良管护以及政策和市场风险产生价值上的损失或灭失。但时下农村保险发展滞后，政策性保险基本空白，商业性保险因林木价值减损的风险较大而不愿介入，为林业发展服务的担保公司尚未建立。林权抵押贷款缺乏必要的风险补偿机制。

（三）抵押物价值虚高的风险

林权价值是确定贷款金额的重要依据。但森林资源的价值评估需要很强的专业技术，林业知识纷繁复杂，如相同树种、不同年龄价值不等，相同年龄、不同树种价值也不同，人工林和原始林价值差异大。要准确估价森林资源资产价值，非专业人员是很难做到的。合格的林权评估人员不仅要懂得林木价值评估知识，而且要熟知林地评估知识。而此类相关技术人员在我国非常缺乏。

因此，时下较多地区尚没有形成专业权威的林业评估机构，以四川地区的现状为例：各家金融机构在受理林权抵押贷款业务时，大多采用的资产评估机构的评估报告，评估报告的依据是林调报告，而不是专门的林业评估机构的报告。没有专业的评估师，评估结果缺乏权威性，评估价值与林木实际价值相背离的现象时有发生。甚至有借款人为了获得较高的贷款金额，与评估人员串通虚增林木价值，导致林木的市场价值完全无法覆盖授信敞口。

另外，由于银行审批人员也缺乏相应的林木专业评估知识，每家银行基本采取大致相同的抵押率，通常是60%~70%。实际上，林木作为抵押物，其种类、规格影响其价值，同一品种的抵押物也存在很大差异。再者，活林木变现根本不同于房屋等其他不动产，除涉及砍伐指标外，林木砍伐费、下山搬运费、抚育费和税金等不仅名目繁多，而且支出金额大、行市变化快。因此，银行审批不同的林权抵押贷款项目时均采取统一的抵押率，明显是以"一刀切"的粗放方式审核精细业务。此外，如果抵押物价值虚高，60%~70%的抵押率偏高，由此计算出的授信额度必然过高。

（四）抵押物处置的风险

林权制度很大程度上依赖于林权市场及市场要素的完善程度。当下森林资源资产交易市场化程度很低，林权转让的市场亟待完善。若借款人无法按时还贷，林权通过流转、拍卖等手段变现时存在阻碍，使违约风险大大提高。而且，各地方规章制度为了保护林农的权益设定了林权流转的限制条件，进一步加大了林木流转处置的风险。例如，《四川省林权流转管理办法（试行）》（2009年）第十三条规定："林权允许依法再流转。再流转林地使用权的，应当经原流出方同意。对采取转让方式再流转的，应当经发包方同意；对采取转包、出租、互换或者以其他方式再流转的，应当报发包方备案。"根据该项规定，银行在处置抵押林权的过程中，需要同原流出方、发包方（林权所在地村集体组织）进行沟通和协调，增加了处置难度及执行成本。

另一种处置渠道是债权银行砍伐林木变卖偿还，但这种方式又受到林木采伐限额的限制。国家对林业发展一直实行保护扶持措施，没有到林木的成熟期，是不准许采伐的。即使到了采伐期，考虑到林木的生态价值，对其采伐范围和数量也会进行限制。这无疑又大大增加了抵押物处置的风险。

四、对林权抵押贷款的有益探索

为了推进经济发展和有效利用资源，面对林业融资中存在的问题，国内许多林木资源丰富的地区在当地政府的主导下积极寻求解决办法，探索出了一些行之有效的林权抵押贷款模式。

（一）辽宁宽甸模式

宽甸满族自治县是辽宁省在林权改革中走在前列的地区。宽甸模式最大的特点就是推动金融机构搭建林权抵押贷款平台，建立了比较完善的林权交易、评估、登记体系，采用小额林权抵押贷款、直接抵押贷款、担保贷款等方式，拓宽融资渠道，下浮林权抵押贷款利率，调动林农参加林木保险的积极性。

（二）浙江丽水模式

素有"浙南林海"之称的浙江丽水也通过各项保障措施改良林权抵押贷款。丽水模式创新金融服务产品，包括小额循环贷款、林权直接抵押贷款和收储中心担保贷款；建立流转平台，包括林权管理中心，森林资源收储中心和林权交易中心；强化政策支持，包括利率优惠、财政贴息、风险补偿、林业保险及税费减免。

（三）福建永安模式

永安模式以政府信用为基础，通过地方政府组建贷款平台，将企业信用和市场信用结合构建违约风险分担机制。其贷款主体是国家开发银行，其特点是借款人、用款人分离，用款人为第一还款人，以其自有林权证等固定资产向借款主体提供抵押担保，以政府组织增强信用，共同构筑融资平台。

上述较为成功的模式各具特点，但都具备以下共性以实现良性管理林权抵押贷款：一是推动参与金融机构的多元化；二是注重创新林权抵押贷款的金融产品；三是政策和补偿机制相结合；四是形成了林木所有人与金融机构的互利共赢局面。

五、四川地区发展林权抵押贷款的核心问题

发展林权抵押贷款需要四川地区金融机构的积极介入，而介入的前提和核心则是建立林权抵押贷款的风险防控机制。林权抵押贷款风险研究涉及金融业和林业这两大行业，需要多方面加强保障措施，才有可能大力推进这一新业务。对于林木所有人而言，要充分利用丰富的林业资源畅顺融资、发展生产，需要金融机构的信任和保障体制的支持；对于金融机构而言，要大刀阔斧地进驻林权抵押贷款这一市场，亟须构建相对精细的风险防控机制，减少该业务品种的风险。

（一）强化林木评估专业队伍

作为抵押物，林木的价值很大程度上决定了单笔贷款的授信金额。如何获得一份公允的林木价值评估报告，是很多银行授信审批人员发愁的问题。

培养一批专业的林木评估师，组织林木评估师执业资格考试，要求他们考核后持证上岗；组建一批专业的林木评估事务所，以有权机关的许可为准入条件，要求事务所和签字评估师为其出具的报告终生负责。

（二）建立林权保险机制

由于林业易受自然灾害影响其生产过程的特殊性，增加了林权抵押贷款的风险，林业资金的正常运转受到威胁。开展建立林权保险机制，把违约风险由保险公司和金融机构来共同承担，减轻银行所面临的信贷风险，提高借款人的信用等级，也更有利于林业资金的充分利用。

（三）健全贷款风险控制制度

风险控制理论包括风险的识别、评价以及管理。第一，贷前调查环节，应要求客户经理深入调查借款人的基本情况、实地勘察抵押物状况、查实权证与林地状况相符；第二，审查审批环节，风险经理和审批人员应从多维度发现风险隐患，审批依据不应只立足于林权变现等第二还款来源，而应更注重借款人经营性现金流等第一还款来源；第三，贷后管理环节，由于通常林木所处位置偏远，银行应加强贷后管理频度，并建立专门的林权抵押贷款管理检查小组，协助客户经理完成风险控制工作，也可以与当地林业局加强沟通，在其协助下更好地管理林权抵押贷款。

林木资源丰富地区的银行，若将林权抵押贷款作为发展目标，也可以采取事业部制，组建一支专门调查、审查、审批、管理林权抵押贷款的队伍，提升行内工作人员对该类业务的精深度。

（四）建立畅通的流转体制

林权抵押贷款中，林木作为抵押物，是重要的第二还款来源，但处置机制的缺乏阻碍了第二还款来源的实现。目前，较多的做法是将抵押物通过当地农交所流转变现，不足之处在于农交所仅仅承担了流转信息发布、委托挂牌、撮合交易等中介服务职能，影响力不大，对处置也无有力的促进作用。

因此，亟须建立一系列畅通的流转机制，在借款人违约时，保证银行能够快速处置抵押物以弥补损失。实践中，可以将中介服务机构延伸为真正意义上的流转操作平台；也可以由当地政府牵头建立收储中心，先行兜底代偿，再统一在流转平台上交易。

（五）扩大政府贴息范围

为了减少林农贷款压力，减少林农贷款顾虑，有效调动广大林农贷款积极性，搞活林业资产，政府应该加大林权抵押贷款贴息力度，扩大政府贴息范围，促进林权抵押贷款的良性发展。

林权资产抵押贷款业务尚在发展阶段，其有关的风险因素及风险缓释措施有待在实践中做进一步的研究。

（作者单位：招商银行成都分行）

金融支持与现代服务业发展：耦合关系、趋势与战略选择

——以银行业金融机构支持四川现代服务业发展为例

姜玉凯

内容提要：金融是现代经济的核心。发展现代服务业，以银行业为代表的金融机构的支持是关键。金融在现代服务业发展中的作用主要表现为提供融资支持、建立产业发展基金及促进传统服务业转型升级等方面。本文从金融支持理论出发，考察了现代服务业与金融共生发展、相互促进的耦合关系及演进趋势，分析了现代服务业发展的金融需求与供给特征。在此基础上，本文结合四川省经济社会发展实际，从商业银行支持产业发展的视角，提出了以地方金融业发展为突破口，促进现代服务业发展的策略和建议。

国家出台的《服务业发展的"十二五"规划》中指出，2011—2015年，我国服务业增加值年均增速要超过 GDP 增速。进入 2014 年，现代服务业发展已经面临关键节点。作为引导经济资源、资本要素配置的核心动力因素，以传统商业银行为代表的金融业必须要加大支持现代服务业发展的力度。而随着我国金融体制改革的深入发展，金融对实体产业的支持能力不断提升，金融业与现代服务业的共生关系和可持续发展也成为学界关注的重要课题。

现代服务业是随着知识经济的到来而产生的。它以现代技术、新业态和新服务方式不断改造着传统服务业，一方面创造了大量新的、有效的社会需求，另一方面又发挥了引导社会资源配置、促进消费的重要作

用，同时还向社会提供了大量高附加值的生产服务和生活服务，创造了国民经济新领域。总之，现代服务业已经成为我国国民经济发展中不可或缺的一部分，是我国经济新的增长点。与传统服务业和制造业相比，现代服务业的要素密集度高、科技含量高、能源消耗少。随着新一轮科技革命的飞速发展，现代服务业不断衍生出新的发展趋势，对金融支持也提出了新的要求。鉴于此，本文将从现代服务业的发展趋势出发，分析现代服务业发展过程中的金融需求与供给特征，并进一步结合四川经济社会发展实际，提出以金融支持促进现代服务业发展的策略和建议。

一、金融支持与现代服务业的发展的耦合性

现有文献中，国外学者对金融支持服务业发展的研究着重考察金融在经济发展中的作用，King（1993）建立了金融支持经济发展的模型，认为金融以投资为中介变量，为经济发展提供资金支持[①]，Richard（2002）考察了世界主要经济体金融与经济发展的关系，认为金融在经济增长中起着不可替代的作用。国内学者对金融发展和服务业发展之间的关系进行了较为详细的讨论，认为金融体系在储蓄动员、项目甄别、风险分散、外部约束施加、交易成本降低等方面扮演了积极角色。一些实证研究也表明，金融支持对包括服务业在内的实体经济增长有显著的正向影响。

综合现有学者的研究，金融支持与现代服务业发展存在较强的耦合性关系。一方面，金融是现代服务业的核心，金融在现代服务业发展中的作用主要表现为提供融资支持、建立产业发展基金及促进传统服务业转型升级等方面；另一方面，现代服务业是伴随着信息技术和知识经济的发展而产生的，内在地包含了用现代金融手段和新技术改造传统服务业、促进服务业内部结构升级的步骤。另外，随着产业结构升级转型的进程加快，现代服务业又进一步呈现出新的特点和发展趋势，这又同时对金融支持提出了新的要求。总之，金融支持与现代服务业的发展表现为既共生又互相促进的关系，同时，二者互为影响因素，一方的发展会进一步引致和促进另一方的发展。

---

① 祁敬宇. 金融监管学［M］. 西安：西安交通大学出版社，2007.

二、现代服务业：发展趋势及其金融需求与供给分析

（一）现代服务业的发展趋势

现代服务业发展趋势主要表现在以下几个方面：一是服务业内部结构升级导致的现代服务业发展趋势明显。随着经济分工的深化，社会对服务业的中间需求不断提升，管理和市场运作等与生产的信息处理有关的部门逐渐强化并日趋独立化，管理、咨询、广告、研发等现代新兴服务业迅速发展。二是制造业服务化趋势明显。随着经济全球化的深入发展和知识经济时代的到来，经济活动逐步从以制造为中心转向以服务为中心，制造业部门服务化趋势非常明显。三是服务业成为新技术的重要促进者。四是人力资本对服务业发展的重要性凸显。它集中表现为服务业内部结构升级趋势，体现为服务业逐步向知识密集型转变。

（二）现代服务业的金融需求与供给分析

现代服务业涉及的行业范围广，且呈现出要素智力密集性、供给多层次性和服务的强辐射性等特点，也表现出了不同层次和程度的金融需求。首先，从资金循环特点看，部分优势产业流动资产占比大、资金周转速度较快，其金融需求表现出需求急、运转速度快、效率要求高等特点。其次，从产业发展周期看，企业成长的不同阶段面临着不同的信息和资产规模等约束条件的变化，这就对多样化的金融体系提出了要求。再次，从产业转移和产业升级趋势看，非优势产业通过产品更新换代和技术改造升级等方式进行产业转移时，需要金融资金的援助。最后，就现代服务业划分来看，其中的传统产业、支柱产业和新兴产业的金融需求特性也存在很大不同。支柱行业适应于一定阶段产业结构升级转换的根本要求，具有高增长、高带动和高扩散的特征，其金融需求倾向于优先贷款和优惠贷款、支柱产业发展基金及上市融资等。从金融供给的产业特征看，当前我国金融支持经济发展主要以间接融资为主，贷款余额比重过高。就金融支持服务业来看，当前金融主要支持商贸流通业和房地产业等支柱产业，而对信息业和社会服务业等新型服务业融资数额较小，且增长缓慢。同时，受短期盈利指标考核的影响，传统金融业对政府隐性担保及热点行业和企业关注较多，这种选择方式实际上存在经营风险的累积问题，对现代服务业的发展也不利。

169

三、四川现代服务业的发展与金融支持现状分析

（一）四川现代服务业的发展现状分析

2013年以来，四川充分发挥服务业在调结构、转方式、促升级中的重要作用，不断提升服务业发展水平。2013年全年，服务业对四川省经济增长的贡献率已经提升到26%以上，服务业投资占全部固定资产投资比重超过六成。同时，四川正处于工业化中期阶段，人均GDP已超4 000美元，产业结构逐步优化升级，服务业尤其是现代服务业的发展已成为推动四川经济可持续发展的重要力量。2007—2013年，四川服务业对经济增长的贡献率均在25%以上，服务业税收收入和吸纳就业人数连续4年保持增长态势。

（二）四川金融支持现代服务业发展中存在的问题

与发达省份相比，四川现代服务业发展存在不少制约因素，尤其是金融支持问题十分突出，主要表现在以下几个方面：一是政府投入有限。现代服务业中的许多产业属于高投入行业，重点项目投资离不开政府投入。不过，四川作为西部省份，边远欠发达地区覆盖范围广，经济总量偏小，很多地方财政收入有限，导致建设资金缺乏，对现代服务业的资金投入总量不够。二是信贷投入有待加强，直接融资渠道不畅。现代服务业中的很多企业存在固定资产少的特点，在寻求信贷支持时往往遇到抵（质）押物不足的问题；同时，虽然四川金融机构众多，但大部分机构针对现代服务业进行产品设计研发方面的意识和能力不足，实际信贷融资规模较小，贷款增速较低。三是现代服务业金融产品创新有待突破。现代服务业行业众多，所需要的金融服务也存在差异。比如，文化产业对无形资产评估和担保体系建设等需求迫切。不过，从四川现代服务业信贷产品现状看，仍以传统产品为主，缺少针对企业自身特点和需求的信贷产品及差异化金融服务产品，同时，相应的金融服务环境仍有待改善。

四、商业银行支持现代服务业发展的视角再认识

近年来，四川银行业金融机构对支持服务业加快发展进行了探索和开拓，部分领域已取得了初步成果。具体而言，商业银行支持现代服务业发展的主要视角可以有如下再认识：

首先，商业银行要以政策性金融为指导，对促进服务业加快发展进

行积极尝试和探索。四川银行业金融机构要积极立足于地方实际，积极组建城镇银行，推进支付服务平台建设，主动与中小金融机构开展微贷款业务合作等。就支持服务业发展的手段和方向来看，四川银行业金融机构要加大以授信业务为核心的金融支持力度。近年来，服务行业整体授信总量稳步增长，服务业贷款结构日趋完善。要继续完善和细化行业政策指引，实施行业聚焦战略，积极以产业链为核心拓展服务领域。

其次，要推进差异化服务，着力扩大中间业务服务。现代服务业涉及的行业面较宽，差异性较大。比如，对于批发和零售业来讲，其对银行的中间业务有高度的需求和依赖，对资产和负债业务依赖程度相对较少，因此，商业银行要有针对性地提供金融服务解决方案。加强产品研究开发，满足差异化的行业需求。而对于交易频繁、现金使用量大的批发零售企业，商业银行要积极提供银行卡、支票、汇票在内的多样结算工具和现金管理服务。

最后，就具体领域和金融支持方向来看，一是在面向民生的服务业方面，商业银行要重点支持城镇化发展、教育基础设施建设和医疗卫生事业。作为旅游资源大省，四川金融机构要积极支持旅游基础设施建设、水资源管理和环境保护工程。同时，要立足于自身丰富的历史文化资源，积极支持文化产业发展。二是要积极面向产业链，抓关键环节和有效市场。三是要立足于服务业内部结构升级，积极占领行业发展的先机，实现产品的组合和创新。

五、银行业支持四川现代服务业发展的战略选择

现代服务业是四川省未来发展的重点所在，要着力解决当前现代服务业金融支持问题，通过各种渠道聚合资金，有效满足现代服务业的合理资金需求。

第一，要切实增强金融业支持现代服务业发展的理念。商业银行要积极挖掘现代服务业中新的金融业务增长点，开展信贷业务创新，完善差别化信贷服务机制。要紧密结合四川实际，重点加大对文化旅游、会展、服务外包和软件开发等领域的支持力度，提升现代服务业的整体实力。

第二，要加快开发面向现代服务企业的多层次信贷创新产品。当前，规模化发展的现代服务产业将成为商业银行业务转型突破的重要契机，要积极开发面向现代服务业的多元化、多层次信贷产品，积极推动现代

服务业的发展，同时，商业银行应在强化金融创新的基础上，积极争取政府部门的支持，为四川企业融资提供贴息、担保等政策扶持，有效分散商业银行的信贷风险。

第三，要积极选择现代服务业重点企业进行上市培训和直接融资。商业银行可以选择现代服务业重点企业进行上市培育，通过协调有关部门和金融机构提供上市融资服务，培育和支持一批现代服务业企业做大做强。对于符合发债条件的现代服务业企业，银行可以积极支持其运用企业债和中期票据等债务工具融资，不断拓宽融资渠道，降低融资成本。

第四，要大力推动建立多元化的现代服务业投融资体系。商业银行要积极支持建设现代服务业产业园区，发展有区域特色的服务行业，要逐步建立多元化、公共化的投融资体系，积极寻求国家对四川现代服务业资金投入及政策倾斜方面的支持。

参考文献

[1] 陆泽峰. 金融创新与法律变革 [M]. 北京：法律出版社，2007：55-57.

[2] 冯娟娟. 互联网金融背景下商业银行竞争策略研究 [J]. 现代金融，2013 (4)：44-46.

[3] 李树生，祁敬宇. 从美国次贷危机看金融创新与金融监管之辩证关系 [J]. 经济与管理研究，2008 (7)：23-25.

[4] 刘贵生. 加大金融支持力度，助推现代服务业发展 [J]. 西部金融，2009 (11).

[5] 尹优平. 金融支持现代服务业发展的路径选择——以山西省为例 [J]. 中国金融，2009 (23).

[6] 刘明康. 发挥金融优势，支持服务业又好又快发展 [J]. 求是，2009 (4).

[7] MERTON ROBERT E, Jr. Expectation and the Neutrality of Money [J]. Journal of Economic Theory, April 1972：103-124.

（作者单位：中国工商银行四川省分行）

坚持市场定位 做出民族特色

杨 霞

内容提要： 凉山州商业银行自 2007 年成立以来，始终坚持"服务地方经济、服务中小企业、服务凉山人民"的市场定位，探索出了一条具有凉山州地方商业银行特色的发展之路。本文阐述了其差异化、特色化的探索道路，以及如何充分发挥本土银行优势，支持中小企业发展，服务凉山广大人民的经验。

一、凉山州商业银行发展现状

2007 年 5 月 31 日，凉山商业银行（以下简称凉山商行）正式成立并对外挂牌营业。凉山商行是由地方政府相对控股的地方性金融机构，也是四川省少数民族地区成立的首家股份制城市商业银行。

自 2007 年成立以来，在州委、州政府及有关部门和社会各界的大力支持下，通过全行干部员工的共同努力，凉山商行内部管理逐步规范，各项业务稳步增长，业务结构不断优化，业务拓展有序推进，为凉山商行的持续发展奠定了良好的基础，初步建立了资本充足、内控严密、风险可控、效益良好的经营格局。

凉山商行始终坚持"服务地方经济、服务中小企业、服务凉山人民"的市场定位，以科学发展观统领工作全局，突出合规经营与和谐发展，积极拓展发展空间和服务领域，不断完善银行各类服务功能，探索出了一条具有凉山州地方商业银行特色的发展之路，不断发展壮大，成为了支持和促进凉山经济建设和社会发展的重要力量。

目前，凉山商行拥有职工 461 人，营业网点 38 个，业务区域以西昌市为中心，辐射周边七个县、市。五年多来，凉山商行的资产规模由成立之初的33.07亿元增长至135.35亿元，增长309%；存款规模由28.88亿元增长至121.06亿元，增长319%；贷款规模由14.58亿元增长至64.28亿元，增长341%；市场占比也提高至12.4%，创造了"一年一大步、三年大跨步、五年翻两番"的喜人业绩。

二、差异化、特色化探索之路

（一）充分发挥本土银行优势，支持中小企业发展

1. 加强流程再造，提供高效服务

为了适应中小企业贷款业务"短、频、快"的特点，凉山商行充分发挥了信贷决策链短、审批环节少的优势，从改造贷款流程入手，简化贷款手续，缩短审批时间，由传统的"三位一体"决策机制转变为双人专职审批，将信贷提案标准化、表格化，提高专业审批效率，得到了本地中小企业的广泛认可。

2. 加强专营机构建设，提供专业服务

除原有机构外，为了持续、专业化地开展小微企业金融服务工作，凉山商行以事业部形式设立了两个小微企业信贷专营机构，面向全州1市16县开展小微企业信贷服务。专营机构的运行情况如下：

（1）凉山商行小企业信贷中心运营情况。2010年5月，凉山州商业银行成立了小企业信贷中心，对500万元以下的小微企业贷款最大限度地简化贷款手续，缩短审批时限，提高贷款审批效率。截至2012年12月31日，该中心已累计为近400家小微企业客户发放贷款133 486.8万元，存量贷款余额85 632.8万元，在实现较好经济效益的同时实现了良好的社会效益，为支持凉山地区小企业成长和经济建设做出了积极的贡献。

（2）凉山州银行微小贷款中心运营情况。为了弥补凉山州内面向中低收入群体和微小企业的金融产品支持空白，凉山商行联合国家开发银行四川省分行，以国内首家小额银团合作方式创新性地开展了微小企业贷款项目，打破了州内银行业关于微小企业贷款风险大、成本高、不可信、不能贷的传统观念，摒弃了单纯依赖抵押担保、企业财务报表的旧有审贷规则，重新建立了一整套以现金流为核心，注重实地调查的小企业、微型客户审贷标准。截至2012年12月31日，已累计向980户个体工商户、微小企业、农业专户发放贷款1 658笔，累计发放金额38 484.9万元，2012年年末存量贷款余额24 352.09万元。

3. 加大创新力度，丰富金融产品

凉山商行以凉山州具有比较优势的水电、矿产、绿色农业、旅游和民族文化资源等行业的中小型法人客户和个人客户为目标客户，通过产品开发、模式优化、服务升级等手段，大力支持中小企业成长，积极探索投融资相结合、符合凉山州实情的金融模式，大力支持中小企业和个体私营企业的发展。

（1）产品创新。在中小企业的产品规划上，从单一的抵押贷款业务，逐渐发展为担保贷款、信用贷款、账户结算和理财业务等多个产品体系。针对中小企业需求的特点，凉山商行在传统的公司贷款、票据融资业务外，充分发挥自身作为地方性金融机构的优势，积极开展产品创新，梳理设计出多种适合中小企业的产品，如金凉山"小商贷"、金凉山"循环贷"、金凉山"富农贷"、金凉山"商圈贷"、小企业"循环贷"等品牌产品，在凉山地区具有一定的竞争力，既有效满足了中小企业的个性化需求，又降低了融资成本。针对中小企业担保难的问题，凉山商行积极创新中小企业担保方式，先后开发了存货抵押、仓储质押、商铺使用权质押、林权质押、采矿权质押、联保联贷等多种担保方式，满足不同中小企业的融资需求。

（2）合作创新。一方面加强银担合作。针对中小企业财务管理不规范、发展初期缺乏抵押物等问题，凉山商行广泛开展与担保公司的合作，为解决中小企业融资难，破解资金瓶颈起了积极的推进作用。另一方面加强银政合作。联合凉山州财政、经信委积极探索符合政府产业引导方向的企业尤其是中小企业在资本市场融资以及在区域直接债务融资的途径，拓宽企业融资渠道，降低综合融资成本。

（3）服务创新。凉山商行积极推动小微企业客户的整合，以行业、商圈等为单位，以支行为节点，把松散的小微客户整合成一个有组织的经济体，通过该组织帮助小微企业抱团享受凉山商行的服务。

（4）咨询创新。凉山商行利用自身网络、信息、人才、资金、客户群等方面的优势，根据中小企业在经营管理与资本运营等方面的需要，为其提供政策法规咨询、财务咨询、行业信息咨询等方面的日常咨询服务和投资顾问、融资顾问、企业债务管理和重组等方面的专业顾问服务，有效地帮助中小企业降低财务成本、提高管理效率、提高资金使用效率等。

4. 狠抓队伍建设，打造金牌团队

凉山商行现有从事中小企业金融服务的客户经理80余人，是一支规

模较大、素质较高的中小企业服务专业人才队伍。近年来,为有效拓展中小企业业务,总行专项下达中小企业从业人员编制,从全行选聘优秀人才充实中小企业业务的核心岗位,积极打造客户经理营销金牌团队,挖市场,筑基础,强营销,促发展,全力破解中小企业融资难题。同时狠抓客户经理队伍建设,实现了中小企业从业人员培训工作的制度化和常态化,通过系统培训、资格考试、以岗代训、分级管理、实地调研等措施,全面提升客户经理的业务素质,培养了大量的中小企业业务骨干。

凉山商行各项措施的推广实施,在破解"中小企业融资难"问题中发挥了积极作用。截至 2012 年年底,全行存量中小企业贷款客户数 787户,贷款余额 48.67 亿元,对中小企业的贷款总额占全部贷款总额的75.72%,授信资产不良率仅为 0.27%,远远低于全行整体授信资产不良率,风险控制良好,实现了"收益覆盖风险和成本"的目标。

(二)打造全面发展模式,服务凉山广大人民

凉山商行从战略发展的高度,把"市民银行"作为自身发展的主攻方向,把"服务凉山人民"作为塑造商业银行品牌的战略,不断创新服务方式,开发多种特色金融服务和产品,想方设法满足市民多层次的需求,走出了一条被广大市民认同的发展之路。

1. 拓宽服务渠道,完善服务网络

为满足凉山市民多样化的金融服务需求,凉山商行不断完善服务网络,目前在全州七县一市设置了 38 个营业网点、36 台自助存取款设备和359 台 POS 机具,先后成立了小企业信贷中心、微小贷款中心、金凉山财富中心、个人消费贷款中心、大客户中心,形成了全方位、多层次、立体化的服务网络,能够为个人客户提供一站式金融服务。

同时,凉山商行通过加强网点建设,优化业务流程,提升服务能力,坚持对优质服务工作常抓不懈,大力开展了优质文明服务活动和争先创优工程,注重强化员工的服务意识,以客户的满意度为衡量标准,激励广大员工精益求精,永远追求更好、更完善的服务。

2. 创新个人产品,全方位服务市民

(1)信贷业务。凉山商行按照"以客户为中心,以市场为导向"的新产品研发思路,针对凉山州市场客户群中经营情况良好但缺乏抵押物的个体经营户,完善了"个人联保贷款"。先后为不同需求层次的市民量身定做了十余款个性化的个人金融产品,其中一些产品如个人住房、个人循环贷款、个人信用贷款、创业贷款、个体工商户贷款等深受广大市

民的青睐。在提供贷款支持的同时，还积极为个人客户创业提供致富信息、业务咨询等服务，帮助客户走上了快速致富的道路。

（2）理财业务。充分发挥同业平台优势，为凉山人民带来了兴业银行、招商银行等股份制银行的优质理财产品，丰富了当地金融市场产品。同时，成功发行了自主研发的"金凉山"系列人民币理财产品，成为首支凉山金融市场上本地银行机构自主研发的理财产品。截至2012年12月31日，累计代销理财产品39期89款，累积销售额7.9亿元，此外，还与招商银行合作搭建了"银银通"业务平台，实现了客户足不出户即可在网上直接购买招商银行发行的理财产品的目标，为凉山人民又搭建了一条更加便捷、丰富的理财投资渠道。

（3）银行卡业务。凉山商行积极履行社会责任，为市民生活提供便利，秉承"面向市民，贴近市民，服务市民"的理念，以科技为支撑，依据市民需求开发和发行"金凉山"银行卡。该银行卡具有存款、取款、转账、消费、证券投资、代缴公用事业费等多种功能。同时，可在全国乃至100多个国家和地区带有"银联"标识的ATM机和POS机上进行自助取款、余额查询和消费结算，不收取任何交易费用，获得了市民的广泛好评。

3. 试点社区银行，送金融服务到家

融合本土经验与国际视野，凉山商行创新引入社区银行模式，在西昌市的三个较大的社区试点社区银行，逐步探索和不断加快零售银行转型步伐，把更加优质、便捷、高效的金融服务送到市民家门口，全力服务社区经济发展，促进和谐社区建设。

我行打破传统的"等客上门"工作方式，银行工作人员除了做好柜台服务外，还走出柜台采取多种方式主动营销和联系客户，不断深入社区，使社区居民能享受到"金融服务送上门"的便利；顺应市场的实际需求，大力开办代缴费、保管箱等业务；同时，与证券公司、保险公司、社区周围的洗车店、美发店等合作，开展丰富多彩的活动，为社区居民提供多种增值服务，不仅方便了社区居民，也尝试了金融业务延伸的新模式。各支行实现了从"交易主导型"到"服务主导型"的转变，成为标准化、系统化、专业化的服务型网点。

4. 让金融服务体现人文关怀

作为一家"市民银行"，凉山商行在服务中始终坚持关注公益活动、体现人文关怀的理念。我行坚持以专业的金融服务支持全州卫生、教育和慈善等事业的发展，大力支持凉山州金融社保卡、西昌市"城市一卡通"工程建设；与凉山州多所大中小学校开展业务合作，涉及在校师生个人金融服务等各个领域，并将现代化的电子银行服务送入校园；积极开办国家助学贷款业务，帮助贫困学子完成学业；参与各项公益活动，如2008年低温雨雪冰冻灾害、"5·12"汶川大地震、"8·30"会理地震等灾害发生后，职工和单位及时捐赠物资和现金；参与"百乡教育扶贫工作"等社会公益慈善活动。

凉山商行各项措施的推广实施，在服务城镇居民中发挥了积极作用。截至2012年年底，凉山商行储蓄存款为48.55亿元，占全行存款的40.11%；个人贷款余额为14.35亿元，占全行自营贷款的22.32%。凉山商行将积极发展个人业务，力争在2015年年底，储蓄存款达到80亿元，占全行存款的比例达到50%；个人贷款达到24亿元，占全行贷款的比例达到30%。

三、综述

五年来，凉山商行得到了各级政府和监管部门以及社会各界的广泛认可，中国金融网等权威媒体将我行评为"全国最佳中小企业服务银行"；在《经济》杂志社、《中国商报》社、全国商报联合会等权威机构主办的第三届服务企业"金典奖"评选中荣获"全国区域性股份制商业银行最具竞争力十大品牌"和"全国支持中小微企业发展十佳银行"两项殊荣。

凉山商行深入落实科学发展观，紧扣发展主题，深化改革创新，依托地方经济，牢牢把握市场定位，转变发展方式，充分发挥自身优势，走差异化、特色化发展道路，陆续完成了机构扁平化改革、人事薪酬制度改革、计算机核心业务系统改造等一系列重大变革。凉山商行董事会、监事会及经营班子，在对国家社会经济发展现状及趋势特别是对凉山州地方经济发展现状、趋势进行分析、判断的基础上，结合凉山商行自身特点和实际，提出了"立足西昌、覆盖凉山、面向三州"的总体战略发展目标，正在努力把凉山商行建设成为以服务民族地方经济建设、服务中小微企业和广大市民为专业和特色的区域性股份制商业银行。

(作者单位：凉山州商业银行)

四川小微企业银行贷款成本调研分析报告

王国成

内容提要： 为深入了解四川小微企业"贷款贵"的真正原因，积极推动降低小微企业融资成本，有效缓解小微企业"融资贵、融资难"问题，四川银监局近期组织开展了四川小微企业银行融资成本专题调查。本文在取得基层第一手信息的基础上，较深入地剖析了原因，并提出了有关政策建议及措施，对当前推动降低小微企业融资成本具有较强的实践意义。

一、基本情况

此次调查共选取四川银行业金融机构① 55 家、小微企业 139 户作为样本，调查方式包括与银行有关工作人员面谈，查阅信贷档案，会同有关部门召开银、担、企三方参加的座谈会，深入银行、企业、担保公司等基层调研了解，走访有关政府部门等。从调查情况看，目前四川小微企业总体融资成本较高。截至 2012 年 9 月末，139 户样本企业在银行贷款金额共 62 827 万元，支付各项费用② 6 839.34 万元，平均费率（各项费用占全部贷款金额的比重）为 10.89%。超过七成的样本企业总融资成本率超过 10%，最高的达 16.67%。具体如图 1 所示。

---

① 含国有商业银行 1 家、股份制商业银行 2 家、省外城市商业银行成都分行 2 家、城市商业银行法人机构 13 家、农村合作金融机构 21 家、村镇银行 16 家。

② 包括银行贷款利息、政府相关部门抵（质）押登记收费、担保费等中介机构收费。以下统称银行贷款利息以外的费用为其他费用。

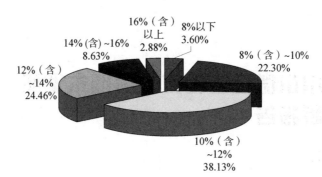

图1　小微企业贷款平均费率占比图（按贷款户数分）

　　小微企业在银行融资过程中支付的费用主要包括银行贷款利息、政府相关部门收取的抵（质）押登记费和公证费等以及中介机构收取的评估费、担保费等。

　　（一）利息——小微企业贷款的主要成本

　　总体来看，在银行贷款的各项费用中，利息占比最大，这与贷款是小微企业向银行购买货币资金使用权的实质相符，但不同的贷款方式，利息占比不一。如信用贷款和联保贷款的利息占各项费用的比重达100%，担保公司担保贷款、存货质押贷款和林权抵押贷款的利息占各项费用的比重分别为78.62%、86.57%和93.59%（见表1）。

表1　　　　　　　样本企业银行融资成本结构表（分费用收取部门）　　　单位：万元

贷款方式	总费用	加权平均费率（%）	其中：银行业机构收取费用		其他费用		其他费用主要包含
			费用	占比(%)	费用	占比(%)	
担保公司担保贷款	1 679.45	12.3	1 320.44	78.62	359.01	21.38	担保费、担保公司要求提供反担保而产生的评估费、登记费等①，不含因担保公司收取保证金而间接产生的财务费用
存货质押贷款	263.97	12.39	228.51	86.57	35.46	13.43	金融仓储公司收取的监管费等

---

　　① 实践中，担保公司一般要求小微企业按贷款金额10%~20%的比例缴纳保证金，个别高达30%。如果考虑到缴纳保证金的因素，担保公司担保贷款的其他费用将远远高于21.38%。例如，如果小微企业支付20%的保证金，那其他费用占各类费用的比重将高达37.1%。

贷款方式	总费用	加权平均费率（%）	其中：银行业机构收取费用		其他费用		其他费用主要包含
			费用	占比(%)	费用	占比(%)	
林权抵押贷款	506.18	12.35	473.73	93.59	32.45	6.41	林权登记费、评估费、保险费等
房屋抵押贷款	1 324.4	10.17	1 274.91	96.26	49.49	3.74	房屋抵押登记费、评估费等
土地抵押贷款	278.47	11.05	271.26	97.41	7.21	2.59	土地抵押登记费、评估费等
信用贷款	20.68	10.34	20.68	100	0	0	
联保贷款	78.18	8.23	78.18	100	0	0	
其他	2 688.02	10.26	2 649.28	98.56	38.73	1.44	
合计	6 839.35	10.89	6 316.99	92.36	522.35	8.49	

附注：

1. 本表中"其他"以外的贷款是指完全采用该种担保方式的贷款，如"担保公司贷款"是指仅采用担保公司提供保证担保的贷款；

2. 其他贷款包括应收账款质押贷款、采矿权质押贷款等其他担保方式及采用土地抵押、房屋抵押和保证等多种方式担保的贷款。

（二）中介机构收费占小微企业贷款成本比重最高超过20%

调查涉及的中介公司主要包括担保公司、金融仓储公司、评估公司和保险公司，其中担保公司和金融仓储公司收费对小微企业贷款成本影响较大，分别占小微企业贷款成本的20.78%和13.41%。

（三）政府相关部门收费

调查涉及的政府相关部门包括房产交易中心、国土局、工商局、林业局、公证处、车辆管理所、人民银行等。因担保方式不同，单户贷款可能只涉及一个或几个部门。从调查情况看，登记费用在一定程度上增加了小微企业贷款成本。如采砂船抵押登记费用占小微企业银行贷款各项费用的4.61%，房产抵押登记费用占1.68%，车辆抵押登记费用占0.88%等。

二、小微企业融资贵原因分析

（一）经营风险大、信息不透明是小微企业贷款贵的主要原因

一是大多数小微企业"做大做强"愿望强烈，片面追求短期高利润、高效益。如某公司经营养猪、汽修、超市等8个行业且行业间关联度较

低，但仍希望通过银行融资拓宽业务范围。二是多数小微企业财务管理水平较低，未建立规范的财务管理制度，资金往来全靠企业主用小本子手工记录。三是部分小微企业金融意识不强，习惯使用现金交易，不重视银行交易记录的积累。这导致银行为小微企业贷款需要付出更多的管理成本、人力成本并承担更大的风险。按照覆盖风险的原则，为弥补成本和风险，银行小微企业贷款利率上浮幅度也较大。本次调查中，利率上浮比例超过 40%（不含）的小微企业贷款达 107 笔，占样本总数的76.98%，最高上浮 130%。

（二）银行业机构利率定价机制不够健全、金融创新力度不够，导致部分优质小微企业难以获得优惠的信贷支持

一是部分银行业机构小微企业贷款利率定价还处在粗放式阶段，主要依靠以往利率水平和经验判断，部分市场前景好、风险水平低、信誉度高的小微企业也难以享受到差别化的利率优惠。二是部分基层银行业机构因缺乏专业化的小微企业业务人员或囿于传统的"当铺文化"，一律要求借款人提供足值有效的房产、土地、担保公司担保等第二还款来源，由此带来的各种评估、登记、担保等费用也增加了小微企业的融资成本。139 户样本企业中，采用房产、土地抵押及担保公司担保贷款的企业共101 户，占比达 72.66%。

（三）中介机构实力不强且部分存在不规范收费行为

一是担保公司担保能力不够强。由于注册资本金不足、信息披露不充分、少数担保公司将自有资本用于高风险投资等原因，四川担保公司总体担保能力还不够强，经担保公司担保的小微企业贷款利率仍然较高。本次调查中，利率上浮比例超过 50% 的担保公司担保贷款达 28 笔，占担保公司担保贷款（共 44 笔）的 63.64%。二是大多数担保公司除收取担保费外，还按担保金额的 10%~20% 的标准收取保证金（部分甚至高达30%），有的还收取上门调查费等其他费用，间接增加了小微企业融资成本。这是调查中小微企业反映最为强烈的问题。如某小微企业贷款 100 万元，利率 8%，担保费率 3%，保证金比例 20%，实际贷款成本达 13.75%［即(100×11%)/80］，比名义成本（11%）高 2.75 个百分点。三是评估公司对知识产权的评估能力有限，导致创新创业型小微企业难以将知识产权这一"核心资产"用于抵押而获取贷款。如成都某企业设计制作的动漫连续剧 4 次在中央电视台播放，虽发展前景良好，但因知识产权无法得到较权威的评估和价值认定，至调查时仅获得 10 万元小额贷款信贷

支持，其融资需求尚未得到满足。

（四）相关职能部门收费较高，个别地区存在捆绑收费、指定评估公司等不规范现象

一是同种类服务项目在不同地区间收费标准不一的现象还较普遍地存在，定价的合理性值得研究。如德阳市 6 个区（县、市）在办理土地抵押登记时，广汉市不收费，旌阳区、什邡市按 50 元/笔的标准收费，而中江县、罗江县、绵竹市则按照土地面积收费，最高达 2 万元。二是有的地区个别存在捆绑收费、指定评估公司等不规范现象。如巴中市巴州区、通江县和平昌县房管局在办理抵押登记时均要求借款人到指定的房地产评估机构进行价值评估；绵阳市工商局将对小微企业的工商年检与是否缴纳个私协会会员费挂钩。

（五）政策支持小微企业贷款的力度还有待提高

一是部分地区未能按承诺及时为小微企业办理相关权证。如绵阳某企业于 2008 年购买了土地使用权，但土地使用权证直到 2012 年才办理完毕。雅安雨城区、汉源县等地也存在小微企业购买土地使用权后，相关权证 2~3 年都未能办好的情况等。二是部分资产缺乏相应的登记机关。目前，我省还没有行政部门办理采矿权、钢结构厂房、股份合作制企业股权等资产的抵押登记，直接导致部分小微企业融资难、担保难。三是银企对接机制有待进一步完善。目前部分部门、市（州）搭建的银企对接会等信息交流平台，一般是"运动式"开始、"运动式"结束，参加会议的企业多数实力较强、融资需求小，难以充分发挥银企信息交流作用。四是政策性担保公司发展不充分。目前各市（州）的政策性担保公司在担保费率方面给予小微企业优惠，一般不额外收取保证金，支持小微企业发展的作用十分明显。但受当地财政收入限制，这些担保公司普遍注册资本金较少，担保能力有限。五是部分小微企业优惠政策在基层未得到真正有效贯彻落实。小微企业贷款风险补偿机制、降低小微企业税收负担、减免小微企业融资中各项收费等政策没有完全得到落实。虽然国务院层面已制定出台了包括小微企业贷款风险补偿机制、降低小微企业税收负担等许多支持小微企业的优惠政策，但各地政府由于财力等因素制约，优惠支持政策难以真正落到实处。如四川省政府于 2010 年要求对抵押登记收费进行清理，但房产等抵押登记收费标准在本次调查时尚无明显下降。个别地（市）税务部门因税收征缴任务完成进度不理想而要求企业预交所得税等。

三、对策建议

（一）小微企业的主管部门应进一步督导企业提高管理能力和增强金融意识，主动加强与银行的良性合作

一是要进一步提高企业管理水平。要切实转变粗放式发展方式，提高专业化水平。要切实规范财务管理，提高财务透明度，让银行更好地掌握企业真实经营信息。二是企业要主动了解金融知识。要主动加强与银行的沟通与联系，主动了解银行信贷条件等金融知识，并积极加强与银行间的业务往来，建立良好的信用记录。

（二）银行业金融机构应进一步加强金融创新，提高小微企业金融服务效率与水平

一是要加强利率风险定价机制建设。要根据国家的产业政策和贷款风险程度等，结合自身特点设置并建立起一套体现"扶优限劣"原则的贷款利率定价指标体系，并据此确定不同的利率浮动幅度，真正发挥利率对资源配置的杠杆调节作用。二是要进一步创新金融产品和风险控制手段，在风险可控的前提下综合采用内部评估、协商评估等方式对抵押物进行评估，积极探索应收账款质押、存货质押、权利质押等贷款品种，降低小微企业贷款过程中的评估、登记、担保等附加费用。三是要继续加强银行小微企业业务人员培训。要通过"请进来""走出去"等方式，结合小微企业业务特点，有针对性地帮助银行小微企业融资业务人员转变理念，提高为小微企业服务的技能和水平。四是要鼓励客户经理在银行服务所在社区建立广泛的、经常性的社区关系，更好地收集小微企业信息和监督授信使用情况。

（三）政府相关部门应进一步加大对小微企业的支持力度，切实发挥示范引导作用

一是大力推进担保体系建设。通过财政补助等多种方式扩充政策性担保公司注册资本金，提高其担保能力。安排专项资金对小微企业贷款担保给予费用补贴，为担保公司创造利润空间，减少小微企业贷款担保费用。加强对担保公司的日常监管和信息披露，规范担保公司经营行为，降低担保公司自身经营风险。二是大力推进银企信息沟通机制建设。建议各小微企业主管部门定期收集小微企业经营情况、融资需求等信息，并通过网站等多种途径主动向银行业机构公开，降低银行业机构信息收集成本。三是加大支持小微企业发展力度。积极落实支持小微企业发展

的税收优惠等各项政策，持续推动提高小微企业市场竞争力和盈利水平。及时为小微企业办理土地使用权等相关权证，明确采矿权等资产的抵（质）押登记部门，盘活小微企业既有资源。降低小微企业贷款抵（质）押登记收费标准，坚决清理各种不规范收费行为。四是探索建立小微企业贷款风险补偿和基准利率范围内利息所得税减免等扶持机制，对银行业机构小微企业贷款基准利率范围内获得的利息收入，给予一定幅度的所得税减免，对一定比例范围内的银行新增小微企业不良贷款给予代偿。

（本文曾在中国银监会《调研与参考》第 86 期发表，编入本书时有修改）

（作者单位：四川银监局）

金融支持中小企业发展的制约因素及对策

刘　彦　李　强　王贵美

内容提要：近年来，国家先后出台了一系列金融支持中小企业发展的政策措施，使得中小企业在金融机构支持下取得了长足发展。但从当前实际情况看，金融支持中小企业仍然面临诸多问题，中小企业发展的金融环境仍有许多不足，亟待改善。本文立足于金融支持中小企业可持续发展角度，综合宏观和微观两个层面分析当前金融支持中小企业发展中存在的不足，并提出可行性建议。

一、金融支持中小企业的现状

（一）中小企业信贷投放力度有所增强，但资金需求缺口仍较大

近年来，通过银行业金融机构的努力，中小企业贷款投放力度不断增强，贷款规模逐年提升。以遂宁为例，截至 2012 年 9 月末，遂宁市中小企业贷款累计投放规模 178.36 亿元，自 2010 年以来年均增长 27.81%，增速高于全部贷款增速 10.06 个百分点，中小企业的信贷资金需求得到一定程度满足。但当前的贷款规模仍无法完全满足中小企业的资金需求，粗略估计融资需求缺口达到 50 亿元。

（二）中小企业融资成本得到控制，但总体水平仍然较高

金融监管部门对商业银行的贷款利率管控力度不断增强，特别是对贷款利率和其他费用做出了明确要求。伴随金融监管政策的逐步实施，商业银行的贷款利率和其他费用上涨势头得到了一定程度的控制。但从当前中央银行利率监测数据以及对企业的调查结果看，遂宁市的中小企

业融资成本总体水平仍然相对较高，特别是一些缺乏有效资产抵押的客户更是如此。据对遂宁市 100 户企业的调查结果，贷款利率上浮超过40%的占 70%以上。如果加上财务费用、担保费用、资产评估费用、信用评级费用和资产过户费用等非利息费用，中小企业的高融资成本现象将更为明显。

（三）融资渠道呈现新变化，但融资结构单一现象仍非常突出

在人民银行和银监会等部委的政策指引下，各商业银行加大了金融创新步伐，适应新形势的金融产品不断涌现，应收账款质押贷款、库存商品质押贷款和联保贷款等贷款品种被越来越多的商业银行采用。但遂宁市融资渠道的单一现象仍然非常突出。在贷款方面，抵押贷款仍是商业银行主要采取的贷款方式。2012 年 9 月，遂宁市中小企业贷款的抵押贷款占比接近 70%。在广义融资渠道方面，遂宁市的融资结构不合理情况更为明显。遂宁市仍然没有大规模推广集合票据业务和银行间企业债业务。在社会融资结构中银行信贷所占比重远远超过其他融资方式。

（四）鼓励金融扶持中小企业的政策措施陆续出台，但实质性推动作用仍不明显

为了鼓励金融机构支持中小企业发展，国务院和地方政府陆续出台了一系列支持措施，要求商业银行加大对中小企业的金融扶持，并鼓励扩大中小企业直接融资渠道。按照国务院和相关部委的要求，各金融机构也结合自身实际制订了一些支持中小企业发展的内部措施，但这些措施还没有对金融机构扶持中小企业发展起到根本性作用，银行执行相关政策的内部动力仍不足，政策的推动效果仍不明显。

187

二、制约金融支持中小企业发展的主要因素

（一）金融体系建设落后，限制了金融支持总水平

要切实推进金融支持中小企业发展工作，从金融发展角度看，应有一个较为完善的金融体系做支撑。从遂宁市当前的金融体系建设看，银行体系和非银行系统都存在许多不足。遂宁市还没有一家全国性的非国有股份制商业银行，本地法人机构资产实力也相对较弱。从广义金融体系看，遂宁市这方面的金融短板更为明显，缺乏一定数量具有较强实力的担保公司、信用评级公司等。

因为本地金融机构较少，直接或间接地导致以下两方面的问题：一是金融机构较小，能够为中小企业提供的金融支持总体规模相对较少，

中小企业的资金需求不可避免地会存在供给不足。二是金融机构较少，导致本地金融机构的有效竞争不充分，进而不能有效激励金融机构的内在创新动力。

（二）信贷管理权限调整，限制了本地信贷投放总规模

因信贷管理权限上收，不可避免会导致出现以下两方面问题：一是小企业发展大多具有本地特色，为满足企业需求，银行的信贷政策也应考虑本地特色。但因为信贷权限上收，银行内部之间的信息不对称和传导机制不畅，导致部分中小企业的资金需求无法得到有效满足。二是国有商业银行吸收的存款比重较大。伴随着银行信贷权限上收，本地存款会更多地流出本地，本地中小企业的资金需求会更多地存在缺口。

（三）金融支持中小企业的法律体系不健全，难以产生持续政策推动效应

为鼓励金融支持中小企业发展，国务院以及地方政府相继颁布了一系列支持措施。但从实际效果看，这些措施对金融支持中小企业发展的作用仍不明显，系统性的持续推动机制还未完全建立。

（四）中小企业自身发展特点影响了金融机构对中小企业的支持力度

一是目前遂宁市不少中小企业不能提供有效资产抵押。从所调查的遂宁市不能获取银行贷款的 20 户企业情况看，企业厂房大多为租赁厂房（如电子产业园区企业），有些企业厂房土地权证或房屋权证没有办理（如工业园区企业），企业可提供机械设备价值普遍不高。二是企业风险度高。一方面中小企业稳定性差。所调查的中小企业中，主导产品持续期限普遍较短。另一方面中小企业管理不规范。大部分中小企业以家族式经营管理模式为主，未建立现代企业制度，企业内部产权界定不明晰，财务信息不透明，银行对企业的信用、产权的归属以及生产经营状况难以掌握，不易对中小企业的生产经营活动和抵押资产进行有效监督。为控制贷款风险，银行对中小企业的信贷投放普遍较为谨慎。

（五）银企信息不对称提高了金融支持中小企业发展的沟通成本

通过对遂宁市中小企业的现场调查发现，企业普遍对银行信贷业务不甚了解。同时，银行在主动服务中小企业发展上也存在许多不足。不少银行没有建立完善的中小企业服务团队，银行服务方式也没有发生根本变化。

因为银企信息不对称，企业和银行之间没有形成资金需求与资金供给的信息对接平台，企业很难及时获得银行信贷支持，银行也很难发现

有潜力的中小企业。同时，因为信息搜寻成本增加，中小企业贷款风险相对较大，企业的融资成本也相对较高。

三、政策建议

（一）制定合理引导机制，鼓励金融机构加大信贷投放和金融创新

建议政府设立一个产品创新专项基金，对金融机构进行考核，以加快实质性金融创新的步伐。

建议人民银行对中小企业信贷规模予以单列，监管部门在中小企业金融产品创新、内部评级、风险容忍度、风险资产转换系数等方面，给予银行更多的政策倾斜。

（二）完善金融组织体系，夯实金融机构建设

当前及今后相当长时间内，应加快金融体系建设步伐，充实金融机构数量，政府和金融管理部门应积极吸引更多金融机构入驻遂宁。应吸纳更多的银行业机构进入，并通过财税、土地等方面优惠措施鼓励中信银行、民生银行等股份制银行在遂宁市成立分支机构。同时可适当引入信托公司和风险投资公司等非银行业机构，以增加金融支持中小企业发展的方式和途径。

（三）搭建银企信息共享平台，提高双方认知度

目前，政府、银行和企业应积极努力，共同搭建银企信息共享平台，促进银企双方互相了解，推动资金需求和资金供给有效对接。从信息平台建设要求而言，信息平台应操作简洁、内容充实。透过该平台，银行可充分了解企业生产情况、资产情况和资金需求等信息。同时，企业也可通过该平台了解银行金融产品。

（四）扩大金融支持中小企业发展方式，丰富中小企业融资渠道

政府、主管部门应落实市政府已出台的相关管理办法，切实做好企业筛选、推进和融资工作，以点带面推动优质中小企业通过银行间债券市场进行融资。加大银行间债券市场企业债务融资工具宣传、推介和承销力度，进一步扩大企业资源储备库，培育和支持符合条件的中小企业发行短期融资券和中小企业集合票据。

同时，在风险可控条件下，政府应鼓励风险投资公司和信托公司扩大对中小企业融资的扶持力度，通过发行信托产品和直接投资等方式改变传统单一的银行融资渠道。

189

（五）完善相关法律制度，梳理金融支持中小企业发展内在机制

当前，人大和政府等相关部门应从制度层面，完善金融支持中小企业发展的法律法规，并从财税、国土和房管等多角度出台具体扶持措施。相关措施之间应具有连贯性和衔接性，确保支持措施能够落到实处，并且具有长效性。特别是在金融创新方面，相关部门应出台相关的配套措施，为金融机构的业务创新提供法律保障。

（作者单位：遂宁商业银行）

城市商业银行小微企业贷款利率风险定价模型及思考

——以绵阳市商业银行为例

周一平

内容提要：小微企业的发展在现代经济发展和社会进步中发挥着重要作用，城市商业银行对小微企业的发展提供有效信贷支持，在与小微企业良性互动中实现"双赢"非常有必要。中国银监会在 2005 年 7 月颁布了《银行开展小企业贷款业务指导意见》，意在通过六项机制的建立和完善，进一步加强城市商业银行开展小微企业贷款业务的规范性。然而，从近年来城市商业银行内外部经营环境和实际运行情况来看，小微企业信贷业务面临不少技术上的困难，严重制约了其发展。本文先以六项机制中的利率风险定价为背景，对城市商业银行利率风险定价的现状进行了分析。随后提出了违约风险和系统性风险是贷款定价模型主要考虑的因素，并结合小微企业自身的特点和城市商业银行的实际情况，提出了小微企业贷款利率的风险定价模型，阐述了该模型的原理、开发、应用。

一、目前国内城市商业银行利率风险定价问题与分析

由于缺乏微观数据，大多数国内城市商业银行在实际工作中采用贷款定价模型时存在以下几方面的困难：

（一）数据样本不充分

近年来，在政府的宏观政策引导下，国内城市商业银行逐渐将金融服务的重心从之前的大中型企业转移到小微企业上来。这种情况造成了

用于建立风险定价模型的数据样本相对较少，很难用统计模型来计量地区、行业和申请人个体的风险度。

（二）违约损失率过低

根据《巴塞尔新资本协议》，使用内部评级法的关键因素是要对违约概率与违约损失率实现风险计量。但是与欧美成熟银行相比，目前国内城市商业银行的资产不良率很低，违约损失率则更低。因此，如何解决违约损失率过低的问题将成为国内城市商业银行利率风险定价的核心问题之一。

（三）系统性风险难以计量

目前的风险定价模型只限于申请人个体的风险评估，对于政策风险、经济周期性波动风险、利率风险、购买力风险、汇率风险等系统性风险难以计量。

二、绵阳市商业银行小微企业信贷风险定价模型的设计思路和具体实施方案

（一）风险定价模型设计思路

考虑用数据分析法和专家判断法相结合的综合评价方法。其中，银行经济资本占用、总体运营成本率、银行预期收益率和行业风险成本率采用数据分析法；借款人个体样本风险系数采用数据分析法和专家判定法相结合的办法。

（二）具体设置方案

1. 利率风险定价的总体思路

利率风险定价主要考虑三个方面的因素：一是银行自身需要支出的成本，即经济资本占用成本、资金占用成本以及各项运营成本；二是银行对于小微企业贷款的整体预期收益率的高低；三是银行对小微企业贷款的整体风险成本率的高低。其逻辑关系可用以下公式来表现：

利率风险定价=总体资金运营成本率+银行预期收益率+风险成本率

上式中，总体资金运营成本包括了银行的资金成本、运营成本、经济资本占用以及各种费用支出，此数据可从各城市商业银行的计划财务部获取。银行预期收益率则可结合各城市商业银行自身发展状况、监管当局要求和市场供需状况进行设置。风险成本率则需要根据城市商业银行所处的地域特点、宏观经济状况、行业特点以及借款人实际风险情况来汇总得出。而风险成本率将主要以行业风险特征和借款人个体风险状

态来评估，因为对于城市商业银行而言，更多的还是考量以上两种因素，并将行业风险成本率和借款人个体样本风险系数的乘积作为小微信贷的风险成本率采纳结果。其逻辑关系可用以下公式来表现：

风险成本率=行业风险成本率×借款人个体样本风险系数

2. 行业风险成本率

根据 IRB 法，行业风险成本率（EL）由违约概率（PD）和违约损失率（LGD）估计得出，即：EL=PD×LGD。

在城市商业银行的实际经营中，贷款违约的主要表现是借款人不按时归还贷款本息。相比之下，借款人擅自改变贷款用途以及拒绝、阻挠贷款人对贷款使用情况进行监督检查的情况很少发生。因此，根据贷后管理五级分类的要求和城市商业银行经营的实际情况，本文将贷款违约定义如下：借款人在借款后与银行有债务关系但未能如约履行的，均归集为贷款违约。那么城市商业银行可首先考虑收集全行近 3 年所有小微企业经营数据，再按照不同行业类型对贷款发生余额计算其违约概率。收集的数据主要包括：企业名称、所属行业、贷款总金额、违约总金额（包括延期、展期、保证类代偿）、不良类总金额。可以用公式表示如下：

小微企业行业违约概率=行业贷款违约总额/全行小微企业贷款总额

违约损失率（LGD），它是指债务人一旦违约将给债权人造成的损失数额，即损失的严重程度。目前国际上采用较多的是历史数据回归分析法。这种方法是根据违约资产的 LGD 历史数据和理论因子模型应用统计回归分析和模拟方法建立起预测模型，然后将特定项目相关数据输入预测模型中得出该项目的 LGD 预测值。但是，由于我国大多数城市商业银行发生的损失坏账金额十分低，上述预测就与真实情况存在一定的差距。因此，本文建议在设计风险模型时将违约损失率修订为违约不良率，按照五级分类对不良贷款的划分标准进行数据采纳，将划分为次级贷款、可疑贷款和损失贷款的三类视为不良。具体公式为：

小微企业行业违约不良率=（行业次级类贷款总额+行业可疑类贷款总额+行业损失类贷款总额）／行业贷款违约总额

3. 借款人个体样本风险系数

（1）定义：借款人个体样本风险系数反映的是每个申请贷款个人或企业自身风险的强弱。它应该包括信用风险、经营风险和操作风险。

（2）风险系数的取值：原则上可以定义个体样本风险系数基数为"1"，城市商业银行可根据自身风险喜好，结合申请人或企业的个体风险状况，以"1"为中位数进行上下波动。本文选择波动区间在 0.5~1.5 之间。

（3）影响个体风险系数的因素和相应权重。考虑小微企业的特点，我们根据专家经验法的原则，采纳 20 类因素为其风险因素。在测试和运行过程中将跟踪这些因素对个体风险的影响程度大小，再依据跟踪结果对这 20 类因素进行相应调减。初步设置的个体风险因素和权重如表 1 所示：

表 1　　　　　　　　个体样本涉及因素及权重　　　　　　单位：%

1. 企业经营年限（4%）	得分	10. 主营业务是否为鼓励行业（3%）	得分
（1）1 年以内	6.00	（1）受限制	4.50
（2）1~3 年	5.00	（2）一般	3.00
（3）4~7 年	4.00	（3）鼓励行业	1.50
（4）8~10 年	3.00	11. 主要下游客户涉及行业（6%）	
（5）10 年以上	2.00	（1）房地产	9.00
2. 经营者性别（2%）		（2）建筑业	8.00
（1）男性	3.00	（3）制造业	6.00
（2）女性	1.00	（4）其他	5.00
3. 经营者学历（2%）		（5）商贸业	4.00
（1）初中及以下	3.00	（6）服务业	3.00
（2）高中	2.66	12. 经营场地情况（2%）	
（3）中专	2.33	（1）租赁	3.00
（4）大专	2.00	（2）自有	1.00
（5）本科	1.66	13. 当前资产负债率（10%）	
（6）硕士	1.33	（1）≥70	15.00
（7）博士	1.00	（2）≤60	12.50
4. 企业信用记录（4%）		（3）≤50	10.00
（1）逾期记录 2 次及以上	6.00	（4）≤40	7.50
（2）逾期记录 1 次	5.00	（5）≤30	5.00
（3）正常但有展期余额	4.00	14. 存量借款+新申请额度/年销售收入（10%）	
（4）正常但有展期记录	3.00	（1）>30	15.00
（5）正常	2.00	（2）≤30	12.50

表1（续）

5. 法人信用记录（4%）		（3）≤20	10.00
（1）逾期记录2次及以上	6.00	（4）≤10	7.50
（2）逾期记录1次	5.00	（5）≤5	5.00
（3）正常但有展期余额	4.00	15. 净利润率（10%）	
（4）正常但有展期记录	3.00	（1）≤5	15.00
（5）正常	2.00	（2）≤10	12.50
6. 与银行建立信贷关系情况（10%）		（3）≤15	10.00
（1）新客户	15.00	（4）≤20	7.50
（2）1~3年	12.50	（5）>20	5.00
（3）4~7年	10.00	16. 保证方式（15%）	
（4）8~10年	7.50	（1）信用	22.50
（5）10年以上	5.00	（2）权利质押	20.00
7. 法人对财务敏感程度（2%）		（3）个人保证	17.50
（1）不了解	3.00	（4）企业保证	15.00
（2）一般	2.00	（5）动产质押	12.50
（3）非常了解	1.00	（6）担保公司保证	10.00
8. 行业从业年限（4%）		（7）抵押	7.50
（1）1年以内	6.00	17~19. 抵、质押率及保证率（10）	
（2）1~3年	5.00	（1）抵、质押率≤70	15.00
（3）4~7年	4.00	（2）抵、质押率≤60	12.50
（4）8~10年	3.00	（3）抵、质押率≤50	10.00
（5）10年以上	2.00	（4）抵、质押率≤40	7.50
9. 法人婚姻状况（2）		（5）抵、质押率≤30	5.00
（1）离婚	3.00	（6）保证率≤80	15.00
（2）未婚	2.00	（7）保证率≤90	10.00
（3）已婚	1.00	（8）保证率=100	5.00

195

　　最后要实现利率风险定价模型，就必须对小微企业贷前尽职调查报告进行修订和配套。将定价模型中需要采集的数据，全部涵盖到贷前尽职调查报告中去，并且确保尽职调查报告的所有定性和定量指标均可实现量化。

（作者单位：绵阳市商业银行）

对大型银行支持小微企业发展策略的思考

李 欣 曹 旭

内容提要： 小微企业作为市场经济中最基础、最广泛、最活跃的主体，其对城镇化发展的推动作用是强大而深厚的。近年来，小微企业的发展越来越受到全社会尤其是银行业的密切关注和高度重视。本文从信息不对称理论出发，研究了小微企业的融资困境，并结合目前商业银行对小微企业信贷市场的认识，总结了小微企业"业务零售化、客户集中化"的特点，最后就如何发挥大型银行的自身优势，更好地支持小微企业发展提出了合理的对策建议。

一、引言

斯蒂格利茨在 2000 年就曾预言中国的城镇化和美国的高科技发展将是深刻影响 21 世纪人类发展的两大课题。自改革开放以来，我国进行了一系列经济制度改革以建立社会主义市场经济体制，实现了我国经济的高速发展，城镇化建设水平显著提高。城镇化建设中最重要的是将农业人口转向非农业人口。1991 年，我国有从业人员 5.8 亿人，城镇从业人口占 26%，这当中的 70% 从业于国有经济单位。至 2011 年，我国从业人员 7.6 亿人，其中城镇就业人口比例上升至 47%，城镇就业人口中就业于国有经济单位的比例下降至 18.67%，就业于有限责任公司的比例为

12.40%，就业于私营企业和个体工商户的比例为 33.80%①。由此可见，私营企业和个体工商户已经成为我国城镇化过程中吸收就业人口的重要基地。根据工业和信息化部、国家统计局、发展改革委、财政部 2011 年联合下发的《中小企业划型标准规定》（工信部联企业〔2011〕300 号），大部分私营企业和个体工商户属于小微企业的范畴。本文正是在我国城镇化建设这一背景下，研究作为我国金融业主体的大型银行如何更好地支持小微企业的发展，推进城镇化的进步。本文主要从以下三个方面进行论述：第一部分，信息不对称情况下小微企业融资困境分析；第二部分，商业银行支持小微企业的信贷选择；第三部分，大型银行如何发挥自身优势以支持小微企业发展的对策建议。

二、信息不对称情况下小微企业的融资困境分析

信息不对称理论是研究银行信贷市场的重要工具，它解释了银行在信贷市场上的行为特征。信息不对称理论由约瑟夫·斯蒂格利茨、乔治·阿克尔洛夫和迈克尔·斯彭斯提出，是指在市场经济活动中，各类人员对有关信息的了解是有差异的；掌握信息比较充分的人员，往往处于比较有利的地位。而信息贫乏的人员，则处于比较不利的地位。信息不对称会产生代理人问题、道德风险问题和逆向选择问题。

在银行和企业的信贷活动中，贺力平（1999）认为银行贷款行为的特征是：银行通常会订立贷款利率的上限和可接受客户风险上限，一般不会进入高出这些界限的信贷市场；在贷款时为避免风险，宁愿给那些信誉较好的企业提供优惠利率。影响银行信贷决策的根本因素在于银行对客户对象的风险评级或认识。而银行和企业之间存在信息不对称，在企业经营能力、还贷意愿方面，企业比银行掌握更多的信息。如果信息不能很好地从企业传递给银行，银行不能正确评估贷款企业的风险，则可能出现企业道德性违约，因此银行惜贷。在信贷活动中，银行会通过企业的财务数据来评估企业的还贷能力，要求企业提供抵质押物以缓释风险。企业的经营现金流为第一还款来源，抵质押担保则是贷款的第二还款来源。

从小微企业角度看，根据企业生命周期理论，小微企业通常情况下

---

① 数据来源于国家统计年鉴。

处于发展期或成长期，具有以下的共同特点：抵抗风险能力弱，淘汰率高；企业财务制度不完善，不透明；抵押物缺乏。由于本身抵抗风险能力弱，小微企业一旦受到市场风险的冲击，存活率较低，比大中型企业风险高；而财务数据的缺失，不能有效支撑商业银行对其经营能力做出判断，加剧了小微企业和商业银行之间的信息不对称，增加了逆向选择和道德风险的可能性；有效抵押物的缺乏，更无法缓释前两者的风险。除了信息的获取难度，甄别信息的真实性对银行也是一个挑战。金伯富（2000）首次提出了机会利益的概念，即在信贷市场中，处于信息优势的企业以提供虚假信息的方式获得机会利益，典型的方式有：假破产、真逃债；提供"有水分"的担保品；提供虚假的财务报表，隐瞒企业的真实经营情况；借款到手后改变资金的用途。据分析，商业银行每年因债务违约造成的直接损失高达1 800亿元，由于相互拖欠未付资金大约3 000亿元。在这些损失之中，小微企业商业信用缺失所带来的损失也不容忽视。

从大型银行角度看，我国商业银行的信用评级体系和监控体系建设存在着"以大盖全"的现象。对差异化的个体和群体风险特征认识水平还不足，不足以支撑批量化营销模式。很多政策一般只鼓励做熟悉的行业，银行信贷政策由于地区经济环境的不同使得其指导意义不明显，风险应用工具也不能发挥应有的作用。前台与后台、监管与被监管对风险边界的掌握尺度不同。尤其是商业银行频繁地更换客户经理，使得客户经理难以具有较强的专业素质来应对千变万化的小微企业。

三、商业银行对小微企业的信贷选择

尽管小微企业信贷风险较高，但其在市场经济中最基础、最广泛、最活跃的主体地位不容忽视。随着金融脱媒加速，利率市场化程度加深，金融市场的竞争日益激烈，商业银行传统存贷业务的新增长点必然来源于小微企业。在加强自身风险控制能力的基础上，加大对小微企业的信贷力度，实现银行与企业共赢，成为商业银行的现实选择。从陈忠阳等的银行问卷调研结果可以看出，小企业信贷业务的市场潜力大，已然成为大型银行和中小商业银行的共识（见表1）。

表1　　　　　　　我国银行从事小企业信贷的业务动机统计表　　　　单位:%

业务动机	非常重要		重要		不太重要	
	大银行	小银行	大银行	小银行	大银行	小银行
利息收入	23 (3家)	70 (21家)	33.33 (4家)	16.67 (5家)	41.67 (5家)	13.33 (4家)
客户资源和 交叉销售	50 (6家)	33.33 (10家)	25 (3家)	43.33 (13家)	25 (3家)	23.33 (7家)
政策要求	58.33 (7家)	30 (9家)	25 (3家)	33.33 (10家)	16.67 (2家)	36.67 (11家)
市场形象	16.67 (2家)	33.33 (10家)	58.33 (7家)	46.67 (14家)	25 (3家)	20 (6家)
市场竞争	25 (3家)	33.33 (10家)	25 (3家)	60 (18家)	50 (6家)	6.67 (2家)
市场潜力	50 (6家)	56.67 (17家)	25 (3家)	33.33 (10家)	16.67 (2家)	10 (3家)

截至2012年年末,主要金融机构人民币小微企业贷款余额11.58万亿元,同比增长16.6%,占全部企业贷款的28.6%[①]。其中四大国有商业银行小微企业贷款余额超过4万亿元,占比近35%[②]。

近年来,商业银行对小微企业的信贷大幅增加,这得益于银行在实践中深入了解小微企业信贷市场,更好地开拓小微企业市场,可以概括为"业务零售化、客户集中化"。

小微企业信贷业务零售化管理符合小微企业的资金需求特点和信贷风险特征。小微企业的经营资金运转具有小、散、频、急的特点,和零售业务中的消费信贷具有类似特点。其信贷的风险特征也显示出个人特征,在无法获得小微企业真实完整的财务报表的情况下,小微企业的经营状况和还贷意愿与企业主本人的经营能力和守信程度有直接的关系。银行借助在个人零售贷款业务中积累的经验,为小微企业设计创新产品,提供流程化的集中作业模式、零售化的风险管理。各家银行纷纷为小微企业设计符合特点的金融产品。工商银行的小企业特色融资产品有:标准厂房按揭贷款,小企业网络融资品牌"网贷通"。招商银行以"生意一

---

① 数据来源于人民银行《2012年金融机构贷款投向统计报告》。
② 数据来源于四大国有商业银行2012年度报告。

卡通"为载体推出零售个人经营性贷款。网络"信贷工厂"可专业处理小微企业信贷，将小微企业信贷审批流程集中化，前台信贷营销员将标准化的信贷审批表以及现场调查的视频、照片传送到远程终端，由专业的后台人员把握风险点，进行审批。零售化的风险管理方式使银行不再关注单笔贷款，而将零售贷款作为资产组合的一部分或者作为贷款池的一部分来管理。

小微企业客户集中化是商业银行在开拓小微企业优质客户方面的探索，包括供应链融资、商圈模式和商会模式。供应链融资是近年来商业银行的业务创新，其基本思路是银行借助核心企业和上下游企业的长期贸易往来了解企业的过去经营状况，通过对整个供应链和所处行业的分析来判断企业未来的发展方向，可对已获得的财务和非财务信息进行交叉验证，缓解信息不对称。供应链可以帮助银行发现更优质的小微企业客户群。2012年，民生银行通过伊利集团在全国范围内筛选出100多家上游奶源供应商和500多家产品经销商，签订了30亿元的信贷合同。商圈模式和商会模式，则是银行依靠商圈管理者和商会提供的优质小微企业信息，为其提供担保，集中为小微企业发放信贷。

四、大型银行如何根据自身优势支持小微企业

大型银行作为全能型银行，在小微企业市场上大有可为。做好小微企业信贷支持，可从以下两个方面着手：一是降低成本，二是控制风险。从长期来看，大型银行在小微企业信贷支持方面可能比中小商业银行更有优势。

从融资成本角度看，大型银行融资成本低于中小商业银行。目前商业银行的大部分资金来源依然是客户存款，大型银行已在金融市场上建立了良好的企业形象并赢得了大部分储户的信任，而中小商业银行通常会通过较高利率或高出市场收益的理财产品吸收存款，很大程度上抬高了其融资成本。

从经营成本角度看，大型银行的经营成本有很大的压缩空间。大型银行有广泛的网点布局和广大的存量优质企业客户。大型银行有大量的网点，这些网点分布在住宅小区、大型企事业单位附近、商圈中心等，积累了大量企业的结算信息和交易对手信息，有利于"业务零售化"和"客户集中化"的实现，可以进一步降低小微企业信贷业务的经营成本。

从风险管理成本角度看，大型银行可以有效节约风险管理成本。随

着金融市场的发展，银行监管机构对银行的风险管理能力要求更高。2010 年，"G20 峰会"通过了《巴塞尔Ⅲ银行业监管标准和原则》，新协议强化了现行的资本充足率监管标准。2012 年，中国银监会发布《商业银行资本管理办法（试行）》，与国际金融监管改革的标准保持一致。为满足更高的资本充足率要求，商业银行不得不增加经济资本或者减少风险资产。以信用风险为例，采取初级法的商业银行只需衡量违约概率（PD），其余资本计算参数由监管机构提供；采用高级法的商业银行则可以通过自身建立的评级办法，提供自己对违约损失率（LGD）和违约敞口（EAD）的估算。我国大型银行具有先进的信息系统并较早地引进风险管理技术，容易实现内部评级高级法，在很大程度上节约补偿性经济资本，降低风险管理成本。

在风险控制方面，除了上述的风险管理成本外，健全风险管理机制也非常重要。目前我国大型银行已基本具备风险管理机制的雏形，风险管理思想和体系随着上市后公司治理机制的不断完善而逐步走向成熟。对于大型银行如何发挥这些优势更好地支持小微企业，本文提出如下对策建议：

（一）鼓励大型银行设立小微企业专营机构

专营机构的工作重点是加强小微企业整体性开发。整体开发有助于大型银行广泛运用交叉验证，确保信息真实有效。而真实的信息是正确分析和降低风险的前提。交叉验证措施包括：一是对第三方信息的检验。运用仓储、上下游、征信、税务等不同来源的数据进行交叉验证。二是对客户的检验。对客户的经历、经营模式、道德品质等非财务信息进行比对验证。三是对财务信息的检验。对客户的财务数据内部关系进行逻辑验证，通过可量化的物理数据对客户经营结果的合理性进行求证。专营机构以专业团队的形式加强与广大网点的合作，通过网点长期的信息积累，挖掘网点周边的商圈小微企业集中客户、核心大企业的供应链上下游优质小微企业。

（二）加强风险管理机制建设

小微企业的集中整体开发，容易出现"一荣俱荣、一损俱损"的情况，这需要大型银行更加重视防范行业和地区系统性风险。因此在信贷测评体系的构建中，要通过对不同行业、区域系统性风险的科学评估，对不同行业或区域核定一个信贷额度投入上限，将行业、区域性系统风险锁定在一个银行可以承受的范围内。在内部风险评级体系的建设中，针对小微企业可以基于银行对账单的企业现金流核算系统，从企业银行对账单中分类提取出利息支付、水电费支付、正常经营资金往来、其他非经营资金往来等重要信息，为核实企业销售收入、判断其盈利能力等提供重要佐证。通过增加"三品"（押品、人品、产品）、"三表"（水表、电表、报关表）、"三流"（人流、物流、现金流）为内容的调查方式，解决信息不对称问题，全面地评估小微企业信贷风险。在信贷风险预警系统中，大型银行要加强监测的时效性和连续性。一般而言，信用风险的传导顺序为：宏观经济风险→行业风险→区域风险→客户经营风险→客户财务风险→客户信用风险。商业银行应重点关注其风险源头。同时，风险预警系统应该和风险测评系统相互作用，贷后风险测评指标的变化要及时地反映到风险预警系统上，如企业在获得贷款后发生的其他违约情况，信誉受损的情况、都应该纳入风险预警系统，加大对企业的全面监测。

（三）建立健全金融服务小微企业的配套机制

小微企业发展作为一项系统工程，仅靠金融机构的参与是不够的，需要多个相关主管部门联动配合，共同履行好各自的责任。在坚持以政府为主导、市场化操作、全社会参与的原则指导下，建立健全三大工作机制。一是信用约束机制。加快全社会的征信体系建设，完善企业、个人的信用信息数据库，形成强大的信用约束力，因为个人信用状况的好坏直接影响到市场机会的获取。二是法律保障机制。保护合法借贷行为，进一步加大司法执行力度，依法维护债权人利益。三是政策激励机制。建立中央银行牵头的金融企业政策协调机制，集中协调金融机构针对小微企业的担保基金、贴息、税收等问题。

参考文献

[1] 陈忠阳，等. 我国银行小企业信贷模式与风险管理研究——基于银行问卷调研的分析 [J]. 金融研究，2009（5）.

[2] 贺力平. 克服金融机构与中小企业之间的不对称信息障碍 [J]. 改革，1999（2）.

[3] 胡援成，吴江涛. 商业银行小微企业金融服务研究 [J]. 学习与实践，2012（12）.

[4] 金伯富. 机会利益：一个新的理论视角 [J]. 中国社会科学，2000（2）.

［5］林毅夫，李永军. 中小金融机构发展与中小企业融资［J］. 经济研究，2001（1）.

［6］欧阳海泉. 中小企业融资支持体系研究［M］. 北京：中央民族大学出版社，2005.

［7］汪兴隆. 论大中型商业银行小微企业金融服务模式的构建［J］. 企业与银行，2012（6）.

［8］李勇. 金融支持小微企业研究［J］. 财经界，2012（5）.

［9］梁鸿雁，徐佩文. 对金融支持小微企业融资的几点认识与思考［J］. 甘肃金融，2012（2）.

（作者单位：中国工商银行四川省分行）

203

依托"新农合"项目提升"三农"产品价值

——农业银行四川开江甘棠分理处模式激发县域网点活力的调查

郑年孝

内容提要：本文通过对农业银行四川开江甘棠分理处模式的调查，分析了"农行开江模式"的创建背景，以企业网银、转账电话、"惠农卡"、农户信用卡、个人短信通、企业短信通 5 个新型"三农"金融产品为主导，并针对镇中心卫生院制订个性化的金融服务方案等具体方式，综合阐述了"农行开江模式"，对激发网点活力具有极其重要的参考价值。

农业银行县域网点如何既服务好"三农"，又创造价值，一直是基层行积极思索的一个问题。分布于乡镇的营业网点是农行金融服务"三农"的最前沿机构，也是农行县域价值创造的最基础细胞。激发网点潜力，农行服务"三农"的能力和自身价值创造的能力都将得到有效提升。在调研中，笔者发现依托"新农合"项目、提升"三农"产品价值创造能力的农行四川达州市开江县甘棠分理处模式（以下简称"农行开江模式"），对激发网点活力具有极其重要的参考价值。

一、"农行开江模式"创建的背景

四川达州市开江县甘棠镇有 18 个行政村，人口近 5 万，其中农业人口超过 80%，约 4 万。该镇工业经济资源极为稀缺、消费动力严重缺乏，种养殖业是经济发展的命脉。置身于这一经济生态环境中的金融机构，服务"三农"和自身业务发展的重点是农村客户，核心领域是农村种养殖业和农民生活。在生产方面，金融服务的主要领域是种养殖业；在生活方面，医疗卫生、养老和教育等是国家财政转移支付覆盖的重点领域。

2011 年 10 月以前，农行开江甘棠分理处服务"三农"主要采取分散式的策略，组织市场营销小组，深入村社，营销"惠农卡"、小额农户贷款等"三农"产品。从数量上看，产生了一定效果，"三农"产品在农村有了一定的覆盖面。

以"惠农卡"为例，2011 年末，总量达到了 6 900 张，对当地农村家庭的覆盖率达 62%，但是使用率比较低，其中 80% 的"惠农卡"为"睡眠卡"，全部"惠农卡"吸收的存款余额不到 30 万元。因此，采取分散式市场营销策略，可以解决"三农"产品在数量上覆盖农村客户的问题，但不能解决农村客户使用问题，需要有一个或多个项目与"三农"金融产品连接，才能发挥出最大效用。

调研发现，在"新农合"发展中，费用报销难是制约农民享受国家农村医保惠民政策的重要因素。按"新农合"政策的规定，农民日常小病医疗中的门诊统筹费用和大病住院费用可报销，主要由镇中心卫生院、村卫生室、农民三个环节组成。在日常小病医疗消费中，农民主要选择村卫生室，每一个月到中心卫生院，按照政策规定报账。

据统计，甘棠镇"新农合"门诊统筹报账的农民大约 3.1 万人，每人每年的"新农合"门诊统筹费用报销额度为 50 元，通过中心卫生院这个窗口，支付给农民；除此之外，就是农民"新农合"大病统筹医疗费用的报销。该镇每年"新农合"门诊统筹和大病统筹费用报销的额度在 800 万元以上，并且随着农村人口的增长、报销比例的逐年提高，"新农合"医疗费用报销金额还在逐年增长。2012 年的总额度达到 1 200 万元。

调研后，农行开江县支行甘棠分理处决定以镇中心卫生院为支点、以村卫生室为基础，搭建"新农合"结算支付服务渠道，以"新农合"项目为主线来激活"三农"产品，提升价值创造能力。

二、"农行开江模式"的具体方式

农行开江支行甘棠分理处模式的具体方式是以企业网银、转账电话、"惠农卡"、农户信用卡、个人短信通、企业短信通 5 个新型"三农"金融产品为主导，针对镇中心卫生院制订了个性化的金融服务方案，其核心内容是搭建"新农合"消费端结算支付渠道和农村居民日常生产生活刷卡购物消费渠道，为农行"三农"产品使用建立起良好的用卡环境。

一是搭建"新农合"消费端结算支付渠道。该分理处率先给镇中心卫生院开立了基本结算账户，开通了企业网上银行，并将企业结算账户与院长的手机捆绑，安装了企业短信通；同时，以18个村级卫生站为支点，以村卫生员和"新农合"的受益农户为主要对象，发放"惠农卡"，开通个人短信通。在这一基础上，在镇中心卫生院和村卫生室安装布放了农行转账支付通，便于农民日常"新农合"医疗保险费用的缴纳和"惠农卡"账户中资金的使用和提取。到目前，甘棠分理处在镇中心卫生院和各村卫生室共安装转账支付通19部，全覆盖了农村医疗体系。

二是搭建农村居民日常生产生活刷卡购物消费渠道。该分理处在场镇和各村日用消费品批零及农资售卖店布放了转账支付通，建立了农村消费结算支付网络渠道。据统计，农行甘棠分理处在全镇场镇和村社比较效益突出的37个农民日常生产生活用品批发零售店安装布放了转账支付通，建立起了良好的农村消费结算支付环境。

三、"农行开江模式"产生的价值

农行四川达州市开江县支行甘棠分理处模式主要的价值体现在社会价值充分发挥和农行价值创造能力有效提升等方面。

一是农村结算支付渠道为"新农合"的发展带来了福音。据统计，自2011年10月建立"新农合"消费端结算支付渠道以来，甘棠镇18个村的31 146个农民依靠该渠道报销"新农合"门诊统筹医疗费用1 725 507元。

二是节约农民金融消费成本。农民不仅运用"惠农卡"直接到村卫生室、镇中心卫生院看病就医，足不出村就能够方便地支取到小额现金，而且还能够采用刷卡方式，在商品销售店购买到生产生活所需的农资农药、生活消费品等，大大节省了农村消费的综合成本，社会效益日益凸显。

三是农行"三农"产品自身价值创造能力大幅提升。统计显示，"新农合"门诊统筹医疗费用合计172.6万元，其中留存银行转化为存款的额度为155.3万元，占比高达90%。更为重要的是，"惠农卡"的存款余额攀升到了585万元，卡均余额攀升到了790元，价值创造能力大幅提升。同时，还带动了农民对农行其他金融产品和服务的使用。目前开江县甘棠镇18个村的农民因为足不出村就能方便地实现金融消费，以前沉淀于农民手中的农行一般借记卡也被激活了，综合价值创造能力大幅提升。据统计，到4月30日，农行甘棠镇分理处给农民发行的一般借记卡总量为 1.7 万张，存款余额达到了 4 108 万元，卡均存款余额 2 473 元，较 2010 年年末平均增长了 45%。

（作者单位：中国农业银行达州分行）

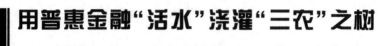

用普惠金融"活水"浇灌"三农"之树
——邮储银行四川分行专注"三农"服务升级

刘义龙

内容提要： 邮储银行四川分行网点遍布川蜀大地，在服务"三农"工作中处于前沿阵地。为此，邮储银行四川分行领导重视，措施得力，推出了一系列服务"三农"的普惠金融举措，取得了不俗的成果。

实现经济可持续发展的基础支撑在农业，扩大内需的巨大潜力在农村，全面建成小康社会的重点难点在农民。在中央全面深化改革，"三农"正逐渐演变成整个经济社会发展的突破口和增长极的大背景下，中国邮政储蓄银行（以下简称邮储银行）作为普惠农民、支持农业、服务农村的重要金融力量，要引普惠金融活水，化解"三农"弱质性和金融机构商业经营可持续的矛盾。中国邮政储蓄银行主要领导在中国邮政储蓄银行"三农"金融服务工作会上明确提出要当好"三农"金融服务生力军。截至 2014 年年底，邮储银行四川分行已向 103.96 万"三农"客户投放信贷资金近 1 420 亿元，占所有信贷投放额的 41%。

一、思想认识重深入

思想是行动的先导。在升级"三农"服务的思想认识上，不但要提得更高，而且要扎得更深，全面深化全行员工"三农"服务的思想认识。

（一）引导员工看好"三农"市场

"三农"是国之根本，实现"中国梦"的重要基石。在银行业利率市场化、客户下沉趋势基本明朗的情况下，尽快开拓农村金融市场"蓝海"，成为商业银行落实国家政策及抢占未来竞争先机的战略抉择。尤其是随着"三农"的战略地位在国民经济中日益凸显,其中孕育着重大的发展机遇。以新型城镇化为例,"住宅"城镇化带来房屋信贷需求增加,"创业"城镇化带来创业资金需求增多,"理念"城镇化带来金融需求业务品种增加,"生活"城镇化带来消费信贷需求及金融服务增多。

(二)引导员工看清"三农"业务

新时期"三农"是各种生产要素的集聚化发展,是集产供销、种养加、贸工农为一体的现代"三农"。"三农"虽然一直与成本高、收益低、风险大相联系,但是自中央开展"三权"(即农村土地承包经营权、农村居民房屋所有权、林权)抵押贷款工作以来,赋予农民更多财产权利,将有效改善抵押担保不足等问题。从邮储银行自身发展战略看,2014年中央一号文件明确提出"鼓励邮政储蓄银行拓展农村金融业务",邮储银行要提高差异化竞争优势,也需要充分挖掘"三农"业务的发展潜力,把专业大户、家庭农场、专业合作社等新型农业经营主体和农业产业化、特色资源开发、优质中小企业、新型城镇化项目及县域财政、社保等机构客户作为下一阶段升级"三农"金融服务的重点。

二、打造平台广渗透

互联网金融的崛起使物理网点的重要性相对下降,电子渠道创新的能力成为未来银行竞争的焦点。作为全国金融服务网点最多的邮储银行,要围绕"四化"进程中新的金融需求聚集点,优化物理网点布局,并通过电子化、信息化打造"柜面服务+自助服务+代理服务+电子渠道服务+流动服务"的"五位一体"的农村金融服务平台,走出一条高效率、低成本的农村普惠金融服务新路。

(一)借力实施"惠农通"工程

要以物理网点为依托,以"绿卡通福农卡"为载体,以在邮政"三农"服务站、村邮站和农家店、小超市、电信移动运营商网点、新农合定点医疗服务站等场所布放电子机具为重点,为农民提供小额取现、查询、转账、消费、缴费等基础金融服务,实现金融"便农"。要与新农保、新农合、涉农补贴等民生工程项目有效对接,为农民"养老钱""看病钱""补贴钱"安全高效地归集、发放和管理建立"直通车",推动国家惠农政策有效落地,实现金融"惠农"。

(二)前瞻布局互联网金融

农村互联网金融的发展符合国家金融改革和金融创新的政策方向,

农村科技信息化建设驶上快车道也使其成为可能。要线下业务线上化，按照"以客户为中心"的理念，结合"三农"不同客户群体需求，加快研发设计个性化的电子银行产品。如对农业产业化龙头企业推广具有集团理财、现金池管理、代发工资等功能的企业网上银行。要向移动金融转型，重点发挥移动支付和手机终端的渠道作用及客户获取作用，按照互联网金融"便利、快捷和强调用户体验"的精髓全力打造一站式移动金融开放平台，以较小的成本提高金融服务覆盖面和渗透率，践行在农村区域的普惠金融服务。如适时推出依托移动终端的网上贷款平台系统，为客户提供 7×24 小时贷款网上申请、预审批、进度查询、咨询交流等服务。

三、创新模式求共赢

要有效提高服务效率和效益，大力助推农业产业转型、农村经济稳定和农民增收，探索建立具有应用推广价值的"三农"服务新模式。

（一）搭建批量服务模式

要做好"一贴近，两结合"工作。"一贴近"即贴近政府，重点加强与各级农工委、农业、林业、粮食、畜牧等涉农部门的对接。"两结合"即结合新型农村经营主体，着力推动"现代农业产业链"的链式开发；结合科协、农技协等协会组织，充分利用"大数据"筛选优质行业和客户。要积极构建"银行+政府+企业+农户、银行+协会+会员+农户（商户）、银行+合作社+农户、银行+龙头企业+基地+农户、银行+担保公司+农户（商户）、银行+市场（商户）"等平台模式，批量化经营。

在四川彭山县观音镇果园村，一说起邮储银行，当地几位果农都感慨："以前我们既没有技术也没有钱，但是现在果园村葡萄协会成立后，帮我们解决了技术问题；再通过协会搭桥，邮储银行又帮我们解决了'票子'问题，让我们对葡萄园以后的发展充满了信心。"果农们的喜悦，正是得益于邮储银行四川分行与科协共同打造的"银会合作"新模式。

目前，在邮储银行的信贷支持下，该协会种植葡萄品种达 36 个、面积 6 000 余亩，带动周边乡镇种植 10 000 余亩，解决了当地近 50%的农村劳动力就业问题，2013 年产值达 1.7 亿元，实现人均纯收入 14 389 元，比四川省农村人口人均纯收入多 1 倍。

（二）推行集中支农模式

重点要实施"支农惠民行动计划"七项工程，即① "基地建设工程"。选择相对集中的优势特色产业基地进行重点扶持，逐步培育一批优势产业带和产业集群。目前，邮储银行四川分行根据总行发展战略和四川省委、省政府"三大发展战略"，结合四川省情，正围绕"八川"做文章，支持川猪、川茶、川酒、川林、川烟、川菜、川果、川药等一批"川"字号优势特色产业生产基地，树立"邮储银行服务'三农'示范基地"的品牌。②"龙头带动工程"，大力扶持农业产业化龙头企业、涉农中小微企业、专业合作社、种养大户、家庭农场主等新型农业经营主体，支持其专业化、标准化、规模化、集约化建设和推广运用新技术、新品种、新机具。③"农村流通工程"，与"万村千乡""农超对接"等农村商品流通体系建设相结合，重点支持农产品专业批发市场建设和产地小型农产品集散市场、集配中心、农产品现代流通综合示范区建设。④"特色资源开发工程"，重点支持都市农业、有机农业、循环农业、观光农业、设施农业等多功能农业进一步发展。⑤"创业就业惠民工程"，联合人社、财政、妇联和共青团等部门进一步完善促进创业就业小额担保贷款政策，重点支持回乡创业农民工、农村青年、留守妇女创业就业，使其成为农村致富的带头人和邮储银行的成长型、战略型客户。⑥"美丽新村工程"，围绕新型城镇化、美丽乡村建设，在新村聚居点、新农村综合体、旧村落改造和传统民居保护及其基础设施配套等方面有针对性地开发设计金融产品和特色融资解决方案。为支持四川巴中市以新房舍、新产业、新设施、新风尚为主要内容的"巴山新居"工程，邮储银行四川分行推出了"巴山新居"新农村建设小额贷款专项产品，无需抵（质）押，仅采取保证或联保方式，最高可贷 8 万元，期限最长达 3 年。截至2014 年年底，"巴山新居"小额贷款已累计发放 1 600 余笔，金额逾亿元。⑦"金融扶贫开发工程"，以汇聚部门政策合力为支撑，扎实开展集中连片特困地区农村金融扶贫工作，结合其资源禀赋、区位优势和产业特色，进行精准扶贫、产业扶贫、定点扶贫，增强金融对贫困地区的"输血""造血"功能。2014 年 6 月，邮储银行四川分行同省委农工委签署合作协议，计划 2014—2018 年对四川"三农"领域进行信贷投放，总额将超过 1 200 亿元，着力提升四川农业现代化水平和新农村建设进程。

211

四、创新产品接地气

产品是商业银行做好服务的基础，没有好的金融产品就没有好的"三农"金融服务。要建立"三农"产品创新基地，努力打造邮储银行服务"三农"的专属品牌。

（一）打造特色农户金融产品

小额农户贷款是邮储银行践行普惠金融的一面旗帜。要发挥邮储银行信贷员熟悉农村、了解农户情况的优势，按照"一行一品""一行一式"的思路，持之以恒地丰富小额农户贷款产品体系，并推行"一次授信、随用随贷、余额控制、周转使用、动态调整"的农户信贷模式，重点支持种养"产业户"、生产加工的"规模户"、有品牌优势的"龙头户"以及长期合作的"信用户"，更好地发挥农户贷款的富农功能。截至2014年年底，邮储银行四川分行涉农小额贷款产品创新达52项。要加快推动农户贷款业务转型，实现从单一信贷向提供多元化金融服务转变。顺应新型农民消费升级趋势，为农民提供投资理财、购房买车、教育旅游等多样化金融支持也是邮储银行未来新的业务增长点。

（二）打造综合产业链金融产品

要围绕"大三农"，在风险可控的情况下适度引入农村土地承包经营权、林权等抵押，充分发挥信贷"授信、利率、信用创造"三个杠杆功能，在推进现代农业产业链综合金融服务上下功夫。要优先支持具有发展潜力的"一县一业""一县一品"特色产业。要在"全产业链"战略的引领下，深耕特色产业领域，以"客户资源深度整合营销"模式为客户提供存贷款、现金管理、电子银行、交易金融等在内的综合金融服务，提高客户综合价值贡献度。2014年年初，邮储银行四川分行制订了《"三农"贷款服务营销模式升级试验区实施方案》，在全省各分（支）行开展"五个一"活动，即确定一家支行、选择一个涉农产业链、设计一套综合金融服务方案、推广一个授信产品、开发一个（组、批）涉农客户，在特色农业产业链综合营销模式探索上取得一定成效，先后成功开发了新希望集团、通威股份、吉峰农机、省粮协等产业链龙头企业。

五、健全体系强支撑

（一）完善组织架构体系

要积极探索推进"三农"金融事业部改革，实行总行、省分行、市州分行管理部门"三级督导"、县域支行"一级经营"的事业部管理架构，对纳入"三农"事业部的县域支行实行政策指导、财务核算、信贷规模、绩效考评、风险监控、拨备核销"六个单独"的运行机制，确保专门的机构、专门的人员、专门的资源专心致志地做好"三农"金融服务。邮储银行作为服务"三农"的生力军，要积极实施重点县域特色支行推进计划，打造"三农"市场拓展的"桥头堡"。比如要"营销下沉、管理上收"，提高县域支行的市场响应速度与市场搏击能力；探索创新县域支行正向激励机制，最大限度地激发其发展活力和内生动力。

（二）健全风险防范体系

相比于城市金融，农村金融依然存在信用环境较差、有效抵（质）押物较少、信贷管理受"熟人文化"影响等问题。一是要开展创建信用村（镇）、信用市场（街道）活动，逐步建立起电子化农（商）户信用档案和信用评价体系，营造"守信激励、失信惩戒"的良好信用环境。二是要编制"三农"信贷操作手册并植入审贷系统，详细规划各类业务调查、审查、审批的要素、方法、程序，提示主要风险点并提出相应风险控制方案。三是要在明确各类业务风险容忍度和免责条款的基础上，对"三农"信贷业务全面推行包放、包管、包收，同时，绩效工资与贷款的质量、效益、规模挂钩的"三包一挂"责任制，并从严进行考核兑现。四是要形成"三农"风险有效分担补偿机制，努力推动各级政府设立农业担保公司、涉农贷款担保基金和风险补偿基金等。

总之，金融支持和服务"三农"既是针对"三农"问题"补短板"，也是推动全面建成小康社会的"强杠杆"。它针对中国进一步发展的关键性障碍，以"三农"为支点，以金融为杠杆，撬动的绝不仅仅是"三农"本身。

（作者单位：中国邮政储蓄银行四川省分行）

213

村镇银行卡业务缺失问题浅析

广安银监分局

内容提要：据广安银监分局调查了解，截至 2013 年 1 月，四川省 39 家村镇银行无一入网发卡，明显削弱了村镇银行业务拓展力和同业竞争力。本文分析了村镇银行入网发卡存在的主要问题：一是经营规模难以支撑入网发卡成本；二是软硬件短板导致入网发卡技术受限；三是发起行对支持入网发卡态度消极；四是银行卡科技风险防控能力较弱。最后针对解决村镇银行银行卡的缺失提出了相应的对策和建议。

214

随着科技因素在银行业服务中的大量应用，银行卡业务迅猛发展，银行卡的普遍使用给持卡客户带来了前所未有的安全和便利。然而，广安银监分局调查了解到，四川省 39 家村镇银行无一入网发卡，明显削弱了村镇银行业务拓展力和同业竞争力。

银行卡缺失，使村镇银行在竞争中处于劣势：一是徒增经营成本。银行卡缺失增加了现金的使用频率，在运输、保管、清理等环节浪费较多人力物力，降低了现金业务办理效率。二是制约相关业务发展。银行卡是现代银行业务的基础媒介，缺少银行卡导致负债业务的拓展举步维艰。如村镇银行 75% 存贷款比的 3 年"保护期"已过大半，而广安恒丰村镇银行存贷款比仍高达 124.5%。三是影响客户对银行的认知。经济一体化发展使客户跨行、异地业务需求上升，银行缺少银行卡与客户现实需求以及习惯认知相悖。四是传统存折不易携带且易折损，难以吸引和留住客户。

一、村镇银行入网发卡的基本模式

（一）作为独立机构入网发卡

村镇银行可作为独立企业法人，履行相关审核程序，获审批通过后加入银联网络，成为银联的基本成员机构和责任主体，从而实施独立发卡并开办银行卡业务。独立机构对跨行交易、清算、差错和争议处理承担全部责任，对通过银联网络开展跨行业务可能对银联或其成员机构造成的任何损失承担全部责任。

（二）作为发起行的银联从属成员发卡

按照《银联卡业务运作规章》的规定，如村镇银行的全资或控股股东为银联基本成员，村镇银行可作为从属成员，通过全资或控股股东担保，直接接入银联网络，或通过银联成员机构间接接入银联网络，从而开展银行卡业务。

二、村镇银行入网发卡存在的主要问题

（一）经营规模难以支撑入网发卡成本

一是前期资金投入较大。银行卡系统包含业务处理系统、多个平台和前置设备，涉及准入审批、入网银联等多个环节，初步估算前期科技和设备购置投入在 500 万元以上。此外，银联成员入网还需缴纳入网费、联网测试费、清算风险备付金等费用，庞大的前期资金投入对于资产规模较小的村镇银行无疑构成较大压力。二是分支机构少，边际成本递减效应难以体现。目前，四川省 39 家村镇银行中，仅有 1 个营业网点的共32 家，占比 82%，分支机构最多的北川富民村镇银行也仅开设了 6 个营业网点。理论上讲，银行网点或分支机构越少，所分摊的入网发卡成本就越高，边际成本递减效应难以体现。

（二）软硬件短板导致入网发卡技术受限

一是以独立机构发卡对软硬件要求高。以独立机构形式入网发卡要求核心系统完全独立、建设中心机房、实现机房异地备灾等。全省村镇银行核心系统大多依赖发起银行，业务数据由发起行集中管理和维护，自身实力尚无法实现科技独立，难以达到入网发卡的软硬件要求。二是以从属成员发卡存在技术瓶颈。全省村镇银行核心系统大多沿用发起行或其他商业银行淘汰的落后版本，无法支持包含银行卡在内的多平台数据处理和交换。此外，据部分村镇银行反映，发起行银行卡系统不支持

多法人接入，村镇银行通过发起行接入银联网络面临技术障碍。

（三）发起行对支持入网发卡态度消极

目前，除部分全国性大型银行银行卡技术较为成熟外，其余中小银行在银行卡技术、管理和清算方面尚存在诸多缺陷。发起行在自身技术欠成熟、制度流程未规范的情况下，根本没有多余技术和资金力量帮助控股村镇银行完成入网发卡。对广安恒丰村镇银行调查发现，发起行对于以银联从属成员形式发卡持消极态度，不愿提供资金和技术支持，也不愿为其提供入网担保。

（四）银行卡科技风险防控能力较弱

一是信息科技基础设施薄弱，存在业务连续性风险。村镇银行新投入核心系统经常需要进行补丁更新和升级，且重要设备及系统未完全达到双机要求，势必影响银行卡业务稳定性；核心数据完全依托发起行备份管理，存在银行卡数据泄密隐患。二是外包风险突出。信息化建设严重依赖外包和发起行，但缺少对外包商和发起行科技人员的有效约束；信息科技过度对外依赖使得村镇银行在系统后续维护、更新和开发中容易失去议价话语权。三是约束机制不到位。村镇银行普遍存在科技管理较粗犷、制度和操作流程不完善、已有制度执行存在不到位等情况。四是科技管理存在漏洞。村镇银行科技人员权限过大，单人操作较多，操作风险和案件隐患突出，信息系统突发事件应急预案明显不足。

三、解决村镇银行银行卡缺失的对策和建议

（一）量体裁衣，合理确定发卡模式

一方面大多数村镇银行规模实力弱小，信息科技建设过度依赖发起行，因此采取借总行系统接入银联网络具有先天优势，且村镇银行与发起行利益相关，数据安全性和满足个性化需求能力较强。以银联从属成员模式发卡还具有前期投入少、建设周期短、技术人员需要量小等特点。因此，比较两种入网发卡模式，从属发卡更加适合大多数村镇银行。另一方面，对于个别资本和科技实力强，有大量增设分支机构发展规划的村镇银行，为增强经营独立性和安全性，也可考虑作为独立机构入网发卡。

（二）立足长远，狠抓信息科技管理水平

一是重视信息科技建设。管理层要提高对信息科技的认识，理顺与业务发展的关系，加大人财物投入，科学编制信息科技发展规划，先易

后难，逐步形成包含 ATM、POS、网上银行等在内的银行卡服务体系。二是关注科技风险。村镇银行在信息化建设中应密切关注科技风险，将其纳入整体风险管理框架，建立健全信息科技治理架构，重点做好外包风险和业务连续性风险管理，切实提升应急管理能力。三是加强监管指导。监管部门要针对村镇银行的差异化特点，有针对性地制定监管标准，适度加大检查、巡查频率，督促其尽快达到监管要求。

（三）向上沟通，争取发起行提供发卡便利与支持

一是积极反映短板效应。村镇银行要向发起行真实反映客户对于银行卡的迫切需求和银行卡缺失对业务拓展带来的制约，唤起发起行对其全资村镇银行入网发卡的重视，切实给予资金和技术支持。二是协商解决技术难题。针对安全保密、网络接入、入网担保等问题，要与发起行务实磋商，合理咨询技术公司或专业机构，拟订有效的解决方案。三是借鉴成功案例。认真学习借鉴已实现入网发卡村镇银行的案例，取长补短，少走弯路。

217

再论信托在我国商业银行表外业务中的运用问题

罗志华

内容提要：尽管近年来信托公司代客资产管理规模呈现快速增长态势，但我国信托发展还是在歧途上渐行渐远，其快速增长的资产绝大部分是银行监管套利的结果。信托概念及其制度设计在我国长期被误解误用，约20万亿元信托财产缺乏法律规范和保护。本文旨在厘清我国信托定位，为推动当前我国金融业改革以及促进各类金融机构表外业务健康发展寻求思路。

从1994年笔者从业于信托公司算起，笔者对信托的跟踪研究已有20余年。尽管近年来信托公司代客资产管理规模呈现出快速增长态势，笔者还是坚定地认为我国信托发展正在歧途上渐行渐远，其快速增长的资产绝大部分是银行监管套利、证券公司制度安排的结果，并非信托公司财富管理的真实增长。

按照实质重于形式原则判断，我国信托财产规模估计已接近40万亿元，其中包括银行代客理财、信托公司信托产品、证券公司资产管理计划、基金公司公募与私募基金、保险公司资产管理计划、企业年金、私募基金公司信托型基金等。但除了信托公司信托产品、基金公司公募与私募基金、企业年金等不到20万亿元信托财产明确以《信托法》及其相关特别法和规定进行规范外，其他约20万亿元信托财产缺乏法律规范和保护。

因此，厘清我国信托定位与信托公司出路，是推动当前我国金融业改革特别是促进各类金融机构表外业务健康发展亟待解决的问题。

一、信托之歧解

在我国，但凡谈到信托，不论在学术层面还是在实践层面，都会让人联想到信托公司、信托产品，都会与金融、与信托公司、与信托产品联系在一起。显然，不少国人对信托存在重大歧解。

歧解之一：信托是金融。

信托的本质其实不是金融，而是一种基于财产权的法律安排和制度设计，这种设计在英国流行了数百年。19 世纪初，美国人将信托制度安排运用于人寿保险公司的遗产管理等金融业务中，就形成了信托类金融业务与产品。正如互联网与金融本来是两回事，但将互联网技术运用于金融业务中就形成了互联网金融，道理是一样的。

歧解之二：信托产品是信托公司开发的产品。

信托业务与产品绝对不仅仅局限于信托公司的信托业务和信托产品，而是包含了所有金融机构、非金融机构以信托制度开发的金融业务和产品，比如银行表外理财产品、信贷资产证券化产品（SPV）、证券投资基金产品（公募与私募）、券商集合理财产品和定向资产管理计划、保险资产管理产品、企业年金计划（含商业银行、证券公司、保险公司、信托公司管理的）、各类私募基金（有限合伙制基金和有限公司制基金除外）以及各类机构开发的公益信托基金、律师事务所受托的遗产信托安排，等等，不胜枚举。这些信托产品在我国不能被称为信托，是我国的制度和立法问题。而这些产品或安排在美国、英国、日本等国家和中国香港特区、中国台湾地区，均称为信托，受当地信托法或继承法等规范。

歧解之三：信托业是信托公司组成的行业。

信托业不是信托公司业，信托公司业也不是信托业。当前，但凡谈到我国信托业，一般人就认为是 68 家信托公司的行业。但这样定义信托业存在明显错误。信托本质上不是金融，它既包含金融业务中的信托事务，又包含非金融业务中的信托事务；既包含商事信托（营业信托）事务，又包含民事信托（不以营利为目的的信托）；既包括私益信托，又包括公益信托（公益信托基金）。按照惯常使用的业态标准定义，信托业应包括金融信托业和非金融信托业，而金融信托业包括了所有金融机构实质上从事的信托业务和所开发的信托产品，包括银行理财产品、券商资产管理产品、保险资产管理产品、企业年金产品以及各类采用有限合伙制和有限公司制之外的债权和股权基金类产品。

219

歧解之四：《信托法》是规范信托公司的法。

我国《民法通则》对公民、法人在一般民事行为下的民事法律行为和代理、民事权利、民事责任等进行了规范，但对于将财产转移给受托人管理的权利和责任的规范并不完善，因此在此基础上产生了《信托法》。《信托法》是《民法通则》的特别法，属于私法范畴，规范的是经济社会生活中所有的信托行为，而不仅仅局限于金融活动中的信托行为，更不仅仅局限于信托公司的信托行为。由于《信托法》是规范社会经济中所有信托行为的法，对证券投资行为的规范难以详尽，因此在《信托法》基础上产生了更明细的一个特别法《证券投资基金法》，对证券投资中的信托行为进行了更详尽的规范。因此，《信托法》作为私法，不同于《商业银行法》、《证券法》、《保险法》、《证券投资基金法》等商法，它规范的是我国社会经济生活中所有的信托行为。

二、他山之石

20 世纪 30 年代，我国著名信托学家朱斯煌对信托即有定论："论信托观念之起源当以罗马为始，论信托事业之发达当以英国为始，而以美国为盛。"（朱斯煌，1935）张淳认为，信托是发端于英国而兴盛于美国的古老财产管理制度，是基于信任而产生的财产关系（张淳，1994）。王连洲（2005）认为，信托是一种以资产为核心，以信用为基础，以权利主体与利益主体相分离为巧妙设计的现代财产管理制度。

信托在其他国家的定位，与国内差异显著。从英国的实践看，社会信托事务中大约 80%属于民事信托，仅有 20%属于营业信托。英国的法人受托营业信托业务主要集中在少数银行和保险公司（周树立，1999）。从美国实践看，美国最早的信托业务是 19 世纪初由人寿保险公司开办的。尽管美国也开办了专门的信托公司，但在 1908 年修订《信托公司准备法》以及 1913 年颁布《联邦储备银行法》，从法律上允许国民银行兼营信托业务后，信托公司与银行已经没有区别。当前，美国的信托公司就是银行，"信托公司"只是银行的一种名字，所从事业务和接受监管与银行一模一样，只要具备一定条件就可以加入联邦储备委员会和联邦存款保险公司（朱善利、王韬光、朱妍兰，1998）。美国没有专门的信托公司和信托行业，信托只是商业银行重要的表外业务种类之一。在美国联邦存款保险公司（FDIC）统计的 2001—2010 年美国银行业非息收入中，信托业务收入占非息收入比例的平均值为 11%左右，仅次于平均值为

16%左右的存款账户服务费收入；2007 年，FDIC 统计的 7 283 家银行实现的信托及代理业务收入占净营业收入的 5.47%，仅次于占比为 7.51%的存款账户服务费收入。

有意思的是，世界上专门组建信托公司开展信托业务的国家和地区，在经历数十年曲折坎坷之后，最终无不向商业银行回归。比较典型的是日本和中国台湾地区。从日本经验看，信托公司在经历 48 年无数次清理整顿之后，7 家信托公司于 1948 年全部退回信托牌照，其中 6 家信托公司根据《银行法》注册为普通银行，根据 1943 年《兼营法》兼营信托业务并更名为"信托银行"，另外 1 家信托公司转型为证券公司。从中国台湾地区经验看，1975 年台湾银行业规定的第六章、1991 年台湾信托投资公司管理规则均赋予了信托公司有限银行业务。1991 年信托投资公司申请变更登记为商业银行的有关规定出台后，1992 年中国信托投资公司转制为中国信托商业银行，1994 年国泰信托投资公司转制为庆丰商业银行，1995 年华侨信托投资公司并入世华商业银行，第一信托投资公司转制为汇通商业银行。仅存的中联信托、亚洲信托、中华开发、台湾开发信托等四家信托公司，至 2008 年或转型为商业银行，或被商业银行收购。1999 年，中华开发信托改制为中华开发工业银行，台湾地区开发信托于2005 年将信托业务出售给日盛银行，转型为房地产公司；中联信托于2007 年被台湾地区中央存款保险公司接管后，又被国泰世华银行收购；亚洲信托于 2008 年在台湾地区中央存款保险公司接管后，被渣打银行收购。

值得注意的是，台湾信托业商业同业公会 56 家会员单位名录一览表（更新至 2014 年 4 月 15 日）显示，46 家会员为商业银行，10 家会员为证券公司，并没有专门的信托公司会员。因此我认为中国台湾地区对于"信托""信托业"的理解比中国大陆更为深刻，制度安排更加清晰。一是中国台湾地区允许银行、证券公司兼营信托业务，将信托作为银行、证券公司开展表外业务的制度工具（柴荣，2006）；二是中国台湾银行业规定将信托公司定位为银行（赖源河、王志诚，2002），中国台湾信托业规定认可银行兼营信托业务，即"银行经主管机关之许可兼营信托业务时，视为信托业，适用本法之规定"。因此不难理解在中国台湾地区有信托业同业公会，但没有信托公司。这正是中国大陆需要借鉴的制度安排以及需要正确理解的信托。

三、我国信托之出路

笔者以为，要解决信托在我国之发展，必先解决我国信托公司之转型。20 世纪 80~90 年代，信托公司以改革"轻骑兵"的角色和"拾遗补缺"的功能，一度成为我国计划体制之外的实质商业银行。但融合存款性功能和投资银行功能于一体的制度安排缺陷，导致了当时信托公司将大量存款资金用于证券和房地产投资，并引发了金融风险。这与导致美国 1933 年金融危机的原因如出一辙（尽管学术界对此尚存在争论）。与美国《1933 年格拉斯—斯蒂格尔法案》将商业银行和投资银行一分为二、将信托公司作为商业银行监管不同，我国 90 年代中期和后期对信托公司的清理整顿分别剥离了信托公司的商业银行功能和投资银行功能，使其成为既不具有银行功能又不具有证券功能，仅依靠"拾遗补缺"和"制度套利"为生存基础的资产管理公司，形成了一个巨大的、欠缺监管的、面临刚性兑现威胁的影子银行体系。我们无法怀疑制度的力量，制度设计的缺陷决定了信托公司将长期成为问题行业，这是无论经过多少次清理整顿都无法改变的。

笔者坚定地认为，信托仅是制度而非业务，任何机构、个人都有在法律下享有、运用信托制度，获得信托制度保护的基本权利。我国金融业对信托公司的"圈养"和赋予信托公司专营商事信托的权利，是以牺牲全民族个人、法人依法享有、运用信托制度为代价的，让整个社会对信托产生歧解和偏见。这既不利于信托公司的健康发展，又不利于我国金融业改革的推进和表外业务转型；既阻碍了信托制度在金融和非金融领域的合理运用与发展，又影响了信托文化、受托责任在我国社会经济生活中的植入、传播和培养。

要改变以上现状，需要监管部门和立法机构拿出自我纠偏的勇气：一是重新定义信托；二是允许信托公司根据业务特质转制为有限牌照商业银行、证券公司、基金公司等；三是按照实质重于形式原则，参照以《证券投资基金法》规范基金公司信托行为的立法实践，以《信托法》及其相关特别法和规定，规范商业银行理财业务、证券公司资产管理业务、保险公司资产管理业务、企业年金业务、运用信托创设的私募基金业务等，并修订《商业银行法》第四十三条、《证券法》第六条、《保险法》第八条中关于禁止从事信托业务的规定，允许商业银行、证券公司、保险公司合法开展基于信托关系构造的代客理财业务、私人银行业务、资产管理业务。只有这样，我国信托事业才能拨乱反正、健康发展。

参考文献

［1］朱斯煌. 信托之法理［J］. 复旦学报，1935（0）：34-43.

［2］张淳. 信托法原论［M］. 南京：南京大学出版社，1994.

［3］周树立. 中国信托投资问题研究［J］. 投资研究，1998（6）：16-22.

［4］王连洲. 中国信托制度发展的困境与出路［J］. 法学，2005（1）：8-13.

［5］柴荣. 试论台湾地区存款保险法律制度［J］. 郑州大学学报：哲学社会科学版，2006（4）：50-54.

［6］廖强. 制度错位与重建：对我国信托业问题的思考［J］. 金融研究，2009（2）：54-64.

［7］三菱日联信托银行. 信托法务与实务［M］. 张军建，译. 北京：中国财政经济出版社，2010.

（作者单位：四川省社科院）

招商银行与渣打银行个人理财业务比较分析

曾贝诺

内容提要：本文从国内商业银行个人理财业务的发展现状入手，选取内资的招商银行和外资的渣打银行作为研究对象，对招商银行和渣打银行个人理财业务现状及主要个人理财产品进行详细介绍、分析。在基于两者个人理财业务总体分析的基础上，以两家银行主要个人理财产品为样本，从个人理财产品的多样性、收益性、风险性三方面对招商银行和渣打银行个人理财产品进行比较，通过比较分析总结出两者的成功经验，并从我国个人理财业务的发展现状出发，提出我国商业银行个人理财业务的发展建议。

一、招商银行与渣打银行个人理财业务现状考察

（一）招商银行个人理财业务综述

招商银行于 2002 年 10 月推出了"金葵花"理财品牌，在争取中高端客户的竞争中获得了巨大成功，还获得了"中国首届杰出营销奖"银奖。招商银行在全国超过 800 个"金葵花"理财中心开通了"金葵花"贵宾理财服务，推出了受托个人理财产品、基金类产品、保险类产品、交易类产品四大类个人理财产品。

客户对象方面，招商银行把客户群分为高端、中端、低端三大类，分别提供不同的产品组合，实行差异化、个性化、人性化的个人理财服务。若"金葵花"客户每月日均资产低于 50 万元，每月将收取 150 元的

账户管理费；若"金卡"客户每月日均资产低于 5 万元，将收取每月 10 元的账户管理费，以此对客户群体进行一定程度的选择。

产品种类方面，招商银行个人理财产品主要分为七大系列，包括风险较低的安心回报系列、日日金系列、焦点联动系列、招银进宝系列产品以及风险相对较高的 A 股掘金系列、新股申购系列、海外寻宝系列产品。

收入占比方面，招商银行 2007—2012 年第三方业务收入占总收入的比例持续增加，发展速度非常快，2012 年非利息收入达到总营业收入的 22.1%。招商银行通过个人理财服务所产生的收入在利润表中记载于托管及其他受托项目内，其托管及其他受托业务收入近几年实现了大幅上升，2011 年、2012 年同比增长率高达 69.1% 及 51.5%，可见招商银行目前的个人理财业务及第三方业务发展迅速并有很大的上升空间。

理财能力方面，根据西南财经大学信托与理财研究所发布的综合排名数据，招商银行个人理财业务综合能力在 2011—2012 年各季度排名均稳居第一，其理财能力领先同业银行。此外，相关研究数据显示，招商银行理财能力水平在产品发行能力及服务多样性方面表现得尤为突出。

发行能力方面，根据普益财富金融数据库的统计，2004—2012 年第一季度，个人理财产品发行数量前 18 家银行中，招商银行的产品发行量名列第一，占据市场 10.01% 的份额。

服务能力方面，招商银行的"金葵花"理财服务扎实具体，相对于国内其他银行而言，有更成熟的经营模式，有人员、产品为基础支撑。例如，招商银行会定期组织贵宾客户进行理财知识讲座，与券商合作设计、制作招商银行专属的信托个人理财产品，与各商家合作推出手机付费优惠套餐等，贵宾顾客不仅享受到了个性化的投资理财服务，同时也能获得由此带来的各项优惠和便利。"金葵花"理财客户有任何理财上的问题或需求，都可以随时联系理财经理解决，同时在理财分析系统及专家的支持下，根据客户意愿出具《理财规划报告》，为客户进行投资理财和生活理财的策划。招商银行还通过与保险、证券、基金、信托等合作，交叉代理营销各种相关个人理财产品，满足客户各种投资需求及平衡客户各项资产配置。

(二) 渣打银行个人理财业务概述

渣打银行是所有外资银行中在华经营时间最长的一家，为中国银行业的发展做出了一定贡献。渣打银行在中国有 150 年的经营历史，是与中国建立业务关系最早、合作时间最长的外资银行。2005 年，渣打银行向中国渤海银行购买了 19.9% 的股份，2008 年，渣打银行（中国）公司荣获《亚洲银行家》杂志中国最佳外资零售银行大奖，并被《第一财经》授予 "2008 中国企业社会责任榜杰出企业奖"。目前，渣打银行在内地的网点总数已有 100 家，包括 23 家分行、76 家支行和 1 家村镇银行。

客户对象方面，受销售渠道较少影响，渣打银行并不采取追求市场份额的竞争策略，而是以股东财富最大化为宗旨，在个人理财业务上采取客户中心主义竞争策略，即只为 20% 的高端客户提供个性化服务，甚至为顾客制作专属的个人理财产品。渣打银行将客户群按照资产状况划分为高端、中高端两类，针对不同群体客户提供两种理财品牌：创智理财及优先理财。创智理财要求客户有不少于 10 万元人民币或等值外币的资产进行理财，优先理财的客户理财资金则要不少于 50 万元人民币或等值外币。同时，渣打银行对客户的选择更细致，不仅依客户资产状况进行划分，还按照客户职业的不同、收入的差异、年龄的大小等标准对客户群体进行不同维度的划分，并最终选择了低风险职业中的高收入者及中等风险职业的中高收入者、35 岁以上的顾客群。虽然这部分人群只占总市场的一小部分，但是他们能够给银行带来最大的利润，实现资源最佳配置。

产品种类方面，渣打银行提供的多数为结构化理财产品，主推代客境外理财系列。据银率网统计，渣打银行结构化个人理财产品发行量居全国五强之列，排外资银行首位。渣打银行个人理财产品系列有 5 大类，分别是风险等级较低的市场联动系列、信托理财计划、安投乐盈滚动投资系列产品以及风险等级较高的代客境外理财系列、基本型汇利投资系列产品。

收入占比方面，渣打银行（中国）公司个人理财业务列入手续费及佣金收入中，其收入比例占营业收入的近 20%。从各年份收入占比数据看，渣打银行的手续费及佣金收入在持续上升，中间业务收入占总营业收入比例较为稳定。金融危机期间，虽然其主营业务收入下降，但中间业务收入仍在上升，并保持了正的增长率。

理财能力方面，根据普益财富统计，渣打银行 2011—2012 年第一季度个人理财业务综合能力排名在外资银行中名列第 2。根据银率网出具的《银行个人理财产品市场年度分析报告》，在 2011 年到期的个人理财产品中，渣打银行共 38 款（全部为结构型产品）以平均到期收益率 12.15% 居收益率榜首。西南财经大学信托与理财研究所 2011—2012 年第一季度的研究数据也表明，渣打银行在 2011 年上半年各季度收益能力均排名第一，但受 2011 年下半年海外市场的投资环境持续恶化影响，渣打银行以"美林 QDII200710"和"美林 QDII200711"为代表的多款代客境外理财产品发生巨额亏损，导致其个人理财产品整体收益水平大幅下滑。

业务创新性方面，渣打银行为客户提供两种理财方式：创智理财、优先理财，后者相当于 VIP 客户。对于创智理财客户，渣打银行提供标准化的理财服务方式，利用渣打银行自身设计或已有来源的个人理财产品满足顾客需求。优先理财顾客在享受创智理财的同时还可自行选择设计投资一些个人理财产品，有专业的理财经理作为投资顾问，共同规划客户的投资计划。并且，渣打银行配有专业的财富管理部门专门负责个人理财产品的开发。为了使得开发出来的产品是客户真正需要的，财富管理部门会通过各种方式来了解顾客需求，甚至设计出创新的个人理财产品来引领顾客需求。这是国内商业银行目前无法比拟的。

227

近几年，渣打银行的财富管理部门又推出了"智衡"家庭财富管理系统。其借鉴了现代投资组合理论和先进的金融工程模块，是评估、分析和规划家庭财富的有效工具。该系统将视野从投资者个人延伸到了整个家庭，利用专业的财务模型，迅速判断家庭财务健康状况和保障需求，并推荐相应的资产配置模型和保险方案。系统配套的服务流程要求投资顾问、保险专员等专业人员参与其中，提供个性化的咨询意见。① 区别于其他商业银行仍在以理财门槛、客户年龄来划分顾客群，渣打银行首次以家庭为单位，通过填写问卷的方式，了解其家庭成员构成及资产状况，从而根据各个家庭成员的年龄、资产的构成等提供个性化的理财方案，这在国内还是首例。

---

① 渣打银行理财频道 [DB/OL]. https://www.sc.com/cn/invest/index.html.

二、招商银行与渣打银行个人理财业务对比分析

（一）产品多样性

招商银行个人理财产品投资风险整体较低，适合喜欢稳健投资风格的投资者，大部分产品投资于银行存款及债券等风险较低的标的物，在外币投资方面，偏向于投资基金、汇率等产品，整体投资风险较低。而渣打银行多种个人理财产品都没有固定的期限，认购费率根据其投资时间的长短呈现梯度选择。从购买门槛来看，认购起点最低 5 万元人民币或 1 万美元，普遍以 8 万元人民币为主，入市门槛较高，目标偏向于高端客户群。外币投资品种多样，其挂钩产品丰富多样，涉及现金、债券、股票、基金等各个方面，整体收益率较高，但风险水平也较高，适合有一定风险承受能力的投资者。具体比较如表 1 和表 2 所示。

表 1　　　　　招商银行与渣打银行个人理财产品多样性比较（1）

	认购币种	产品系列	投资期限
招商银行	多为人民币，外币一般为美元、欧元、澳大利亚元或港币	拥有个人理财市场上几乎所有的理财品种，涵盖了打新股类产品、债券类产品、结构化产品、信托类产品、QDII 产品	招商银行产品期限丰富多样，但更偏重中短期个人理财产品，既有超短期（<30 天）的个人理财产品，也有 1~3 年的个人理财产品，多数个人理财产品为 3 个月的期限
渣打银行	除主要世界货币外，还普遍接受英镑、新加坡元、日元、瑞士法郎等	以结构化产品和 QDII 产品为主，产品系列中不含打新股类个人理财产品	个人理财产品期限一般在 1 年以上，且多数不设定固定的投资期限，顾客可以根据需要随时申购、赎回，期限上更具自由性，但几乎不含短期的产品，更没有小于 30 天的超短期个人理财产品
比较结论	渣打银行的认购币种较招商银行接受范围更广	渣打银行在产品系列方面不如招商银行丰富，但渣打银行有成熟的国际市场操作经验，在境外市场投资方面较招商银行具备明显的优势，代客境外理财产品设计更为复杂，投资内容更为广泛，期限、标的物更加灵活	渣打银行在产品期限设计上不如招商银行丰富，缺乏短期理财产品，期限层次不够多样

表 2 招商银行与渣打银行个人理财产品多样性比较（2）

	认购金额	挂钩产品	收益类型
招商银行	招商银行认购金额普遍是 5 万元人民币或等值外币	大部分投资标的物为银行同业存款、债券、短期票据等低风险产品	多为保本浮动收益类、浮动收益类，少数固定收益类
渣打银行	渣打银行有 5 万元、8 万元、10 万元等不同梯度	挂钩一篮子债券、基金、股指期货等，并可广泛投资于境外的基金、债券、股票等	多为浮动收益类，少数保本浮动收益类
比较结论	渣打银行认购金额梯度层次更多，大部分产品认购门槛较招商银行更高	渣打银行较招商银行的挂钩产品品种更多，结构更复杂，投资方式更灵活	招商银行产品收益较为稳定，风险系数较低，适合稳健投资者；渣打银行产品收益波动较大，风险系数较高，适合有一定投资经验和风险承受力的投资者

（二）产品收益性

对于消费者而言，产品的收益性是选择个人理财产品时一个重要的因素。个人理财产品的预期收益率、实际收益率及收益的稳定性均是需要考虑的对象。2012 年全年，120 家商业银行共计发行了 31 673 款个人理财产品，发行量依然保持增长，理财资金存量规模仍在扩大。[①] 招商银行 2012 年合计发行个人理财产品 2 041 款，发行数量市场占有率达到 6.44%，渣打银行在发行数量方面保持低位，比 2011 年下降约 0.18%，总计 82 款。人民币产品的发行数量已经占到 90% 以上，并仍在保持继续增长的态势，外币产品发行量不到 8%，且有下滑趋势。

表 3 2012 年招商银行、渣打银行个人理财产品收益率比较[②]

单位	2012 年发布个人理财产品数	平均预期年化收益率（%）	平均实际年化收益率（%）	达成率（%）
招商银行	2 041	4.65	4.58	98.9
渣打银行	82	5.26	4.62	87.4

① Wind 资讯，2012 年银行理财产品市场报告。

② 数据由普益财富金融数据库整理得出。

表4　2012年招商银行、渣打银行个人理财产品不同投资周期收益率比较①

周期	超短期 （<1个月） （%）	短期 （1~3个月） （%）	中期 （3~6个月） （%）	中长期 （6~12个月） （%）	长期 （>12个月） （%）
招商银行	4.32	4.50	4.31	4.85	5.52
渣打银行	NA	4.38	4.43	6.82	9.27

表5　2012年主要中外资银行个人理财产品不同投资周期收益率比较

周期	超短期 （<1个月） （%）	短期 （1~3个月） （%）	中期 （3~6个月） （%）	中长期 （6~12个月） （%）	长期 （>12个月） （%）
招商银行	4.32	4.50	4.31	4.85	5.52
中国银行	3.03	3.35	4.02	4.95	6.62
工商银行	4.61	4.47	4.75	4.93	6.25
光大银行	4.03	4.25	4.65	4.91	6.05
平均	4.00	4.14	4.43	4.91	6.11
渣打银行	NA	4.38	4.43	6.82	9.27
汇丰银行	4.43	5.72	5.85	4.36	5.16
花旗银行	NA	5.51	6.06	7.21	NA
东亚银行	NA	5.67	4.68	6.11	9.12
平均	4.43	5.32	5.26	6.13	7.85

　　将两家银行不同投资周期的个人理财产品的收益率进行比较（见表3、表4、表5）可以看出：第一，渣打银行的短期个人理财产品种类比较少，甚至没有超短期个人理财产品。若客户对流动性要求较高，可以选择以短期理财为主的招商银行。第二，在1~3个月的投资周期中，招商银行的收益率4.50%高于渣打银行的4.38%，且1~3个月的个人理财产品品种众多，发行量大，方便投资者选择。第三，从中期个人理财产品收益率开始，渣打银行的收益率都高于招商银行，且随着投资期限的递增，两者产品收益率的差异越来越大。

_____

① 数据由普益财富金融数据库整理得出。

此外，从表5主要中外资银行个人理财产品不同投资周期收益率比较可以发现：第一，内资银行较外资银行提供的超短期个人理财产品更为丰富，四家外资银行中仅有汇丰银行提供该类产品。若需要投资超短期个人理财产品，内资银行更佳。在超短期个人理财产品收益率中，工商银行的超短期个人理财产品收益较高，光大银行更有节假日个人理财产品供消费者选择。第二，内资商业银行投资周期为1~3个月的短期个人理财产品收益较好，部分银行收益率甚至超过了中长期个人理财产品收益率，且1~3个月的个人理财产品发行量最大，品种齐全，若客户需要进行中短期投资，可以选择1~3个月的个人理财产品。第三，从表5中平均数据可知，无论是何种周期的个人理财产品，外资银行收益率均高于内资银行，并且随着周期的延长，收益率升高，故若需要选择中长期投资，外资商业银行个人理财产品更佳。

收益性比较结论：根据2012年两者理财产品相关数据计算得出，招商银行2012年共发布2 041款个人理财产品，平均预期年化收益率为4.65%，平均实际年化收益率为4.58%，预期收益率达成率为98.9%；渣打银行2012年共发布82款个人理财产品，平均年化收益率为5.26%，平均实际年化收益率为4.62%，预期收益达成率为87.4%。可见，渣打银行的个人理财产品平均收益率高于招商银行，但是预期收益达成率87.4%却远低于招商银行的98.9%。考虑到渣打银行偏重中长期投资，由于长期个人理财产品流动性溢价高于短期个人理财产品，单纯收益比较有失公正，本文又将不同投资周期的理财产品收益率进行了比较，得出在短期1~3个月的投资周期中，招商银行平均收益率4.5%高于渣打银行的4.38%，但从中期3~6个月产品收益率开始，渣打银行的收益率均高于招商银行，且随着投资周期的延长，两者收益率的差距越来越大。

（三）产品风险性

银行个人理财产品的风险性主要表现如下：第一，市场风险。投资者所购买的个人理财产品面临的市场风险，如经济周期、投资环境等，此类风险一般无法避免。第二，信用风险。个人理财产品的投资如果与某个企业或机构的信用相关，如果这个企业发生违约、破产等情况，个人理财产品投资会蒙受损失。第三，政策风险。受金融监管政策以及理财市场相关法规政策影响，个人理财产品的投资、偿还等可能不能正常进行，这将导致个人理财产品收益降低甚至个人理财产品本金损失。随着国内宏观调控政策措施的实施，政策性的风险和行业风险加大；利率市场化的加快对产品定价能力、风险识别能力的要求进一步提高；国内资本市场的不断完善，金融工具的增加，在带来更高收益的同时也会放大风险。

一是产品收益率情况。如表 6 所示。

表 6　　2012 年招商银行、渣打银行个人理财产品收益率变化比较①　　单位:%

	1 月	2 月	3 月	4 月	5 月	6 月	7 月	8 月	9 月	10 月	11 月	12 月	平均
招商银行	3.75	3.75	4.03	4.08	3.90	4.43	4.73	4.635	4.79	4.57	4.81	5.09	4.38
比上月增长率	NA	0.1	7.5	1.2	-4.5	13.6	6.8	-2.0	3.4	-4.6	5.2	5.8	2.71
渣打银行	4.51	NA	4.98	4.11	4.92	5.24	4.21	4.51	7.19	5.71	6.355	5.515	5.20
比上月增长率	NA	NA	NA	-17.5	19.8	6.6	-19.6	7.20	59.5	-20.6	11.30	-13.2	3.72

由表 6 招商银行和渣打银行平均收益增长率来看，渣打银行的增长速度 5.20% 略高于招商银行的 4.38%，两者收益率均为正并稳步上升。从整体 12 个月的收益情况来看，招商银行的收益波动性较低，整体比较平缓，收益率在 12 月达到最高的 5.09%，1 月份最低为 3.75%；由渣打银行的收益情况可知，其收益波动性较为剧烈，收益率最高在 9 月份达到 7.19%，在 4 月达到最低 4.11%。从收益率的增长变化情况来看，渣打银行的收益增长率变动非常剧烈，最高在 9 月达到了 59.5%，而最低在 10 月降到了 -20.6%，升降区间高达 80.1%，同比招商银行最高收益增长率仅为 13.6%，最低跌到 -4.6%，升降区间仅为 18.2%。相比于渣打银行，招商银行收益波动性很低，整体收益水平较平稳。

计算 2012 年招商银行和渣打银行代表性个人理财产品收益率的标准差，结论如表 7 所示。

表 7　　2012 年招商银行、渣打银行个人理财产品收益标准差

招商银行	渣打银行
0.98	2.18

通过计算收益率标准差可以发现，渣打银行由于多数产品风险等级

---

① 数据由普益财富金融数据库整理得出。

较高，表现出的收益率波动性明显大于招商银行，产品收益标准差高达2.18。而招商银行的个人理财产品，以低风险的产品为主，表现出的收益标准差仅为0.98，较为稳定。因此若消费者风险承受能力较强，可以选择类似渣打银行等外资银行的个人理财产品，以实现更大的潜在收益；若风险承受能力较弱或偏好稳健型投资，可以选择招商银行等国内银行的个人理财产品。

二是产品收益类型结构。对两者收益类型结构的分析结果如图1和图2所示。

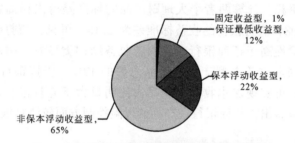

图1　招商银行个人理财产品收益类型结构图①

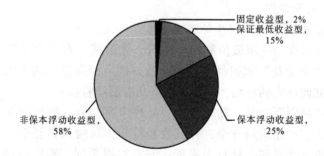

图2　渣打银行个人理财产品收益类型结构图

从两者的个人理财产品收益结构对比可以看出，招商银行同渣打银行一样，大部分个人理财产品都为非保本浮动收益类型，其中招商银行占比约58%，渣打银行占比约65%。在固定收益类型的产品占比中，招商银行大于渣打银行，其中招商银行固定收益类型加保证最低收益类产品数量共占产品总数的约17%，而渣打银行占比约为13%。可见，招商银行可实现保本承诺的个人理财产品数量占比大于渣打银行。所以，从

---

① 根据2012年1~12月个人理财产品市场月报相关数据整理得出。

产品收益类型结构的角度看，本文认为招商银行的产品在风险控制能力方面优于渣打银行。

产品风险性比较结论：本文从两者各月收益率的变化情况及产品收益结构两方面对招商银行和渣打银行个人理财产品风险性进行比较。通过计算发现，招商银行各月的平均收益变化率为 4.38%，平均每月比上月的增长率为 3.1%；渣打银行各月的平均收益变化率为 5.21%，平均每月比上月的增长率为 3.9%。虽然两者收益率均为正并呈现增长态势，但从各月平均数据变化看，渣打银行收益波动很剧烈，而招商银行整体收益水平较为平稳。计算两者个人理财产品的标准差得出招商银行的收益标准差为 0.98，渣打银行的收益标准差为 2.18。可见，渣打银行个人理财产品的风险性高于招商银行。从两者收益结构类型看，招商银行保本收益类型加固定收益类型产品占产品总数的 17%，渣打银行仅为 13%，可知招商银行可实现保本收益的产品占比明显大于渣打银行。从以上两方面比较可以看出，招商银行在产品的风险控制方面较渣打银行更优。

三、经验总结及建议

（一）经验总结

1. 招商银行个人理财业务经验总结

招商银行作为一家股份制商业银行，凭借其"客户至上"的服务理念，旗下"金葵花"理财品牌已经家喻户晓。招商银行的个人理财业务能够取得如此巨大的成功，主要有以下几方面经验：

一是产品创新力强、发行量大、品种丰富。招商银行的个人理财产品发行量大、产品系列齐全，并且收益稳定，风险系数较低。目前理财系列有焦点联动系列、日日金系列、安心回报系列、新股申购系列、招银进宝系列、A 股掘金系列和海外寻宝系列。每个系列均涉及人民币、美元、英镑、欧元、澳大利亚元和港币等多种币种。同时，招商银行个人理财的每个系列产品均有不同的投资风险和收益（风险和收益通常成正比例关系）以及优势特点，可以满足不同客户的差别性需求。从产品的丰富程度可以看出，招商银行非常重视产品的不断更新。外资银行在国内开展个人理财业务，而外资银行在产品开发方面又占据绝对的优势，但招商银行不惧挑战，继续开发更具竞争力的理财产品，在个人理财产品的市场占有率上取得了巨大成功。

二是产品收益能力稳定。通过上文对招商银行个人理财产品收益性的分析可知，招商银行 2012 年产品预期收益达成率为 98.9%，居国内银行收益实现能力前列；从不同投资周期收益率的比较中发现，其产品在各月收益表现较为稳定，整体波动较平缓。可见，招商银行个人理财产品的收益能力稳定。本文认为，招商银行收益能力稳定的原因主要有以下几点：首先，招商银行的个人理财产品偏重中短期投资，投资标的较为保守，多为银行同业拆借、银行存款等安全性投资，所以产品整体风险系数较低，收益率波动较小。其次，招商银行实行稳健的经营作风，对产品的风险控制有较高要求，同时非常注重产品及时、完整、规范的信息披露，完善的信息披露有利于银行监督产品的运行过程，也有助于提高投资者对购买产品的了解与认知，借助监督资金运营情况进一步控制产品风险。

2. 渣打银行个人理财业务经验启示

渣打银行作为一个国际银行，规模在全球排名第 76 位，但其影响力特别是在发展中国家的地位，渣打银行确属国际银行第一梯队。渣打银行（中国）公司的个人理财业务已经开展多年，有着丰富的经验。为详细地分析渣打银行个人理财业务的优势，本文将渣打银行与国内个人理财业务同样非常出色的招商银行进行对比，通过比较总结出了渣打银行个人理财业务成功的几点经验：

一是成功的市场定位及客户选择。渣打银行深知自己相对于其他国内银行而言没有那么多网点销售渠道，也没有那么多的工作人员，也较难积累大量的客户，自身服务能力有限，只能服务于少数客户。渣打银行运用 80% 的利润来自于 20% 的客户的原理，把自身客户群定位为高端客群。在客户对象选择上，渣打银行依据市场细分理论，根据多年发展个人理财业务的经验，按职业、收入、年龄等指标对客户市场进行了不同维度的划分，最终将自身目标客户定位于低风险职业中的高收入者和中等风险职业中的中高收入人群，保证理财业务发展的低风险和高回报。正是因为渣打银行对自身清晰的认识，分析出了自身优势与劣势，才能在激烈的竞争中占得一席之地。

二是先进的业务管理水平。渣打银行非常注重西方先进管理经验与中国本土实际情况的结合。由于渣打银行已经进入中国市场多年，它的管理者比其他外资银行更熟悉中国的国情，公司文化也更能被员工接受。而渣打银行的所有经营方针，都服从集团公司的总指挥，统一的机制建设让渣打银行能够对政策进行迅速反应，以应付市场的千变万化。渣打银行先进的管理水平还体现在对客户关系的管理上，其先进的客户关系管理系统（CRM），详细地记录了客户的所有需求及被服务的整个明细过程。不仅如此，CRM 还可收集数据对客户进行需求分析，并反馈给管理层。这对渣打银行的个性化服务和深入发掘市场潜力起了非常大的作用。

三是国际化的服务理念。作为一个国际银行，渣打银行致力于为客户提供全球化的全程服务和支持。目前，渣打银行在全球很多国家都有自己的网点和机构，无论客户身在何地，渣打银行都有各地的分支机构和专设的"全球经理"随时随地为客户提供贷款等业务支持。同时，渣打银行要求员工为客户提供全球统一规范的服务，让客户进入全球任何一家支行，都可享受统一的贵宾待遇，并通过 CRM 系统对服务质量进行控制。在全球化的服务上，渣打银行取得了优秀的成绩，这一点也在无形中强化了渣打银行的国际化银行品牌形象。

（二）对策建议

针对我国个人理财业务普遍存在的问题，如政策限制严、信息技术落后、产品同质化严重等，借鉴招商银行和渣打银行个人理财业务的成功经验，本文对我国个人理财业务的发展提出以下建议：

一是适度放宽国内金融政策限制。目前我国金融环境还未实现完全开放，虽然银行可以通过代理等方式实现与证券、保险业的交叉经营，但从根本上来说，我国银行还是实行的分业经营模式。但是外资银行却早已混业经营多年，可以为客户提供全方位的金融服务，对高端客户具有较强的吸引力，成功抢占了大量高端客群。在分业经营的体制下，商业银行即使具备创新的前提条件，由于无法涉足证券业、保险业，仍然只能以代理人的角色来代销这些行业的产品，无法将其融合到自身理财产品中，金融创新空间大大受到制约，而外资银行却可以利用其全球综合经营的诸多便利条件，进行个人理财产品创新，并将其直接引入国内，从而绕开国内分业经营的限制。所以，在我国商业银行进一步提高服务质量的同时，政府等相关机构可以在合适的时机逐步放宽对我国金融业的政策限制。银行在更为宽裕的政策环境下，产品开发与创新的能力会更强，银行经营可涉及的范围更广，服务能力也会增强。只有不断完善我国金融市场，加强金融体系建设，才能使我国银行在与外资银行的竞争中更有优势。

二是加强我国信息技术建设。外资银行与内资银行相比，另一个明显的优势是信息技术能力更强。得益于国际银行的背景，其客户服务及产品设计等软件水平均在国有银行之上。我国商业银行理财中心硬件设施与外资银行相比并不逊色，但是在软件设施方面却存在较大的差距。一是业务操作平台落后。我国商业银行多数理财中心服务设施仍停留在"一台电脑、几部电话与传真机"的初级阶段，多数理财中心即使配置了相应业务软件也没有得到有效使用，理财方案的制订主要取决于理财经理个人。二是客户关系管理系统亟待提升。现在多数外资银行早已在理财业务中推行成熟的客户关系管理系统（CRM），将客户的账户以及其他个人信息纳入其中统一管理，实现了客户信息实时集中有序化管理。而目前客户关系管理在国内才刚起步，多数银行理财中心还没有相应的管理系统，客户信息的管理甚至仍停留在手工记录的阶段。这使得理财经理不得不花费大量的时间和精力去整理客户信息，不可能做到实时掌握每个客户的情况，很难为客户提供个性化服务。金融信息化是未来的一大趋势，加强网络信息技术建设，不仅有利于提高我国商业银行的服务和营销能力，更成为内资银行提高与外资银行竞争力的一个重要方面。

三是提高个人理财产品创新力。招商银行和渣打银行是以创新能力著称的两家银行，其个人理财业务的创新经验非常值得其他商业银行学习。唯有设计出个性化、与众不同的产品才能使客户与银行关系更为密切，使客户对银行依存度更高。外资银行在产品创新方面普遍比国内银行做得好，产品不仅更个性化并且结构设计更为复杂，期限更加灵活，发挥了维系客户关系的重要作用。而目前我国商业银行推出的理财产品多是围绕存款这个核心进行的简单组合，同质性很强，大多仍停留在咨询、代销产品或者提供简单投资建议等浅层次上。国际上真正意义上的理财产品涵盖的范围很广，包括投资规划、合理避税、遗产管理、资产管理等，不仅能提供顾问型理财服务，而且能够依照客户的理财需求进行委托投资理财，进行深层次服务。当然，国有商业银行产品创新能力不强，不能完全归结于银行自身，与外部经营环境也密切相关。在目前分业经营的限制下，商业银行应该积极创新服务模式，与其他金融机构合作，共同设计开发产品，丰富产品体系，拓宽服务渠道，增强产品创新能力。

四是提高从业人员素质，建设优质的个人理财业务团队。我国商业银行必须加大理财人员的培训力度，组建起一支具有专业理财知识和优秀营销能力的理财队伍。应该组织理财从业人员系统学习诸如证券、保险、期货、外汇、房地产等方面的专业课程，并通过案例分析等方式使他们能将各种知识综合运用。从业人员要求不仅具有娴熟的营销技能，而且具有相当的金融理论知识、经营管理水平以及对市场的领悟力。培养高水平的理财人员是一个长期而系统的工程，借鉴渣打银行理财人员培养的经验，第一，理财人员必须具备基本的从业证书，掌握相关知识体系。第二，重视理财人员的持续培训，培训内容不仅包括理论知识方面，还包括沟通技巧、法律法规及银行相关制度等方面，还包括每日的晨会、定期再培训等各个方面，让理财经理随时掌握宏观政治经济形势，了解新的规章制度等。第三，理财人员需要经过一段时间考察期，证明自己确实有从业能力后才能正式上岗。只有通过系统、标准化的理财经理培训体系，保证理财人员具有良好的专业素质，并掌握了一定的沟通交际技巧，银行才能维护自身的品牌形象，为我国银行个人理财业务能力整体提高打下坚实的基础。

参考文献

[1] 曾韵佼，肖芳，方瑞. 2011—2012 年银行理财产品市场年度报告 [R]. 普益财富，2012.

[2] 武文强. 招商银行个人理财市场营销战略研究 [D]. 天津：南开大学，2005.

[3] 呙清云. 招商银行金融创新研究 [D]. 天津：天津大学，2006.

[4] 王正亚. 渣打银行在中国发展个人理财业务的竞争策略研究 [D]. 上海：复旦大学，2007.

[5] 程春丽. 商业银行个人理财服务发展策略研究——以招商银行为例 [D]. 成都：西南财经大学，2007.

[6] 黄秀萍. 渣打银行盈利因素的分析与借鉴 [D]. 上海：上海交通大学，2009.

[7] 温静. 外资银行经营策略及借鉴 [D]. 北京：对外经贸大学，2011.

[8] 高丽. 中外资商业银行个人理财业务竞争力比较研究 [D]. 北京：北京林业大学，2012.

[9] 梁叔翔. 中外资银行零售业务发展比较 [J]. 金融理论与实践，2010 (12).

[10] 高俊阳. 浅析招商银行个人理财业务 [J]. 对外经贸，2012 (3).

［11］乙臻，康会欣. 2012 银行理财产品市场报告［J］. 大众理财，2012（5）.

［12］DE YOUNG, ROBERT, RICE TARA. How Do Banks Make Money? The Fallacies of Fee Income［R］. Economic Perspectives, Federal Reserve Bank of Chicago，2004.

（作者单位：招商银行成都分行）

城市中低收入家庭教育投资理财的问题与策略

赵　静

内容提要：城市中低收入家庭的教育投资理财方式通常以选择银行储蓄为主。家庭理财目标以保证资金安全为主，即保证资金可满足家庭生活需求，保证资金总量稳中有增，保证资金价值稳定。家庭选择教育投资理财方式的基础是收入水平，参考以接受亲友推介为主。本文分析了家庭教育投资理财存在的问题及原因，提出在理财时首先应树立资产建设型理财的观念，拓宽理财方式的信息收集渠道，变被动接受信息为主动积累信息，注重理财能力培养的思路。

家庭教育投资（Family Education Investment）是家庭为特定的教育对象或教育组织进行的直接投资。其内容包括：为子女支付的学费、家庭教师工资、购买书籍等费用；成年人为增加自身的知识存量或更新知识，花费在各种职业教育或者职业再培训方面的费用以及购买各种学习资料的支出等。[①] 家庭教育投资所涵盖的阶段从学前教育直至高等教育，即便是在义务教育阶段，家庭也会为子女的全面发展而谋求课外辅导和兴趣培养。以此为主要内容的教育投资成为家庭经济生活中一个重要的组成部分，关系到子女未来的发展。

---

① 雷万鹏. 家庭教育投资成因探析 [J]. 学前教育研究，1995（1）：50-51.

一、城市中低收入家庭教育投资理财的现状与问题

(一) 理财现状

以某人口大省的省会城市 130 户家庭为样本, 通过对受访家庭的调研统计表明, 家庭在教育投资理财方式的选择中以银行储蓄为主, 所设定的理财目标以资金安全为主, 所受的影响以家庭自身情况为主。

1. 以银行储蓄为主

调研发现, 家庭对于理财方式的选择结果相对集中。就家庭已选择的理财方式而言, 集中于银行储蓄、股票和基金三种。就家庭针对教育投资拟选择的理财方式而言, 集中于商业银行的传统理财方式。在对城市中低收入家庭的调研中发现, 目前家庭理财方式主要是银行储蓄、股票和基金。详情见表 1。

表 1　　　　　　家庭现有理财方式描述统计表 (N = 130)

理财方式	选择次数 (次)	个案占比 (%)
银行储蓄	118	92.9
股票	61	48
基金	53	41.7
期货	8	6.3
保险	32	25.2
国债	14	11
房地产	33	26
企业债券	2	1.6
贵金属	13	10.2
宝石、玉器	6	4.7
外汇	4	3.1
艺术品收藏	10	7.9
总计	354	—

(数据来源: 调查问卷数据统计所得, 如无特殊说明, 下同)

如表 1 所示, 在受访家庭现有理财方式中, 92.9% 的家庭会选择银行储蓄, 其比例远高于其他理财方式。而紧随其后的理财方式是股票和基金。这和 2006 年以来流行的 "炒股热" 和 "炒基热" 有关。

241

对家庭教育投资而言，假设在满足生活需要的基础上，拥有一笔可以自由支配的资金；这笔资金只能用于家庭的教育投资；对于理财方式的选择也是以满足家庭教育投资为目的。对受访家庭的数据进行处理分析表明：在基于某种假设条件下，家庭针对教育投资的选择首选是商业银行的理财方式。在商业银行的理财方式中，又以定期存款储蓄为首选。

2. 理财目标以资金安全为主

资金的安全是指在社会经济形势变化中能保持现有资金数量的增加和价值的稳定，以满足家庭各种需求。通过调研发现，家庭对理财目标的选择以资金安全为主，主要有三种情况：保证家庭基本生活需求、保证资金数量的增加、保证资金价值的稳定。

（1）保证家庭基本生活需求。在对受访家庭进行调研的过程中发现，家庭进行理财的主要目的并非接受教育或培训（见表2）。

表2　　　　　　　　家庭进行理财的目的描述统计表（N=130）

项目	选择次数（次）	个案占比（%）
使家庭资产增值	80	62.5
支付未来养老、失业和医疗等开销	87	68
进行投资	67	52.3
抵御通货膨胀的风险	49	38.3
接受教育或培训	50	39.1
购买大额耐用消费品	51	39.8
应对日常生活的开支	13	10.2
捐赠	2	1.6
留给子女和亲朋	21	16.4
积累创业或增加生意的资金	37	28.9
购房、购车	13	10.2
总计	470	—

如表2所示，首先，"支付未来养老、失业和医疗等开销"是家庭进行理财的主要目的，选择次数占总选择次数的68%；其次是"使家庭资产增值"，比例为62.5%；再次是"进行投资"，比例为52.3%；最后的是接受教育或培训，比例为39.8%。就选择次序而言，家庭进行理财的

第一目的是使家庭资产增值，第二目的是支付未来的养老、失业和医疗等开销，第三目的是进行投资。

（2）保证资金数量的增加。家庭在选择理财方式时，首先会受收入水平、工作时间等方面的限制，而选择起始金额与风险相对较低且不需要花费太多时间进行管理的理财方式。其次受购房压力和未来子女教育投资压力而选择以迅速积累资金为主要目标。该目标会以"购房"等形式体现：由于目前我国房价处于较高水平，而且以"学区房"为代表的教育经济压力使家庭将理财目标合并为一个不仅满足家庭基本需要，而且同时尽量满足家庭发展需要。最后，由于现阶段的工作压力较大，家庭有迫切改善工作条件的愿望。基于劳动力市场理论，受学历和技术等因素的影响，劳动者暂时处于次要劳动力市场。该市场的整体特点是工作不稳定、收入低、工作条件不佳等。基于此，家庭对未来子女的教育规划多为尽可能获取高学历，以便在主要劳动力市场就业。这就反映出家庭对教育的需求。正是基于这种需要，而确立理财目标：增加现有资金数量。

（3）保证资金价值的稳定。资金价值的稳定，在于当社会经济处于通货膨胀或通货紧缩时，家庭现有资金的价值总量维持在一个稳定的水平，不影响家庭对资金的使用。这种目标在已有子女的家庭中体现得更为明显。家庭随着孩子的出生而发生一系列的变化：首先是家庭成员的变化，孩子的出生使家庭不再是简单的夫妻二人。在孩子年幼时，夫妻双方因工作原因无法及时照顾，会由双方的父母对孩子进行照顾，由此出现家庭成员数量的变动。其次是家庭经济生活的变化，表现在家庭的经济开支上，重心会向养育孩子倾斜，也就是育儿开支占据家庭经济开支的比例会逐渐增加。

3. 所受影响以家庭收入和亲友推介为主

通过调研发现，家庭在选择教育投资的理财方式时所受的影响主要是家庭自身收入水平和家庭亲友的推介。家庭收入水平是选择理财方式的一个基础，家庭对理财方式的推介则被认为是重要的参考。

（1）选择理财方式的基础是收入水平。调研发现，家庭选择理财方式的主要影响来自于家庭收入水平。由于收入水平直接决定了分配在理财方式中的资金量，所以收入水平是选择理财方式的基础（见表3）。

243

表 3 　　　　家庭理财方式选择的影响因素描述统计表（N = 130）

项目	选择次数（次）	个案占比（%）
税率和起征点	37	29.4
财政政策	7	5.6
存款准备金率	8	6.3
利率政策	53	42.1
汇率政策	3	2.4
家庭收入水平	96	76.2
养老压力	13	10.3
子女教育压力	35	27.8
对理财方式的了解程度	14	11.1
理财方式的收益稳定程度	69	54.8
理财方式的风险程度	84	66.7
理财方式的收益丰厚程度	71	56.3
总计	490	—

注1：表中的税率指利息税税率；起征点指个人所得税起征点；

注2：表中财政政策指国债政策和税收政策；

注3：理财方式的收益稳定程度以该理财方式主要经营机构的经济实力和信誉为参考；

注4：理财方式的收益丰厚程度以统一的理财方式年化收益率为参考。

如表 3 所示，"家庭收入水平"是受访家庭选择次数最多的影响因素，比例达 76.2%；第二是理财方式的风险程度，比例为 66.7%；第三是理财方式的收益丰厚程度，比例为 56.3%。由此可见，影响家庭对理财方式的选择的主要因素来自两个方面，一是家庭收入水平，二是理财方式自身。首先，家庭收入水平是选择理财方式的基础。这是基于不同理财方式的起点金额存在差异。其次是家庭在教育投资过程中，需要的是保证资金的足额稳定：足额是满足费用支出的要求，依赖于理财方式的收益丰厚程度；稳定是满足不同时间段所需费用的要求，依赖于理财方式的风险程度。

（2）选择理财方式的参考是亲友推介。在拥有一定数量的资金之后，家庭在选择理财方式时，通过何种渠道获得有关信息，对家庭做出决策具有参考价值。对受访家庭的获取理财方式信息的渠道的频率统计如表 4 所示。

表 4　　家庭获取理财方式相关信息的渠道描述统计表（N = 130）

项目	选择次数（次）	个案百分比（%）
到相关机构咨询	71	55.5
有关工作人员推介	39	30.5
亲戚朋友推介	76	59.4
浏览相关网站	49	38.3
财经媒体报道或专家评论	40	31.3
总计	275	—

　　由表4可知，家庭在选择理财方式时，"亲戚朋友推介"和"到相关机构咨询"是主要的渠道。亲戚朋友的推介之所以影响较大，源于对亲朋好友的信任、对方家庭收入情况的可参考性，尤其是出于对亲戚朋友这个群体的信任。这种信任有的来源于血缘，有的来源于后天的相处。通过亲戚朋友获得理财方式的相关信息，有两个好处：第一是节省自己了解理财方式的时间。由于亲戚朋友的推介是基于对此种理财方式的了解，借助亲戚朋友对某种理财方式的了解，以此作为判断的参考，可以从一定程度上节省分析调查的时间。第二是可参考性较强。由于亲戚朋友之间相对比较了解，故而在推介理财方式时，亲戚朋友的家庭收入状况、家庭消费状况和现有理财方式的选择对自己家庭做出判断具有较强的可参考性。在此需要特别说明"到相关机构咨询"和"有关工作人员的推介"二者的区别。首先，前者是一个主动的行为，即家庭根据教育投资需要或者其他目标，依据自己的收入水平到相关机构进行咨询。后者是一个被动的行为，家庭在选择理财方式时出于某种原因，无法做出主动选择，只能接受相关工作人员的推介，将此类信息作为决策的参考。其次，前者是基于自己对理财方式有初步了解或者有一定程度的了解而做出的行为；后者则是基于自己对理财方式了解不足，而导致信息不对称，从而只能被动接受相关工作人员的推介；同时，就相关工作人员而言，是带有一定的功利性的。以商业银行的大堂经理为例，因其薪酬要与某种理财产品的销售额挂钩，所以在向客户（家庭）推介理财方式时，功利性较强。

　　（二）家庭在教育投资理财方式选择中遇到的困难及其原因

　　1. 家庭在教育投资理财方式选择中遇到的困难

　　调研发现，家庭在选择理财方式的过程中面临一些困难，反映在家

245

庭希望获得的帮助方面。详情见表 5。

表 5　　　　　　**家庭希望获得的帮助信息描述统计表**（N＝130）

项目	选择次数（次）	个案占比（%）
更加真实、详细的信息和数据	106	81.5
更为广泛的金融机构网点	51	39.2
个性化的理财专家指导	66	50.8
更加完善的网络服务	41	31.5
与理财相关的书籍、培训	42	32.3
财经媒体和专家的准确评论	31	23.8
政府加强对金融业的监管	72	55.4
更为健全的理财市场法律法规	90	69.2
总计	499	—

由表 5 可知，家庭在选择理财方式的过程中希望获得的帮助主要有 4 个方面，一是"更加真实、详细的信息和数据"，选择此项的家庭占 81.5%；二是"更为健全的理财市场法律法规"，选择此项的家庭占 69.2%；三是"政府对金融业的监管"，选择此项的家庭占 55.4%；四是"个性化的理财专家指导"，选择此项的家庭占 50.8%。在中低收入家庭选择理财方式的过程中，遇到的困难主要表现在以下几个方面：

（1）理财效果不佳。针对家庭教育投资这一理财目标，首先明确家庭教育投资所涉及的内容包括：子女在各教育阶段所要定期缴纳的费用，如学费、托幼费、杂费、住宿费和书本费等；子女在各教育阶段教育之外的获取知识或技能所需的费用，如报各类兴趣班、特长班、辅导班、考取各种资格证书和各类技能培训班等；子女在各教育阶段所要耗费的按照一定周期支付的费用，如在高等教育阶段所要面临的交通费和生活费等。这三个方面的费用构成家庭教育投资的主要部分。并且家庭教育投资为家庭经济生活带来的影响有：一是投资持续时间长。假设学前教育 3 年、小学教育 6 年、初中教育 3 年、高中教育 3 年、大学（本科）教育 4 年。不考虑休学、留级、复读等情况，从学前教育开始到大学教育结束获得学士学位，至少 19 年。长时间的投资需要家庭及时保障资金供给的稳定，尤其是"定期缴纳"的费用和"按照一定周期支付"的费用。二是投资数额较大。尤其是民办幼儿园的月托费和民办高校的学费：前者少则 1 000 元，多则 5 000 元以上；后者动辄 10 000 元以上。高额的投资需要家庭增加资金总量。而家庭要实现资金总量的增加，在当前收入有限的情况下，只能通过某种理财方式的运作来实现。但是，目前中低收入家庭为教育投资所选择的理财方式在收益上难以满足家庭教育投资的需要。调研发现，中低收入家庭基于教育投资的目标所进行的理财方式选择，以传统的商业银行的理财方式为主，即以定期储蓄、教育储蓄和活期储蓄存款为主。相对而言，定期储蓄的收益相对较高，其收益由年利率衡量。

（2）理财信息不全面。在确定理财目标或者理财方向之后，就需要对理财方式的信息进行收集、分析和处理，以做出合理的决策。在调研中发现，家庭在收集某种理财方式的信息时存在一定的困难。

第一，信息不对称。家庭希望获得有关理财方式的大量、真实、详尽的数据和信息。而作为提供方，一些经营机构、媒体和信息发布机构由于各种原因，无法完整地提供更多的家庭所需的信息和数据。以股票理财方式为例，虽然各个上市公司每隔一定周期需向社会公布自身财务状况，但是一些核心数据由于涉及公司商业机密，可能无法向社会提供。这就导致信息不对称，家庭无法获取足够的关键信息，只能通过对现有信息的评估分析做出决策。如此一来，就从一定程度上增加了家庭的决策成本——付出时间和精力进行信息资料的收集、分析、处理工作，对身体健康和正常工作都有一定影响。

第二，信息收集渠道和参考价值有限。目前家庭获得理财方式信息的渠道以"亲戚朋友推介"居多（占受访家庭的59.4%），其次是"到商业银行等理财方式的经营机构咨询"（占受访家庭的55.5%）。这两种方式都是家庭主动收集某种理财方式的信息和数据的表现。在"亲戚朋友推介"方面，虽然家庭成员对亲戚朋友的信任度高，但是家庭与家庭之间的经济收入水平、理财能力、理财观念和抗风险能力有所差别，并不能完全依赖"亲戚朋友的推介"；并且作为自然人投资者，在选择理财方式的过程中，并不能保证自己的决策每次都是科学合理的，只是凭借自己在实践中的经验做出判断。这些信息对家庭做出选择的决策只能起到参考作用。而关于"到商业银行等理财方式的经营机构进行咨询"，虽然能收集到较为专业的信息和数据，但是，由于一些理财方式（包括某些具体的理财产品如保险产品、基金产品等）的营销人员需要以销售业绩增加自身收入，所以在解答客户咨询的过程中会带有明显的倾向性，即倾向于自己所营销的理财方式。同时，目前我国缺乏相关的人才，

《2011年中国理财行业发展报告》的数据显示：截至2011年年底，我国的理财规划师的人才缺口为60万左右。由此可知，相关专业的人才缺乏，导致现有的所谓理财专员的业务水平良莠不齐，因而难以给出切实适应不同家庭之需要的理财建议和规划分析。

（3）家庭对理财方式的安全性存在忧虑。理财方式的安全，主要涉及资金安全。家庭将资金投入某种理财方式的首要目的是保证现有资金的安全，即最大限度地保值，以应对未来通货膨胀等经济现象对家庭生活的影响。理财方式能否实现现有资金最大限度地保值，需要经营者和管理者共同努力，真正以客户需求为己任，从客户利益出发：一是经营者。经营者负责理财方式的直接运营，需要有必备的专业知识、操作能力、责任心、职业道德和敬业精神。从某种意义上说，家庭将资金存放在某种理财方式中，就等于将资金交给其经营者进行运作，是基于一种信任和委托。一旦经营者由于某种原因经营不善，最终损失的还是将资金托付在理财方式中的家庭。二是理财方式的管理者，也应充分履行监管职责。在对受访家庭的调研中，69.2%的家庭希望"有更健全的理财市场法律法规"，55.4%的家庭希望"政府加强对理财市场的监管"。

（4）缺乏个性化的理财指导。在对受访家庭的调研中，有50.8%的家庭希望得到"个性化的理财专家指导"。首先是"个性化"。所谓"个性化"，是指相对于大众化的，适应不同个体特性的需求和服务。就本研究的主题而言，个性化即符合家庭财务状况特点、适应家庭理财目标要求、不同于其他家庭的理财方面的服务。在我国，商业银行一般以存款金额数量的多少来划分客户群体。以建设银行为例，当客户的日均金融资产在20万元以上时，会为其开设贵宾服务。而说到更为高端的私人银行业务，则是金融资产在千万元级别的客户所享受的待遇。对于中低收入家庭而言，这是一个难以达到的要求。所以，在中低收入家庭进行理财方式的选择时，所得到的服务是大众化的。虽然理财专员会根据家庭的特点提供一些建议，但也多是从自己营销的理财方式出发的，并不综合考虑家庭的财务状况和风险承受能力。所以，家庭从理财专员处得到的信息只能起到一定的参考作用。其次是理财专家。此处的理财专家指的是具有相关资质和资格认证，并有一定理论基础和实践经验的理财方面专业人士。共有两种类型。一种以理财规划师为代表。前文资料表明，截至2011年年底，我国的理财规划师人才缺口为60万人。而针对"第三方理财机构"的行业门槛，从业人员素质规范等方面尚未出台明文规定，只能依据类似机构的法律法规执行。这就表明在理财专业人士方面数量的不足，也就导致现有理财方式的经营管理人员水平不一。另一种以基金经理等为代表，这些是某种特定理财方式的管理者。前者作为指导者，发挥的作用主要是分析、建议。后者作为直接责任者，发挥的作用主要是经营、管理。目前，中低收入家庭在就教育投资这一目标选择理财方式时，所实现的效果，基本上是挂靠在其他理财目标之下的。比如在建设银行推出的一款理财方式："小投入大收益建行定投基金"，其目标并非专门针对教育投资，而是融合了其他接近教育投资某些特征的理财目标。而家庭希望能得到个性化的理财专家指导，以做出科学合理的决策，选择真正适合家庭教育投资同时又不影响其他方面资金需要的理财方式。

2. 家庭选择教育投资理财方式存在困难的主要原因

中低收入家庭在教育投资目标下的理财方式选择过程中所遇到的困难，主要由以下几个方面的原因造成：

（1）观念未能从"储蓄"转变为"理财"。在家庭选择理财方式的过程中，理财观念是该过程的起点，对理财过程有引导的作用。根据2011 年 11 月份经济数据，我国 2011 年 11 月份的居民消费价格（Consumer Price Index，以下简称 CPI）总水平同比上涨 4.2%，1 月至 11 月平均 CPI 同比上涨 5.5%，已经超出了我国对通货膨胀的控制目标（CPI 涨幅不超过 3%），所以我国经济运行中存在一定程度的通货膨胀。并且在公布的 2011 年 11 月份居民消费价格变动情况中，教育价格上涨0.8%。面对通货膨胀和教育价格上涨的压力，中低收入家庭在基于教育投资的目标选择理财方式时，主要以保证家庭现有资金的安全为主。在观念上较为保守，会首选已经长期使用的而并非适宜教育投资的理财方式。从"家庭现有理财方式构成"和"假设条件下家庭对教育投资的专项理财方式选择"统计数据中可以看出：家庭对理财方式的首选是银行存款储蓄。在风险和收益的权衡中，家庭选择了收益不高但相对稳定，风险较小的理财方式。

（2）所收集的信息数量和质量有限。家庭在选择理财方式时，需要对某种理财方式的详细信息或经营机构的相关情况进行全面深入的了解。但是，受时间和渠道的限制，所收集的信息数量与质量有限。

①所收集的信息数量有限。家庭在收集理财方式信息时数量有限的原因主要有三点：一是时间紧。家庭的经济收入来源以工资收入或者经

营收入为主，一些家庭的劳动者是在次要劳动力市场就业，工作压力大，没有闲暇的时间对理财方式进行全面了解。二是数量多。以起点资金数额为标准，目前市场的理财方式又衍生出数量众多的理财产品。以银行的理财产品为例，截至 2011 年年底的总发行数量已经超过 20 000 款。每种理财产品均是该理财方式的一个具体的体现，大量的理财产品使家庭在选择过程中需要耗费更多的时间进行研究分析。三是分布散。众多理财方式分属于不同的经营机构，这些经营机构的信誉和经济实力各不相同，有的依附于商业银行，有的设置于证券公司。其中虽然有适合教育投资的理财方式，但是由于该理财方式隶属于某经营机构，而经营机构是以营利为目的的，自然会在理财方式的运作中主要考虑自身利益。

②所收集的信息质量有限。家庭收集理财方式相关信息的质量有限，原因主要有：首先是渠道窄。目前家庭收集此类信息的渠道主要依靠互联网、机构发布的公报、政府相关部门发布的统计数据、电视媒体的相关评论、亲朋好友和工作人员的介绍等。这些渠道都有一个共同的特点：被动地去接受信息，即便是主动咨询，也只能获取被加工过的信息。其次是可信度有限。由于所收集到的多是被加工过的信息，所以在某些核心问题上，难以做到客观真实。如某些核心数据，虽然会给出计算公式或者计算方法，但是其数据的来源仍存在疑问。家庭在此方面只能通过大量地收集数据，从中进行比较，从而得出一个相对有参考价值的数据。最后是数据指标易产生混淆，影响家庭的决策。以收益率为例，收益率是家庭选择理财方式的重要参考数据之一，不同形式的收益率其意义有较大差别。如预期收益率、年化收益率和实际收益率等，在某些理财产品的信息中存在将上述形式的收益率刻意混淆的情况。

③家庭的理财能力有限。家庭的理财能力主要表现在对自身财务状况的分析、对理财方式的研究与风险评估、对理财的执行力等方面。在确定理财目标之后，由于内部和外部原因共同作用所导致的家庭的理财能力有限。内部原因包括家庭成员的收入水平、知识结构、家庭承受经济风险的能力等方面。其主要表现在：受家庭收入水平的制约，只能考虑起点金额较低的理财方式以满足教育投资所需资金要求；受知识结构的制约，对某些专业性较强的理财方式（如艺术品收藏等）无法深入了解；受家庭承受经济风险的能力制约，对风险较高的理财方式（如期货、房地产、信托等）难以涉足。外部原因主要集中于理财方式的相关经营机构所发布的信息以及政府相关部门对理财方式的管理方面存在一定程

度的不足。内外因共同作用导致家庭在选择理财方式时，所选择的范围进一步缩小，局限在传统意义上的理财方式中。这些理财方式的收益稳定、风险小，但是收益水平不高。前文论述表明，一些传统的理财方式在面对高额的教育投资时能力有限。

二、对家庭选择教育投资理财方式的建议

（一）树立资产建设型理财观念

家庭选择教育投资理财方式的起点是自身的理财观念。根据费曼法则（Feynman Principle）：从不试着反驳自己的信念和对所谓的专家的结论偏听偏信都是一种自欺行为。① 因此，家庭在选择理财方式时，应根据教育投资的特点尝试打破原有的储蓄即理财的观念，逐步由固守某种单一理财方式向组合理财进而向资产建设型理财转变。

1. 由单一理财方式向组合理财方式转变

单一的理财方式是指某种理财方式在家庭现有理财方式的构成中，占有资金的比例超过家庭总资金数额的 50%以上。如将家庭资金的 50%以上用于商业银行的各种储蓄存款，即表明在理财方式的选择中固守商业银行的储蓄存款这一理财方式。组合理财方式则是在对每种理财方式的资金分配方面，保持比例适当。由于教育投资周期长、数额大，固守传统的单一理财方式（如商业银行的储蓄存款）已经不能充分满足家庭教育投资的资金需求。基于此，家庭在理财观念上，应适时地根据家庭收入的来源、家庭经济状况的分析以及理财方式的风险评估，由单一的理财方式向组合理财方式转变，将有限的资金集中使用于教育投资的目标，分散储备在多种理财方式中。这也符合理财的一个基本原则，即"不能把鸡蛋放在同一个篮子里"——分散投资，降低风险。

组合理财以投资组合理论为依据，有两条配置基准：一是在既定目标风险水平下，能够使长期预期收益最大化的一个认定的资产混合体。它决定整体的风险水平、长期收益和风险预算。二是受家庭决策者个人性格、组合的规模和其他制约因素的影响所做的决策。它决定如何实施

---

① 投资领域的费曼法则：不要欺骗自己［EB/OL］．华尔街日报：http://cn.wsj.com/gb/20120524/inv080152.asp? source＝channel 2013－8－26.

资产配置的具体计划。① 以股票和存款两种理财方式的组合为例，股票的风险水平和预期收益高于存款，所以股票所占比重决定了该组合整体的风险水平、长期收益和预算。组合理财在实践中遵循的原则是独立账户和多种方式混合使用。② 以教育投资为例，开设家庭教育投资独立账户，在此账户之下，采取多种理财方式进行理财。有两种典型的结构形式，分别是"4321"型结构和"32221"型结构。数字代表不同理财方式所包含的资金比例。"4321"是指家庭资金的40%用于应付某种大额支出（可选择银行的定期储蓄存款）；30%用于日常生活开支；20%用于收益稳定型理财产品（可选择基金定额投资）；10%用于应急资金储备（可选择保险）。"32221"是指家庭资金的30%用于长期储蓄（如银行的定期储蓄存款）；20%用于收益稳定性较高的理财方式（如基金定额投资）；20%用于具有一定风险性且收益较高的理财方式（如股票投资）；20%用于某些可以随时间增值的物化商品（如实物黄金）；10%用于应急资金储备（如保险）。组合理财方式的特点以稳健为主，旨在保障家庭现有资金的安全，在有效抵御通货膨胀的同时，促进家庭教育金总量的增加。同时，组合理财方式有助于满足教育投资的各个阶段未知的临时产生的资金需求。

2. 由组合理财向资产建设型理财转变

组合理财是将不同比例的资金投入不同的理财方式，以达到分散投资、降低风险、提高收益的目的。组合理财仍然只是停留在"理"现有之"财"上。作为理财观念，家庭可尝试逐步树立资产建设型理财的观念。"资产建设"源于美国人谢若登（M. Sherraden，1991）的"资产建设理论"，主要是基于资产为家庭带来的9种效应，其中涉及家庭教育投资方面的有：促进家庭稳定、创造家庭未来取向、促进家庭人力资本和其他资产的发展、促使家庭的专门化和专业化生产、为家庭提供承担风

---

① 鲍勃·李特曼. 风险度量 ［M］//鲍勃·李特曼，高盛资产管理公司定量资源小组. 现代投资管理 ［M］. 刘志东，宋斌，李桂君，乔志敏，译. 北京：中国人民大学出版社，2007：21-31.

② 道格拉斯·克雷默. 投资计划的实施：现实和最好的实践 ［M］//鲍勃·李特曼，高盛资产管理公司定量资源小组. 现代投资管理 ［M］. 刘志东，宋斌，李桂君，乔志敏，译. 北京：中国人民大学出版社，2007：358-362.

险的基础、增加家庭的效能、增加家庭的社会影响和增进家庭后代的福利。① 通过树立资产建设型理财观念，增加家庭的财产性收入，使财产形成增值，不仅能满足教育投资所需的资金量，更有利于家庭生活水平的提高。

（二）拓宽理财方式的信息收集渠道

目前家庭所能建立的理财方式信息收集渠道主要有三条：一是到相关经营机构咨询；二是收集网络或媒体发布的信息；三是身边亲朋好友的推介。这三条主要渠道所具有的一个共同特点是：被动地接受理财方式的相关信息。由于是被动地接受，所以对信息的准确性和全面性无法做出保证，这就从一定程度上局限了家庭收集理财方式相关信息的渠道。为拓宽该渠道，家庭可尝试主动积累有关不同理财方式或自身感兴趣的理财方式的必备知识以及实时更新的信息。

1. 通过充分利用时间予以拓宽

对于理财方式的必备知识而言，需要有时间进行积累。关于理财方式的必备知识，包括该理财方式的基本信息、计算收益的方法、经营机构的经济实力、某些基本指标、反映理财方式盈亏变化的图表曲线等。如以股票理财为例，家庭若选择股票理财方式，则在此之前需要储备有关股票的基本资料、股票交易的基本常识、计算股票收益的方法、反映股市变化的图线、解读一些关于股市涨跌的场外信息等。由于正在工作的家庭成员因工作而压缩了闲暇时间，所以只有通过家庭成员对有限时间的充分利用，才能使收集理财方式信息的工作得到时间的保障。

2. 通过充分利用工具予以拓宽

对于家庭而言，通过各种工具收集理财方式的信息可以有效地提高所收集信息的质量和数量。这类工具主要是基于网络开发的各种工具，包括网站以及网站提供的各种功能或服务。网络所提供的信息和服务具有开放性和时效性，有利于信息收集渠道的拓宽。比如要收集某种理财方式的经营机构的信息，除该机构公开发行的年报、宣传册之外，还可以通过网络浏览其网页、历史业绩等，同时通过网络的其他功能获取该投资者对该机构的一些评价，以作为参考。

---

　① 迈克尔·谢若登. 资产与穷人——一项新的美国福利政策 [M]. 高鉴国，译. 北京：商务印书馆，2007：181-201.

（二）注重理财能力的培养

在转变理财观念和拓宽信息收集渠道的基础上，家庭需要培养自己的理财能力。理财能力主要包括四个方面：一是确定理财目标的能力；二是制订理财计划的能力；三是分析理财方式信息的能力；四是执行理财计划的能力。

1. 确定理财目标的能力

家庭深入分析自身财务状况，根据家庭现有经济水平对某一预期目标进行可行性分析，以此为基础确定理财目标并选择相应的理财方式。为此可尝试建立"家庭教育投资专项账户"，在该账户下，进行专款专用。明确理财目标，并针对此目标选择特定的理财方式，对家庭其他的需求并不产生负面影响。选择某种理财方式，不仅要树立科学合理的理财观念和明确理财目标，而且还要具有必备的相关知识。如此可有助于在理财过程中做出最优的决策。

2. 制订理财计划的能力

理财计划包括自身财务状况分析、制订具体计划等。财务状况分析的要点在于记录家庭所有的资产、负债、收入和支出，家庭近段时间的收支记录。制订具体计划的要点在于尽可能地保持理性，根据所收集的信息、数据等做出最优决策。

3. 分析理财方式信息的能力

它主要表现为通过分析理财方式的收益率、风险等信息，对是否选择该理财方式做出决策。在此过程中，尤其要注意理财方式信息的"文字游戏"和"霸王条款"。"文字游戏"如：某理财方式只标明预期收益率或年化收益率，但是实际获取的收益往往达不到客户预期。"霸王条款"即经营机构单方面制定的逃避法定义务、推脱自身责任的不平等格式合同、通知、声明等。此类条款多限制消费者的权利。如某款银行理财产品在合同中规定："理财客户无提前终止权，本行有权按照本理财计划的实际情况，提前终止本理财计划。"

4. 对理财计划的执行能力

家庭在明确目标，选择理财方式之后，应坚决执行。首先要严格管理收入的分配。对家庭收入在不同理财方式中的分配应有明确的规划，并且尽量做到准确，不宜有太大的误差，以确保所得收益达到预期效果。以"4321"结构型理财方式为例，由于不同理财方式的收益存在差异，若投入该理财方式中的资金与原计划差距较大，则其收益与预期相比会存在较大偏差，从而影响整体的理财效果。其次要严格管理开支。对家庭生活各方面的开支应有明确的计划，并在预留一定数量应急资金的基础上，严格管理开支项目。以节约为原则，做到"该支则必支""不该支则必不支""多支少支影响不大则尽量少支""必须多支则不差分毫"以及"必须少支则不多分毫"。严格管理开支以促进家庭进行资产建设型理财积累，在不影响家庭各方面生活需要的情况下，提高理财效果。最后是注重细节，减少无谓的经济损失。

（本文曾在《新金融》总第 300 期发表，编入本书时有修改）

参考文献

　　[1] 雷万鹏. 家庭教育投资成因探析 [J]. 学前教育研究，1995（1）：50-51.

　　[2] 投资领域的费曼法则：不要欺骗自己 [EB/OL]. 华尔街日报：http://cn.wsj.com/gb/20120524/inv080152.asp? source = channel 2013 - 8 -26.

　　[3] 鲍勃·李特曼. 风险度量 [M] //鲍勃·李特曼，高盛资产管理公司定量资源小组. 现代投资管理 [M]. 刘志东，宋斌，李桂君，乔志敏，译. 北京：中国人民大学出版社，2007：21-31.

　　[4] 道格拉斯·克雷默. 投资计划的实施：现实和最好的实践 [M] //鲍勃·李特曼，高盛资产管理公司定量资源小组. 现代投资管理 [M]. 刘志东，宋斌，李桂君，乔志敏，译. 北京：中国人民大学出版社，2007：358-362.

　　[5] 迈克尔·谢若登. 资产与穷人——一项新的美国福利政策 [M]. 高鉴国，译. 北京：商务印书馆，2007 ：181-201.

　　[6] 加里·贝克尔. 人力资本理论——关于教育的理论和实证分析 [M]. 郭虹，译. 北京：中信出版社，2007.

　　[7] 刘伟. 个人理财 [M]. 2 版. 上海：上海财经大学出版社，2009：2.

　　[8] 杨娟，周青. 增加教育经费有助于改善教育的代际流动性吗？[J]. 北京师范大学学报：社会科学版，2013（2）：116-125.

（作者单位：交通银行四川省分行）

我国商业银行理财业务的法律问题研究①

罗志华　黄　飚

内容提要：理财业务已经成为我国商业银行传统存贷汇业务之外的一项重要业务，银行理财产品已经成为我国居民和企业的重要投资渠道之一。但这项重要业务一直受困于法律性质界定不清、会计核算无据可循的尴尬境地，并因此影响到我国利率市场化改革进程与商业银行的发展转型。由于监管部门尚未对商业银行理财业务构成中不同类型、不同属性理财产品在法律上给予清晰界定和具体规范，导致具有信托本质和具有存款本质的理财产品均缺乏适用的法律规范，使商业银行在具体操作中呈现不同程度的盲目性和随意性。从法律视角对商业银行理财业务进行清晰、准确界定，根据不同理财业务本质选择合适的法律进行规范，是我国商业银行理财业务实现可持续发展的必要举措。

一、引言

本文所指商业银行理财业务，是指以实现客户利益为目的，由商业银行基于其专业管理能力开展的为客户管理财产的营业性活动。商业银行理财业务包括两种定义：①宽泛定义是指商业银行为客户开发、向客户销售各类理财产品并对所募集资金进行投资管理的行为。该定义中包含了商业银行代客理财业务和自营理财业务，即表外代客理财业务和表

① 本文系国家社科基金资助项目研究成果之一。项目名称："财产性收入法律保障研究——理财市场监管法律制度构建研究"，项目编号：08XFX009。

内自营理财业务。②标准定义是指商业银行为客户开发、向客户销售理财计划，并作为中间业务，将理财计划募集资金置于表外单独管理、单独核算的行为，即表外代客理财业务。本文将宽泛定义称为理财业务，将标准定义称为代客理财业务。

西南财经大学信托与理财研究所及普益财富的统计数据显示，自2004年1月我国商业银行发行理财产品以来，截至2012年12月15日，我国商业银行（含农村信用社等银行业机构）在9年时间内累计发行各类理财产品96 423款，商业银行各类理财产品发行数量呈现出逐年快速递增的趋势（见图1）。上述"各类理财产品"包括商业银行发售的表内、表外理财产品，在客户群上包括个人理财客户、机构理财客户，但不包括私人银行和定制化理财客户。

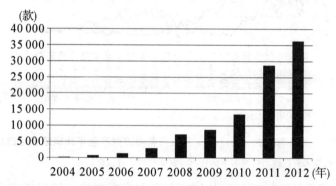

图1 2004—2012年银行各类理财产品每年发行数量变化趋势
注：2012年数据系经过年度修正后的数据。
（数据来源：西南财经大学信托与理财研究所、普益财富）

中国银监会业务创新监管协作部2011年7月5日发出的《关于印发〈商业银行理财业务监管座谈会会议纪要〉的通知》中，显示2010年度有130家银行业机构参与了各类理财产品的发行，其中中国工商银行等15家主要商业银行共计发行个人、机构和私人理财产品19 797款，累计募集理财资金13.94万亿元人民币。按照该统计数据测算，西南财经大学信托与理财研究所及普益财富以民间方式收集、统计的当年公开发售理财产品数据仅为其一半左右，而机构理财产品和私人银行产品、定制化理财产品等非公开发售理财产品的数量规模，大致为整个银行业理财产品发售数量的54%。

修正后的发行数量和募集资金规模如下：2010年度我国商业银行发

行各类理财产品大致为 29 246 款，募集理财资金规模大致为 20.60 万亿元人民币；2011 年度我国商业银行发行各类理财产品大致为 51 734 款，募集理财资金规模大致为 36.44 万亿元人民币；2012 年比 2011 年增长30%，发售理财产品数量超过 6.5 万款，募集理财资金规模超过 45 万亿元人民币。按照理财产品平均期限 100 天左右的趋势线计算（见图 2），2012 年理财资金平均余额大致为 12.5 万亿元人民币，超过 1/8 的存款已经理财化。

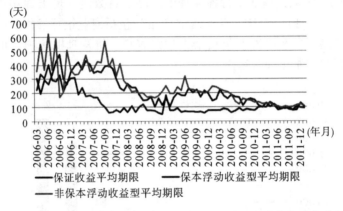

图 2　2006 年 3 月~2012 年 1 月银行各类理财产品平均期限变化趋势
（数据来源：西南财经大学信托与理财研究所、普益财富）

　　从我国商业银行理财业务的参与面和发展规模、发展速度来看，理财业务无疑已经成为商业银行存贷汇业务之外的又一项重要业务，成为我国商业银行实现从表内业务向中间业务转型的重要契机。

　　2012 年 6 月，中国银监会颁布《商业银行资本管理办法（试行）》，对商业银行实施资本管理和节约资本消耗提出了新要求；2012 年 9 月，中国人民银行发布《金融业发展和改革"十二五"规划》，提出了"按照条件成熟程度，通过放开替代性金融产品价格等途径，有序推进利率市场化"的改革方针。以上改革更加明确了商业银行要积极发展不消耗资本和适应利率市场化要求的替代性金融产品，实施从表内向表外的经营转型。在这一背景下，规范发展商业银行理财业务，既有利于利率市场化改革的推进和商业银行经营转型，也有利于改善居民、企业投资渠道并丰富投资产品，是推动和深化我国金融改革的重要举措。但从当前商业银行理财业务的发展情况来看，存在着业务性质的法律定位不明确、核算科目不清晰、代客理财与自营业务混淆、被指涉嫌高息揽存甚至骗局等问题，严重制约着我国商业银行理财业务的规范发展。

二、商业银行代客理财业务法律性质之辩

代客理财业务是本文对商业银行理财业务的标准定义。从西方代客理财业务的实践来看，代客理财行为主要以公司型信托、契约型信托、有限合伙制企业三类组织形式从事为客户管理财产的行为，如美国的共同基金、英国的单位信托、美国的合伙制对冲基金等。从我国现有的法律基础来看，商业银行开展代客理财业务的成熟组织形式是契约型信托。

业界有一种观点，认为基于委托代理关系也可以开展代客理财业务，认为我国商业银行开展代客理财业务是以委托合同为基础的委托型理财产品（李景欣、刘楠，2007）。这一观点认为，中国银监会2005年颁布的《商业银行个人理财业务管理暂行办法》第九条对综合理财服务的定义是，商业银行"接受客户的委托和授权"，以自己的名义为客户进行投资和资产管理活动，由此认定商业银行与客户是委托代理关系。

反对委托代理观点者认为，在委托代理关系中，首先是法律设计上无法实现财产的独立性功能，缺乏对财产管理权与受益权的分离能力。在委托代理关系下，商业银行在财产管理过程中必须以客户名义开展业务，而不能将客户资产转移到自己名下进行管理。这在银行代客理财业务中显然难以操作，且与当前商业银行的代客理财业务操作情形不符。此外，在委托代理关系下，委托人拥有相当大的权利，包括可以随时解除商业银行的代理权，这并不符合当前银行理财产品中的权利安排。在当前的商业银行理财产品设计中，委托人通常不具有理财产品的提前终止权，而银行通常具有提前终止权。部分法学界人士也对委托代理关系与信托关系的差异进行了剖析，认为其二者在设立所依据的文件、财产的转移和有偿性等方面存在较大的差异（冯建妹，1995）。综上，本文认为商业银行代客理财业务并不是委托代理关系。

当然，我国商业银行也不可能以合伙制开展代客理财业务。由于在合伙制中，负责管理财产的普通合伙人必须承担无限责任，这与我国金融业机构风险隔离、风险可控的宗旨相背离，因此该制度不可能运用于我国商业银行等金融业机构开展的代客理财业务中。因此，除了以上组织形式，代客理财业务较为现实和便捷的组织形式就只有契约型信托。

关于商业银行代客理财业务在法律上究竟运用了什么制度，一些研

259

究文献进行了深入、清晰的分析。李勇（2008）认为，商业银行提供的理财顾问服务应界定为咨询服务合同关系；保证收益类理财产品和保本浮动收益类理财产品的法律属性应界定为存款权利，即借款合同法律关系；非保本浮动收益型理财产品法律属性为信托关系。招商银行研究部课题组（2004）认为，商业银行、证券公司、信托公司等机构开展的各种受托理财项目体现的是标准的信托行为，应受《信托法》的规范和调整。

　　基于以上分析，对我国商业银行开展的代客理财业务显然不能够用委托代理关系来解释，更与合伙制没有关系。结合学界和业界对商业银行代客理财业务的研究思路，对商业银行代客理财业务的法律关系可界定如下：在宽泛的商业银行理财业务中，理财顾问服务根据业务性质可以定义为咨询服务合同关系；商业银行理财服务主要以理财产品方式为客户提供资产管理服务，其中包括保证收益型理财产品、保证最低收益型理财产品、保本浮动收益型理财产品、非保本浮动收益型理财产品四种类型。这四类理财产品在投资者和商业银行之间形成的关系，可以根据理财财产的独立性、担保责任确定是否属于信托关系、债权关系或兼有担保关系（见表1）。

表1　　　　　　　　　　**商业银行理财产品法律属性界定**

理财产品类型	表内核算	表外核算	担保责任界定
保证收益型理财产品	债权关系	信托关系	银行对本金和承诺收益担保
保证最低收益型理财产品	债权关系	信托关系	银行对本金和承诺最低收益担保
保本浮动收益型理财产品	债权关系	信托关系	银行对本金担保
非保本浮动收益型理财产品	债权关系	信托关系	无担保

　　以上四类理财产品法律关系的界定，主要依据四类理财产品所募集资金在银行具体操作中的管理和核算安排来确认。如果理财产品募集资金采用了信托原理中的信托财产独立性原则，独立于商业银行的固有资产和其他理财产品所募集的资产，按照管理权和受益权分离的原则由商业银行以自己的名义进行独立的管理运用，那么即使是有保本条款和保证收益条款，也应该界定为信托关系。其中，保本条款或者保证收益条款是商业银行嵌入这一信托关系的一个担保法律关系，即在由商业银行

作为受托人对信托财产进行管理运用的同时，为信托财产的安全性提供担保。类似的保证本金约定在日本信托银行开展的贷款信托业务中同样普遍存在。

如果代客理财产品募集资金在管理运用中缺乏上述的独立性，则不能界定为信托关系，只能界定为债权关系。从《商业银行个人理财业务管理暂行办法》第三十九条关于"对理财计划的资金成本与收益进行独立测算""准确测算投资收益"等要求来看，商业银行理财业务中发行的每一款理财产品所募集理财资金，都应该独立管理和核算，因此只要是在商业银行表外进行单独管理，即可界定这类代客理财业务为信托关系（见表1）。

在实际监管中，中国银监会要求商业银行将银信合作业务中的保证收益型、保证最低收益型、保证本金型等部分代客理财业务纳入表内核算，形成银行资产负债表业务中的一部分。这种纳入银行资产负债表中形成银行固有业务组成部分的理财业务不能界定为代客理财业务，只能界定为与理财产品发售银行具有债权关系的银行固有负债业务。因此可以这样界定：但凡为代客理财业务，都必须独立于银行固有业务之外而得以独立管理和独立核算，不论银行对理财财产是否提供担保或部分担保，都具有信托关系；但凡被纳入银行资产负债表内管理和核算的业务，都具有银行负债业务的固有业务性质，即便银行对理财财产未提供任何担保，都依约具有债权关系。

以上所界定的商业银行代客理财业务，具备了信托原理中信托的基本要素：信托当事人（投资者作为委托人和受益人，银行作为受托人）、合法的信托财产、信托目的；具备了信托成立所需的包括签署信托合同和转移信托财产的基本要件，即投资者与商业银行签署代客理财合同，并依约向商业银行交付代客理财资产；具备了符合我国《信托法》定义的信托组织形式即契约制信托。此外，代客理财产品所募集的资金置放于表外具备信托财产独立性功能，具备信托财产管理权与受益权两权分离的制度安排。这些都说明，商业银行代客理财业务已经明确运用了信托原理，代客理财业务是一种标准的契约型信托。

三、商业银行代客理财业务之信托本质与法律问题

比较一致的看法是，我国商业银行理财业务起步于 2004 年。2004年，国内商业银行发行各类理财产品 127 款，其中人民币理财产品 16 款。

经过 9 年的发展，商业银行理财产品逐渐形成了保证收益型、保本浮动收益型和非保本浮动收益型三大产品类别，并成为我国商业银行的一项重要业务（见图 3）。

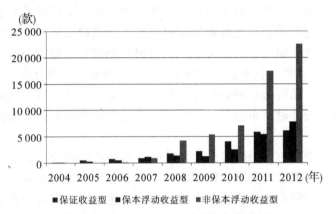

图 3　2004—2012 年商业银行发售不同类型理财产品之品种结构

注：2012 年数据系经过年度修正后的数据。

（数据来源：西南财经大学信托与理财研究所、普益财富）

尽管学界和业界对宽泛定义下的商业银行理财业务的法律性质存在较大分歧，但标准定义下的代客理财业务，即商业银行资产负债表外的代客理财产品符合标准信托业务构造，具有信托业务本质。从概念来看，代客理财与信托并不矛盾，是对同一业务基于不同角度的定义：从业务行为上定义是代客理财行为，从所运用制度上定义是信托制度，两者在含义上是交叉的，是交集关系。一方面，从事代客理财业务可运用的公司型信托、契约型信托、有限合伙企业等主要财产管理制度中，商业银行目前只能采用我国法律上较为成熟的契约型信托；另一方面，信托制度的运用领域并不仅仅局限于代客理财业务，还包括遗嘱执行等民事信托以及非营利性的公益捐赠管理等公益信托，运用领域十分宽泛。那种将信托局限于信托公司业务的理解是十分狭隘和错误的。

因此，在我国商业银行代客理财业务行为中，信托和代客理财是对于同一金融业务行为的两个不同角度和不同层面的解释：信托强调的是财产管理行为中各当事人权利和责任的制度性安排，强调在财产管理行为中受益人利益应具有的保护机制和受托人应遵守的尽职、审慎管理规则；而代客理财强调的则是财产管理行为的目的和性质，是基于受托人立场强调受托财产管理的营利性和私益性，而不是公益性或者其他民事目的。

由于《商业银行法》第四十三条禁止商业银行开展"信托投资"业务，而使商业银行开展代客理财业务备受争议。"实质重于形式原则"是中国银监会在对商业银行合规性监管中常用的原则。商业银行开展的具有中间业务性质的、表外核算的代客理财业务，实属以代客理财之名义从事为客户管理资产之行为，是否应按照"实质重于形式原则"进行判定呢？如果具有中间业务性质的、表外核算的代客理财业务具备了信托业务的认定要件，按照"实质重于形式原则"就应该认定为实质性信托业务，那么商业银行实质性从事《商业银行法》第四十三条所禁止的"信托投资"业务，无疑存在重大的法律问题。唯有呼吁立法机构尽快修订《商业银行法》第四十三条，才能为商业银行开展基于信托制度的代客理财业务打开合法的制度通道。

四、商业银行表内理财产品之存款本质与法律问题

2010 年 8 月，中国银监会以《中国银监会关于规范银信理财合作业务有关事项的通知》（银监发〔2010〕72 号）文，要求商业银行将银信合作业务中的保证收益型和保本型理财产品纳入商业银行资产负债表内核算。当前，大多数商业银行将非银信合作范围的理财产品也一并纳入表内核算，将此类理财业务作为表内固有负债业务予以发展。这样的制度安排却使银行表内核算的理财产品丧失了本文标准定义下代客理财业务的"代客"特征，从本质上成为了商业银行对传统负债业务的创新。

这类理财业务具有存款业务的本质：商业银行按照事先约定的期限和收益率向客户提供投资型金融产品，承担该产品运行的部分和全部风险；理财产品销售所募集的理财资金纳入商业银行表内科目进行核算，理财收益从商业银行持有的资产收益中进行分割；由于客户对该类理财产品的安全性和到期收益率存在倒逼机制，商业银行通常要在理财产品到期时按照承诺的预期收益率向投资者支付固定收益，形成商业银行的自营负债业务；该类理财产品所募集资金，不论商业银行以结构性存款方式存放于本行，还是以保证金存款、公司存款方式存放于本行，或者通过与本行自有资产进行回购式关联交易，都类似于商业银行的固定利率负债；由于商业银行发行此类理财产品形成的负债对象主要是个人和企业，而非金融业机构，因此与储蓄存款和对公存款具有同样的特性和本质。

从商业银行展业角度来看，对"理财"这一财富管理概念确实可以有相当宽泛的理解，既可解释为帮助客户理财，即"代客理财"，又可以解释为给银行自己理财，即"自营理财"，同时还可以解释为某一类投资性金融产品之称谓，即理财产品。对客户而言，商业银行为客户提供的包括储蓄存款产品、对公存款产品、结构性存款产品、量身定制个性化投资产品等生息、营利性金融产品均可称之为"理财产品"。从商业银行为客户提供的表内负债产品来看，储蓄存款产品、对公存款产品分别是两大传统负债产品。在传统储蓄存款产品和对公存款产品基础上，当前商业银行通过保证本金、保证收益、提前终止选择权的结构设计和创新，形成了保本型、保证最低收益型、保本保收益型等创新金融产品，这些创新金融产品本质上依然是银行的存款类负债产品。

从中国人民银行公布的 2011—2012 年金融机构人民币信贷收支表来看，结构性存款与储蓄存款、保证金存款一并纳入了该表的个人存款科目（见图4）。

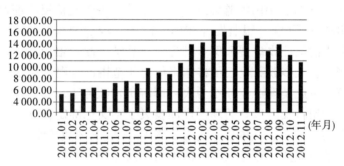

图4　2011—2012 年我国金融机构人民币结构性存款变化趋势
（数据来源：中国人民银行调查统计司）

在我国商业银行传统金融产品的定价中，储蓄存款产品、保证金存款产品、对公存款产品等存款类产品均实行人民银行的管制利率，商业银行并没有产品定价权。商业银行仅对同业存款、拆借、金融债等金融业机构的负债业务具有定价权。随着表内理财产品脱离"代客"本质而成为商业银行的自营负债业务品种之一，这一产品逐渐蜕变成了商业银行具有定价权的存款产品，商业银行可以在规定范围内自由确定产品的期限和收益率价格。

从表内理财产品的会计处理来看，目前大多数商业银行将表内理财产品募集资金归入存款业务核算，并按照要求缴纳了存款准备金，使其更具存款业务本质。只要理财募集资金归入存款业务核算，该资金就必然与理财产品发售银行进行交易：要么与募集资金存款科目对应，作为存款存放于发售银行；要么与发售银行自有资产进行回购式交易，在资产方形成理财资产科目，在负债方形成保证金存款或与理财相关的其他负债类科目，或者以结构性存款纳入交易性金融负债科目。在这几种方式下，"理财产品"募集资金的行为均属于发售银行以预期的、固定的资金成本向个人客户和企业客户融资的行为。商业银行这种以预期的、固定的收益率为条件向个人客户和企业客户融资的行为，使这类理财产品的存款产品本质更加清晰。

尽管中国银监会要求商业银行发售理财产品时要遵守"成本可算、风险可控"原则，"不得无条件地向客户承诺高于同期存款利率的保证收益率"，但只要通过结构化处理和嵌入一定的期权条件，商业银行就可以"有条件地向客户承诺高于同期存款利率的保证收益率，或者预期收益率"。该类具有存款本质的"理财产品"与传统存款产品的区别，在于该类产品按照"成本可算"原则，通过专款产品定价和专项标的资产交易、归集户核算、期权嵌入等，考虑了不同资金规模的交易成本和不同时期资金的市场价格，实现了对传统存款产品管制价格和产品结构的创新。

中国银监会 2011 年 8 月颁布的《商业银行理财产品销售管理办法》第三十五条关于"高于同期存款利率的保证收益，应当是对客户有附加条件的保证收益"之规定，给予了商业银行对"附加条件"的自由裁量权，无疑使商业银行对具有存款性质、表内核算的负债业务"理财产品"具有自主定价权，因此使上述第三十五条之规定形同虚设：既然商业银行可以在规定范围内自行确定"附加条件"，商业银行便可利用小概率信用违约、优先赎回权等期权价值极小的"附加条件"作为表内"理财产品"的"附加条件"，达到使这类"理财产品"成为实质性的、具有竞争力的创新型存款产品之目的，并由此推动银行零售型负债产品的利率市场化。表内"理财产品"作为"替代性金融产品"实质性地推动了银行产品的利率市场化，从这一点来看具有一定的积极性，符合我国《金融业发展和改革"十二五"规划》的改革方向。

但商业银行表内理财产品是一把"双刃剑"：一方面，商业银行表内理财产品考虑了不同资金规模的交易成本和不同时期资金的市场价格，实现了对传统存款产品管制价格和产品结构的创新，解决了利率管制下的负利率问题和投资者对金融产品需求的多样性问题；另一方面，由于

265

商业银行表内"理财产品"与传统储蓄存款产品、对公存款产品具有较高的同质性，从而具有较好的替代性，因而形成具有定价优势的竞争性存款产品。银行表内理财产品既可替代本行的储蓄存款产品和对公存款产品，又可替代他行的储蓄存款产品和对公存款产品。替代的后果，是使这类"理财业务"开展较好的商业银行可以通过合规方式从容实施《商业银行理财产品销售管理办法》第三十六条所禁止的"变相高息揽存"，使这类"理财业务"开展落后的商业银行面临他行"高息揽存"的竞争威胁，从而驱动国内各家商业银行表内理财产品开发和销售数量的快速增长。

从表内理财产品近年来蓬勃发展的势头来看，正是由于它具有创新存款产品的特性而弥补了传统存款产品在市场化定价、期限结构设计、交易成本考虑等方面的重大缺陷，使其得以迅速发展。在利率市场化改革取得实质性进展之前，具有修补能力的表内理财产品还将会继续快速发展。从规范性来看，商业银行表内理财产品的快速发展面临着两大问题：其一是核算和监管规范问题。商业银行表内理财产品应按照"实质重于形式原则"，纳入商业银行的存款类创新产品进行核算和管理。其二是适用法律问题。商业银行表内理财产品应以《商业银行法》进行规范。

商业银行表内理财产品的大量涌现推动了我国银行业利率的市场回归以及利率市场化改革，却加剧了当前银行业的不公平竞争，一些"理财产品"开发能力欠缺的中小商业银行面对大型商业银行对其优质存款客户的争夺显得无能为力，传统存款产品的利率、期限和产品形态管制束缚使中小银行缺乏应对这种竞争的能力和手段。面对上述问题，人民银行等相关政策制定部门应加快实施利率市场化改革和深化金融改革，减少人为利率压制和产品形态束缚，营造公平的金融服务环境。在利率市场化后，商业银行可直接基于存款产品在不同资金规模下的交易成本和不同时期资金的市场价格进行定价，竞争将趋于开放与公平。

五、对商业银行理财业务定位与规范的几点建议

（1）当前商业银行开展的理财业务定位不清，"代客理财"名不符实。很显然，当前我国商业银行开展的理财业务中，已经形成了两类明显不同的业务：一类是具有信托业务本质的商业银行中间业务——代客理财业务；另一类是具有商业银行负债业务本质的创新型存款业务，属于商业银行的固有负债业务。

这两类业务分属表内和表外，在业务性质上具有自营业务和中间业务两种不同的业务属性，应对这两类业务分别依据不同的法律、规章进行管理规范，特别是应尽快出台会计核算办法和投资管理办法，规范以上理财资产的会计核算和投资管理。

（2）应适用《信托法》对商业银行开展的代客理财业务进行规范。只字未提"信托"的《金融业发展和改革"十二五"规划》显然已经清晰地明确了信托的制度功能不应被禁锢于金融业一隅，信托不应仅仅是信托公司的信托，而应该是全社会的信托。因此，应以《信托法》规范商业银行表外代客理财业务。

商业银行开展的表外代客理财业务，由于其具有信托业务本质，使商业银行在开展此类业务时有违反《商业银行法》第四十三条之嫌，应呼吁立法部门借鉴美国、英国、日本等西方金融分业体制国家长期实行的银行业兼营信托业务之制度框架，尽快修订第四十三条之规定，允许符合准入要求的商业银行兼营信托业务，即代客理财业务，并适用《信托法》对该类业务进行规范。同时，借鉴美国、日本等西方国家对于银行业兼营信托业务的管理经验，建立严格的兼营业务防火墙（Chinese Wall），在商业银行自营业务与代客理财业务之间实施严格的交易与信息隔离制度。

（3）应以《商业银行法》规范商业银行的表内"理财产品"，以表内"理财产品"作为重要的"替代性金融产品"推动商业银行零售负债业务的利率市场化改革。对于纳入商业银行表内核算、具有存款本质的"理财产品"，应以《商业银行法》进行规范，按照创新型存款产品进行适度监管。由于该类金融产品具有存款本质和商业银行自主定价特性，对同业间的储蓄存款产品和对公存款产品具有高度的替代性和竞争性，因此容易导致"高息揽存"和非公平竞争等问题。加快实施银行负债业务的利率市场化改革，由商业银行自行制定其负债类产品的市场价格，有利于解决"高息揽存"和非公平市场竞争等问题。

（4）应以包容态度对待商业银行理财业务中出现的阶段性问题，充分发挥银行理财业务在推动我国利率市场化改革中的积极作用。随着利率市场化改革的实施，结构性存款、表内"理财产品"等创新型存款产品将会得到较好发展，商业银行间负债业务的竞争将变得更为公开、公平和透明，商业银行表内"理财产品"所面临的合规性问题也将迎刃而解。推进利率市场化改革已经纳入我国《金融业发展和改革"十二五"

规划》，政府应将商业银行理财业务作为我国利率市场化改革的试验田，将商业银行和理财产品投资者作为推动我国利率市场化改革的践行者，予以包容和支持。

参考文献

[1] 中国银监会. 关于印发《商业银行理财业务监管座谈会会议纪要》的通知 [EB/OL]. 2011-07-05.

[2] 李景欣，刘楠. 银行个人理财产品的法律分析 [J]. 法商研究，2007 (5).

[3] 冯建妹. 我国信托法学的新作——《信托法原论》评介 [J]. 中国法学，1995 (3).

[4] 李勇. 银行理财产品法律性质辨析 [J]. 中国农业银行武汉培训学院学报，2008 (3).

[5] 招商银行研究部课题组. 货币市场基金商业银行新的利润增长点 [J]. 银行家，2004 (7).

[6] 朱善利，王韬光，朱妍兰. 中国信托投资业的地位及其发展方向 [M]. 北京：经济科学出版社，1998.

[7] 蒋霞，罗志华. 信托制度在我国代客理财市场中的定位研究 [J]. 西南金融，2011 (3).

[8] 罗志华. 信托在我国金融分业体制下的定位研究 [M]. 成都：西南财经大学出版社，2012.

（作者单位：四川省社科院）

四川银行业高端客户理财业务的合规风险管理

杨 漪

内容提要：四川高端客户市场发展速度快、前景好、质量高，吸引了不少银行关注并纷纷发展高端客户理财业务。高端客户理财业务近几年才真正在中国发展起来，高端客户的特殊性决定了理财业务的合规风险性。本文深入分析了高端客户的理财业务特点，对高端客户理财业务的合规风险进行了剖析，并提出了有效管理高端客户理财业务合规风险的建议。

根据中信银行和中央财经大学联合发布的《2012 年中国私人银行发展报告》，中国高净值人群数量近年来迅猛增长，总量由 2006 年的 36.1 万人增长到 2011 年的 118.5 万人，预计在 2015 年达到 219.3 万人，同时，超高精致人群数量也由 2006 年的 1 万人增长到 2011 年的 3.2 万人。与此同时，高净值人群总共持有的可投资资产从 2006 年的 10.4 万亿元增加到 2011 年的 30 万亿元，预计 2015 年这个数字将达到 77.2 万亿元。在西部 12 省（市、区）中，共有千万富翁 8.6 万人。其中，四川成都以千万富翁 2.55 万人和亿万富翁 1 800 人排名西部第一。四川高端客户市场发展速度快、前景好、质量高，吸引了不少银行关注并纷纷发展高端客户理财业务。

高端客户理财业务的发展在中国是近几年的事。2007 年 3 月 28 日，中国银行私人银行部在北京、上海两地开业，成为国内首家设立私人银行部的中资银行；同年 8 月 6 日，招商银行总行私人银行中心开业；两天后，中信银行私人银行部开业……

2011 年 7 月，中国银行与英国《欧洲货币》杂志发布的报告指出，截至 2010 年年底，在中国有 129 家银行机构提供私人银行服务，包括五大商业银行、12 家股份制商业银行、95 家城市商业银行和农村金融机构、中国邮储银行以及 16 家在华运营的外资银行。

一、高端客户理财业务的特点

（1）高端客户的特殊性。高端客户，都是拥有高净值财富的个人，而非普通金融消费者。国内银行往往根据客户金融资产将客户划分为不同的类型，譬如民生银行将客户划分为三个类型：第一类为大众客户，不限制客户的资产规模；第二类为贵宾客户，要求在银行金融资产达 10 万元以上；第三类是私人银行客户，要求可投资资产在 800 万元以上（即高端客户）。维护三五十个高端客户，往往比维护三五百个普通客户还要困难。高端客户本来就是各家金融机构争抢的资源，他们自身能够获得的信息非常多，也有独到的投资经验，因此如果没有足够的专业水平给其带来实在的收益，很难留住高端客户。由于高端客户的特殊性，民生银行成立了私人银行工作室，专门为高端客户服务。

（2）业务的全面性。高端客户的金融需求涵盖资产管理、投资、信托、税务及遗产安排、收藏、拍卖等极为广泛的领域，需要由专职财富管理顾问提供一对一服务，产品组合极其多元化和个性化。

（3）信息的私密性。全面的金融需求和金融服务，使高端客户的财务状况等信息基本被银行和相关工作人员掌握，出于安全考虑，高端客户多会要求银行及其工作人员严守秘密。另外，高端客户对于自己个人隐私的保密也相当关注。

（4）渠道的便捷性。高端客户的时间一般都非常宝贵，需要有便捷的渠道与银行及其工作人员联系、沟通，获取账户、资产、服务等全面信息，监察资产管理状况。

（5）合作的长期性。银行与客户之间关系密切且长期合作，短则几十年，长则几代人。在私人银行界，法兴私人银行中国区首席执行官李晓芸曾言："我们为一个家族的几代人服务。"

二、高端客户理财业务的合规风险

一是财产来源合法性难以甄别。当前，部分富裕人士很难完整说明所有财产的来源渠道及其合法性，并能提供相应的法律证明文件；而且部分因腐败、侵吞国有资产、走私、贩毒等各种违法行为产生的黑钱急欲"漂白"，导致商业银行在决定是否接纳一笔巨额财富的时候，承担着巨大的合规风险，可能因为涉及帮助非法资金外逃和洗钱犯罪等法律罪责而遭受制裁。如花旗集团就因涉嫌洗钱等违法行为，于2004年9月17日被日本金融厅关闭其在日本的所有私人银行业务。

二是分业经营的法律框架难以突破。高端客户金融需求多数涉及银行、证券、保险、外汇等多个市场。但目前我国实行的是分业经营、分业监管的法律制度，限制了不同业务、不同市场的交叉和延伸，限制了投资产品的组合，削弱了产品组合的回报率和吸引力，更重要的是有些产品组合如果组合不当，可能会触及一些禁止性法律规定。

三是会计税务制度不完善。一是目前在实行的《中华人民共和国会计法》《金融企业会计制度》以及有关的16项会计准则，都未涉及衍生金融工具计量的方式、方法、标准等问题；二是会计制度与税务制度不完全协调，有的甚至存在一定的矛盾之处。如按照国际会计准则的有关规定，运用公允价值计量衍生金融业务时需要对未实现的收益或损失进行确认，其与税务部门据实纳税的基本原则存在一定矛盾。

四是收费标准尚未明确。由于中国银行业协会一直没有根据《商业银行中间业务暂行规定》第十九条的规定制定中间业务收费标准，中资银行普遍缺乏较强的市场定价能力和精确的成本核算能力，部分地方物价部门认为银行业务收费标准和费率等应服从《中华人民共和国价格法》并由物价部门审批，否则便是"乱收费"。因此，部分收费项目面临着被金融监管机构或物价部门处以行政处罚的风险。

五是信息保密原则难以始终贯彻。《中华人民共和国商业银行法》第六条规定："商业银行应当保障存款人的合法权益不受任何单位和个人的侵犯。"第二十九条规定：商业银行"应当遵循存款自愿、取款自由、存款有息、为存款人保密的原则"。但目前，个人的"合法权益"的范围和边界没有非常明确的法律规定，也没有制定"个人隐私法"，个人隐私的法律边界、保护方式、公权力干预范围、方式、损害赔偿等法律问题尚属空白。

六是监管法律体系不健全。目前，我国还没有针对高端客户业务监管的相关规定，对高端客户业务的准入条件、业务范围、信息披露等没有明确规定，不仅增大了监管机构对违规行为的认定及其处罚的随意性，而且使商业银行和客户的一些行为由于无法可依而在法律效力上存在不确定性。

七是部分法律存在内在冲突。如：《中华人民共和国信托法》第二条明确了受托人是以委托人的名义从事民事行为，而《商业银行个人理财业务管理暂行办法》仅明确了商业银行提供服务的行为本身，没有涉及以谁的名义进行的问题，造成了后者在概念内涵上大于前者，但前者的法律效力高于属于部门规章的后者，而法律适用方面欠缺司法解释。

八是容易出现"洗钱"或银行与客户共谋行为。少数高端客户有可能利用私人银行业务转移非法财富，进行洗钱活动。同时，银行工作人员在为高端客户提供服务时，有可能利用自己的专业知识，协助客户从事"洗钱""逃税"等违法行为，谋求自身利益最大化。

三、有效管理高端客户理财业务合规风险的对策和建议

作为商业银行，需要注重从以下几个方面做出努力，管理好高端客户业务的合规风险：

第一，完善风险管理架构和职责分工。切实落实全面风险管理要求，风险管理架构应覆盖到信用风险、市场风险、合规风险、操作风险等所有风险领域。建立健全风险预警和报告机制。由专业团队检测、识别、评估、报告以及处置合规风险。建立健全应急预案，针对可能出现的外部事件或内部情况准备好处理方案，并时常演练，不断完善。

第二，强化产品设计管理。在设计产品特别是组合型产品时，除了考虑产品市场接受度和盈利度外，还要考虑产品合规性。在业务发展初期，"安"字当头，对一些复杂产品要多方论证。宁愿发展慢一点、收益少一点，也不能违规或者变相违规。

第三，加强与监管机构沟通。主动、积极向监管机构沟通、汇报，争取监管机构的理解和支持。密切关注各监管机构的最新监管动态，对内部制度、产品、流程等做出相应调整。对准备推出的新业务、新产品，及时向监管机构报批或报备。

第四，建立个人资信评估体系。借助内部积累、监管机构、咨询机构等渠道的信息，建立行内高端客户资信数据库。深入分析客户的信用指数、诚信指数、合规指数等资信状况，准确划分客户各类风险等级。根据客户资信状况和风险等级，分类营销、分类服务，有进有退，不能唯利是图。

第五，有效防范"洗钱"风险。利用反洗钱管理咨询，掌握好红色、

灰色、黑色客户范围，不与涉黑客户开展业务。准确识别高端客户身份，保存客户交易资料。及时、有效分析和报送高端客户大额和可疑交易。划分好客户洗钱风险等级，指导一线员工客户拓展方向和重点。

第六，合理收取服务费用。对有明确收费规定的服务项目，在规定的幅度范围内收取服务费用。对没有明确收费规定的服务项目，根据"有利可图、价值相宜、参考同业"标准，收取服务费用。既不要随意过高收取，也不要随意减免。

第七，依法合规避税。对高端客户业务营业收入和员工收入，可以在专业税务人员帮助下，依法、合规、合理避税，但不能变相逃税、偷税和漏税。

第八，建立员工授权、保密制度。理顺业务流程，科学设置岗位、配备人员。结合岗位职责，对不同员工不同授权，有什么样的权限才能办理什么样的业务。业务拓展、维护和操作，实行团队作业，不能一人包办。与员工签订《保密协议》，明确保密范围、时限和责任。

第九，加强团队职业道德教育。根据管理人员、市场人员、操作人员岗位的不同，组织不同的职业道德培训。以案例等形式，将业务技能、职业道德、违规案例、犯罪警示等内容贯穿于培训之中。管理人员要以身作则，为普通员工做好遵纪守法、诚信经营的表率。将职业道德作为招聘和考核的重要指标和权重，引导员工的行为选择。

（作者单位：民生银行成都分行）

城市商业银行理财市场定位分析

夏金勇

内容提要：绝大多数中国城市商业银行的理财业务还处于起步状态，理财产品较为单一，理财观念、理财市场定位、理财产品研发、理财渠道等方面都还未成熟。城市商业银行要想在开放的金融市场中找到自己生存和发展的空间，就必须做出准确的理财定位。本文从理财对象、理财产品、营销渠道、理财目标、理财关键五个方面阐述了城市商业银行的理财策略，明确了城市商业银行基本的理财定位。

随着银行业的不断发展以及利率市场化的逐渐推进，中间业务越来越受到各家金融机构的重视。能否在中间业务市场占得先机，将决定各家银行在以后 10 年甚至更长时间的市场地位。理财业务当仁不让地成为银行中间业务的重头戏。五大国有银行及大多数股份制银行已经或多或少有了自己的经验，理财产品种类越来越丰富，各家大中型银行甚至部分城市商业银行包括北京银行、上海银行、杭州银行等均推出了私人银行。面对各大银行理财业务的冲击，城市商业银行必须做出自己的理财抉择。

一、中国银行业理财现状

近年来，我国经济高速发展，个人理财业务增长迅速。客户对银行理财业务的需求随之增加。国家经济景气监测中心公布的一项调查结果表明，就全国而言，约有 70% 的居民希望得到理财顾问的指导和咨询。国际的一项调查也表明，几乎 100% 的人在没有得到专业人员的指导和咨询时，一生中损失的个人财产在 20%～100% 之间。

目前多家外资银行已经介入中国金融市场，各家银行特别是四大国有商业银行及其他股份制银行都正在不断开发和推出自己独具特色的银行理财产品。在过去 6 年的时间里，中国理财业务每年的市场增长率达到了 36%。未来 10 年，我国个人理财市场将以年均 30% 的速度增长，大约 40% 的"私人客户"持有 4 种或更多的金融理财产品。据我国有关部门预测，2015 年全国理财的市场规模将达到 20 万亿元，有着广泛的发展前景和创造利润的空间。理财业务将像银行存取款、汇款一样成为银行的一项标准服务项目。

二、寻找城市商业银行理财市场

中国城市商业银行自 1995 年开始组建以来，目前已经有 100 多家。虽然经过了近 10 年的发展，仍存在着规模较小、人才不足、科技手段滞后、资本充足率低下、不良贷款多、风险管理手段落后、金融产品单一等一系列问题。绝大多数城市商业银行的金融理财业务还处于起步状态，银行理财产品较为单一。部分城市商业银行在监管当局的要求下，为扩大中间业务收入，开始做一些代理保险、代理基金、代理信托业务等初级理财产品。城市商业银行的理财观念有待灌输，理财市场有待定位，理财产品有待研发，理财渠道有待拓展，理财原则有待确立，理财人才有待培养。总之，城市商业银行要想在开放的金融市场中找到自己的生存和发展空间，必须做出准确的理财市场定位选择。

三、城市商业银行的理财定位

城市商业银行是中小银行。在金融市场开放和金融自由化以后，绝大多数的城市商业银行将属于地地道道的小银行。"立足地方，服务市民，支持地方经济发展"的思维模式在未来的 10 年内不会有大的突破。这就决定了城市商业银行的市场定位。

城市商业银行的理财业务必须服务并服从于自己的市场定位。即在巩固现有客户关系的同时，发现和挖掘潜在客户。通过市场细分，找准目标市场，进行目标营销，实现差异化和个性化服务。懂得谁最有可能成为我们的服务对象，然后由专业理财人员对其进行信息搜集、整理与评估，分析客户的生活、财务现状，依据客户理财目标，帮助其制定出可行的理财方案。总之，为中小客户和城市居民理财是城市商业银行的基本理财定位。

四、城市商业银行的理财策略

(一) 理财对象：为中小客户理财

首先，这是由城市商业银行的综合实力决定的。目前，全国现有城市商业银行 100 多家，其中大多数城市商业银行的总资产规模在 500 亿元以下，它们都属小银行之列。从当前情况看，其经济实力、人才资源、科技支持、研发能力、理财工具等都不具备同工、建、中、交、农、招等大中型银行竞争的能力，不能为高端客户进行理财，是城市商业银行的"硬伤"。

其次，这是城市商业银行的市场定位决定的。中小客户是城市商业银行的基本客户群，中小客户也需要理财。有关资料显示，自从 1978 年改革开放以来，我国国民经济持续快速地增长了 34 年。这种势头还在继续，GDP、人均收入、存款余额等这些对人民生活水平、生活质量和个人家庭财富积累产生重大影响的指标都大幅度地增长。前 25 年，国民收入就提高了 22 倍以上（名义增长）。同时，国家社会保障制度、医疗制度、教育体制等改革也使人们不得不更多地关注自己的财务状况。

通过综合安排，确保自己的生活在理财方面达到独立、安全和自主，更好地享受生活，已经成为人们追求的基本目标。富裕起来的中产阶层及广大的城市居民为城市商业银行提供了广阔的理财市场。以年均 30% 高速增长的理财需求，也要求城市商业银行必须把握机遇，细分目标市场，为中小客户理财。

(二) 理财产品：应以理财业务代理和联合运用开发为主

从目前全球银行理财产品的现状看，品种极为丰富。各种理财产品相互组合，分散风险，依照客户理财目标，"可控风险，追求最大利润"是银行理财专家理财的基本原则。从城市商业银行的现状看，理财队伍的理财手段正处于萌芽阶段，"稳健经营"是首要原则。对理财产品的选择可分步进行。

首先，代理低风险、低收益产品。如目前部分城市商业银行正在营销的产品：保险、债券、基金均属初级理财产品。

其次，逐步介入自己相对熟悉、收益较大的产品。如股票、信托和房产投资业务。随着理财人员经验的日渐丰富，不断介入高风险、高收益理财产品。银行理财业务本身就是智慧、知识、经验和胆识结合的结晶。准确的产品选择是理财客户取得稳定收益的保障，而收益的增长又是取得客户信任、增强客户忠诚度的基础。

最后，联合开发和创新新的理财产品。目前，从综合竞争力来看，城市商业银行没有必要也不大可能有精力和实力创造出高端的理财产品组合。有关资料表明，发行100万张银行理财卡才能达到盈亏平衡点。而从中小城市商业银行所处的地域环境看，绝大多数城市的人口在100万人左右。要使每个城市人均持有一张同一银行的银行卡是不现实的。因此，自行发卡是不明智的选择。而同大中型银行联合推出理财产品，既能节约成本，又能提高效率，满足客户需求。联合开发有三个渠道：一是与股份制银行联合。它们的理财卡已形成品牌，具有较强的市场竞争力。二是同区域内城市商业银行联合。三是在银监会或中国银行业协会的协调下，共同研发"中国城市商业银行理财卡"，实现互惠共赢。

（三）营销渠道：发散式营销为主要模式

发散式营销是指在银行现有客户的基础上，通过客户经理或理财专家的指导和努力，使现有客户带动潜在客户，从而达到客户倍数增长的营销模式。城市商业银行经过近10年的发展，都培育了众多的基本客户群。许多客户正是在城市商业银行的业务支持下由小到大迅速发展，获得了较为丰厚的收益。他们也因为城市商业银行扁平化的管理模式、方便快捷的灵活决策机制，成了"赶不走的客户"，培育了相互的信任感和忠诚度，客户关系十分融洽。因此，在划分目标市场时，必须首先熟悉市场所在的物理环境、情感环境、文化环境与智力环境。在此基础上进行市场细分，选准目标客户。这样，理财的基础市场才会尽在掌握之中。如果营销方式得当，它们的上下游客户乃至上下游客户的客户，就会从潜在的客户迅速转变为现时客户。

（四）理财目标：客户满意，保本微利为原则

我国金融市场已全面开放，竞争日益激烈。中资银行、外资银行相互参股和并购日益频繁，实力强大银行的金融服务品种会越来越丰富，城市商业银行相对滞后。为了自己的生存和发展，城市商业银行就必须有明确的市场定位，有自己的目标客户，有自己的经营特色，有自己的强势产品，而理财成为了各家银行竞争的主要手段。但是，理财方面是城市商业银行最为薄弱的环节之一。虽然城市商业银行理财的终极目标是增加业务收入，提高盈利水平，但是近期目标应以"客户满意、保本微利"为理财的基本原则。一是稳定现有客户，使其财富在城市商业银行的管理下照样能不断增值，加强客户关系，提高客户满意度和忠诚度。

二是通过理财，增加客户资产的额外价值，提高城市商业银行超值服务水平，激发客户对金融理财产品的需求，培养成长型客户。三是树立理财服务典型，扩大潜在客户，从而提高城市商业银行在中小客户中的市场占有份额。四是在优质的客户稳步增加或减少流失的基础上，加快特色金融理财产品的创新，使城市商业银行逐步走向精品小银行之路。

（五）理财关键：打造精英理财团队

银行理财对城市商业银行来说是一个既陌生又可怕的概念，可怕之处在于缺少理财的主体——人才。打造精英理财团队已是当务之急。

首先，培训人才。中国国民财富的持续增长正呼唤着我国金融理财师的出现和发展。为了迅速培养合格的理财专家，2003 年，国家劳动和社会保障部公布的第五批 53 项职业标准中，理财师正式被纳入了国家职业大典中。2004 年 12 月 11 日，中国金融教育发展基金会金融理财标准委员会通过了《金融理财师考试认证暂行办法》。2006 年，中国注册理财规划师协会又正式成立。这为我国理财师快速培训成长奠定了基础。城市商业银行必须"赶上这班车"，加快理财人才的培养。

其次，留住人才。人才是现代社会组织的核心竞争力。"承认人的需求，满足之；尊重人的个性，容纳之；重视人的价值，实现之；开发人的潜能，利用之；鼓励人的创造，奖励之。"这是招商银行的人本理念，也是它们的制胜之本。花旗银行前总裁史蒂尔曼·洛克菲勒在 1965 年就指出："如果我们把最近这几年里所做的事情审查一遍，那么就可以看到，这么多年以来，我们所倾注最多的精力，花了最多的时间，并且今后也将继续这样做的事情是——人的问题，对这一点应该是毫无疑问的。在花旗银行，人员的招聘、录用、培训、岗位安排和发展，总是排在第一位的。"比人才更重要的是能人。而在人才的使用上，花旗银行前亚洲区资产融资部总裁、现任美国国际教育基金会会长夏保罗说："建立激励制度最重要，花旗银行为此实行了'九方格图'绩效考核制度。""重用人才、重奖人才、尊重人才、长留人才"是花旗银行的人才观。中国城市商业银行要使自己的理财团队成为精英团队，在金融市场中有优势兵力，强打猛攻，最大限度地提高理财市场占有率，培养人才、长留人才是制胜的关键。

（作者单位：包商银行成都分行）

试论银行的风险与合规

胥体琼

内容提要：银行在经营过程中会产生各种风险，如何在风险与收益中找到一个平衡点，是银行从业者需要认真研究的问题。本文阐述了风险与合规之间的关系，并阐明商业银行应全面构建合规风险管理机制，从强化合规培训、强化制度执行、强化合规检查和强化合规考核等方面全面实施合规管理，从而防范风险。

一、正确认识风险与合规

风险是为取得未来收益而承受的潜在损失，指人们所期望达到的目标与实际出现的结果之间产生的距离。风险分为狭义和广义两种，一种强调了风险表现为不确定性；而另一种定义则强调风险表现为损失的不确定性。若风险表现为不确定性，说明风险只能表现出损失，没有从风险中获利的可能性，属于狭义风险。而风险表现为损失的不确定性，说明风险产生的结果可能带来损失、获利或是无损失也无获利，属于广义风险，而金融风险属于广义风险。风险和收益成正比，高风险高回报。如何在风险与收益中找到一个平衡点，使收益覆盖风险，是银行从业者需要认真研究的问题。

合规就是符合规定，遵从规范。银行的合规特指遵守法律、法规、监管规则或标准，与银行经营业务相关的法律、规则及标准，包括诸如反洗钱、防止恐怖分子进行融资活动的相关规定、涉及银行经营的准则包括避免或减少利益冲突等问题、隐私、数据保护以及消费者信贷等方面的规定，以及银行经营范围之外的法律、规则及准则，如劳动就业方面的法律法规及税法等。包括监管部门制定的法律、规则及准则，市场公约，行业协会制定的行业守则以及适用于银行内部员工的内部行为守则。它们不仅包括那些具有法律约束力的文件，还应包括广义上的诚实廉洁和公平交易的行为准则。

二、正确理解风险与合规的关系

风险与合规既是矛盾的，又是统一的：没有风险，银行就不可能实现收益最大化；没有合规约束，银行的风险就会泛滥。片面追求收益，偏好风险，必然在经营过程中忽视合规，不但存在潜在信用和市场风险，而且极易形成操作与合规风险，会给银行带来不确定的损失。而一味追求合规，将风险视为洪水猛兽，办事中规中矩，不敢拓展市场，不愿承担风险，就违背了银行经营风险的定位，对银行的盈利能力和可持续发展带来影响，银行就不可能做大做强，在激烈的市场竞争中立于不败之地。风险是银行经营的前提，没有风险就不可能形成利润，而合规则是银行业一项核心的风险管理活动，健全、有效的合规风险管理机制，是实施以风险为本监管的基础。

三、全面构建合规风险管理机制

（一）树立主动合规意识

主动合规是银行业稳健运行的基本内在需求，也是银行文化的重要组成部分。一是在银行员工中树立合规人人有责、主动合规意识、合规创造价值等理念，让员工在接触每一笔业务时，都要想到必须进行合规风险的审查，倡导主动发现和暴露合规风险隐患或问题，以便及时整改。二是经营高管层要全面树立主动合规经营理念，在战略确定、经营决策、信贷政策导向、监管政策执行等方面主动遵守国家法律、法规，主动遵守国家监管政策。在具体战略投资、信贷审批、财务审批、资产管理、工程招标等环节认真执行相关的行业政策、制度和规定，做到严格约束，主动合规。

（二）大力倡导合规文化

合规文化是由一整套的制度、方法和工具支持的。针对发现的问题相应地在业务政策、行为手册和操作程序上进行适当的改进，以避免任何类似违规事件的发生和纠正已发生的违规事件，并对相关责任人给予必要的惩戒。如果发现了合规风险而隐瞒不报，一旦被内审部门或外部监管者查实，隐瞒不报者一定要受到严厉的惩罚；而对于主动报告问题或隐患的，则可以视情况减轻处罚，甚至免责乃至给予奖励。

（三）搭建合规组织构架

合规部门是支持、协助银行高级管理层做好合规风险管理的独立职能部门，一线业务部门对合规负有直接的责任，高级管理层对银行合规经营负有最终的责任。构建商业银行合规风险管理机制，需要设立专职的合规部门，并且要确保合规部门不受干扰地发现问题、调查问题，让合规人员及时地参与到银行组织架构和业务流程的再造过程中，使依法合规经营原则真正落实到业务流程的每一个环节乃至每一位员工。同时，要制定和核准一个符合商业银行自身特点且行之有效的合规政策，它是银行合规风险管理的纲领性文件。通过实践积累经验，摸索出一条有效管理合规风险的运行机制和治理操作风险的治本良策。但必须明确：切忌将合规部门的工作不到位作为银行各业务部门和高级管理层推卸责任的借口。合规部门绝不能成为高级管理层和其他部门追究责任的"替罪羊"。

（四）建立举报监督机制

要在员工中树立起依法合规经营和控制合规风险的意识，必须建立举报监督机制，为员工举报违规、违法行为提供必要的渠道和途径，让违规行为无处遁形。对于员工举报违规、违法行为，接受举报的部门要严格保密，以保护举报人的合法权益，确保其不受打击报复，不影响举报人的主动性和积极性。要建立有效的举报激励机制，对于举报后查实违法、违纪行为的，对举报人要进行秘密的奖励。

（五）建立风险评估机制

目前，银行业的风险计量系统建设较为薄弱，特别是农村信用社风险计量、评估还没有建立系统的分析工具，对于风险的识别途径单一，信用风险的定价模型、预期风险的市场风险计量工具、操作风险的管理架构未真正实施，往往是凭经验预测分析，风险评估能力不足，风险把控的措施更是十分有限。要尽快建立健全和完善风险识别和评估体系，认真借鉴国际先进经验，积极运用现代科技手段，建立健全覆盖所有业务风险的监控、评估和预警系统，重视早期预警，认真执行重大违约情况登记和风险提示制度。

（六）建立流程操作机制

将合规风险管理机制建立在"流程银行"基础之上。要彻底打破以往承传多年的在稳定和封闭的市场环境中、在金融产品单一的计划经济时期形成的"部门银行"体制，打破各部门条块分割、各管一段的部门风险管理模式，有效避免各自为政、相互扯皮现象，建立以客户需求为中心的统一封闭流程，以既服务好客户又控制好风险为原则，优化和精简业务流程。以风险管理为核心，搭建以业务和管理部门为第一道防线，风险合规部门为第二道防线，稽核审计部门为第三道防线的流程化组织架构，突出全程风险管理，实现风险关口前移，将传统的风险管理转化为风险经营与管理，做到风险及时预警、及早采取防范措施、及早落实整改，减少风险和损失。

四、以风险防范为基础，全面实施合规管理

（一）强化合规培训

要经常性开展各项制度、规章的学习培训，让每位员工熟悉制度、熟悉业务操作流程，知道自己该干什么，不该干什么，知道该如何操作才不会违规，知道不合规操作带来的风险损失，知道违反制度的严重后果。使每位员工对合规的理论和要求有一个系统化的掌握，避免在操作环节中凭经验、凭感觉办事。变习惯操作为合规操作，变"要我合规"为"我要合规"。

（二）强化制度执行

再严格的制度，如果不强化执行，就是一纸空文。提高执行力是合规最有效的途径，也是防范风险的必然要求。强化制度执行，做到令行禁止，让每位员工对制度存有敬畏心，严格遵守纪律，执行制度，使之不敢违规。

（三）强化合规检查

要打破一切不利于风险防控的职场潜规则和习惯性操作，不仅要合情合理，更要合规合法。将合规经营理念融入一切业务指导和检查过程之中，让违规行为无生存土壤。要经常性开展合规检查，对业务操作、纪律、制度执行情况进行全面评估。对于坚持合规操作的，大张旗鼓地进行宣传表扬，号召全体员工学习；对于不按要求操作的，进行必要的批评教育、经济处罚、行政处分等惩戒，提高其违规成本，使之不敢违规。

（四）强化合规考核

要将绩效考核机制作为培育合规文化的重要组成部分，以充分体现

倡导合规经营和严厉惩处违规的价值观念。将合规管理纳入年度目标考核重要内容，对于违规行为，视其性质和危害程度、风险损失程度进行量化考核，对严重违规者实行一票否决。将合规作为干部培养、任用、提拔的重要依据；将合规作为干部上任的必要警示内容；将合规作为干部任期目标考核和离任审计的重要内容。

（作者单位：梓潼信用合作联社）

"三道防线"锁定信息系统安全

——华夏银行成都分行信息科技风险管理模式

华夏银行成都分行信息技术部

内容提要：近年来，银行业信息系统的安全稳定运行已成为发展的第一要务。本文结合华夏银行成都分行信息科技风险管理模式的实例，阐述了如何强化信息科技治理、如何确保安全稳定的信息科技环境、如何不断提升信息安全管理水平、如何保障业务连续性这四个方面的问题，通过信息科技部门、合规部门、稽核部门这"三道防线"锁定系统安全的管理模式，值得同业学习与借鉴。

近年来，华夏银行成都分行深入贯彻银监会信息科技风险管理指引文件精神，扎实推进信息科技风险管理各项工作，以信息系统安全稳定运行为第一要务，完善科技运行体系、信息安全防控体系，优化资源配置，实现了信息系统持续运行与信息科技环境的安全稳定。

一、优化组织架构，强化信息科技治理

（一）分层管理，全方位防治风险

华夏银行成都分行将信息科技风险管理的治理结构划分为四层。

一是设立信息科技管理委员会，由信息科技部门和主要业务部门的负责人组成，主任委员由分管信息科技的副行长担任。信息科技管理委员会作为信息科技发展战略、规划、预算和实际支出、风险与安全管理等事项的管理机构，负责监督落实当地主管和监管部门信息技术方面的各项要求及总行相关制度；定期向华夏银行总行信息科技管理委员会和本级行管理层汇报信息科技计划的执行、信息科技预算和实际支出、信

息科技的整体状况，确保其与银行的总体业务战略和重大策略一致；负责审核本级行科技年度发展计划，并监督其实施情况；负责监督本级行信息科技风险管理和信息安全管理策略的执行情况；负责落实总行业务连续性规划，审批本级行年度业务连续性计划和应急演练计划，听取本行本年度应急演练的结果等。

二是信息技术部是信息科技风险的主管部门，负责贯彻执行国家、总行及分行风险管理制度、信息安全规章制度，规划、落实、协调和监督全辖风险管理工作。

三是信息技术部门设置专职信息安全员，协助部门负责人完成所辖范围内信息科技安全运行工作。

四是各单位设置兼职信息安全员，协助完成本单位信息科技风险日常管理工作。

（二）设立"三道防线"，有效治理风险

信息科技部门及前台业务部门形成信息科技风险防治的第一道防线。

一是信息科技部门加强系统操作、变更管理，制定操作手册，一人操作，一人复核。

二是强化业务系统风险管理，治理操作风险，通过风险提示将防控前移，转发总行及监管部门的风险提示文件，要求各业务部门熟练掌握业务操作流程及系统要求，严禁误操作、漏操作、多执行业务操作步骤及各类变通操作行为。

三是加强生产数据的下载管理，确保数据和操作安全，严格生产数据下载的申请审批流程及脱敏处理，在超过生产数据使用期限后进行销毁处理并登记，对于需要多次下载的生产数据类型，首先考虑由业务部门牵头提出需求，通过编制专门的程序的方式对数据库进行后台操作，降低直接打开数据库进行操作带来的风险。

合规部门是信息科技风险防治的第二道防线。该部门负责信息科技风险管理工作，并直接向信息科技分管行领导报告工作，负责协调制定有关信息科技风险管理策略，尤其是在涉及信息安全、法律等合规性风险方面，为业务部门和信息科技部门提供建议及相关合规性信息，实施持续信息科技风险评估，并跟踪整改意见的落实情况。

稽核部门是信息科技风险防治的第三道防线。该部门履行内部控制职责，负责信息科技审计制度和流程的实施，制订和执行信息科技审计计划，对信息科技整个生命周期和重大事件等进行审计并按计划进行信息科技合规检查。

（三）明晰内部职责，提高风险防范意识

华夏银行成都分行对信息技术部门内部管理职责进行明确的界定，各岗位的人员均具有相应的专业知识和技能。

在岗位设置上，对信息技术管理工作进行了细分，按工作职能划分了分管中心，合理安排人员分工，坚持适岗定人，并执行"三分离"原则，实现了前后台分离、开发与操作分离、技术与业务分离；针对关键岗位设置 A、B 角，并纳入轮岗计划中，按照年初人力部轮岗计划进行轮岗；在素质教育上，合规与技能教育并重。

在合规教育上，每月至少组织一次学习业务制度、合规案例及相关风险提示等，提高员工对制度的熟悉程度和合规操作意识。

在技能和知识教育上，一是定期组织信息技术人员参加上岗考试和 IT 专项培训，不断提升专业能力；二是定期组织全体信息技术人员学习专业课程、业务制度、操作流程及能力课程等内容；三是组织开展信息安全培训，贯彻信息安全要求，普及信息安全知识，提高信息安全专业技能。

二、加强信息科技运行管理，确保安全稳定的信息科技环境

（一）加强基础设施管理，为系统运行保驾护航

华夏银行成都分行中心机房符合国家 B 类机房有关规定，并通过了消防、防雷等相关部门的验收。物理环境安全符合总行及相关部门要求，关联系统包括视频监控系统、消防控制系统、场地监测系统等。

一是加强视频监控及安全保卫工作，防盗窃、防破坏，迄今未发生过相关事件。

二是定期进行消防控制系统应急演练，在发生火灾等紧急事件时能够有效进行应急处理。

三是加强监控并定做雨篷防水和防潮，并可以通过环境监控系统预警及时发现漏水事件。

四是通过精密空调进行系统温湿度控制。

五是保证电力供应，配备 UPS 和柴油发电设备，定期由专业公司进行巡检，出具巡检报告。机房的电力供应从四个层面保证：市电电源、UPS、自备柴油发电机、应急发电机接口。

六是做好防雷检测，避免灾害事件发生。

七是邀请专业公司定期对机房基础设施进行巡检，对潜在隐患及时发现并整改。

八是加强对机房的巡检与日常进出管理，并指定专人负责整理、妥善保管机房档案和基础设施资料。

（二）充分利用各种手段，全方位监控系统运行

一是建立了7×24小时主机房运行值班制度，制定了机房运行操作规范，明确了值班人员的工作职责和操作步骤。值班人员每日对关键信息系统进行5次定时巡检，记录系统运行指标，监控交易状态；对主机房内服务器、网络设备和各项基础设施等进行8次巡检，确保各项设备处于良好状态。

二是系统管理员每月进行系统资源、状态检查并邀请外包服务商对系统进行深度巡检，排查系统存在的隐患。

三是管控权限，细化日志与问题管理，严格设定生产系统相关用户权限，禁止不合规访问生产环境中的系统日志和交易日志，由系统管理员定期对日志进行检查；分析提炼相关问题并快速处理，建立信息系统问题响应机制，划分问题级别，根据不同问题级别给出不同的解决方案及后续处理意见。

四是克难攻坚，积极进行技术改造。华夏银行成都分行积极对重要信息系统的关键指标进行实时监控，上线了"系统自动化监控平台"。通过这个平台，能及时记录系统运行的重要参数，及时发现潜在隐患；对于需重复手工执行的工作（如数据备份、数据抽取等），编制相关程序或自动执行脚本的编写，以减少手工重复劳动和误操作所带来的影响。

五是将对系统的访问、操作及相关人员管理等纳入统一部署的审计系统，实现了全体技术人员日常运行维护操作的自动记录与回放、操作行为可追溯、可审计等功能，审计管理员不定期对运行维护操作行为进行全面审阅和记录，有效防范了操作风险。

（三）加强网络安全与接入控制

一是加强网络安全管理。根据业务和信息安全级别，合理划分了网络安全域，在内网中根据不同功能划分了VLAN，在网络关键位置安装防火墙插卡对网络进行了功能分区。核心及汇聚层接入设备均使用了双机冗余方式进行热备份，下联各支行均使用了双运营商双线路，在支行端使用了双路由器进行冗余备份，并采用了VRRP协议以实现线路的快速切换。同时建立了统一的外联平台，严格按照总行外联建设标准建设，

配置了双防火墙、双外联路由器及不同运营商备份线路接入金融城市网，使用了双向地址转换策略并对接入用户进行了策略控制。在网络中部署了入侵检测系统（IDS），对网络中的异常流量进行分析记录，并对异常情况定期审核。部署全行统一的网管系统来管理网络的安全、故障、性能和配置，并对网络设备进行了定期的巡检、版本升级检查和配置备份。

二是加强对系统主机接入层面的管理。严格系统权限分配、账号管理；对系统资源访问进行严格访问控制，必须在控制间视频监控区域通过审计系统登录相关信息系统；定期对重要用户行为、系统资源的异常使用和重要系统命令进行审计。

三、层层落实，不断提升信息安全管理水平

（一）抓安全制度建设，细化安全管理程序、流程

严格按照监管部门及华夏银行总行的相关管理制度，制定了华夏银行成都分行信息科技风险管理策略、信息科技安全管理实施细则、科技管理评价办法、数据管理、运行维护管理等相应的制度规范，指导全行信息科技工作。

（二）加强安全监测，降低安全隐患

一是在支撑系统安全上，一方面，按照总行要求，加强对中心机房的基础设施安全巡检；另一方面，要求营业网点提高风险管理意识，增强巡检力度，防患于未然，并针对个别支行漏水、短路等事件提出了风险提示，要求各支行展开专项自查，举一反三，对发现的问题及时整改。

二是在信息系统安全上，部署监控系统对系统资源、运行状态进行监控，对发现的问题及时报警，相关人员可在第一时间了解情况，制订方案，及时处理。

三是在客户端安全上，加强防病毒与补丁升级管理，建立病毒管理、WINDOWS系统补丁升级服务平台，及时进行病毒特征库的升级和系统补丁的更新；为了保证网络系统的安全、稳定运行，在网络结构的关键节点，采用先进的安全技术和策略，布置防火墙、IPS、入侵检测等安全系统。

四是在客户信息安全上，做好互联网安全监控管理。华夏银行成都分行对互联网与内部网严格实行物理隔离，搭建外网IPC服务平台，部署了互联网行为审计系统，通过统一的互联网出口上网。制订了互联网管理实施细则以规范员工上网行为，保障信息安全。

（三）加强审计与安全检查，形成良性反馈

华夏银行成都分行定期检查信息科技实际工作与安全策略的一致性及安全管理制度的执行情况，采用部门负责人定期审阅生产数据下载、系统变更、密码使用等情况与安全管理员定期进行生产系统操作及生产数据非计划性修改、下载情况等审计相结合的方式，及时发现并整改潜在问题。认真做好辖内安全检查，加强病毒安全防护。采用按季度进行安全检查与不定期的专项安全检查结合的工作方式，并结合兼职安全员机制，形成全面的检查网，保障信息系统运行的安全性，每季度通报安全检查情况。

（四）明确报告路线，合规高效处置紧急事件

华夏银行成都分行严格按照人民银行《银行计算机安全事件报告制度》和总行《华夏银行突发事件应急管理办法》等有关要求，落实重要事件报告制度，随时掌控各类安全隐患情况，及时准确上报各类突发事件。结合华夏银行总行《华夏银行信息系统问题管理实施细则》《华夏银行信息系统突发事件应急管理办法》《华夏银行保密工作管理办法》等制度文件适用的安全事件进行科学分类，完善了各类安全事件应急接口。

四、科学制订业务连续性计划，保障业务连续性

（一）业务分级，确定信息系统优先级

华夏银行成都分行根据自身业务的性质确定了业务重要性级别，确定了业务恢复时间点目标、需要的资源、业务和信息系统之间的依赖关系，确定了信息系统的恢复目标。认定涉及实时业务处理、客户信息较敏感的信息系统为最高优先级，依次为前置应用系统、相关管理信息系统等。依据信息系统优先级，制订了业务连续性计划，保障重要信息系统的业务连续运行。

（二）完善应急预案，加强应急管理

制订了系统总体应急预案和 11 个重要系统应急预案分册。制订全年应急演练计划，按时进行应急演练，内容包括主机房配电和空调系统、网络系统、支付系统、支票影像系统、同城票据交换系统等信息系统，演练过程严格按照演练应急预案进行，验证了应急预案切实可行，备用设备和系统有效可靠，并丰富应急预案场景，保持与业务部门沟通联动，确保演练后业务处理正常。

（三）加强外联沟通，建立外联沟通协调机制

华夏银行成都分行建立并保持了与外联单位的日常沟通，包括信息系统外联单位、通信运营商等外联单位，做到按月同外联单位电话沟通两次及现场交流一次，确保与外联单位信息系统业务连接的畅通性，未发生因第三方单位系统故障导致系统计划外业务中断。

强化合规文化建设，有效防范合规风险

胡志钦

内容提要：健康的合规文化，可以指引员工个人和组织的工作习惯、行为模式，能够增强员工的自我约束能力、有效激励员工的正面选择，进而降低银行管理成本，提升银行市场声誉，扩大市场空间。本文阐述了合规文化的概念，分析了我国商业银行合规文化现状，并对加强商业银行合规文化培育提出了四点建议，提倡在银行内部形成科学的激励约束机制。

291

在当前全球经济低迷、银行业竞争白热化以及银行案件频发的背景下，打造主动合规进而实现自动合规的企业文化的意义不言而喻。本文从对合规文化概念的理解、我国商业银行合规文化的现状入手，探讨如何强化合规文化建设，有效防范合规风险。

一、合规文化的概念

"合规"属舶来词，来源于英文"compliance"，可直译为"遵从、依从、遵守"等，也可意译为"合符规范"，中国银监会 2006 年颁布的《商业银行合规风险管理指引》将"合规"定义为：使商业银行的经营活动与法律、规则和准则一致。目前，尽管理论界对"合规"的实质意义尚有不同的理解，导致对商业银行合规的概念也有不同的论述，但可以确定的是，合规经营是银行存在和发展的基础，构建良好的合规文化，有利于银行持续、健康发展，有利于整个金融市场的稳健运行，有利于构建和谐的金融秩序。

笔者认为，合规文化是商业银行在长期发展过程中形成的，被全行共同认同、遵守的合规风险管理理念、价值标准、道德规范、礼仪风俗、传统习惯等内容的融合。健康的合规文化，可以指引员工个人和组织的工作习惯、行为模式，能够增强员工的自我约束能力，而且能够有效激励员工的正面选择，进而降低银行管理成本，提升银行的市场声誉，扩大市场空间。

二、我国商业银行合规文化现状

银监会在《合规与银行内部合规部门》中要求，"合规应成为商业银行文化的一部分"。《商业银行合规风险管理指引》强调"商业银行应加强合规文化建设，并将合规文化建设融入企业文化建设全过程"。由此可见，监管部门对合规文化建设的重要性给予了充分认可。近年来，通过商业银行的持续努力，尽管在合规文化建设方面取得了较大的进步，但同西方发达商业银行相比较，还存在较大的差距，形势依然不容乐观。

一是合规意识淡薄。首先，这主要表现为意识不到位，理解有偏差，认为合规与发展是矛盾对立的，合规不仅成本高，还会阻碍业务发展。其次，重经营轻管理、重结果轻过程的思想还不同程度地存在，甚至有少数管理者带头违反制度，对合规文化建设带来了很大的负面影响。最后，受"金钱拜物教"的影响，在制度面前经不住金钱、物质的诱惑，发生人生观、价值观扭曲，守不住合规底线。

二是合规机制不健全。首先，合规机制是合规文化的重要保障，但目前我国商业银行合规风险管理机制还不健全，多数商业银行还是部门银行而不是流程银行。其次，存在规章制度不易执行的情况。有的制度内容抽象，有的制度不适应市场的变化，有的制度之间互相矛盾，甚至存在与外部监管要求抵触的情况。最后，合规风险管理技术还比较落后。目前，大多数商业银行的合规风险管理还停留在合规培训、合规宣传的初级阶段，合规风险管理的科技技术含量不高，也影响了合规管理的有效性。

三是合规执行力差。规章制度是银行业务办理的依据，是内控制度的根基，只有严格执行监管部门和银行内部的各项规章制度，才能保证银行业务的长久、健康发展。目前，我国商业银行均不同程度存在轻视或无视银行合规建设的问题，在大量的规章制度面前，有规不依、执规不严、有章不循的现象时有发生。从近年来发生在银行业的案件来看，案发地大部分集中在基层支行，涉案人员往往有银行员工和管理者共同参与，这说明仅仅具备完善的规章制度是远远不够的，关键还是在制度的执行上。

四是违规处罚不到位。目前，大多数商业银行都设立了内审部门、合规部门、监察部门，三者分工协作、密切配合，对违规行为采取问责的方式处理。但还存在这样的情形：对违规行为的处罚流于形式，违规的成本较低，导致违规行为屡查屡犯、屡禁不止。监察部门的处理是事后行为，虽通过问责处理了违规行为，但并不能有效地在事前避免违规行为。

三、加强商业银行合规文化培育

合规文化是商业银行健康发展的灵魂。合规文化建设是一个渐进的漫长过程，它需要经营管理者长期地、持之以恒地倡导和培育。笔者认为，至少应从以下方面加以精心培育：

一是强化合规从高层做起、合规人人有责的意识。在合规文化建设工作中，高级管理者的重视程度起着至关重要的作用。合规要从高层做起，这是《巴塞尔银行监管委员会指导原则》的一个重要理念，也是银监会《商业银行合规风险管理指引》的要求。高层人员所做的事情不只代表其个人，而且代表一个群体，代表高层对于合规管理的态度、对风险控制的重视程度。合规作为一种企业文化，强调的是人人合规。只有让合规的观念和意识渗透到每个员工的血液中，才能有效控制合规风险。

二是健全合规管理机制。合规风险管理机制与合规文化相互作用、相互促进。许多案件的形成，大多是制约机制失控和监管不严的结果。要建立科学的合规风险管理机制，就必须从涉及银行整体的企业文化、组织机构扁平化、流程管理、岗责体系、绩效管理等方面入手，梳理、整合和优化银行的规章制度，建立专业化的合规风险管理队伍，确立清晰的报告路线和问责制、举报制等，真正在银行日常经营管理活动中体现合规风险管理在风险管理乃至整个银行管理工作中的核心地位和作用。

三是强化制度的建设力和执行力。辩证唯物主义告诉我们，"事事有变化、时时有变化"。银行所处的内外部环境也是不断变化的，这就要求我们的规章制度必须适应监管的要求、市场的需求、内在的变化。如果这个制度本身不充分、不系统或者没有及时废、改、立，就会使银行在客观上处于违规的境地。完善的合规制度体系必须得到贯彻执行才能发挥其功效，所以必须坚决破除"以信任代替管理、以习惯代替制度"等不良习惯的桎梏，从根本上切实提高规章制度的约束力。

　　四是强化合规考核力度。考核与问责是一个问题的两个方面，是合规工作重要的管理资源。建议改变片面强调业绩考核的制度，在考核中加大合规考核力度，以绩效挂钩的方式进一步推动商业银行各层级员工遵循合规要求，对合规行为进行奖励与表彰。同时，加大对违规人员的问责力度，提高其违规成本，真正让银行员工"不敢为、不愿为、不能为"，在银行内部形成科学的激励约束机制。

　　　　　　　　　　（作者单位：中国光大银行成都分行法律合规部）

银行业机构房地产贷款风险传导机制及对策研究

四川银监局课题小组

（成员：王筠权、李明肖、王　兴、刘　焱、周　静、周　阳）

内容提要：房地产业是我国经济的重要支柱行业。近年来，国家出台了一系列宏观调控政策，既影响了房地产市场和房地产企业的运行，也连带影响了上下游行业，进而对银行的房地产贷款质量产生影响。本文对我国房地产市场运行机制和主要调控政策进行了梳理，通过定性和定量结合的方式对宏观调控政策作用于房地产业信贷质量的传导机制和过程进行了剖析，运用多元统计和压力测试方法测算了宏观经济对房地产业及其上下游产业信贷质量的影响，并提出防范房地产及相关行业信贷风险的对策及措施。

一、房地产市场运行机制及宏观调控政策

（一）我国房地产市场自身运行机制

我国房地产市场运行机制决定了房价存在不断上涨的推动力。

就需求方来说：一是住房刚性需求不断增加。第一，住房制度改革。1998年福利分房取消导致涌现大量市场购房的需求。第二，城镇化进程不断加快。目前四川省城镇化率在40%左右，尚有5 000万农村人口。以每年1%的城市化进程估算，每年约50万人需要住房，此类需求约占市场需求的1/3，市场刚性需求仍然强烈。第三，随着人均收入水平的提高，人民生活品质提升，改善性住房需求也在上升。二是投资投机需求有所增加。国内投资渠道有限，加之通胀预期和房产保值升值的特质，

国内投资投机需求抬头。三是政策刺激推动房价上涨。2008 年国家出台了一系列政策鼓励刚需购房，首房贷利率下限扩大为贷款基准利率的 0.7 倍，最低首付款比例调整为 20%。在以上刺激政策的作用下，房价不断上涨。四是流动性宽裕。两次降准释放了约 4 000 亿元流动性，货币供应量增大，个人通过银行住房按揭贷款支持购房需求上升。

就供给方来说：一是房地产商品具有区域分割属性。房产地理位置是其最重要的属性，消费者的区域选择是小范围的，某个区域内只有少数开发商进行竞争，这提高了房地产开发商的定价自由度，可能推动区域内房价出现大幅度上涨。二是轨道交通的快速发展提升了房屋含金量。成都市地铁、快铁等轨道交通快速发展，沿线的房屋成交量持续上涨。至甘肃、陕西等周边省（市、区）的快铁、高速公路大通道建设加快，形成 6~8 小时通达长三角、珠三角、京津冀、北部湾等经济区的便捷运输通道，凸显成都乃至于四川的西部枢纽地位，使成都市乃至周边市州商品房具有较大吸引力。三是成本推动因素。2012 年上半年 CPI 同比上升 3.3%，中长期看，劳动力价格、建筑安装成本仍呈缓慢上升趋势，导致房价必然上升。

与此同时，房产是居民的消费必需品，涉及家庭幸福和社会安定的范畴，任由房地产行业自身属性与运行机制发展，房价将一路上扬。一方面房地产开发企业将一味追求超额利润，另一方面社会中低收入家庭无能力购房。如果政府不及时采取调控手段，一方面社会将引发公平与贫富差距进一步拉大的问题，另一方面开发商预期房价处于上升通道而一味扩大建设、囤积土地、捂盘惜售，一旦经济下行，必将导致房地产行业崩盘，引起系统性风险，同时波及相关行业，造成严重的社会后果。因此，政府于 2010 年 1 月出台"国十一条"，从鼓励刚需购房和打压投资投机需求入手，拉开了本轮房地产主动调控的序幕。

（二）主要调控政策综述

自 2010 年 1 月"国十一条"出台后，国务院出台了系列调控政策，相关部委分别就土地、利率、税收、保障性住房等方面出台了具体措施，对稳定房价、维持房地产市场平稳发展发挥了重要作用。

（1）综合性调控政策。2010 年 1 月 7 日国务院发布《关于促进房地产市场平稳健康发展的通知》（国办发〔2010〕4 号，即"国十一条"），拉开了本轮房地产调控的序幕。其主要内容为：增加住房有效供给；提高二套房首付款比例，不得低于 40%，抑制投资投机性购房需求等。之后一线城市房价仍呈现过快上涨势头。4 月 17 日国务院出台《关于坚决遏制部分城市房价过快上涨的通知》（国发〔2010〕10 号，简称"新国十条"），明确地方政府要切实履行稳定房价和住房保障职责，继续提高二套房首付比例，不得低于 50%，利率不得低于基准利率的 1.1 倍，商品住房价格过高、上涨过快、供应紧张的地区暂停发放三套及以上房贷等。5 月至 7 月大部分一、二线城市成交量萎缩明显，部分城市房地产价格下降，8 月全国房地产市场又普遍回暖。2011 年 1 月 26 日，国务院出台《关于进一步做好房地产市场调控工作有关问题的通知》（国办发〔2011〕1 号，简称"新国八条"），标志着本轮房地产调控力度进一步加大。该文件要求地方政府在"限购、限贷、限价"等方面做出规定，每年合理确定并公布本地区年度新建住房价格控制目标；调节税收，对个人购买住房不足 5 年转手交易的，统一按其销售收入全额征税；继续大幅提高二套房首付款比例，不低于 60%；严格执行限购政策。

（2）专项调控政策。国土部、住建部等相关部委出台了包括保障中小套型普通商品房、保障性住房用地、严格处置闲置土地、打击违法转让土地、落实差别化住房信贷政策、试点房产税、全额征收普通住房转让营业税等一系列专项调控政策，旨在维持房地产市场平稳发展。

目前本轮调控取得了一定成效，房地产价格快速连续上升的势头得到遏制，但调控仍存在四个方面的问题：一是主要采用行政性手段，如限购、限贷、确定房价控制目标等。短期看能取得立竿见影的成效，长期看不可持续。二是需求调控目的是打击投机性需求，正常的购房需求也被抑制，部分改善性购房需求成本增大。三是抑制了房地产供给。控制住宅的土地供给，将影响未来 2~3 年住房的现实供给，加剧房地产供需矛盾。四是政策实施仍具有真空地带。实行动态差别化个人住房按揭贷款政策，无法覆盖用自有资金炒房的行为。同时因各地房屋管理系统未完全联网，家庭住房套数难以准确认定，在操作层面影响了调控的实际效果。

二、房地产信贷风险传导机制研究

调控政策的实施和宏观经济情况影响房地产走势，从而影响到房地产贷款企业的销售、利润、流动性、资金链，房地产上下游相关行业及企业经营也将受到连带的负面影响，最后将体现到房地产及上下游贷款信贷质量上。

297

（一） 宏观调控政策作用过程

调控政策对房地产市场影响的传导机制：增加房地产供给，减少房地产投机投资需求，从而控制房地产价格。一是对供给方来说，加大保障性住房建设支持，增加有效供给；通过土地等政策促使房企加快开发，形成有效供给，不得捂盘惜售、闲置土地；通过信贷选择机制，促使房企优胜劣汰。二是对需求方来说，通过限购、限贷等手段打击房地产投资投机需求；同时着力支持首套、自住刚性需求。在宏观调控政策作用下，房价快速上涨得到遏制。据中房指数，百城住宅均价自 2011 年 9 月连续 9 个月下跌，2012 年 9 月为 8 753 元/平方米，同比下跌 1.4%。四川省房地产市场整体呈下行态势，销售持续低迷，2012 年 1~9 月商品房销售面积 4 061.54 万平方米，同比下降 5.1%。

调控政策对房地产企业影响的传导机制：一是销售两极分化明显。大型房企经营平稳，中小企业销售量萎缩、销售额下降，两极分化趋势明显。2011 年上半年尤其是实施限购政策后，多数大型房企销售未明显下降，万科、恒大等销售额较 2010 年同期有所增加。万科 2011 年前三季度实现销售额增长 39.55%，恒大增长超过 85%。全国房地产 20 强企业 2011 年前三季度销售金额和销售面积最低门槛比 2010 年同期稳步提升。多数中小型房企开发业态单一，经营区域狭窄，在调控作用下，销售量出现萎缩、销售额下降，现金流趋紧，部分客户开始通过项目转让等方式实施自救。截至 2012 年年末，四川省 9 个楼盘的销售基本处于停滞状态，66 个楼盘的销售缓慢，其中近 2/3 为中小房地产商开发的楼盘。二是资金链两极分化明显。2011 年年末，万达、万科、保利集团分别持有货币资金 618 亿元、407 亿元、383 亿元，总体现金流仍相对充裕。四川省委托方为房地产业的委托贷款 54.21 亿元，四川省内国企、央企项目公司仍有富余资金发放高息委托贷款。与此同时，中小企业资金链紧张，部分企业通过房地产信托融资的企业，陆续面临兑付压力。调查显示，2012 年四川省房地产开发贷款到期项目中经营性现金流为负的项目 42 个。截至 2012 年年末，四川省 190 户开发商经营性现金流为负，其中 64 户经营性现金流与净现金流均为负。部分房地产企业绕道表外通过委托贷款融入资金 149.23 亿元。三是业务地区转移趋势明显。因限购政策集中于一、二线城市，三、四线城市越来越成为众多地产商的重点布局区域。万达、远洋等一线地产商，逐步加大了三、四线城市的项目开发和储备力度。目前涉足四川三线城市房地产开发的品牌开发商已超过

50家。

宏观调控政策对土地储备企业影响的传导机制：房产市场下行，成交量萎缩且持续一定时间，开发商资金链吃紧，减少土地购买量，进而导致土地流拍，卖地收入减少。从四川省情况看，2012年1~9月土地购置面积649.91万平方米，同比下降6.4%，土地成交价款109.08亿元，同比下降8.3%。成都市1~9月共成交土地152宗，同比减少47.4%。成都2012年上半年土地出让收入188.96亿元，同比下降13.0%。

宏观调控政策对房地产企业贷款影响的传导机制：调控政策直接影响房地产市场，进而影响房企资金链，最后传导影响到银行发放的房地产开发贷款和土地储备贷款。一是开发贷款到期违约风险增大。2012年四川银行业房地产开发贷款新发生的逾期均因楼盘销售问题导致资金周转困难，新发生的不良贷款主要因楼盘销售不佳贷款偿还下调不良，或项目停工贷款到期未还下调不良。部分开发贷款到期办理展期，主要集中于民营、资质为三级、实力较弱的地（市、州）开发企业。二是土地储备贷款到期偿还压力增大。全年全省银行业土地储备贷款新发生不良及到期办理展期，均因土地整理拍卖计划未能如期完成，导致无还款来源。

（二）宏观经济对四川省房地产及上下游行业信贷质量的传导影响

我们采用定性和定量分析相结合的手段，对宏观经济影响房地产和上下游行业信贷质量的情况进行具体分析。

1. 宏观经济影响房地产信贷质量的多元回归模型

为定量测算宏观经济对四川省房地产行业信贷质量的传导影响，我们将2008—2011年作为研究区间，将贷款价格、经济增长、消费水平、通胀水平作为变量，建立多元回归模型 $DEBL = 0.3912 + 0.0932 \times DLR - 0.0102 \times DIAG - 0.0124 \times DTC$。该模型在统计意义上显著，可解释为：四川省宏观经济运行情况对房地产行业信贷质量影响较大。其中，由于贷款基准利率提高了房地产行业资金成本和个人按揭贷款还贷成本，贷款基准利率变化率每提高1个百分点，房地产行业信贷不良率可能因此提高0.0932个百分点；工业增加值增长率每提高1个百分点，说明宏观运行情况较好，房地产不良率可能因此下降0.0102个百分点；社会消费品零售总额增长率每提高1个百分点，房地产不良率可能因此下降0.0124个百分点。

2. 房地产业压力测试

压力测试主要通过建立模型，分析风险因素的影响和在极端压力情景下可能造成的损失，即判断在极端风险情况下房地产行业客户信贷是否出现违约，进而揭示房地产贷款的风险状况。房地产业贷款可主要分为对公贷款和住房按揭贷款两类，分别分析如下：

（1）对公贷款压力测试。设定压力测试的情景为房地产价格和成交面积下降，根据下降幅度分为轻度（房价下降 10%、成交面积下降 10%）、中度（房价下降 20%、成交面积下降 20%）和重度（房价下降 30%、成交面积下降 30%）压力。测试样本以四川省银行业机构 2012 年 6 月末房地产贷款作为样本，根据以下模型：EL（总损失金额）= PD（违约率）×LGD（损失率）×EAD（风险敞口），总损失率 = EL（总损失金额）/∑贷款余额，并通过测试基期与压力情景下风险分类变化情况对比，得出房地产对公贷款风险分类迁徙情况：轻度冲击下，不良率比基准状态上升 0.41 个百分点；中度冲击下，不良率比基准状态上升 1.10 个百分点；重度冲击下，不良率比基准状态上升 2.75 个百分点。

（2）个人住房按揭贷款压力测试。对个人住房贷款来说，房产价格下降直接影响个人住房贷款的贷款抵押率（LTV），从而使贷款的违约概率（PD）和违约损失概率（LGD）发生变化，从而影响贷款的质量。通过估算房产清收率，得到不同 LTV 值下的违约损失率（LGD）。应用 EL（预计损失额）= EAD（贷款余额）×PD（违约概率）×LGD（违约损失率）公式，可得出每笔贷款的 EL 值，将其累加即可以得到整个住房贷款的 EL 值。压力测试结果显示：轻度冲击下，不良率比基准状态上升 1.22 个百分点；中度冲击下，不良率比基准状态上升 2.01 个百分点；重度冲击下，不良率比基准状态上升 8.9 个百分点。结果显示，个人按揭贷款对房产价格、成交面积和利率变动更为敏感，一旦宏观经济出现波动或利率政策进行调整，信贷质量就会受到较大影响。

（三）房地产行业对上下游行业及信贷质量的传导影响

1. 房地产行业走势对上下游行业及企业的影响

房地产业价格有所下跌，新开工面积有所减少，对钢材、水泥、玻璃等建筑材料和建筑等上游行业的消费需求下降，对家具、家电等下游消费的带动作用下降。

（1）上游行业。第一，炼钢业受房地产行业走势下滑与自身产能过剩的双重影响，超三成企业亏损。房地产行业用钢约占钢铁行业总体需求量的 48%。2012 年上半年全国粗钢产量同比增长 9.6%，供给继续增加，同期全国房屋新开工面积同比下降 7.1%，对钢铁需求量减少近 3.5 个百分点，钢材价格滑落。而且由于我国钢铁行业 10 多年来以超过 20% 的平均速度高速增长，2011 年年末粗钢产能已达 9 亿吨，远高于 6.83 亿吨的产量，产能严重过剩。2012 年上半年钢铁协会会员亏损面达 33.75%。第二，水泥、石灰和石膏制造业价格下滑，利润下降超过 50%。房地产行业对水泥、石灰和石膏的需求约占总需求的 40%，2012 年上半年全国房屋新开工面积同比下降 7.1%，测算对水泥需求量带来 2.84% 的减少。同期全国水泥产量同比增长 5.5%，供过于求的局面短期内难以改变。截至 2012 年 6 月末，水泥库存 1 970 万吨，同比增长 15.1%；8 月中旬高标水泥市场价格 330 元/吨，同比下跌 17.9%。四川省水泥投资总额占全国 1/7，2012 年产能达 1.5 亿吨，而市场需求仅 1.0 亿吨，产能过剩造成水泥企业通过协同停窑减产等方式缓解胀库危机。2012 年上半年，四川省规模以上水泥企业共实现利润 6.37 亿元，同比下降 52.84%。第三，砖瓦石材等建筑材料制造业受影响相对较小。四川省因基础设施建设对建筑材料制造业的需求上升，建材行业运行情况总体保持平稳。2012 年 1~6 月，四川省规模以上建材工业完成工业总产值 1 745.66 亿元，同比增加 17.13%；实现利税 138.34 亿元，同比增长 7.41%。第四，房屋建筑业受调控政策的负面影响不大。房屋建筑业订单主要源于商品住宅、保障房、基础设施建设。2012 年上半年四川省房地产开发投资同比增长 16.4%，固定资产投资同比增长 20.5%，保障性安居工程完成投资同比增长 52%。在此带动下，全省建筑业需求增大，2012 年 6 月，新订单指数 54.2%，比 2011 年年末上升 7.6 个百分点。

（2）下游行业。第一，家具制造业目前受调控的负面影响尚不明显。房屋和家具有紧密的捆绑效应，一旦房屋销售下降，家具的潜在购买量随之下降。房地产调控政策对家具制造业的影响有 2~3 年的滞后期，2012 年正是 2008—2010 年购房者交房验收装修的集中时段，四川省家具制造业 2012 年上半年实现销售额同比增加 4.27 亿元。第二，家用电力器具制造业。在"以旧换新""家电下乡"等一系列政策的刺激下，四川省家电制造业稳步发展。2012 年上半年四川省家用电器和音像器材类零售总额 155.19 亿元，同比增长 26.7%。

2. 房地产行业走势对上下游行业信贷质量的传导影响

（1）上游行业：一是上游行业贷款客户第一还款来源减少。受宏观经济下行、房地产调控和原材料价格上升等多重因素影响，上游行业部分贷款客户流动性紧张、资产负债率上升、盈利能力下降，其中受主要原材料进口铁矿石价格上涨等影响，炼钢业贷款客户成本大幅上升，同时因产能过剩、钢价下降，四川主要炼钢业贷款客户持续出现营业亏损。水泥、石灰和石膏制造业和砖瓦、石材等建筑材料制造业超三成客户盈利能力下降。部分企业经营困难或停产，半数以上客户流动性比例同比下降；部分建筑企业垫资金额增大，应收账款占到50%以上。二是不良贷款集中于上游行业。截至2012年6月末，全省房地产上下游相关行业不良贷款中，上游行业不良贷款占比高达99.73%。2012年新发生房地产上下游不良贷款均集中于房地产上游行业。三是部分企业因销售放缓，资金紧张，形成贷款展期。2012年全省银行业机构的房地产上下游贷款展期，主要集中于上游行业贷款客户。

（2）下游行业：信贷质量受调控影响未完全显现，行业利润率略有下降。下游家具制造业及家电制造业客户受国内经济增速持续放缓、需求下降、原材料价格大幅上涨、人工成本上升等因素影响，经营利润开始下滑，盈利能力有所降低。2012年6月末全省11户家电制造业客户、99户家具制造业客户营业利润率同比下降，占行业客户的41.95%。但信贷质量受到的影响较小，目前家具制造业和家用电力器具制造业不良率较低，信贷质量总体较好。

压力测试显示，房地产调控持续将导致上下游行业贷款质量整体下迁。全省房地产上下游行业贷款压力测试结果显示，在房地产价格及成交面积下降的情况下，不良贷款、不良率均继续上升。轻度冲击下，不良率1.64%，比基准状态上升0.15个百分点；中度冲击下，不良率2.64%，比基准状态上升1.15个百分点；重度冲击下，不良率3.68%，比基准状态上升2.19个百分点。

三、房地产行业信贷风险的防范对策及措施

（一）国外教训与经验

日本和美国都经历过房地产由萧条至繁荣最后崩溃的整个周期，对我国有重要借鉴意义：一是防止经济增长过度依赖房地产。在危机发生前，两国政府都出台了刺激住房供给和需求的政策和制度，使得房地产投资占GDP比例始终保持高位，并依靠拉动房地产上下游行业消费持续拉动经济。二是严格标准，审慎投放个人贷款。日本和美国都将按揭贷

款作为低风险优质业务，放松个贷审核标准并向个人住房提供长期低息贷款，使住房的投资和投机需求不断增加。危机爆发后，收入停止增长，按揭贷款出现违约。三是不能仅靠增加供给平抑房价。危机爆发前，日本政府基于住房供给不足是房价上涨主要原因的判断，大量增加住房供给。房地产泡沫破灭后，投资投机性住房需求大幅减少，但供给由于惯性仍大量增加，房价加速下跌。四是审慎开展多层级衍生金融产品。美国次贷危机中 2/3 的房贷款项已经通过资产证券化的方式出售，遭受损失的是二级市场的投资者。在中国的金融市场还不够成熟、各方面的风险防范能力还比较脆弱的时候，应审慎进行复杂的金融衍生产品开发。

与此相反，德国和中国香港房地产业贷款质量较好，采取的风险管控经验值得借鉴：一是鼓励储蓄，商贷成数较低。德国采用"先存后贷"合同储蓄模式，仅 30% 的住房贷款来自于商业贷款；中国香港控制地产及物业按揭贷款在贷款中的比重不高于 4 成，明确"豪宅"按揭成数应不高于 6 成或 840 万港元，防止过度借贷，对降低房贷风险起到了良好作用。二是德国所有房贷都实行固定利率制，抵押贷款固定利率期限平均为 11 年半，对房贷市场起着稳定器作用。三是保障社会不同阶层的住房需求，根据人口结构明确规定所有住房中福利房的比例，市场差价由政府向开发商提供补贴。四是重视租赁市场的法规建设和管理。德国政府对租房合同和租金核算都有详尽规定，房租超过"合理房租"50% 就构成犯罪。五是限制房地产投机。德国政府对投资者的房租收入征收 25% 的所得税，实行房租最高限价政策，明确禁止"二房东"现象，限制房地产投机的利润空间。

（二）继续完善房地产市场调控政策

一是要建立高覆盖面的保障性住房体系。覆盖面足够的保障性住房，将完善我国住房供应结构，解决低收入家庭住房困难，改善房地产市场的长期供求关系。"十二五"末，3 600 万套保障房建成后，我国保障性住房覆盖面将达到 20% 左右。而据相关资料，日本和中国香港的住宅供给中，政府出资的"公共住宅"占到 45.7% 和 49.6%，相比之下，我国保障房建设仍然任重道远。

二是要完善现有房产交易所得税，谨慎试点并逐步扩大住房保有税。两种税能大幅增加炒房和囤房成本，抑制奢侈型住房消费，是打击楼市投机的治本之策。两者结合，就能逐步改善房地产市场长期供求关系，稳定市场主体的长远预期。

三是要健全金融调控机制。采取循序渐进的方式，实行紧缩性货币供给政策，调控货币供给总量。进一步完善房地产金融体系，逐步发展房地产投资信托基金等金融产品，改善房地产主要依赖银行信贷的融资方式，降低银行业潜在风险。

（三）采取有效措施防范信贷风险

对房地产行业的调控是我国产业结构战略性调整过程中的一个必然阶段，它虽然使我国商业银行传统信贷模式遭遇挑战，但也是积极探索建立更加可持续的信贷业务发展模式的大好时机。商业银行要从长远出发，建立健全长效风险管控机制，并根据房地产市场的实际情况和现实需要，采取合理、有效的防范措施，保障房地产市场的健康发展。

一是继续认真贯彻落实国家房地产调控政策和银监会各项监管政策。严格实施差别化房贷政策，优先支持居民家庭首套真实自住购房需求，坚决抑制投机投资性购房需求。继续支持保障房建设，按照风险可控、商业可持续原则，加大对保障房的信贷支持。加强对土地经营收益的监控，对发放的土地储备贷款严格设立土地储备机构资金专户。加强开发贷款的"名单制"管理，禁止资本金不足、"四证"不全的开发企业贷款，认真落实在建工程抵押等风险监管要求。

二是积极化解存量贷款风险。加大逾期和不良贷款清收处置，对逾期和不良贷款进行结构分析，有针对性地制订清收处置方案，及早采取措施，防范风险进一步蔓延。加强对新发生不良贷款的责任认定与清收处置工作，开展对即将到期或展期贷款的房企的跟踪管理，确保贷款按期归还。对可能发生下迁的贷款，在第一时间提醒、告知客户相应违约责任，并做好风险防控预案，提前风险预警。

三是提前应对房地产上下游行业信贷风险。对于已经出现还款违约、下调不良等风险的房地产上下游行业贷款，做好资产保全措施，加大清收力度，制订处置计划，缓释和化解存量风险。密切关注淘汰类、限制类房地产上游行业企业的运行情况，特别是钢铁、水泥等房地产上游行业的情况，有计划、有步骤地实现潜在风险较大的信贷资金的平稳退出。

（本文曾在《西南金融》2013年第4期发表，编入本书时有修改）

参考文献

［1］廖湘岳. 美国次级抵押贷款危机及对中国经济的影响与启示［J］. 求索，2008（6）.

［2］郭荣欣，李金凤. 日本房地产泡沫与中国房地产现状分析［J］. 经济研究导刊，2011（16）.

［3］符轩. 稳定房地产市场——可以借鉴的德国模式［J］. 窗口，2008（9）.

［4］王坤，王泽森. 香港银行业防范房地产信贷风险的经验和启示［J］. 金融理论与实践，2006（5）.

［5］高波. 房地产开发商策略性定价行为的经济学分析［J］. 产业经济研究，2008（2）.

［6］李颖欣. 房地产市场结构及企业行为分析［J］. 市场研究，2008（4）.

［7］季郎超. 非均衡的房地产市场［M］. 北京：经济管理出版社，2005

［8］张迁平，周文兴. 关于房地产市场宏观调控措施的有效性分析［J］. 统计与决策，2008（3）.

新形势下商业银行的风险防控

余冬梅　周雅雯　朱涵川　高　尚　张　欣　肖　洋

内容提要：商业银行是以存款、贷款和中间业务为主，以存贷差为主要收入来源的企业，它既是经营货币的企业，又是经营风险的企业。因此，商业银行的风险防控始终是工作的重中之重。当前面临着国家宏观经济下行的压力及市场竞争加剧的挑战，商业银行的风险防控非常重要。本文主要阐述了在经济下行、利率市场化、人口结构变化和互联网金融发展等新形势下，商业银行所面临的市场风险、信贷风险和流动性风险。在此基础上，本文针对这三类风险提出了优化内控、优化贷款体系、分散贷款风险等防控建议，并主张大力发展中间业务、吸纳存款、积极应对互联网金融带来的挑战与机遇。

一、商业银行面临的新形势

自 2008 年后，我国商业银行发展势头迅猛，银行业利润大幅增长，盈利能力明显增强，除了四大国有银行外，股份制商业银行和城市商业银行也纷纷成立和发展。但从 2011—2013 年的宏观经济形势看，我国经济增速从 9.2% 下降至 7.7%，这是我国自 1990 年以来的最低增速。面对国内宏观经济增长率的下降，商业银行的发展也面临着新形势，主要表现在以下四个方面：

（一）宏观经济下行压力加大

在经济增速放缓新形势下，部分行业信用风险上升，尤其是前几年巨额投资所形成的产能过剩等问题也在部分行业暴露出来，金融风险积聚，银行业不良贷款反弹压力加大。银监会披露的情况显示，截至 2013

年第三季度末，商业银行不良贷款余额与比率出现"双升"，不良贷款余额为 5 636 亿元，较上季度增加 241 亿元，不良贷款率则由上季度的 0.96% 上升至 0.97%。由于宏观经济下行造成了不良贷款的上升，银监局加大了对商业银行贷款投放领域的控制，并对过剩产业、融资平台、房地产等进行信用风险排查。2014 年商业银行的信贷审批条件更为严格，特别对钢铁、水泥、造船、煤化工、有色金属冶炼等行业实行信贷限制和压缩政策。

（二）利率市场化

2012 年 6 月，中国人民银行将金融机构居民存款利率浮动区间的上限调整为基准利率的 1.1 倍，将贷款利率浮动区间的下限调整为基准利率的 0.8 倍。2013 年 7 月，贷款利率浮动下限全面放开。存款利率上限放开后，价格对存款业务的影响凸显出来，各家商业银行抢夺存款，使价格竞争加剧，付息成本提高，存款的结构也随之发生变化。与此同时，贷款利率下限全面放开，使得存贷利差变窄。然而，中国商业银行 80% 左右的收入来源于利差收入，因此利率市场化造成银行存款付息率上升、贷款收益率下降，导致银行利差收入减少。根据中国人民银行重庆营业管理部数据分析，2012 年第四季度，9 家银行存款付息率比第二季度有所上升，占 47.37%，近 5 成银行存款付息率上升。12 家银行贷款收益率较第二季度有所下降，占 63.16%，超过 6 成银行贷款收益率下降。11 家银行净利差较第二季度有所收窄，占 57.89%，9 家银行收窄 0~1 个百分点，2 家收窄超过 1 个百分点，近 6 成银行净利差收窄。

（三）人口结构变化

据 2012 年全国老龄办发布的最新人口数据，截至 2011 年年末，全国 60 周岁以上人口已达 1.849 9 亿，占总人口的 19.67%，这意味着我国正在步入深度老龄化社会。到 2013 年，我国老年人口超过 2 亿，2026 年将超过 3 亿，2037 年将超过 4 亿，2050 年前后将达到峰值 4.8 亿，占总人口的比例将超过 34%，其中 80 周岁以上高龄老人将达到 1.18 亿。随着我国人口年龄结构的变化，"80 后"和"90 后"已经逐渐成为商业银行最主要的客户，他们大多数人已经不再像父辈祖辈那样热衷于储蓄，而是追求多元化个性化的理财投资。因此，2013 年中国居民储蓄存款虽然接近 45 万亿元，但实际上居民储蓄存款增长速度一直在持续下降。人口结构的变化不仅增加了商业银行的存款压力，也对商业银行经营模式的变革和业务产品的创新带来了巨大的挑战。

（四）互联网金融使市场竞争更加激烈

2012年，中国人民银行为前后5批共计197家第三方支付公司颁发了支付业务许可证，业务范围涵盖网上支付、银行卡收单和预付卡发行。易观智库数据显示，2011年中国第三方互联网支付市场全年交易额规模达2.16万亿元人民币，较2010年增长99%。尽管与当年全国支付系统近2 000万亿元的业务处理金额相差甚远，但第三方支付公司已将手伸向了银行的核心业务，且在电子支付领域奠定了优势地位。据业界人士预计，未来几年其交易额将迎来爆炸式增长，业务占比会不断提升。随着互联网金融的不断发展，电商企业、银行卡组织、第三方支付公司、电信运营商等也在不断创新商业模式，以网络购物、便捷支付等形式不断向银行领域渗透，商业银行的金融地位受到巨大挑战。

二、商业银行面临的市场、信贷及流动性风险

（一）市场风险

本文定义的市场风险是指未来市场竞争因素的不确定性对银行实现其既定目标所产生的不利影响，主要包括担保合作机构风险的传染、利率市场化催生的不确定性、互联网金融竞争等方面带来的市场风险。

1. 担保机构业务合作风险

由于当前中国经济下行压力加大，处于银行下游企业的担保机构可能将其风险间接传导给银行进而造成银行的损失。而担保机构业务的不规范使得所暴露的风险更为突出。截至2013年年末，银监会公布全国融资性担保公司共8 185家，在保余额达2.57万亿元。但部分担保公司缺乏有效的内部管理机制，如业务办理中随意性强、反担保物价值较低或抵押手续不齐全等。因此，担保机构存在较大的操作风险，加之缺乏风险分散机制，特别是在经济下行期间，会增大银行的市场风险。此外，部分担保机构涉嫌违规操作，从事非法吸储和放高利贷活动，甚至有个别银行工作人员利用职务之便协助担保机构高息揽存、高利放贷并牟取不正当利益，使得合作银行融资担保风险更加凸显。以四川汇通融资担保公司危机为例，作为四川省乃至西南地区注册资本最大的股份合作制信用担保专业公司之一，汇通担保所爆发的担保违约风险以及"高管失联"危机，已给所有涉及的商业银行带来了十分显著的风险。

2. 利率风险

"作为中国利率市场化的最后一步，存款利率的放开已在计划中，很

可能最近一两年就能实现。"（周小川，2014）由于目前中国银行业收入的绝大部分还是来自存贷利差，因此利率市场化将会使得商业银行面临更加严峻的行业内竞争，从而产生市场风险。萨奇（1996）的研究表明，在 20 个名义利率资料较齐全的国家和地区中，有 15 个国家（地区）的名义利率上升，下降的只有仅仅 5 个；另外，还有 18 个国家（地区）实际利率资料比较齐全，其中 17 个实际利率均有不同程度的上升，唯一保持下降的只有波兰一个国家。由历史经验可以推测，利率市场化之后，市场利率上升可能性极大。存款利率上升必然引起银行负债成本上升，加之银行间竞争投放贷款，刻意降低贷款利率，商业银行间不良竞争进一步收窄利差空间，银行对传统业务的经营难度加大，市场风险进一步加大。

随着利率市场化的不断推进，利率波动幅度会逐渐扩大，使得利率风险更加难以预测，而商业银行缺少健全的利率风险管理制度和先进的技术经验以及适合的对冲金融工具，最终将带来更加难以防范的利率风险。此外，因为利率是由市场上的供求双方决定的，所以利率变动实际上带来的是长期的非系统性风险，利率变化对银行业未来的现金流现值、资产负债以及表外工具的内在价值都有不同程度的影响。

3. 互联网金融竞争风险

长期以来，银行作为金融机构的主导力量，牢牢占据着绝对优势，无论是政策红利、资金成本还是信用成本等，相较于其他金融机构，银行都有绝对的领先权。但随着互联网金融的发展，新兴金融势力不断扩大，凭借低成本高效率的经营方式迅速给银行带来巨大挑战。相对于传统银行业，小微企业通过互联网交易平台和大数据分析可以高效地获得互联网金融的小额贷款，并且也免去了传统金融业的耗时较长的审批程序。同时，互联网金融模式给予了资金供求双方一个广泛的平台进行信息交流、匹配以及交易，提高了资金配置效率。此外，第三方支付平台类的公司依靠自己体量小和转型快等特点在信息收集和分析上大力发展，积极争取进入融资领域。对于商业银行来说，货币作为支付的重要手段，如果失去了支付端也就意味着失去了对货币流通的控制，支付结算的转移会大大降低商业银行手续费的收入，客户信息也随之失去，商业银行在数据挖掘和客户维护上就变得非常被动。对于基金和保险代理的业务，一旦第三方平台进行代销，银行只能获得 0.2%~0.5% 的支付手续费收入，比银行直接代理销售的回报少 5~10 倍。所以互联网金融的迅猛发展给银行带来了很大的市场竞争风险，颠覆着银行传统的经营和盈利模式。

（二）信贷风险

商业银行的信贷风险，是指贷款企业或个人到期无力偿还银行贷款的风险。在经济转轨阶段，商业银行面临的信贷风险主要来自于宏观环境和银行内部两方面。

从宏观环境层面来看，我国资本市场不发达，大多数企业经营周转所需资金主要通过银行筹措。银企信贷关系中的信息不对称，则会导致贷款对象选择的风险。由于我国信用环境和法制环境上的软约束，导致部分企业为了通过银行信贷审查，向银行隐瞒其真实经营业绩和风险状况，使得银行无法获得真实的信息。银行同业间的无序竞争，给企业制造了"骗贷"的机会，心怀不轨的企业利用商业银行间信息不透明的机制多头开户、多头贷款，再将资金挪作他用，使商业银行的信贷风险不断提高。在经济形势良好的时候，银行信贷审批相对宽松，程序审批的不严格埋下了风险隐患。而当前经济形势下行，不少企业经营困难，资金周转不良甚至资金链出现断裂，部分企业尤其是夕阳行业企业会选择逾期还贷甚至违约。贷款抵押物也会因经济不景气而贬值，因而信贷资产变现能力下降，信贷风险显现。

从商业银行内部来看，银行的信贷管理存在诸多不合理的地方。目前，我国大多数商业银行内部风险控制制度、贷款审查制度相对薄弱，安全性、流动性、收益性的经营原则难以真正落到实处。商业银行的贷前审查基本无效。根据牵制原则，我国的商业银行都设立了贷审制度，但各银行的贷审委员会成员大多由银行内部各部门领导组成，其人员组成基本不流动，贷款是否通过审查，由集体讨论一致通过，形成牢固的内部利益集团。而且，我国商业银行的贷后检查工作大多流于形式。各商业银行在执行贷后检查时，虽然频率达到标准，但基本没有实施有效的、深入的检查，普遍存在事后补做现象，导致最终形成的贷后检查报告内容空洞、重复，质量低下，使得信贷风险防范根本无从下手。机构设置方面，我国商业银行组织结构不合理，条块分割，环节众多，责权不明确，还没能对风险管理形成齐抓共管的机制。再加上各种风险管理政策综合协调程度不高，管理决策层难以从总体上测量、把握风险状况。

（三）流动性风险

根据巴塞尔银行监管委员会的定义，流动性风险是指银行无力为负债的减少与资产的增加提供融资的可能性。即当银行流动性不足时，无法以合理的成本迅速增加负债（负债流动性风险）或者变现资产（资产流动性风险）获得足够的资金，从而影响其盈利水平，甚至在极端情况下会造成银行的清偿问题。当前商业银行流动性管理面临经济增速放缓、非银行金融机构竞争和人口年龄结构改变等方面带来的困难。

1. 资产流动性风险

当前中国经济下行压力加大，银行主要的贷款对象——企业经营难度加大，最直接的表现是不良贷款增加。不良贷款主要从两个维度带来资产流动性风险，即变现价值和变现期限。前者是部分借款人已经不能按照原定协议的价值还贷，这将对银行资产造成损失（即使有担保，担保物的价值也会因经济不景气而贬值）；后者是企业在经营困难时，还贷逾期概率增大，这将改变银行资产期限结构。一方面，资产变现逾期或者发生损失会影响兑现能力；另一方面，资产因无法或者不能及时变现而使得本可以投放给优质企业的资金量相对下降，进而产生相应的机会成本。所以，如果在某一时点由于企业无力还款或者企业逾期还款现象集体发生，势必会影响资产的流动性，甚至带来风险。此外，经济下行压力不仅会加大企业贷款类资产的回收难度，还会对个贷尤其是房贷的回收产生不利影响。经济状况不好，既可能削减个人收入也可能增大房地产泡沫，进而可能会影响个人还贷意愿与能力。如果还贷逾期甚至违约集体发生，就会带来资产流动性风险。

2. 负债流动性风险

当前中国经济形势下行压力加大，企业和个人存款均存在超额或者被动（被动是指原本在经济形势良好的情况下不会提取的款项会在当前经济不景气的时候提取）提取的倾向以缓解其资金紧张。这可能表现为：存款人将部分原有的定期存款变现，或者将部分长期定期存款变更为短期定期存款；存款人新增存款中活期存款比重增加。虽然定期存款期限缩短或者存款活期化有利于降低银行经营成本，但是这也使得银行负债的期限结构发生重大变化，活期、短期定期存款的留存会因为存款人的经济状况相对恶化而变得更加不稳定，因而使得负债流动性的管理更加被动，管理难度加大。活期存款甚至短期定期存款不稳定性的另一个重要表现是理财投资对存款的分流，尤其是互联网金融理财工具的出现放大了这种效应。随着资本市场的深入发展、理财投资观念的深化、投资增值渠道的增加，使得部分存款"理性"地从银行流向了收益更高的货币市场或资本市场。而互联网金融开辟了新的网络渠道，使得活期存款可以以更快的速度流向中间业务甚至从银行流入基金等非银行类金融机构。如此一来，银行存款不仅面临流失的风险，而且还会因为非银行类金融机构产品的竞争而使得揽存成本被抬高，存款吸收难度加大，就可能表现为负债流动性不足。因此，倘若遇到偶然集中提现事件，银行可能面临负债流动性风险。此外。中国人口老龄化日趋严重，存款人年龄结构的改变也会促使银行负债期限结构调整。老年人口作为净储蓄下降的群体，其比例不断增大；年轻人口不仅后备补充不足，而且还因为房贷还款、工作年限不长、消费习惯改变等因素，使得其净储蓄水平不高。因而，人口因素将可能成为银行新增存款一个长期不得不面临的压力。虽然人口老龄化不会造成短期的负债流动性风险，但是会带来长期的负面影响。

三、风险防控的建议

在大数据、大零售、人口老龄化及利率市场化的背景下，商业银行应利用其带来的机遇与挑战优化内部控制，抢占互联网市场，吸收存款，优化贷款和大力发展中间业务，对商业银行的风险进行针对性防控。

（一）优化内部控制，完善风险预测及防控体系

一是商业银行应对合作担保公司的筛选制度进行严格制定和执行，对担保公司进行有效的贷后管理，以保证担保公司的动态担保能力，严格控制担保的杠杆，以防杠杆过高引起的市场风险给银行带来损失。

二是积极完善利率风险管理体制，利用 SHIBOR 等工具加强对基准利率变化趋势的判断能力，快速调整利率敏感性资产的价格，增强对利率变化的综合分析能力、科学预测能力及快速反应能力。在短期内不能通过直接调整资产负债结构来控制风险的时候，可通过利率互换、远期利率协议、利率期货和货币等金融衍生工具对冲利率风险。

三是通过电商平台、信用卡类网站、社交网站、小贷类网站、第三方支付类平台以及生活服务类网站所积累的大量交易支付数据，再加上对销售数据、银行流水、水、电、煤气、有线电视、电话、网络费、物业费等客观真实地反映个人基本情况的信息进行二次挖掘，建立相对完善的大数据挖掘模型以及信用评级系统。在将所有信息进行汇总分析后，将数据输入网络行为评分模型，进行信用评级。

四是加强与财政、审计、税务等政府职能部门的联系，及时了解和掌握企业的各种信息，全面评价企业的盈利能力、偿债能力、运营能力等，建立有效的贷款风险预警机制，有针对性地提出防范措施和防范机制，使风险预测更加准确。

（二）正面应对互联网金融时代带来的挑战与机遇

一是银行可通过与第三方支付机构的合作掌握大量客户信息，并进行专业化分析。而通过与银行的合作，互联网金融企业又能对其服务进行推广以及提高在客户心中的可靠程度（信誉）。同时，尝试利用互联网企业信息量大又不能吸存放贷这一特点进行合作，提高自身业务规模，规避与互联网企业直接竞争所造成的市场风险。

二是利用大数据分析，简化冗长的业务流程和办理手续，加快审批速度，打破传统业务理念的束缚，加强金融业务设计创新。把对大客户的专业投资理财技能以及一步到位的服务等优质金融服务大众化，在维护大客户的同时积极寻找持续盈利的着力点，推出低门槛的现金理财和小微融资服务，从而削弱互联网金融导致客户群流失的市场风险。

三是根据商业银行金融专业性强、物理网点多、客户基础大、监管严格、安全性高及客户信任度高等独特的优势，建立自己的电子商务平台，大力发展互联网新业务，将线下业务"线上化"，以便更加贴近客户需求，增强与客户的黏稠度，全面了解客户的信用情况，与互联网金融企业积极竞争。

（三）拓宽揽存渠道，增强吸收存款的能力

一是业务方面，大力发展理财、代理及托管等中间业务。虽然银行理财、代理及托管等中间业务的资金是以银行的托管账户为渠道流入证券账户的，但是这种流通具有双向性，一旦发生产品到期、赎回等退市行为，资金会由证券账户流回银行活期账户。

二是结构方面，适当调整或者提高短期定期利率以引导客户将其资金以短期定期的形式存入银行，既增加存款的稳定性，又不会明显地提高揽存成本。

三是对象方面，抓住并开发年轻客户是银行可持续经营的关键，同时，继续维持中老年客户，这是银行短期、中期揽存的重要对象。

（四）优化贷款体系，分散贷款风险

一是建立全国范围的个人信用制度。可分两步走：第一步，在银行内部以信用卡个人信息资料为基础，将其他各专业部门保存的个人客户信息资料集中起来，建立全行性个人客户信用数据库，使每个客户都有相对完整的信用记录。第二步，由中央银行牵头建立一个股份制个人征信公司，联合金融机构、政法部门、劳动力管理部门、企事业单位及从互联网金融所获取的相关真实可靠的信息，搜集整理个人收入、信用、犯罪等记录，评估个人信用等级，为发放消费信贷的金融机构提供消费者的资信情况。

二是建立普惠金融体系，降低信贷的集中程度。普惠金融的核心理念是让金融服务向乡镇人口及小微企业渗透，让每个人获得金融服务的机会，从而参与经济的发展，实现社会的共同富裕。商业银行应不仅仅将贷款投向国有大中型企业，也要关注发展潜力大、增长速度快的优质行业产业和小微企业，降低信贷集中度，分散信贷风险。

三是加强产品创新。通过信用衍生产品的交易可以相互调整各自的风险头寸，对贷款结构进行重新构建，降低信贷风险。鼓励机构投资者参与信用衍生产品的交易，将贷款的信用风险转嫁给机构投资者。这样既可以增加机构投资者的收益，又可以满足商业银行资产组合的需要。

（五）大力发展中间业务

一是抓住人口老龄化带来的机遇，大力发展符合老龄人口需求及风险承受能力的中间业务。加快对养老金的战略规划和市场布局，抢占市场先机。一方面，转变投资理财产品的创新与销售思路，让产品与老龄客户的活动范围和风险偏好相符，增加老龄客户对产品的信任感，满足养老储蓄资产的保值增值需求。或者直接加强与养老保险发行企业的合作，降低运营和维护中老年客户的成本，达到商业银行、保险公司与老龄客户"三赢"的局面。另一方面，以法人受托身份参与养老金的资产管理，充分考虑老龄人口风险偏好、年龄、养老规划等各个方面，以稳健为重点，最大化分散与降低风险，合理配置符合老年人特点的资产组合。

二是加强与互联网客户信息共享方面的合作，细分客户群体，实施精准营销。通过对客户数据的收集和分析，了解客户需求，快速生成适应市场需求的新产品，让产品的发展跟上客户需求的迅速变化。加强自身互联网产品开发，收集与分析网络客户的第一手信息，打造集金融资讯、产品销售、理财顾问、客户服务于一体的网络金融服务平台。

三是提供全方位且专业的金融理财规划，仅以佣金的方式收取中间费用，废除其他费用，坚决杜绝各种不合理及违法收入。改变传统的以网点和个人效益为中心的口头投资建议，转变为真正的以客户需求为中心的、以客户资产增值保值为核心的专业的书面投资规划，为客户提供安全性、专业性和透明度。

（作者单位：中国工商银行四川省分行）

融资平台风险如何缓释

夏 秋

内容提要： 近期国务院要求剥离融资平台公司政府融资职能，可能引发存量债务信用风险的加速暴露。能否有效防控地方政府性债务风险，关系到能否守住不发生系统性和区域性金融风险的底线。本文针对新形势下地方债务的风险特征，从建立健全债务风险预警及应急处置机制、对地方政府债务实行限额控制和建立以政府债券为主体的地方政府举债融资机制三个方面提出了融资平台债务风险管控的政策建议。

近期国务院发布了《关于 2014 年深化经济体制改革重点任务的意见》，提出"建立以政府债券为主体的地方政府举债融资机制，剥离融资平台公司政府融资职能"。此举意味着融资平台公司债务将不再享有地方政府信用，可能引发存量债务信用风险的加速暴露。能否有效防控地方政府性债务风险，关系我国的金融稳定和安全。

审慎做好融资平台债务的风险管控，不仅可为近 18 万亿元地方债务探索风险缓释路径，也可为铁路建设和保障房建设投资 1 220 亿元增量的融资需求做好风险预判，具有重大意义。按照国家规范政府举债融资制度的文件精神，笔者提出如下政策建议。

一、建立健全债务风险预警及应急处置机制

一是抓好风险评级预警体系建设，逐笔落实还款来源，制订风险处置预案。银行业机构要持续提升融资平台风险日常监测分析工作，做好包含地方隐形债务和显性债务在内的全口径债务情况监测，高度关注地方政府高成本融资和超越财政担保能力的担保融资，分析可能对融资环

境和银行信贷产生的风险和影响，预防区域性风险。二是完善风险评估和预警机制。对于即将到期的贷款，分户逐笔落实还款来源；对于质量下滑和已经出现逾期的贷款，根据情况及时调整贷款五级分类，提前做好处置方案，做好资产保全。三是完善贷款后续管理方案。银行机构要研究其游离于一般财务报表之外的经营活动与现金流动规律。有收益项目主要依据项目市场预测和财务分析结果，分析项目的偿债能力，包括测算项目还款现金流、偿债覆盖率等。如果项目自身现金流不足以归还贷款本息，再测算借款主体的综合偿债能力，主要是平台公司的其他收入来源。如果仍不能正常偿还贷款本息，则测算需要政府财政补贴的最大额度，并对政府的补贴能力进行分析评价。四是银行可综合运用融资平台在银行开立特定账户并签订相关各方的资金封闭管理协议、开立偿债资金专户、政府补贴资金专户等方式，以掌握信贷资金用途的真实性。一旦发现有挪用的，及时采取禁止提款、收回贷款、责令改正、追加担保等补救措施。五是银行机构要按照全口径融资和承担风险责任的实质影响延伸融资平台贷款减值准备计提范畴、全额计算风险资产，加强逆周期管理。对偿债能力不足且未按约定期限偿还的平台融资，及时下调风险评级和资产质量，督促第三方保证人或抵押人履行代偿责任。

二、对地方政府债务实行限额控制

一是建立债务总量控制指标体系。对各地政府债务实行总量控制，从政府应债能力、政府支出与融资平台债务的依存度、融资平台偿债支出与财政支出的承受范围来具体衡量和评判各级地方融资平台形成债务的支付能力。对土地出让收入占比较大或依赖性较强的，要落实地方储备土地的规模、地方经济景气度对土地价格的牵引力，分析未来土地出让的规模和前景。可根据负债率、债务率、偿债率和逾期债务率等国际公认警戒值来决定各地是否能够举借新的债务。同时督促融资平台逐步建立风险评估和内控制度，按照债务规模设立一定比例风险准备金。二是地方政府应该在明确举债原则、举债范围和规范举债行为的基础上，重点从债务预算管理、债务偿债资金筹集和建立债务风险防范机制等方面下功夫，切实做好债务统计、债务分类、债务监测和债务风险控制等各项工作，随时掌握政府性债务来源与用途结构、债务余额等情况，做好政府性债务的借、用、还台账登记工作，建立健全债务项目的会计档案。三是构建涵盖债务管理全过程的全方位防控债务风险的制度安排。统一债务计算口径，建立债务信息报告制度，逐步形成全国统一的地方政府债务管理信息系统，提高地方政府债务信息透明度。严格政府举债程序，建立地方政府债务决策和管理问责制。通过这一系列制度强化地方政府举债的自我约束，推动经济"去杠杆化"。

三、建立以政府债券为主体的地方政府举债融资机制

一是对存量贷款实施资产证券化释放更大流动性。大量贷款投入"铁公机"（铁路、高铁公路、高速路、机场等）及水利、电力和燃气等具有稳定及可预测性现金流项目，这些项目具有的同质性及稳定现金流正是资产证券化的特征要求，可以选择良好的资产组建资产池。通过资产证券化，既可以化解平台现金流与债务不相配的问题，又可以增加平台融资渠道，缓解资金压力，还能分散银行体系风险。但实际操作中也存在包括平台公司破产风险和 SPV（特殊目的公司）自身破产风险。因此，要在法律上明确发起人、SPV、中介机构等一系列参与主体的权利及义务，以及相应的市场准入、退出以及登记托管等制度，适当引入第三方担保机构提供信用增级服务。二是积极探索政府和社会资本合作（PPP）的模式。国家发展改革委员会首推的 80 个鼓励社会资本进入的示范项目，PPP 是主要合作模式。要解决 PPP 项目的融资难和风险高等问题，实现政府、社会、企业的"多赢"，还需具备以下条件：PPP 模式要求对项目公司、招投标和税收优惠等问题做出特别的法律规定，保证 PPP 项目的各方利益不受损害并明确 PPP 应用的领域与方式。选择私人合作伙伴要公开招标，通过明确合作伙伴的基本条件，保证合作对象的经济实力和专业水平。建立有效的风险分担机制，投资人承担建设、经营等风险，超出投资人控制范围的风险应由政府成立专门机构来承担，以实现 PPP 项目的高效率和效能最大化。三是规范的地方举债融资机制。国务院近期已经批准 10 省市地方债自发自还试点。试点方案明确限定了发债规模，要求债务发行利率参照国债发行利率和市场利率，这是试点时期探索路径、积累经验的稳妥选择。市场化发债的关键要靠完整的信息公开和公正的信用评级，建立国家统一的经济核算制度，编制全国和地方资产负债表，且发债规模应实行下限管理。鉴于中国东、中、西部财政收入差距较大，也可采取多个财政收入规模小的地方政府联合起来共同发债的融资方式，从而让中央政府更好地从总量上把握地方负债规模。

（本文曾在《中国农村金融》2014 年第 15 期发表，编入本书时有修改）

参考文献

[1] 国家审计署网站. 36 个地方政府本级政府性债务审计结果 [OL]. http://www.audit.gov.cn/.

[2] 国家审计署网站. 全国政府性债务审计结果 [OL]. http://www.audit.gov.cn/.

[3] 中华网财经频道. 房地产信托风险加大，信托公司转向政信合作项目 [OL]. http://fihance.china.com/.

[4] 贾康. 解决地方举债的治本之策 [J]. 中国改革, 2009 (12).

[5] 魏加宁. 地方政府投融资平台的风险何在 [J]. 中国金融, 2010 (16).

[6] 巴曙松. 地方政府投融资平台的发展及其风险评估 [J]. 西南金融, 2009 (9).

[7] 莫凡. 地方融资平台风险防控要略 [J]. 中国金融家, 2010 (6).

[8] 黄志宏. 加强地方政府融资平台贷款风险防控的路径 [J]. 农业发展与金融, 2012 (3).

[9] 满燕云. 中国地方土地财政概况 [J]. 北京大学林肯中心研究简报, 2010 (1).

（作者单位：四川银监局）

世界银行的巨灾风险管理
与巨灾保险融资研究

段　胜

内容提要：世界银行在国际巨灾风险管理与巨灾保险融资领域扮演着十分重要的角色，但是世界银行的巨灾风险管理功能又与其他国际机构存在明显的不同。本文从世界银行的职能介绍出发，对世界银行参与巨灾风险管理的三个流程和巨灾保险融资主要项目进行分析，最后从建立国家综合防减灾计划、建立灾害损失数据库、建立巨灾保险基金以及完善巨灾风险融资等四个方面提出促进中国巨灾风险管理事业发展的政策建议。

在当前世界经济发展过程中，各种自然灾害已经成为导致贫困、制约经济发展的重大问题。长期以来，世界银行利用资金、人才和技术方面的优势，在帮助发展中国家振兴经济、解决贫困问题等方面不遗余力。但是，世界银行并不是一个单纯的灾害救济机构，它所提供的各项应急资金安排以及灾害恢复援建项目致力于帮助受灾国家和地区消除因灾害而导致的贫困和经济波动问题，以使得经济社会发展回到正常轨道。因此，认识世界银行在巨灾风险管理中的作用，充分了解世界银行的各项巨灾保险融资项目的运作模式，对于更有效地使用世界银行的各项救援贷款，将世界银行纳入我国的巨灾风险管理框架中显得至关重要。

一、世界银行的职责与国际减灾

作为向全世界发展中国家和地区提供金融和技术援助的重要国际机构，世界银行的使命是"以热情和专业精神实现持久减贫，通过提供资源、共享知识、建立能力以及培育公共和私营部门合作，帮助人们实现自助"。虽然世界银行的职责主要定位于通过提供贷款、政策咨询和技术援助等方式，支持各种以提高发展中国家和地区人民生活水平为目标的扶贫项目，但这与世界银行的减灾行动并不矛盾，经济发展、减少贫困、防灾减灾这三个活动存在着内在的逻辑关系。在经济发展相对落后的地区，居民所拥有的资产存量较少，可用于预防灾害发生的投资支出有限，因此其家庭的风险承受能力较弱，贫困问题增强了家庭的脆弱性。一旦巨灾事件发生，将给这些居民带来致命的打击并因此而掉进贫困陷阱，在没有外界援助的情况下，短期内很难爬出贫困陷阱。与此同时，灾害还使得用于扩大再生产的资本存量也遭受摧残，经济发展的原动力受阻，这将给全球经济发展带来极大的不稳定因素。但是如果在扶贫开发中建立防灾减灾计划，不仅可以通过事前的减灾投资减少预期损失，而且还可以通过灾后的应急资金帮助受灾地区迅速恢复生产。因此，世界银行广泛参与国际性的灾害管理活动并积极致力于国际减灾。自1980年以来，世界银行共提供了230亿美元的减灾贷款，其中100亿美元用于自然灾害发生后的恢复重建。世界银行的灾害预防与控制工程，包括洪涝、风暴和旱灾、森林火灾、山崩、地震及虫灾等一系列自然灾害，覆盖从农业、交通到城市发展、饮水供应和卫生等各个领域。

世界银行虽然积极参与国际灾害管理，但其职责和定位与其他国际组织明显不同，国际红十字会（ICRC）的职责是向战争和武装暴力的受害者以及各种自然灾害的受害者提供意外伤害的急救和人道主义援助；联合国减灾战略署（UNHCP）的职责是负责发起全球范围内的减灾倡议，组织世界范围的人道主义捐赠；而世界宣明会（World Vision）主要定位于向各贫困国家和地区提供社会帮助。由此可见，只有世界银行才是通过提供融资贷款和项目资金等金融援助方式搭建有利于发展中国家的融资的技术平台，进而实现全球经济的同步增长、解决世界性的贫困问题的国际机构。

二、世界银行参与巨灾风险管理过程

世界银行参与巨灾风险管理并不仅仅局限于某一阶段和单一环节，而是贯穿于风险管理的整个流程。

（一）灾前的风险预防与减灾计划

在以往的灾害管理实践中，由于经济实力有限，许多贫困国家的灾害管理通常缺乏总体规划，防减灾的投资支出不足。1998 年，世界银行组建灾害管理部作为预防总体规划的国际性合作机构，为世界范围内的灾害管理提供各类预防方案。该部自成立以后就积极从事灾害预防和风险分析研究，并使之成为项目设计中的重点部分，把风险预防和灾害控制工作纳入世界银行国际援助战略计划当中。此外，世界银行通过积极帮助发展中国家收集巨灾风险数据、绘制风险分布图以及进行防灾能力的评估及灾害风险控制的可行性研究等方面进行灾前的风险管理。如1999 年世界银行灾害管理部专门对墨西哥政府的灾害管理能力进行总体评估，并援助 4.04 亿美元资金帮助墨西哥政府提高灾害预警水平，类似项目也在洪都拉斯、尼加拉瓜和越南等其他国家进行。

（二）灾中的应急反应与紧急救援

世界银行在长期的灾害救援过程中建立了相对完善的应急组织和管理指挥系统，拥有强有力的应急工程救援保障体系和高素质专业化的救援队伍，可以在应付巨灾的快速反应及救援过程中发挥十分重要的作用。首先世界银行可以通过紧急援助资金帮助受灾地区建立紧急住所，如临时帐篷、简易窝棚等，并向灾民提供用水、营养等公共医疗卫生设施，使得灾民得到心理上的慰藉，进而稳定受灾地区的基本生活；其次世界银行还可以向灾区下拨紧急救援物资，协助受灾地区进行道路交通、邮政通信、电力和自来水等公用事业等基础设施的抢修与恢复工作。2005年 8 月的孟加拉国洪灾发生后，世界银行就向该国提供了 7 500 万美元的"快速付款资金支持"（quick-disbursing financing）用于受灾地区的紧急救援和基础设施的恢复工作。

（三）灾后的损失评估与恢复重建

灾后恢复与重建是否富有成效，取决于对需求的正确了解。有效的灾害损失评估可以为确定灾后恢复和重建的优先次序及筹集所需的人力、财力资源提供有利的参考依据。在灾后损失评估过程中，专业的技术指导和丰富的灾害管理经验对于评估灾害损失以及制订灾后重建计划至关重要。世界银行可以协同不同国家、地区以及其他国际机构的专家，应用来自不同机构的不同专业知识，对灾害所产生的经济损失进行相对独立而公正的评估。同时，在灾后的恢复重建过程中，世界银行还可以帮助受灾地区的政府及相关部门及早获得启动地震灾害后的恢复与重建计划所需的国际经验，向受灾的国家和地区提出相应相关的重建建议并制订出灾后恢复与重建规划，通过各类贷款项目及时向受灾地区提供必要的资金支持，确保灾后重建工作加速推进。

三、世界银行支持下的巨灾保险融资项目

（一）土耳其的巨灾保险联合体（TCIP）项目

1999 年土耳其发生 Marmara 大地震，造成重大经济损失。2000 年，世界银行联合土耳其政府和保险公司共同建立了土耳其巨灾保险联合体（TCIP），作为直接保险人专门承保地震造成的损失。在这一项目中，世界银行的作用主要体现在两个方面：一是帮助土耳其政府建立 TCIP 项目并提供技术帮助。土耳其 96% 的国土位于地震带，98% 的人口居住在地震风险区，地震损失相当严重，但是土耳其的保险市场发育程度比较落后，土耳其巨灾保险基金运作机制的设计、运行和监管等事宜以及强制性地震保险条款的设计都是在世界银行的帮助下完成的。二是世界银行通过应急贷款渠道为 TCIP 项目提供初始资本 1 亿美元。土耳其巨灾保险基金是针对业主和小企业主并且强制执行的，将所有风险转移给土耳其巨灾保险基金，然后这个巨灾保险基金再把其中 95% 的风险实现再保险安排，从中获得的利润将用来充实准备金。但是由于这个基金的来源主要由保费组成，价格比较低廉，初期需要大量的原始资本，这些原始资本几乎都是由世界银行通过低息应急贷款的形式来提供的。

（二）加勒比巨灾风险保险基金（CCRIF）项目

加勒比海地区位于地震、海啸以及台风多发地带，但是这一地区的国家大多发展落后、经济规模甚小并且对外债务负担沉重，在一场巨灾之后往往缺乏资金进行赈灾，甚至无法维系政府的正常运转，而不得不依赖国际捐赠来筹集救灾资金。因此，在遭受了 2004 年飓风 Ivan 袭击之后，加勒比共同体国家决定请求世界银行提供巨灾保险援助。于是 2007 年世界银行集团帮助加勒比共同体组建了一个被各参与国控制的、具有保险功能的联合储备基金——加勒比巨灾风险保险基金（CCRIF）。该基金作为"参数"共保基金，在指定区域内发生既定级别的飓风和地震情况下，可快速向其 16 个加勒比成员支付赔款。作为世界上第一个以参数指数为理赔机制、多国参与的区域性共保体，该基金依靠其自有储备和再保险机制来筹资，成功地吸引到了众多的会员和大量资金，凭借低廉的保险项目就可以将巨灾风险转移到国际再保险和资本市场，因此得到了广泛的认可。2010 年海地发生地震，作为 CCRIF 的正式成员，海地政府迅速地获得了由 CCRIF 提供的 775 万美元应急资金。

(三) 墨西哥的多巨灾债券 (MultiCat) 方案

从某种程度上看，多巨灾债券发行方案并不是单纯服务于墨西哥，只是它获得了首笔业务的发行权而已。为帮助发展中国家政府通过资本市场获得可承受保险保障的风险融资平台以应对日益严重的自然巨灾，世界银行于 2009 年组织设立了一个名为 MultiCat 的《多巨灾债券发行方案》。该方案设立的目的是建立一个巨灾债券发行平台，为政府和其他公共机构通过国际资本市场获得自然灾害风险保险提供便利，并为发行巨灾债券建立统一的文件、法律和业务框架，使投资者通过资产账户组合实现投资业务多样化。世界银行在这一方案中的主要执行人是世界银行金库局：首先，世界银行金库局与需要帮助的发展中国家政府签订合作协议，使得这一合作协议具有长期的法律效力；其次，金库局再安排相关交易，扮演交易过程中的中介服务商，主动寻找各类融资平台，协助发行巨灾债券。

(四) 哥伦比亚的巨灾延迟提款权项目 (CAT DDO)

为帮助拉丁美洲地区的国家有效地规避巨灾损失风险，世界银行在协助加勒比国家成立 CCRIF 基金项目以后，再次向哥伦比亚、危地马拉以及哥斯达黎加政府提供额外巨灾融资帮助——巨灾延迟提款权项目。该项目的主要目的是由世界银行向当地政府提供特别的融资项目支持以帮助这些国家建立风险应急能力，提高这些国家的灾害风险管理水平并强化它们的风险管理和策划能力。巨灾延迟提款权项目的风险融资策略相对比较特别，世界银行在这一地区单独设立一种应对巨灾的储备资产和记账单位，世界银行直接用成员所积累的特别提款权偿付该国在国际货币基金组织中的贷款和利息，并将这笔特别提款权资金用于灾害管理。这将使得这些国家可以保持它的发展计划而不去动用其他发展资金就可以解决紧急情况下的资金短缺问题。

四、中国与世界银行在巨灾保险领域的合作方向

自 1980 年中国政府恢复在世界银行中的合法席位以后，世界银行为中国经济社会发展提供了大量的援助项目。特别是 20 世纪 90 年代以来，世界银行积极介入我国的巨灾风险管理及灾后重建活动。1998 年的长江流域洪灾发生后，世界银行为帮助中国进行灾后的恢复工作，筹备了一笔 8 000 万美元的贷款项目用于湖北、湖南、江西三省遭受洪灾破坏地区的灾后重建；2008 年汶川大地震发生以后，世界银行首先通过全球减灾

与恢复基金（GFDRR）向中国提供了 150 万美元的赠款援助用于灾害应急，同时还通过国际金融公司向受灾地区的中小企业提供低息贷款，最后世界银行还提供一笔 100 万美元的全球环境基金赠款（GEF）用于灾后的环境监测，并为环境设施的恢复重建提供技术援助。由于目前的中国并没有建立起完善的巨灾保险制度，很多实践活动也处在探索过程中，急需现金帮助和技术支持，因此世界银行与中国在巨灾保险领域存在广阔的合作前景。

（一）提供国家综合防灾减灾规划的国际经验

目前，我国正在进行国民经济和社会发展"十二五"规划工作，国家相关部委从着眼于国家防灾减灾全局出发，立足解决防灾减灾的综合问题，将国家综合防灾减灾规划（2011—2015 年）纳入国家总体发展架构中，重点加强防灾减灾多灾种综合、各部门协同以及跨区域合作等方面的建设，统筹防御各类自然灾害。当前的世界是一个有机联系的整体，国家与国家之间的交流日益频繁，因此在国家综合减灾规划中，将加强防灾减灾信息管理、教育培训、科学研究以及国际人道主义援助等方面的交流与合作，积极借鉴国际先进经验，广泛宣传我国经验与成果作为其中的一项重要工作。而在这一工作中，加强与世界银行的合作不可忽视。世界银行在长期的灾害援助过程中，接触了大量不同情况的国别案例，积累了丰富的灾害预防及控制等相关方面的经验。加强与世界银行的合作，不仅可以引进国际先进理念和技术，为我国综合防灾减灾规划提供智力支持和人才援助，帮助各级政府和有关部门制订实施社会经济发展规划，而且还可以帮助中国政府联系相关的国际机构，加强防减灾等方面的人才交流与培训，建立长期的合作机制，通过参与国际救援、分享自然灾害应对的成功经验，在引进国际先进理念和技术，不断提高我国防灾减灾能力的同时，彰显我国负责任的大国形象。

（二）协助参与中国巨灾数据库的建立

数据是巨灾保险的核心，没有准确、翔实的可靠数据，巨灾保险的建立及其风险管理制度的构建都是空谈。从某种程度上讲，我国巨灾保险制度之所以迟迟没有建立，其中的一个重要原因就在于缺乏一套全国性、系统性的巨灾损失数据，这就导致政府部门在制订发展规划及拟订相关法律时缺乏足够的依据，保险公司在评估损失和拟订费率时缺乏可靠的参考依据。2008 年，国家科技部曾经组织相关专家立项成立"综合风险防范关键技术研究与示范"项目，对我国的灾害损失、保险赔付以及建筑结构等级进行过相关的数据采集；同年4月，中国保监会也下发《巨灾保险数据采集规范》要求全保险行业配合国家巨灾损失数据的收集。但是，这些项目所得到的巨灾损失数据并没有取得预期的效果，不仅统计口径和计算依据存在重复问题，不能作为行业一体化的参考借鉴依据，更重要的是这些数据没有得到国际公开的认同，这就为中国的巨灾保险在国际市场上寻找有效的再保险安排带来了困扰。如果在这一环节加强与世界银行的合作，一方面可以邀请世界银行专家分享发达国家的先进经验，协助中国相关部门设计更具科学性和客观性的统计指标，协助中国政府在全国范围内开展防减灾能力大调查，通过实施灾害风险综合评估与制图等重大项目，摸清各地区防减灾能力现状，进而可以更加有效地研究灾害发生规律及其损失分布情况；另一方面，世界银行与国际知名的保险集团以及再保险公司都建立了长期稳定的合作关系，有世界银行专家参加编制巨灾数据库，也更容易得到自然灾害风险评估及风险标的风险累积标准化组织（CRESTA）以及世界保险同行的公认，可以减少再保险核算中的划算与折价问题。

（三）帮助中国政府建立巨灾保险基金

巨灾具有发生概率小、危害损失大的特点，一旦发生将会造成巨大的财产损失和人员伤亡。由于偿付能力有限，商业保险公司往往无力独立承担，因此亟须政府和其他社会公共管理部门介入。从当前的世界趋势看，政府与市场相结合的巨灾保险制度已经成为未来的主流发展方向。借鉴国际经验并结合我国实际国情，我国的巨灾保险制度也应该采取以政府为主导，以保险公司为主体的综合防灾减灾模式。但是，在这一模式的运行过程中，如何能够让政府拥有一笔后备的储备基金用于灾害的紧急救援和居民安置工作，如何能够让保险公司的超额损失赔付得到最可靠的保障而不至于破产，是一个非常重大的问题，而巨灾保险基金无疑是解决这一问题的最好手段。从我国目前的形势上看，我国也需要建立一个由政府和商业保险公司共同参与设立的并可以在国际再保险市场上进行再保险安排以分散风险的全国性的以巨灾风险为目标的，涵盖洪水、台风和地震三类我国面临的主要巨灾风险的巨灾保险基金。而巨灾保险基金建立的一个突出问题是资金的来源问题。当前大多数专家认为，中央和地方财政直接拨款、财政年度救灾资金结余划转、保险公司无大灾年份巨灾保险保费结余滚存等都可以作为巨灾保险基金的筹资来源，却忽略了世界银行这个国际最大的发展援助机构。目前，世界范围内已经在 10 个国家建立起 14 个针对不同灾害类别和不同区域的巨灾保险基金，这些保险基金大部分都采用公共部门与私营部门合作的方式。世界银行在这些巨灾保险基金的建立过程中发挥了巨大作用，尤其对发展中国家保险基金的建立起到了关键性的作用。如果我国政府在巨灾保险基金的建立过程中向世界银行申请援助贷款，不仅可以扩大基金的筹资来源，而且还可以在基金的管理过程中借鉴世界银行的先进管理经验，并在基金建立以后帮助中国政府寻求和制订合理的再保险方案。

（四）开发巨灾保险风险融资的国际方案

在发达国家，商业保险在巨灾赔付过程中所占比例较高，而我国在遭遇巨灾损失以后的传统处理方法是事后政府财政补贴和社会捐助，事前的商业补偿如保险补偿所占份额很小。究其原因，一方面由于我国本身保险市场发育完善程度的落后，国民的风险意识较低，购买巨灾保险产品的热情不高；而另一方面则是由于我国缺乏相关的巨灾保险融资体系，保险和再保险公司所承担的超额损失风险难以通过有效的资本市场进行转移。巨灾风险融资是一个非常复杂的问题，从某种程度看，它不仅仅是一个金融问题，更是一个国家财政与公共策略的选择问题。在我国，对公共财政的过度依赖、资本市场的不完善、融资渠道的单一、融资方式的落后等问题，大大削弱了保险和再保险通过资金市场来转移和分散风险的积极性，而世界银行恰好可以在这一领域帮助中国政府有所作为。世界银行在微观金融工具的开发以及融资平台的构建等方面拥有完全的竞争优势，早在 20 世纪 80 年代，世界银行灾害管理部就与国际金融公司一起探索巨灾损失风险的金融市场转移方案，同时还与联合国开发计划署共同研究开发各类适合广大发展中国家的巨灾衍生产品。目前，世界银行支持下的多国风险共保方案采用创新方法融合了传统保险和资本市场上的各类金融工具，可以有效地为发展中国家寻找到新的巨灾风险融资模式。如果我国政府加强与世界银行在巨灾保险融资方面的合作，首先可以将各类创新性的巨灾保险衍生产品引入中国市场，促进中国保险市场和资本市场的发展；其次是有效的保险与再保险融资将超额损失风险转移到国际资本市场，因此可以提高保险公司的承保能力；最后，有效的巨灾风险融资模式还可以扩大风险资金的来源，减少对政府公共财政的过度依赖。

（本文曾在《西南金融》2012 年第 8 期发表，编入本书时有修改）

参考文献

[1] 黄承伟. 防灾减灾、灾后重建与扶贫开发结合的理论与实践 [R]. 中国国际扶贫中心研究报告, 2010 (5).

[2] 联合国开发计划署, 中国早期恢复与灾害风险管理项目中期回顾报告 [R]. 2009 年 10 月.

[3] DAN R ANDERSON. Development of the Principle Elements of a Comprehensive Catastrophe Insurance System [J]. Journal of Risk and Insurance, December 1974.

[4] DAN R ANDERSON. All Risk Rating Within a Catastrophe Insurance System [J]. Journal of Risk and Insurance, December 1976.

[5] MARK L CROSS, JOHN H THORNTON. The Probable Effect of an Extreme Hurricane on Texas Catastrophe Fund Insurans [J]. The Journal of Risk and Insurance, September 1983.

[6] IVAN ZELENKO, ISSAM A ABOUSLEIMAN. Insuring against Natural Disaster Risk: MultiCat Program. Policy Research Working Paper [R]. 2010.

[7] WOLFGANG FENGLER, AHYA IHSAN, KAI KAISER. Managing Post-Disaster Reconstruction Finance International Experience in Public Financial Management [R]. Policy Research Working Paper, WPS4475.

[8] SARAH CLIFFE, NICK MANNING. Building Institutions after Conflict [R]. Washington D. C, 2006.

[9] WILLIAM DOROTINSKY, SHILPA PRADHAN. Exploring Corruption in Public Financial Management in the Many Faces of Corruption: Tracking the Vulnerabilities at the Sector Level [M]. CAMPOS J EDGARDO, PRADHAN SANJAY. World Bank. Washington D. C, 2006.

[10] ECONOMIC COMMISSION FOR LATIN AMERICA AND THE CARIBBEAN (ECLAC). Handbook for Estimating the Socio-Economic and Environmental Effects of Disasters [M]. New York/Washington D. C, 2003.

[11] WORLD BANK. World Bank Response to the Tsunami Disaster [R]. Washington. D.C., 2006.

[12] WORLD BANK INDEPENDENT EVALUATION GROUP. Hazards of Nature, Risks to Development: An Evaluation of World Bank Assistance for Natural Disasters [R]. Washington D. C, 2005.

[13] WORLD BANK. Caribbean Catastrophe Risk Insurance Facility: Background Document [R]. February 2007.

[14] GRENKO E, R LESTER. Rapid Onset Natural Disasters: The Role of Financing in Dffective Risk Management [R]. World Bank Policy Research Working Paper 3278, 2004.

[15] O MAHUL, E GURENKO. The Macro Financing of Natural Hazards in developing Countries, World Bank Policy Research Working Paper 4075, 2006.

[16] P FREEMAN, M KEEN, M MANI. Dealing With Increased Risk of Natural Disasters: Challenges and Options [R]. IMF Working Paper WP/03/197, 2003.

(作者单位：四川省农村信用社联合社)

打造中国的银行家队伍

唐盛鹏

内容提要：银行家的出现是一个国家金融走向成熟的标志之一。笔者立足我国实际，从为什么需要培养自己的银行家、培养怎样的银行家、我国银行家缺失的原因及对策等多个层面论述了打造中国银行家的系列核心问题。

银行家——一个荣耀而光鲜的称谓，一个同时深明政商之道、经营之道、投资之道的贤人才配拥有的光环，一个能够游走于政府、银行、企业之间的智者才配占据的头衔。遗憾的是，迄今为止，中国没有任何一个银行高管公开宣称自己是银行家，恰恰相反，那些当前站在中国金融金字塔塔尖上的行长和监管高层纷纷表示：自己算不上真正的银行家。他们拒绝"银行家"头衔绝非过谦。它告诉我们一个基本的真理：打造中国的银行家，我们还有很长的路要走。

一、为什么需要培养自己的银行家

（一）培养中国的银行家，是适应国际金融竞争的需要

培养中国的银行家，一个基本的逻辑是：因为没有，所以稀缺，所以更需要培养。小平同志对金融有两句经典的论述，第一句是："金融是现代经济的核心。"小平当年之所以在原稿上加入"现代"二字，言下之意，我们还不是真正意义的"现代经济"。第二句是"要把银行真正办成银行"，言下之意，中国还缺少"真正意义上的银行"。撇开政策和市场因素不谈，造成"真正银行"缺失的原因，在于我们没有一支真正意义上的银行家队伍。现实的情况是：我们拥有世界级的大银行，却无法拥

有世界级的银行家。中国的金融要融入世界金融体系，参与国际竞争，共享金融资源，就必须培养既懂国情又深谙国际金融游戏规则的银行家。也唯有如此，银行才能成为"真正的银行"，中国的经济也才能成为"现代的经济"。

（二）培养中国的银行家，是适应中国经济金融基本国情的需要

现阶段必须正视的一个现实是：中国的政策环境、经济环境与西方存在一定的差异，这种差异不会随着经济的发展、改革的深化而消失。中国的银行家除了具备国际银行家的素质外，还应具备一些更能适应中国国情和市场的基本素质。从某种意义上讲，打造中国自己的银行家，比打造一个国际银行家更难、所需条件更多。

（三）培养中国的银行家，是顺应金融改革、维护金融安全的需要

我国新一轮的金融改革方案即将出台，金融改革后的银行，从事的业务更多、经营的范围更广，银行、证券、保险行业的洗牌与整合将不可避免。改革需要我们尽快打造一支既懂银行，又懂证券、保险的职业银行家队伍。这支队伍应具有良好的职业素养和风险意识，能够在维护国家金融安全中发挥积极作用。

二、我们需要培养怎样的银行家

培养中国的银行家，首先要弄明白的一个问题是：我们需要怎样的银行家？笔者认为，中国的银行家，至少应该具备以下五个方面的素养：

（一）银行家必须首先是一名合格的政治家

中国的政治模式有其特殊性，中国的金融监管也有其特有的模式，这些特点和模式不可避免地影响到中国经济、金融的各个方面。中国银行高层的高管很多来自政府，而很多银行高管最终也进入政府任职。对高层而言，政府与银行，本身就是一个娘胎里的一对孪生兄弟。从实践层面看，懂政治的银行家，才会主动服从监管，才会自觉地将现阶段一些诸如"服务三农""服务县域""支持中小微""空白乡镇覆盖"等看似与银行的市场行为存在距离的政策自觉贯穿于经营行为之中。中国银行业的运行很大程度上是一种政府利益、银行利益、企业利益的三方博弈，能够找准这种博弈的着力点的人，才有可能成为一个真正合格的银行家。

（二）银行家必须首先是一名合格的企业家

银行首先是个企业，然后才是一个机构。银行是经营"货币"这一

特殊商品的企业，这决定了银行经营必须首先遵循企业管理的基本规律。银行家必须具备企业家的思维，必须了解市场行为，熟知市场细分，洞悉市场需求，掌控市场营销的基本方法。从现实情况看，大多数银行高管重视研究政府行为，而对公共关系、市场、服务的因素重视不够。对传统企业来说，适应市场改革的第一步，是建立"现代企业制度"，而银行业的"现代企业制度"，则是构建良好的"公司治理"体系。我们说银行家必须首先是个企业家，就是基于银行家必须首先尊重一个企业"公司治理"的自然属性，按照企业家的要求，自觉服从和遵守体系的游戏规则，向市场要效益，而不是向老板、上级和关系要效益。这样的银行家才能代表中国银行业发展的方向和未来。

（三）银行家必须首先是一名合格的经济学家

2013年6月29日，杰罗尔德·格林在第三届全球智库峰会上说了一句意味深长的话："政治家和银行家在一起就产生了经济危机。"这句话被解读为金融危机的真正动因——银行如果不为经济服务而为政治服务，危机将难以避免。《金融之王——毁了世界的银行家》一书列举的历史上的各类银行家，告诉了我们一个普遍的规律——但凡不懂经济的银行家，最终都将给经济带来灾难；而那些真正懂得经济的银行家，则最终都将功成名就。一个优秀的银行家必须首先是个经济学家，这是金融这个行业的固有特点决定了的。世界上没有任何一门专业学科，可以如同金融这样，与经济产生着如此广泛和深刻的联系。银行家需要找出经济、金融的内在关联，在适应经济普遍运行规律的过程中实现企业利润的最大化。

（四）银行家必须首先是一名合格的风险投资家

如果说这一观点在金融改革前还没能被业界广泛接受的话，那么即将到来的金融体制改革将会告诉我们风险投资对银行来说有多么重要。金融改革后，将不会存在单纯经营传统信贷业务的银行，证券、保险、投资业务均会成为银行涉猎的领域。一个不懂得风险投资管理的银行高管是可怕的，因为无论你为银行赚了多大的利润，他都能够让这些利润在一夜之间"人间蒸发"，这样的观点早已在西方金融危机中得到了证明。良好的风险投资管理是良好银行的另一个窗口，银行从基层业务中赚得利润，而投资则使这些利润更好地保值和增值。从广义上讲，银行经营的就是风险，良好的风险管理意识和技能才是银行家适应行业发展的利器和本钱。

（五）银行家必须首先是一名合格的社会实践家

2006年，一生致力于乡村银行、农村小额信贷的推广，让那些无法获得贷款的穷人也能获得贷款的"穷人的银行家"穆罕默德·尤努斯被授予诺贝尔和平奖。人类历史上第一位职业银行从业者被授予这样的奖项给予人们的启示是：那些终生追求股东利益最大化的人，最终不配戴上"银行家"的头衔，只有那些真正致力于经济发展和社会进步的人，才有资格得到这样的桂冠。在中国，政治家也好，军事家也好，革命家也好，无不首先是一个出色的社会实践家。中国的银行家只有广泛参与社会实践和群众实践，才能真正洞悉银行这一特殊领域的经营之道，也才能成为社会的服务者和回馈者。

三、中国银行家缺失的根源

中国迄今无法形成自己的银行家队伍，其根源有三：

（一）银行家的产生及形成机制存在缺陷

在我国，银行高管的选拔更多的是一种政府行为，而不仅仅是一种市场行为。这是短期内无法改变的现实，也是现阶段特殊国情所决定的。一是行政任免从事实上代替了董事会决策。什么样的股权结构，决定了什么样的公司治理，从而决定了什么样的任免模式。银行家是商业银行出资人的代理人。西方商业银行的出资人是中小投资者，而我们则主要是政府。政府作为绝大多数商业银行的大股东，成为银行事实上的出资人和高管任免人。我国对四大国有银行董事长和行长的任免，首先需要经过国务院提名推荐，当然在形式上仍然需要董事会提名并讨论通过。各地方性商业银行在实质上沿用了这一模式。二是银行高管角色的多元化。我国一定层级之上的银行高管往往既是经营者，又是政府官员，还是党务工作者。银行高管和政府官员之间调动频繁，这一体制从一开始就注定了我们难以形成稳定的职业银行家队伍。三是选拔标准的行政化。用党政干部的标准来选拔评价干部，成为一些银行干部选拔中的通病。重政治标准、轻经营能力，重行政管理、轻市场管理，重行政资历、轻实际业绩的选拔标准在一些银行业机构广泛存在。

（二）银行家的激励约束机制存在误区

这些误区体现在：

1. 激励标准的设定存在误区

国际通行的银行业激励标准是单一的，也是丰厚的，即货币激励。

无论是股权还是现金，都是货币激励的必要形式。我们的激励标准则较为多元。一是行政职务激励。我国的银行高管的薪酬待遇主要与行政职务挂钩，业绩对待遇的影响虽存在但有限。这一机制使得那些身居高位但业绩平平的高管可以领取高薪，而那些职务较低但业绩突出的人却难以获得较高的报酬。二是行政消费激励。行政职务消费往往不与业绩挂钩，而与职务高低挂钩，那些致力于推动业务增长的高管却难以获取与之匹配的行政费用和业务费用。三是货币激励。但这种激励仍然主要与行政职务挂钩，激励作用有限。

2. 人才培养机制存在误区

我国银行的人才分配体制基于行政模式，银行内的政工干部，一旦行政级别到了位，就能在同级别的业务干部间相互调换。四大银行的人才培养则以"自产自销"为主，他们几乎从不吸收监管部门或是其他商业银行的职业从业者，关起门来打造自己的"银行家队伍"。这种培养模式不利于金融人才的流动，不利于不同人才间、不同金融领域间的取长补短，当然不利于打造中国的银行家。

3. 重短期激励，轻长期激励

多数银行仍以阶段性的存贷指标作为目标考核的主要依据，没有引入长期股权激励等有效激励机制，很多银行高管深悟"拆东墙补西墙"的资金拆借之道，真正的市场运作技能却掌握很少。从某种意义上讲，我们的激励机制是在训练银行经营的"暴发户"，而不是致力于培养持续经营的"银行家"。

（三）金融市场环境的缺失

有什么样的金融市场，就有什么样的金融机构，也就能够出现什么样的金融从业者。我国金融改革正在进行，金融的开放也在逐步加深，但我国金融市场发展的整体水平和开放程度较之西方国家仍有较大差距。我国不缺大银行，但缺乏具有国际竞争力的大银行。我国的银行还没有全面参与到国际银行竞争的大环境中去，很多国际业务品种对我们来说仍是空白，中国银行家参与国际银行竞争的机会和渠道较少，获取国际银行竞争经验的途径相对欠缺，决定了我们不可避免地缺少具有国际视野和战略思维的银行家。

四、解决的方案

（一）构建"去行政化"的高管产生、形成及退出机制

在华外国银行协会会长欧恩陶曾断言"中国商业银行改革最终要达到的目标之一，就是要让行长与行政级别和行政职务脱钩"。这一论断也为我国银行家机制的形成指明了方向。"去行政化"改革主要体现在三个方面：一是公司治理的"去行政化"。应切实发挥董事会在核心经营层任免层面的作用，必须改变各级商业银行主要负责人由党政拍板的现状，尊重董事会的公司治理主体地位，按市场原则选拔任用高管。二是选拔标准的"去行政化"。应避免套用党政干部的标准选拔高管，应重点考察高管的经营管理能力、市场拓展能力，重塑业绩考核标准。三是管理角色的"去行政化"。商业银行高管必须逐步与行政级别和行政职务脱钩，避免党内事务与经营事务"一把抓"。国有大型银行可以尝试推行党委书记的专职化，避免党政一把手同时担任行长等经营部门的一把手；股份制商业银行和地方性股份制商业银行的党委书记则应力避与政府行政职务对应；应逐步减少政府官员和银行高管之间的职务调动，为职业银行家队伍的形成创造相对稳定的政策环境。

（二）构建以"市场激励、长期激励"为主要特点的激励约束机制

银行家的培养需要科学的激励约束机制，这一机制的打造可从以下两个方面入手：一是以市场激励逐步取代行政激励。市场化的激励原则，应该遵循货币化、可量化的基本标准。应突出市场激励和货币激励的主体地位，减少单纯挂钩于行政职务的"职务消费"在薪酬激励中的比重。高管及部门的业务费用应与个人和部门业绩挂钩，而不是与行政职务的高低挂钩。商业银行应在薪酬制度设计上努力达到这样的效果：一个优秀的条线人员，其收入完全可以高于那些业绩平平的行领导，而不同的条线人员之间、业务运营部门负责人之间，其收入的差距应与其业绩的高低成正比，而不是和职务的高低成正比。二是应以长期激励逐步取代短期激励。2013年9月，银监会尚福林主席在中国银行业协会第十三次会员大会上首次提出"允许银行逐步探索试点股权激励等中长期激励方式"，为我国银行业激励机制改革指明了路径。加强对高级管理层的激励约束，建立科学合理的绩效考评体系，加快完善与风险挂钩的薪酬体系和延期支付机制，应成为我国商业银行激励约束机制改革的目标和方向。

（三）培养既懂政治又懂经济、既懂经营又懂风控和社会实践的银行家

银行家素质的培养，应着力于以下三个层面：一是要培养既懂政治又懂经济的银行家。银行管理应力避"行政化"，但银行家必须"讲政治"。银行作为社会主义经济体系的重要组成部分，其经营管理必须服务和服从于社会经济运行的总体要求。银行家首先要理解监管、服从监管，在服务"三农""中小企业"和县域的银行经营实践中找到股东利益和社会利益的结合点。商业银行应致力于推广银行家经济金融专业培训课程，加强银行高管对宏观经济理论的认识和理解，加强对证券、保险等相关金融业务的学习，在条件允许的情况下，学习和掌握国际业务、国际规则和国际语言，以形成既懂中国国情又懂国际规则的国际银行家。二是要培养既懂经营又懂风控的银行家。应鼓励高管学习和借鉴传统企业营销及管理的方式方法，用企业管理的思维经营银行、用市场的眼光洞悉先机。同时银行高管应尽可能掌握不同业务领域和层面风险控制的技能技巧，读懂监管要求，严守监管底线。三是要培养具有较强社会实践能力的银行家。应提升银行高管公共关系维护、声誉风险防控的策略和技能，通过树立银行高管个人良好的社会影响力，带动银行积极参与有助于提升其社会认知度的公益事业。

（四）培育公平与流动的银行家市场

市场决定环境，环境决定人才。构建具有中国特色的银行家市场，是构建我国银行家队伍的必经之路。银行家市场的建立需要立足于三个要素：一是银行家选择和流动的市场化。银行高管应实现银行家的自由流动，监管应帮助银行树立这样的体制——不同的金融人才，可以在不同性质和区域的银行间有效流动。二是银行家培养的市场化。应尝试建立银行家培训的专业机构，用培养企业职业经理人的思路和体制培养中国的银行家。三是银行家收入确立的市场化。应按照市场竞争的原则确立薪酬分配标准，银行高管的收入标准不应依赖简单的行政方案，而应与市场、业绩挂钩。通过以上三个方面的努力，最终构建起公平、高效的银行家市场，为银行家的形成创造有利的市场条件。

（本文曾发表于中央政策研究室主办的《学习与研究》2014 年第 8 期，编入本书时有修改）

参考文献

[1] 丁军. 经济学：现代银行家不可或缺的理论素养 [J]. 现代商业银行，2003 (6).

[2] 郑国中，王卫平. 职业银行家：离我们有多远 [N]. 中国经济导报，2005-01-06.

[3] 丁建成，周宏宇. 中国需要什么样的银行家 [J]. 国际融资，2008 (6).

[4] 利雅卡特·艾哈迈德. 金融之王：毁了世界的银行家 [M]. 北京：中国人民大学出版社，2011.

[5] 威廉·罗兹. 走向世界的银行家：来自全球金融第一线的领导经验 [M]. 孙兆东，等，译. 北京：机械工业出版社，2012.

（作者单位：四川银监局）

基于胜任力的银行高管人员履职行为
监管探讨

王义华

内容提要： 商业银行高级管理人员履职行为监管是银行监管的重要内容，也是提高监管有效性的主要手段。本文在梳理当前银行高管人员履职行为监管中存在的问题和不足的基础上，借鉴人力资源管理中的胜任力理论和方法，探讨商业银行高管人员履职行为监管这一课题。通过案例研究法、问卷调查法和因子分析法，在分析总结被监管当局取消任职资格的高管人员失败原因的基础上，构建基于监管者视角的银行高管人员胜任特征模型，并提出改进银行高管人员履职行为监管的建议。

一、银行高管人员履职行为监管中存在的不足

（一）监管法规不够健全

对商业银行高管人员的监管，应当是一个连续的、完整的动态监管过程，包括准入审查、履职行为和退出三个环节。目前，我国对高管人员监管的监管要求主要分布于《金融违法行为处罚办法》《行政许可实施程序规定》《中资商业银行行政许可事项实施办法》《金融机构高级管理人员任职资格管理办法》等法律法规。上述法规主要体现在对高管人员任职资格审核、准入、取消和对高管人员违法违规经营结果的处罚等方面的监管规定，而对高管人员履职行为的过程缺少专门的监管规定，中国银监会各级派出机构只能结合自身情况制定相应的监管办法。这种软性的职责定位，缺乏规范化的刚性法规依据，难以做到监管标准的统一和监管方式的规范。

（二）重准入审查、轻行为监管

目前银行监管当局对商业银行高管人员仍采取"学历+年限"的"时点静态式监管"模式，仅对学历和相应的工作年限等硬性条件进行审核把关，对履职行为的监管还在探索阶段。由于任职资格的审核属于行政许可的范围，具有一次性的特点，在高管人员取得任职资格后，监管当局缺少对其履职行为的动态监管，监管人员与高管人员的日常沟通交流较少，仅在非现场监管和现场检查中发现相关银行有违规问题时，才对其高管人员进行约见谈话，使监管当局对高管人员道德风险的审查受到限制。甚至在一些地方，高管人员行为不端而导致银行出现风险和损失的情况已经屡见不鲜，严重制约了银行的健康发展。

（三）履职行为监管考核评价不全面

目前监管当局对银行高管人员的日常监管多采取质询、约见谈话、调查走访、现场检查等方式。近年来，中国银监会部分省级派出机构开始尝试对银行高管人员实行履职动态考核评价，但在考核项目的设置上比较抽象，没有细化动态的量化考核指标，比如采用主观评价"优秀、称职、基本称职、不称职"；就高管人员履职行为的考核内容而言，仅限于其分管的工作完成情况和是否存在违法违规行为。从监管实践的情况来看，目前尝试的履职行为监管考核评价还存在涉及主观的内容较多、客观的较少，软性的较多、刚性的较少等问题，尤其缺少对高管人员胜任能力评价的内容，监管人员很难以科学的方法对高管人员做出客观、公正的评价，很难全面对高管人员履职期间的业务能力、管理能力、经营业绩等履职行为进行综合评价。

（四）履职行为监管缺乏统一性和连续性，监管信息渠道不畅通

目前，我国还没有制度化的商业银行高管人员履职行为监管标准，银监会各级派出机构只能结合自身情况制定相应的监管办法，致使履职行为监管缺乏统一性。银行高管人员跨地区尤其是跨省级行政区划调动频繁，导致监管信息不连续。根据属地监管原则，调入地监管部门只能向调出地监管部门征求意见，由于没有标准的履职行为监管信息，双方只能交流十分表面化的监管信息，使监管的连续性受到影响。此外，对高管人员履职行为监管的信息多数从商业银行报送的资料中获取，不能及时、准确和全面地反映高管人员情况，很大程度上影响了履职行为监管的效果。

二、胜任力理论及其实践应用

(一) 胜任力理论的产生和发展

"胜任力"（Competency）来自拉丁语 Competere，其含义是"适当的"。早在古罗马时代，人们就曾通过构建胜任剖面（Competency Profiling）来说明一名好的罗马战士的基本属性。20 世纪初，弗雷德里克·温斯洛·泰勒（Frederick Winslow Taylor）对科学管理的研究，后来也被称之为"管理胜任力运动"（Management Competencies Movement）。美国哈佛大学心理学教授戴维·麦克利兰（David McClelland）发展了前人的研究成果，于 1973 年在《美国心理学家》（American Psychologist）杂志上发表了一篇文章——*Testing for Competence Rather Than Intelligence*，提出：传统的智力和能力倾向测验不能预测职业成功或生活中的其他重要成就。这些测验对少数民族和妇女是不公平的，并且人们主观上认为能够决定工作成绩的一些人格、智力、价值观等方面因素，在现实中并没有表现出预期的效果。这标志着"胜任力"研究的开端。在对"胜任力"进行长期研究和运用的基础上，R. 博亚特兹（Richard Boyatzis）（1981）和斯彭塞（Spencer 夫妇，1993）分别提出了胜任力洋葱模型（The Onion Model）（见图 1）和胜任力冰山模型（The Iceberg Model）（见图 2）。他们将胜任力特征区分为五个种类或层次，由低到高依次为：动机→特质→自我概念→知识→技能。

图 1　胜任力洋葱模型

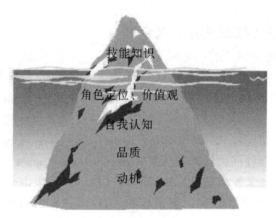

技能知识

角色定位、价值观

自我认知

品质

动机

图2　胜任力冰山模型

（二）胜任力理论在我国的发展和应用

随着胜任力模型实践效果的不断显现，我国学者也逐渐将"胜任力"的理论和方法引入国内。王重鸣和陈民科（2002）从个体特征角度定义胜任力，认为胜任力是决定高管绩效的知识、技能、能力以及价值观、个性、动机等特征。仲理峰和时勘（2003）则从行为模式角度定义，认为胜任力是能把某职位中表现优异者与表现平平者区别开来的个体潜在的、较为持久的行为特征。黄勋敬（2007）通过对不同绩效商业银行行长胜任力特征的差异比较，构建了商业银行行长胜任力模型。楼文龙（2012）从理论分析入手，结合监管实践，从人才培训、人才选用方式、思想文化建设等方面，对基于胜任力的银行监管人力资源建设模式进行了梳理总结和初步论证。

自戴维·麦克利兰（1973）正式提出运用胜任力的方式进行人才选拔并进行实证研究以来，胜任力理论已经得到了广泛的应用和发展，实践也证明胜任力模型贯穿于人员选拔、绩效管理、培训开发、薪酬管理等人力资源管理流程中，对于改进人力资源管理工作具有重要的作用。本文在现有研究方法和成果的基础上，从监管者视角出发，构建商业银行高管人员胜任特征模型，探索银行高管人员履职行为监管的有效途径和方法。

三、基于胜任力的银行高管人员履职行为监管探索

（一）构建基于监管视角的银行高管人员胜任特征模型

现有文献中关于胜任力模型构建方法，主要采用行为事件访谈法，通过对绩效优异行长进行访谈，建立胜任特征模型。沈磊（1998）认为，现有商业银行行长胜任力模型构建的绩效区分缺乏统一的标准，现有方法之外还可以考虑无胜任能力的模型构建方法。本文通过大量阅读监管当局取消银行高管人员任职资格的行政处罚案例，系统梳理了监管处罚案例的监管评价和被取消资格的高管人员自己总结的深刻教训。在此基础上，通过电话和面对面访谈的方式，与做出行政处罚的监管人员以及曾经与被取消任职资格的银行高管共事的人员进行了沟通交流。通过对高管人员失败的案例进行深入挖掘，分析其失败的表面直接原因和个体深层次原因，提取关键词语和语句，对这些提取的关键词句进行反向编译，得到监管者视角的 20 个银行高管人员胜任力初始测量题项。在形成初始测量题项的基础上，进一步采取专家访谈、焦点小组访谈、开放式问卷调查等方法，形成银行高管人员胜任力初始测量量表。初始量表编制完成后，选取 64 名银行监管人员进行了预调查，并根据测试结果对量表进行了修改和调整。

笔者通过中国银监会内网邮件系统向监管人员发出调查问卷 526 份，收回问卷 476 份，其中有效问卷 418 份。对收集到的有效问卷，应用 SPSS 20 统计软件进行数据分析。Cronbach's Alpha 系数为 0.945，表明问卷具有很好的一致性信度。Bartlett 球形检验值为 4 137.338，极其显著（P = 0.000），说明变量间有共享因素的可能性；KMO 值为 0.893，表明样本数据可以进行因子分析。通过探索性因子分析，抽取相关系数矩阵特征值大于 1 的因子，进行方差最大正交旋转，得到银行高管人员三维胜任特征模型，如表 1 所示。从表 1 可以看出，累积方差解释率为 65.313%，表明问卷具有较好的结构效度。

表 1　　　　　　银行高管人员胜任特征模型（N = 418）

胜任特征	正交旋转后的因子负荷值		
	因子 1	因子 2	因子 3
ques14　审慎经营意识	0.778		
ques11　伦理价值取向	0.746		
ques6　政策和市场敏感性	0.704		
ques3　银行专业知识和能力	0.690		
ques5　战略思维意识	0.654		

胜任特征	正交旋转后的因子负荷值		
	因子1	因子2	因子3
ques17 团队合作意识	0.629		
ques2 品行和声誉	0.596		
ques4 内部稽核检查		0.783	
ques7 内控制度建设		0.762	
ques9 合规经营		0.733	
ques1 内控环境营造		0.699	
ques10 遵循规章制度和授权		0.689	
ques8 风险识别和控制		0.620	
ques15 危机处理和应变			0.806
ques13 业务计划和组织实施			0.641
ques16 沟通协调			0.592
ques12 资源配置			0.575
ques18 选拔任用人才			0.566
方差解释率（%）	25.789	23.267	16.257
累计解释的总方差（%）	25.789	49.056	65.313

由表1可见，通过实证可以得出银行高管人员三维胜任特征模型，按照各因子所包含的胜任特征意义对各因子进行命名。因子1包括审慎经营意识、伦理价值取向、政策和市场敏感性、银行专业知识和能力、战略思维意识、团队合作意识、品行和声誉7个胜任特征，解释总变异的25.789%，主要涉及高管个人具备的专业知识、内在素质和职业操守，可以命名为"职业素质胜任力"；因子2包括内部稽核检查、内控制度建设、合规经营、内控环境营造、遵循规章制度和授权、风险识别和控制6个胜任特征，解释总变异的23.267%，主要涉及高管人员在内部控制、遵守规则和风险管理等方面的情况，可以命名为"风险内控胜任力"；因子3包括危机处理和应变、业务计划和组织实施、沟通协调、资源配置、选拔任用人才5个胜任特征，解释总变异的16.257%，主要涉及危机处

理、业务经营、内部管理、沟通协调等，可以命名为"经营管理胜任力"。

（二）建立基于胜任力的银行高管人员履职行为评价体系

在本文构建的银行高管人员胜任特征模型基础上，根据银行业金融机构的类别和高管人员的级别差异，进行更加深入的细化研究，界定各项胜任特征要素的行为描述，给出评定等级要素。在胜任特征模型基础上，进一步开发"银行高级管理人员胜任力模型词典"，词典包括前文叙述的 18 项胜任特征要素，词典中出现的胜任特征是一组可测量的行为标准，这些标准是监管当局对银行高管人员在成就特征、服务特征、个人特征、管理特征和认知特征 5 个方面的具体行为要求。每个行为标准都有等级水平，水平从最差到最优逐级递增。此外，每个行为标准都有相同的结构，均由胜任力名称、定义、内涵、重要性、评价等级、行为描述 6 个部分组成（见图 3）。

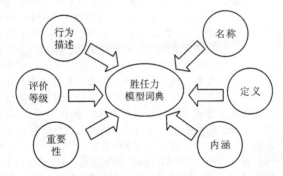

图 3　"银行高级管理人员胜任力模型词典"结构图

现以"风险识别和控制"这一胜任特征要素为例编制"银行高级管理人员胜任力模型词典"，如表 2 所示。

表 2　　　　　　　　　银行高级管理人员胜任力模型词典示例

胜任力名称	风险识别和控制
定义	为实现经营目标，通过制定和实施一系列制度、程序和方法，对风险进行感知、分析、判断、防范、监督和纠正的动态过程和机制。
内涵	该特征主要考察高级管理人员是否具备正确识别机构面临的风险、客观评估内在风险水平和对业务的风险管控能力。

胜任力名称	风险识别和控制
重要性	商业银行是"经营风险"的金融机构，以"经营风险"为其盈利的根本手段。商业银行是否愿意承担风险，是否能够识别、妥善控制和管理风险，将决定商业银行的经营成败。
评价等级	分为五个等级： "1"：表示风险管理和内部控制健全高效。 "2"：表示风险管理和内部控制健全，但存在着一些不足。 "3"：表示风险管理能力和管理水平一般。 "4"：表示风险管理和内部控制存在严重不足，不能以安全、稳健的方式管理。 "5"：表示严重缺乏管理能力，不能对风险进行有效识别和控制，管理不善导致出现严重问题。
行为描述	分为定量指标和定性因素两部分，两部分总分均为100，其中定量指标权重40%，定性因素权重60%。 定量指标以CAMELS评价体系（或ROCA评价体系）评分内容和原则计分，定量指标分别为：不良贷款率/不良资产率、单一集团客户授信集中度/授信集中度、资产利润率、资本利润率、成本收入比率、风险资产利润率、流动性比例、核心负债依存度、流动性缺口率、利率风险敏感度、累计外汇敞口头寸比例等。 定性因素以监管当局在平时现场检查、非现场监管和日常监管中所掌握的情况为主，结合专项考察，充分了解和评价高级管理人员对信用风险、市场风险、流动性风险、操作风险等风险的感知、分析、判断、防范、监督和纠正等情况，进行描述并计分。 最后，以定量指标和定性因素权重加权综合得分，并转换为相应评价等级，如90~100的对应评价等级为"1"，75~90的对应评价等级为"2"，60~75的对应评价等级为"3"，45~60的对应评价等级为"4"，0~45的对应评价等级为"5"。

在监管实践中，可以将基于胜任力的银行高管人员履职行为评价体系作为CAMELS评价体系（或ROCA评价体系）的重要补充，着重对高管人员履职行为进行考核评价。考核评价每年开展一次，可以分为现场测评、监管当局评价和专家组评审三部分，同时将定量评价和定性评价结合起来，对被考评人员给出相应等级水平的评审结论，并对评审结论较差的高管人员提出有针对性的监管意见。如果同一高管人员连续三年的评审结论均较差，那么可以考虑对其采取进一步的限制性监管措施。

（本文曾发表于《金融理论与实践》2013年第8期，编入本书时有修改）

参考文献

［1］BOYATZIS R E. The Competent Manager：A Model for Effective Performance ［M］. New York：Wiley，1982.

［2］MCCLELLAND D C. Testing for Competence Rather Than Intelligence ［J］. American Psychologist，1973，28（1）.

［3］SPENCER，LYLE M，SIGNE M SPENCER. Competence at Work ［M］. New York：John Wiley and Sons，1993.

［4］彼得·德鲁克. 管理的实践 ［M］. 齐若兰，译. 北京：机械工业出版社，2009.

［5］楼文龙. 基于胜任力的银行监管人力资源建设研究 ［J］. 金融监管研究，2012（5）.

［6］戴立勇. 加强履职行为监管，突出"管法人"理念 ［J］. 新疆金融，2005（5）.

［7］黄勋敬，李光远，张敏强. 商业银行行长胜任力模型研究 ［J］. 金融论坛，2007（7）.

［8］沈磊. 我国商业银行胜任力模型构建和应用中存在的问题及对策分析 ［J］. 上海金融，2008（5）.

［9］王重鸣，陈民科. 管理胜任力特征分析：结构方程模型检验 ［J］. 心理科学，2002（5）.

［10］王晓忠. 加强对银行高管人员履职行为监管的思考 ［J］. 工作研究，2004（12）.

［11］仲理峰，时勘. 胜任特征研究的新进展 ［J］. 南开管理评论，2003（2）.

345

（作者单位：四川银监局）

建设银行文化是银行良性运行的长远之计

马　捷

内容提要：习近平总书记强调，提高国家文化软实力，要努力传播当代中国价值观念。一个国家的强盛，离不开精神的支撑；一个民族的进步，有赖于文明的成长。一个企业具有良好的文化，可以体现这一企业的凝聚力、向心力、竞争力。本文结合银行业实际，提出了银行文化建设应有的内涵，剖析了银行文化建设中应摒弃的惯性力量。最后提出了银行文化建设的着力点的建议。

2013 年 12 月 30 日，中共中央政治局就提高国家文化软实力研究进行第十二次集体学习。中共中央总书记习近平在主持学习时强调，提高国家文化软实力，关系"两个一百年"奋斗目标和中华民族伟大复兴"中国梦"的实现。要求我们在壮大经济实力、科技实力和加强国防力量的同时，使国家文化软实力有一个大的提高。习近平强调，提高国家文化软实力，要努力传播当代中国价值观念。当代中国价值观念，就是中国特色社会主义价值观念，代表了中国先进文化的前进方向。

文化软实力突出表现在团结和谐、奋发有为、昂扬向上的国民精神状态、坚强的意志品格、良好的道德风尚的内在凝聚力，而这一切主要来自于人们对社会核心价值的认同。

企业是社会的缩影，银行也是社会的微观基础，其文化建设的结果最终体现综合素质、核心竞争力的状况。

《辞源》对文化的解释是"文治和教化"。"文"是慢慢积累的意思，所以银行文化是无法一蹴而就的。银行文化是象征的、整体的、唯一的、稳定的、难于改变的。从这一释义出发，银行文化应当是指银行业机构在市场经济的实践中，逐步形成的为全体员工所认同、遵守、带有本机构特色的价值观念，也是经营准则、经营作风、风险意识、道德规范、发展目标的总和。

一、银行文化建设应有的内涵

银行是一个产品同质化程度很高的行业。从全球来看，市场风险、信贷风险、操作风险三大风险是世界银行业经营管理中面临的普遍性问题。而正在向市场经济转轨的我国银行业，在实体经济行业增长一片黯淡的背景中却"一枝独秀"。"银行业暴利超过烟草、石油"的议论，更是把银行业推到了舆论的风口浪尖。然而，由于银行业经营的内外部环境已经发生显著变化，加快利率市场化改革步伐已是大势所趋，过度依赖存贷款业务，主要依靠利差支撑利润的盈利模式已难以为继，利润高速增长也将回归常态等则表现为我国银行业的特殊性问题。研究银行文化建设，既要研究共性问题，也要研究个性问题。在我国银行业应当建立起一种行业普适价值观，提高我国银行业的核心竞争力和有效防范风险的能力，这是构建良好银行文化的宗旨所在。

（一）"以人为本"是银行文化的核心

银行员工的利益需求是多方面的、会变化的，最根本的是生存利益，最有效的是全面发展。建设银行文化，就是要使以人为本的科学发展观在银行得以体现。作为高管层，要根据员工的特长和个性来设计员工的职业生涯。对内，要尊重员工、关心员工、理解员工、重视员工、依靠员工、团结员工、培育员工，千方百计调动员工的积极性、创造性。只有充分激发员工的主人翁精神，才能齐心协力渡过难关，求得更大的发展。只有充分考虑员工的多层次需要，创造员工自我实现需求得到满足的良好环境，才可能促使员工创造出远远超越他们收入的价值。只有形成"事业留人、待遇留人、感情留人"的亲情化氛围，将银行发展的成果与员工分享，员工与银行同步成长，才会使员工具有"成就感"和"家园感"。对外，要以客户为中心，树立服务为本的经营理念，用诚恳的服务态度、娴熟的服务技能、灵活的服务方式、先进的服务手段、优质的服务质量来赢得客户。这将对提高银行吸收存款的数量和优化贷款的质量，资本的积累和自身发展，实现持续经营、稳健发展起到积极的推进作用。

（二）"合规"是银行文化的根基

"合规"是全球银行业的一个普适价值观，研究银行文化，就是要将合规的价值观植根于员工的头脑中。合规是银行内部的一项核心管理活动，这就要用稳健经营的经营理念来校正员工的行为习惯，确保银行的活动与所适用的法律法规、监管规定、规则、自律性组织制定的有关准则以及适用于银行自身业务活动的规章制度和行为准则相一致。"合规"包含着两个层次的含义：一是要有一个合格的"规"。这个"规"必须符合法律并能适应银行经营特点、提升经营管理层次、保障银行健康发展又能调动员工积极性；二是员工行为都要"符合"这个合格的"规"。

（三）"风险意识"是银行文化的灵魂

"以资本对风险的约束为基础，业务增长与风险控制相适应，风险成本与风险收入相匹配"，这是基于《新巴塞尔资本协议》的风险管理基本准则的经营理念。一家银行采取什么样的业务发展战略，部门之间的业务关系是否顺畅，不同部门、不同层次的银行工作人员是否能够在重大的风险问题上达成基本的共识，规章制度是否充分合理并得到贯彻执行，出现了例外情况如何处理，这些问题都能体现银行的风险管理，都可以从中找到银行文化的影子。风险管理文化建设是银行治行之本、动力之源、持续发展之基。只有培育良好的风险管理文化，把风险管理理念贯穿于银行业务的整个流程，使风险管理由高深抽象的理论变为现实生动的银行文化，并转化为员工的自觉意识和行为准则，才能使风险管理机制有效发挥作用，才能使政策和制度得到贯彻落实。

（四）"形象"是银行文化催生的核心竞争力

银行文化除具有激励、约束、调适、辐射、润滑、优化、振兴、导向、凝聚、育人等功能外，还具有塑造形象的功能。银行文化应当导入CIS设计，进行银行形象塑造。CIS是英文"Corporate Identification System"的缩写，即企业识别系统。CIS将企业经营理念与精神文化，运用整体传达系统（特别是视觉传达系统），将信息传达给银行内部和社会公众，使其对银行产生一致的价值认同感和亲和力。银行形象是银行文化在传播媒介上的映射，银行形象与银行文化是标与本的关系。对于银行来说，形象的作用远远超过银行本身的有形资产，谁的形象好，谁就能赢得客户、赢得市场。银行良好的内部形象可以激发全体员工的自豪感、责任感和高尚心理；良好的外部形象则能够更深刻地反映银行文化的特点和内涵，使银行在竞争中独树一帜，取得社会公众的信任，从而确保稳固占领市场。

（五）"社会效益"是银行文化体现的社会责任

商业银行信贷业务在社会中扮演着资金引导的角色。由于我国企业直接融资的渠道还不够顺畅，信贷的"卖方市场"仍是当今乃至今后一段时期存在的主要矛盾。信贷支持什么、限制什么、禁止什么，应当符合国家宏观调控政策和产业政策的要求。为促进社会的进步与发展，贷款应发放给能增进社会整体利益的借款人。商业银行特别是中小银行从自身利益最大化原则考虑，在选择信贷方案、评审贷款业务时通常更多地将注意力放在项目的经济效益上，而忽视对社会效益的考查。一些贷款项目经济效益可能很好，但可能对生态和人们生活环境会带来巨大危害。一旦商业银行向它们提供贷款资金，虽然对于商业银行来说，会获得较高的贷款利息和收益，但由于项目对社会造成了负面影响，社会消除这些负面影响的成本往往超过企业为社会创造的效益，最终将使得社会总体利益受到损失。

（六）"职业操守"是银行文化内化的结晶

良好的银行职业道德操守是银行管理者长期教化的过程，银行文化的软约束比规章制度的硬约束更重要，良好的职业道德操守能够弥补银行内部控制的缺陷、漏洞和不足。孔子说："道之以政，齐之以刑，民免而无耻；道之以德，齐之以礼，民有耻且格。"作为高管层，应当给员工提供富有人情味的工作环境，使他们受到尊重，他们才更容易理解并接受与业务相关的政策和规章制度，减少他们与管理者之间的摩擦或矛盾，从而降低道德风险。第一，银行应当向全体员工强调操作风险的危害性，阐明风险控制的立场与态度，传达行为取向信息；第二，要在银行内部培养员工共同的价值观，增强操作风险控制意识和自觉性；第三，要通过知识和技能的培训，使各个业务环节上的管理者和员工都清晰地了解该业务可能存在的风险点、银行内部的风险控制政策、对风险的容忍度以及违规操作可能遭受的惩戒，增加操作风险控制行为的针对性。

二、银行文化建设中应摒弃的惯性力量

银行文化建设也是一个"扬弃"的过程。所谓"扬"，就是要保留、继承和发扬过去行之有效的传统银行文化精髓；所谓"弃"，就是要对银行文化进行改造，抛弃那些落后的、颓废的糟粕。只有这样，才能使银行文化建设的内涵得到充分体现。

（一）与组织目标相背离的关系网

由于就业的压力和价值导向，员工选择银行往往带有传承性和权力性特征，这在地方性中小银行机构中表现得尤为突出，这种人事上的"裙带关系"往往会导致制度失灵。再者，银行员工之间交往中基于地缘、人缘形成了亲缘关系、同学关系、老乡关系、朋友关系，这种交织复杂的利益共同体，当与银行组织目标一致时，会产生积极影响；但当其与银行价值取向相背离时，就会成为不分是非的"哥们"关系，使组织原则形同虚设，直接动摇员工的价值取向。对员工的教育弱化时，会严重涣散人心，使管理层的意图得不到贯彻执行。

（二）与主流文化相背离的不良习性

银行员工的很多观念以及形成的行为习惯，当我们没有仔细去审视或检讨的时候，都习以为常，其实却可能是错的。习惯可能包容错误和违规的细节：不分场合的过分亲密，员工间的隔阂和猜疑，脱离实际的牢骚怪话，"做一天和尚撞一天钟"的精神状态，等等。再具体到员工的行为习惯，个人物品与办公用品乱堆乱放，办理业务用的个人名章、办公所用的钥匙随意摆放、不经意地透露个人业务办理的授权密码等，这些不良习惯往往是诱发操作风险的隐患。银行人员如果有太多这样的不良习惯，这个银行机构就没法管理。很多高管人员新到一个银行机构就无法开展工作，固然有类似能力、战略、自身管理手段等很多其他因素的影响，但其对银行文化的把握也是其中一个很重要的因素。

（三）缺乏持续动力的物质刺激

物质交易型的管理使上下级关系简单化，上级通过金钱财富的分配来激励员工的积极性和创造性，从而使提高管理效益成为可能。高管层要想员工做好工作，就必须细心地核算给多少金钱才能让他动心，才会使他严格要求自己，付出真心和努力把工作做好。员工与银行之间单纯物质利益的联系，会带来对风险的漠视。员工会为完成当期目标而不顾银行未来的风险，追求短期个人利益最大化而忽视整个银行机构的长期利益。这种以金钱联系的物欲关系，是短暂的、缺乏凝聚力的，是员工频繁在银行之间流动，人员极度不稳定的重要原因之一。

（四）缺乏传承的绝对权力

在银行机构中，"老板文化"普遍存在并日趋突出。由于"一把手"在银行机构的管理和经营中起着决定性作用，"老板"的专业水平、管理能力、综合素质对一个银行机构产生着重大而深刻的影响。员工职务的升迁和待遇的优劣，很大程度上取决于"老板"的决策，文化氛围也取决于"老板"的综合素质，甚至出现"一个人可以搞好一个行，一个人也可以搞垮一个行"的状况。在这种绝对权力下，由于过分强调服从，导致下属的积极性和创造性受到压抑。银行的风险防范、业务创新、业务发展，大都取决于"老板"的影响力和控制力。银行机构的命运和前途都是由金字塔顶端的"老板"一个人左右的，"老板"的任何缺点和局限性都会被放大，并往往会带来灾难性的后果。况且，在我国，银行业机构的"一把手"变更频繁。我们经常可以看到，当银行机构"一把手"发生变更时，往往会暴露出一些风险和隐患，这在地方性中小银行机构中尤为明显。这种"老板文化"，使员工与高管层之间带有浓厚的"效忠"色彩，给员工的全面发展和创造能力带来障碍，也往往会造成银行机构文化建设的断层。从长远来说，这无助于银行机构形成凝聚力，有时还会有反作用。

三、银行文化建设的着力点

要将银行文化内涵的根基夯实，需要根据时代和形势的变化，多渠道、多形式、与时俱进、持续不断地培育，应当从以下几个方面着力：

（一）银行文化要体现个性

银行文化要体现服务群体的特点，大行业务综合，要体现平等、高水准，中小银行要体现在细节。现在银行都追求装修豪华，实际上追求朴实也是一种个性。最大的个性表现还是在于服务，体现在直接的和虚拟的与客户接触上，特别是当今互联网的兴起，虚拟服务的文化显得尤为重要，良好的客户体验更需要在文化理念上下功夫。银行要积极把社会上先进的、科学的、积极的文化引入，开阔视野，提高档次。同时，还应当把社会上的文化与银行的文化结合起来，形成有助于实现银行目标和发展的文化，并努力把银行文化推向社会，一方面接受社会的检验，让社会了解银行；另一方面要用银行健康向上的文化，抵制社会上消极思潮的影响。

（二）银行文化要体现持续性

员工接受银行文化，需要长期的教育。宗教教徒要定时礼拜，基督徒每餐前要感恩祈祷，佛教徒要诵佛号，这都是一种持续教育。银行文化建设，也需要持续教育。目前需要探索的是教育形式的有效性、多样性，不能都是一种模式：培训、开会。要根据信息流掌握状况，总行、分行、基层银行要有所区别。要体现地域的人文特点，不同的区域应有不同的方式。文化要有标杆，正面的和反面的都要有，正面的要树立，形成一种吸引；反面的要革除，形成一种震慑。培育银行文化，必须动员全体员工参与，让每个员工参与了解银行的各项工作，立足本职岗位，从一点一滴做起，在长期的实践中磨炼出精神。

（三）银行文化要体现示范性

文化的传播具有"上行下效"的自然规律，高管层是银行文化落地的关键。在银行机构的内部培训和教育中，高管层往往被忽略。分析银行业屡屡发生的一些案件，可以发现，案发人不仅有一线岗位员工，高管层也不在少数。高管层哪怕不学无术，工资仍然比普通员工多。员工下岗分流是必要的，而对不合格的高管却"招数"不多，似乎一旦当上高管，就等于端上了"金饭碗"。高管层的言行与单位主流文化发生博弈时，其负面效应会更明显。事实证明，高管层表率作用发挥得好，员工队伍才有正气、朝气和锐气；高管层只有把制定"规"的"紧箍咒"扣在自己头上，这个"规"才管用。高管层所做的事情不是代表其个人，而是代表一个群体，要让下属和自己一起发挥集体效应。

（四）银行文化要与制度建设相结合

银行机构有两个轮子，一个是制度建设，一个是文化建设。制度是那些明文写出来的、大家一定要执行的，是要经常接受稽核、审计和外部监管的内容；而银行文化则是无法形之于文的，银行文化建设要与制度建设相结合才能奏效。这是因为：一是制度不能解决所有的问题："智者千虑，必有一失"，制度也会随时间和空间的变化而出现"制度失效"；二是制度不需要也不可能解决所有的问题，制度是对普遍行为的规范，而难以解决个人潜能的发挥、个人心态支配下的非常态行为；三是一个银行机构往往会出现工作的"中间地带"，这个地带取决于部门、个人是否能主动往前半步，团队力量就由此而形成了。职工心目中通过长期教化所形成的固化的制度越多，这个银行越容易管理；达成共识的银行文化或者习惯越多，这个银行就越容易管理。作为高管层，应该刻意塑造员工尽可能多的固化的良性行为习惯，很多工作就能够化繁为简，上下级关系、员工关系就能化僵持为融洽和谐。

（五）要注重丰富职工业余文化生活

随着社会的进步，留给从事各种职业的人们自由活动的时间和空间随之增多。随着互联网的兴起，特别是微信的兴起，人们获取信息的渠道增多，人们获取信息的数量和及时性，是纸质媒体所不可比拟的。但同时也会带来单位教育形式单一化与社会教育形式多元化的矛盾，单位主流教育的弱化与社会消极思想的强化的矛盾，会造成员工对单位归属感减弱。如何引导和安排员工八小时工作以外的文化生活，是当前银行文化建设过程中应当考虑的。组织职工排演文艺节目，组织篮、足、排、乒、羽等球队开展各类活动，培养员工的兴趣爱好；举办周末讲座，讲授社会学、心理学、经济学、保健益寿、绘画、音乐、美学等相关专门知识，提高员工的审美情趣；组织各种兴趣小组，开展热点沙龙讨论问题，拓展思维的多向性。通过丰富多彩的活动，面对面的交流和互动，来提高员工的身心健康和人文品格的修养，促进员工的全面发展，增强团队的凝聚力。

（文稿原发表在《中国金融工运》上，后转载在《四川银行业》上。收入本书时，做了部分调整）

（作者单位：四川省银行业协会）

如何运用新媒体开展金融思想政治工作和企业文化建设

高贺军　邓　伟

内容提要：对于思想政治工作和企业文化建设来说，新媒体就是一把"双刃剑"，既带来了挑战也开辟了新途径、新领域。本文分析了利用新媒体开展思想政治工作和企业文化建设的必要性和迫切性，并从实际出发，介绍了利用新媒体搭建了解和把握员工思想状况、传播企业文化便捷平台的实践经验，为如何利用新媒体开展思想政治工作和企业文化建设提供了途径和建议。

随着建设银行业务的快速发展和机构的不断扩展，以"80/90后"员工为主体的青年员工数量不断增加，在全行员工中的占比不断提高，已经日渐成为一线岗位的中坚力量。以建设银行四川省分行为例，截至 2013 年年末，在职员工总数 11 000 多人，其中 1980 年以后出生的"80/90 后"员工达 5 000 多人，占比近 50%。青年员工是伴随着新媒体发展而成长起来的员工群体，新媒体在青年员工中有着极高的使用率和巨大的影响力，已成为青年员工的主要生活方式和精神需求。

毋庸置疑，抓住新媒体就能把握和引导好青年员工乃至全行员工的思想，就能掌握员工思想工作的主动权，从而与时俱进、卓有成效地开展思想政治工作和企业文化建设，凝聚和激发建设银行改革发展的活力，促进建设银行事业和员工职业生涯共赢发展。

一、利用新媒体开展思想政治工作和企业文化建设的必要性和迫切性

（一）网络信息时代建行员工尤其是青年员工的个性特质需要以新媒体作为开展思想政治工作和企业文化建设的媒介

第一，青年员工出生在中国向现代社会转型之始，成长在中国全面建立市场经济体制的年代，成熟在中国加入 WTO 的 21 世纪初期。波澜壮阔的改革开放洪流，汹涌澎湃的市场经济大潮，以及全球化、信息化浪潮，构成了他们成长与发展的社会大背景，客观上使他们表现出离经叛道、敢于与传统决裂的特点。

第二，青年员工生活在一个物质日趋丰富的时代，消费对他们来说已不仅是生存需求，同时也是一种生活方式和精神需求。在这样的环境中长大的一代人，更多地关心自我，追求时尚、享受生活，从不讳言对财富的向往，更注重自我价值的实现。但也确实存在盲目金钱崇拜、过度超前消费、缺乏自立意识的现象。

第三，青年员工生活在科学技术迅猛发展的网络社会与信息时代，是在网络的交互影响中自我发展与成长的。网络是其生存或生活的基本方式之一，网络改变了他们的观念、思维和表达方式，也给他们搭建了认识世界、走向世界的平台。但青年员工也具有去权威化、情绪化、网络孤独化的网民特质。

第四，青年员工生活在思想解放和文化多元的社会，世界多元文化并存，东西方文化兼容并蓄，开放、多元的社会给这代新人充分发挥自己的个性创造了广阔的空间。与此同时，青年员工不同程度地存在信仰信任缺失、对单位的忠诚度偏低、讨厌说教和思维行事独立等特点。

这些个性特质决定了青年员工对新媒体具有极强的认同感、亲近感和依存度，而对传统媒体则存在较强的反感和排斥情绪。因此，要了解、把握员工尤其是青年员工的思想，就必须用好新媒体这一媒介载体，要搞好员工思想工作和文化建设，更必须用好新媒体这一媒介载体。

（二）新媒体的特点及在建行员工生活工作中的广泛使用迫切要求以新媒体作为开展思想政治工作和企业文化建设的载体

所谓新媒体是相对于传统媒体而言的，是基于互联网技术的网站、博客、微博、微信、QQ 等社会个体广泛参与、简单操作、传播广泛的媒体。它具有以下四个主要特征：

第一，新媒体具有互动性的特征。互联网、手机等新媒体使信息传播者和受众之间的互动更广泛、更快捷、更深入。新媒体传播过程中，先进者可以对网络技术进行各种形式的互动，这使传播的方式发生了根本的转变。

第二，新媒体具有快捷性的特点。一台电脑只要能上网，便可以了解世界上的每个角落；一次新闻事件，通过网络便可以让使用者即时了解。手机更是容易携带，通过短信收发、电话，较短的时间内就可以使大范围的使用者及时获得信息。新媒体为传播媒体打通了渠道。

第三，新媒体具有大众性的特征。互联网、手机等新媒体由于形式多样，使参与者都可以通过各自的平台进行交流，这使得平台中的任何人都可以成为主体，使成千上万的人尤其是青年人可以在短时间内成为新媒体的接受者。

第四，新媒体还有多元性的特征。新媒体不断涌现，内容涵盖面广，其表示形式表现出日趋多元化的特征。通过新媒体传播的信息内容十分丰富，如：各网站上有关新闻的相关信息链接都是非常丰富的，事件背景信息、相关话题报道、各种专家评论甚至网友意见还有图片及音像信息，还有各种资料诸如经典著作、网络小说、新闻评论、视频等散布在互联网的各个角落，满足了很多人的不同需求。

当前，我国新媒体应用的发展不断加快，其社交功能进一步强化，思想表达和参政议政功能明显提升，商务应用发展迅猛，文化娱乐功能稳定拓展。有关统计数据显示，至2012年6月，我国网民数量达5.38亿人，互联网普及率近40%，手机用户达10.3亿户，手机网民超3.5亿人。具体到四川省分行，40岁以下青年员工互联网普及率、手机上网率近100%，77.1%的青年员工平时最常进行的活动是上网，600多个一线网点中90%以上的网点建立了员工QQ群、微信群，青年员工可谓典型的网络新生代。面临新媒体的迅猛发展形势，新媒体在青年员工中如此广泛、深入的应用，迫切要求我们在员工思想工作和企业文化建设中，必须充分运用新媒体这一信息媒介和传播载体，及时、准确了解员工思想动态，有效引导员工思想，化解员工不良情绪，凝聚、激发员工队伍活力。

二、新媒体在基层思想政治工作和企业文化建设中的实践

（一）利用新媒体搭建了解、把握员工思想状况的便捷平台

及时、准确把握员工思想状况是开展员工思想政治工作的基本前提。

开座谈会、走访和电话访谈、书面问卷调查等传统媒体，因覆盖面小、占用时间长、员工接受度低等，在员工思想状况调研实践中的质效差强人意。新媒体具有互动性、快捷性、大众化、多元化的特点，相较于传统媒体，在收集信息的及时性、广泛性、准确性等方面具有无可比拟的优越性。近年来，四川省分行在运用新媒体创新员工思想状况调研载体方式方面进行了有益的探索。

2009 年以来，四川省分行在企业网上建立和完善了内部流程用户之声系统（VOPA），运用这一平台，多次开展流程优化建议和产品创意收集、机关服务基层工作调查、员工思想状况问卷调查等活动；在互联网上建立了青年团干飞信平台，运用这一平台，及时了解基层行团建工作进展、团员青年思想动态；在互联网上开辟了团委系统微信平台，运用这一平台，加强团内工作、思想互动交流。一些基层行完善了内部信息网功能，建立了员工 QQ 群、短信群、网点微信群，为了解员工思想动态、开展思想互动交流搭建了便捷平台。

（二）利用新媒体平台宣传引导员工思想、传播建行文化

内容丰富、方式多样是做好员工思想工作和企业文化建设的重要保证。在传统媒体条件下，因为形式单一的学习讨论、辅导讲座以及内容单一的政策理论、文件制度、先进事迹等，使思想工作和文化建设的质效常难以令人满意。新媒体时效性强、覆盖面广、内容丰富、便捷互动，还能起到隐性教育的作用。利用新媒体平台宣传引导员工思想、传播建行文化，可以增强工作的时效性，提高全员参与性，丰富工作内容，实现全方位互动，提升潜移默化效果。

近年来，四川省分行在利用新媒体开展员工思想工作和建行文化建设方面进行了持续的探索。我们利用企业网文化园地专栏、蜀风蓝韵电子团刊、VOPA 系统、飞信平台、微信平台等新媒体，传播建行文化理念，宣传先进典型经验事迹、案例故事，展示思想工作和文化建设成果，倾听基层员工声音，广纳工作意见建议；一些分支行灵活利用员工 QQ 群、短信群、网点微信群等新媒体，发布表彰一线员工的信息，交流工作经验、思想感受，舒缓情绪压力等。这些工作正在发挥思想工作和文化建设"春雨润物细无声"、由灌输向引导转变、由工作时间向全天候转变等作用。

357

三、利用新媒体开展思想政治工作和企业文化建设的途径建议

（一）打造沟通交流新平台，开展网络思想工作和文化建设

一是构建思想工作和文化建设信息传导新平台。《建设银行报》内容丰富全面，是反映建设银行改革、发展、管理等内容的最权威的载体，但如前文所述，基层看不到或者没有时间看。建议推出"建设银行手机报"，将《建设银行报》最重要的内容和信息进行精简、缩微成图文并茂的电子信息，推送到员工手机上，员工可以直接地利用零散的碎片时间进行阅读，不仅效率高，而且效果好。

二是利用内外网建立"交互式"的交流平台。员工尤其是青年员工非常注重自由和平等，在网上交流相互之间是平等的，即便是和领导交流，也不会感到领导有架子，能拉近干群之间的距离，可以增强思想政治工作的有效性。在内网上可以建立员工"BBS论坛"和"飞秋"，在外网上可以利用QQ群、微博、微信等网络沟通平台，在单位、领导、员工之间相互进行互动交流，既能了解员工内心的所思所想，增强工作的针对性，又能使员工主动参与交流，增强工作的互动性和有效性。

三是建立"网络回音壁"。对在与员工互动交流中提出的问题、意见、建议，及时予以回复，增强员工参与的积极性，营造良好的网络思想政治工作氛围。

（二）丰富运用新媒体的内容和方式，提升网络思想工作和文化建设的实效

一是扩展网络思想工作和文化建设的参与面。走群众路线是我党各项事业取得胜利的保证，思想工作和文化建设更要坚持走群众路线。要广开言路，信息公开，重大问题提交员工讨论，及时全面收集员工信息，积极解决员工发现的问题，充分运用新媒体促进经营管理，使一切变得透明。

二是积极开展丰富多彩的网络思想政治工作和文化建设活动。举办诸如征文、微博摄影、理念征集活动，开展网上评先评优，实行网上投票；发挥企业的网站、微信平台、QQ平台的引领作用，员工微信、微博与企业互动，形成合力；定期组织微信之星、微博之星等评比活动，举办新媒体运用培训、研讨会等，不断增强工作的权威性、可信性和趣味性。

三是提高网络思想工作和文化建设信息传播的及时性和亲和力。要

充分利用新媒体传播信息便捷、及时、多元化的特点，在建立的各类新媒体平台上及时发布各项活动信息。所传播信息要少说空话、套话，多说实话、群众的话，增强信息的"草根性"与亲和力，形成人人集"宣传者"和"受教育者"于一身的良好氛围，不断扩大工作的影响力。

（三）健全新媒体管理制度，强化对网络思想工作和文化建设的有效监管

一是由于新媒体自身的特性，监管具备一定难度，无法事先、准确了解信息传播人员、内容，也无法监管信息的传递，这些都要求相关部门创新监管途径，引导新媒体向着有利于思想工作和文化建设有效开展的方向发展。

二是建立健全新媒体管理制度。相关部门要学习借鉴行内外网络管理的先进方法，建立健全网络实名注册、信息实名发布、网络信息监管的制度机制，依规依纪预防和查处新媒体传播中可能或已经出现的各类不良事件，为开展网络思想工作和文化建设提供有力的制度保障。

总之，对于思想政治工作和企业文化建设来说，新媒体就是一把"双刃剑"，既带来了挑战也开辟了新途径、新领域。我们必须紧紧围绕建设银行改革发展要求，贴近时代、贴近业务、贴近员工，有效利用新媒体这一新生事物，充分发挥新媒体的媒介载体作用，增强思想政治工作和企业文化建设的时代感和有效性，为推动各项工作、实现发展战略提供有效的支持与保障。

（作者单位：中国建设银行四川省分行）

态度 ≠ 服务，服务需在实践中创新

刘思辰

内容提要：服务工作，事关银行的品牌形象，是一项影响银行的各项经营活动的综合性工作。在银行业务不断创新，竞争愈演愈烈的形势下，要想赢得市场，就必须在不断创新，推出好产品的同时，重点抓好高效、优质的服务。

当今金融同业的竞争，不仅是行与行之间的信誉之争，同时也是服务多元化、系统化的竞争。谁的信誉好，谁的服务优，谁就更能适应客户的不同层次需求，就能赢得市场。在银行业务不断创新，竞争愈演愈烈的形势下，要想赢得市场，就必须在不断创新，推出好的产品的同时，重点抓好高效、优质的服务。客户要求银行服务准确、快捷、增值和人性化，这种需求是一个层层递进的过程。

在实际工作中，特别是一线服务人员有时会片面地把服务理解为态度，认为态度好即等于服务好。而客户对银行服务的要求，不只是笑脸相迎、微笑相送的简单过程，而且涉及金融体系基础设施完善、经营理念先进、市场定位准确、员工素质及技能高超、流程设计合理等各方面。

所以，银行服务是在实践中不断创新的过程，是整体综合提升的过程。

一、银行服务创新势在必行

（一）满足个人日益增长的金融需求

随着国民经济的快速增长，个人财富迅速聚集，我国的高收入阶层正在不断壮大，他们拥有庞大的消费需求和消费能力，对于个人资产中占有相当比例的金融资产的使用和增值需求日益旺盛。在这种情况下，传统的存取款、代收付费等低档服务已经远远不能满足其需要，而对于信用卡、网上银行、电话银行、自助终端等金融电子业务等方式的服务的需求则持续高速增长。如理财规划、投资管理、期货、保险、证券、基金等全方位产品。因此，为应对居民日益增长的金融需求，商业银行必须着眼于个人业务未来发展的制高点，通过产品创新带动服务品质提升。

（二）应对日益激烈的金融同业竞争的需要

随着我国的全面对外开放，银行业的竞争日趋激烈。一方面，越来越多的外资银行正在加速进入中国金融市场，以先进的经营理念和多元化的产品为中资银行的服务创新带来了新的思路和方向，同时也大大加剧了银行业市场的竞争程度；另一方面，多年的改革发展，使国内银行间的同业竞争格局发生了重大变化，中小商业银行之间兼并重组加剧。同业市场结构和竞争格局的变化为银行业服务创新创造了条件，也将带动新一轮的服务创新热潮。

（三）防控日益复杂的金融市场风险的需要

随着我国经济金融日益接轨国际，金融市场风险更加复杂和多变，对商业银行的服务创新提出了新的要求。商业银行为规避利率风险、汇率风险，必须在资产业务、负债业务和表外业务方面进行大量的产品创新。金融市场风险的凸显要求商业银行必须加强服务创新的专业性、针对性，切实为客户提供快捷、安全、高效的金融服务。

二、服务创新的出发点

（一）服务源于意识

服务是一种意识。强化和提高服务意识，是开展优质文明服务的前提。优质文明服务关系到银行的形象，因此，一定要做到全面发动、全员参与。

"心存善，水润物"是我行的核心价值观，而"客户至上"，则是我行的企业核心理念之一。"心"需要洗涤，"水"润物于无形，我们用"客户至上"的理念浸润，让员工懂得自身价值的实现是建立在为客户服务的基础之上的，使员工自觉做到接待客户有礼、有度，处理业务快捷、准确、高效，让客户感到真挚、温馨、安全。

（二）服务需要树立正确的主客理念

银行服务的核心是维护和加强与客户的联系，所以银行要随时以客户为中心，调整自身，将单纯经营金融产品服务转移到维护和加深与客户的联系上来。

"客户"的概念，是一个"大客户"的概念，不仅银行直接服务的对象是客户，与银行服务有制约关系的部门，甚至银行自身的员工都应该视同客户。所以在处理与客户的关系上，应树立大市场、大客户的意识，以及"服务是一个全过程"的概念，从而增强客户资源的稳定性。如果没有良好的服务作为保障，即使花再大力气营销回行的客户资源也可能会在无形中流失。

对众多中国老百姓而言，在银行排队 1 个小时才能办理完一笔业务，早已是司空见惯的事情。老百姓觉得司空见惯，银行却不能漠视。但奇怪的是，虽然中国银行业界早已意识到这个问题，却一直未拿出真正有效的措施来改善这种状态。探究其中原因，一是没有充分挖掘网络与顾客接触点多的价值，而往往从自身角度来考虑为客户提供什么样的产品和怎样的服务，而客户只有被动地接受。二是银行并没有真正看到顾客缺少什么，什么样的服务手段能够满足客户的需求。银行网点每天排着长队的客户，并不能代表银行的业务量的扩充，这里只能说明服务手段的滞后，说明银行利用现代资讯条件的服务完全不能跟上时代发展的脚步。

所以，服务客户、吸引客户要从点滴的细节做起，要真正以客户为本，要换位思考，设身处地地为客户着想。只有满足客户的需求，才能得到客户的认可和亲近，精心打造的服务品牌才能够得到客户的承认。

（三）服务需要管理来强化

服务意识，有赖于管理的强化规范。管理是一种强制，更是一种规范。服务，单有意识是不够的，还需用规范来约束。服务的好坏体现着银行管理水平的高低，所以服务工作一定要有严格的、规范的、科学的管理，而严格规范的管理又可以使服务水平得到提高。服务的管理，包括岗位规范、着装统一、仪表举止、文明用语、电话用语等，都必须形成制度，成为每个员工的行为准则，要严格执行。

服务管理，首先管理者本身应进行自我要求。黄光伟董事长提出建立一流的人才队伍，不单是要求用制度规范被管理者的言行，同时也提醒管理者要有正确的管理方式。"洞察入微、关怀备至、严管守正、奖优汰劣"，十六字的管理方法，对我行人力资源的管理工作具有明确的指向性：细心、关心、严格、奖惩有度。做好这些工作，形成愉快轻松的工作环境，才能使员工自觉地进行自我约束，树立良好的服务意识，才能推动服务工作的稳步前行。

服务管理依赖于制度的规范。我行区别于他行最明显的服务优势，就是有一套自成体系的优质文明服务操作流程："站立→问候→接柜→办理业务→送柜"。简单的流程描述，却是全行员工齐抓共管、全员配合的辛勤成果。

错时上下班制度是我行推出的。我行结合营业机构工作实际，在最大限度地节省人力物力、做好社区营销服务工作的前提下，于2012年初推出了一项创新性服务工作制度。其根本目的，就是要增加各二级支行员工走出柜台的时间，加强与客户的沟通，把好的产品介绍给客户，把客户的需求带回行，用心为客户服务，用实际行动为客户着想，做好对客户的营销服务工作。

（四）服务是产品优化创新的延伸

产品是银行服务客户的重要载体，银行通过产品满足公众的金融需求。产品需要不断创新。不是设计出一个产品就推给客户，而是要深入客户的生活中去考查如何给客户提供服务和适用的产品，以找到联系客户的新的切入点。

我们要开发便捷、安全、个性、多元化的创新性产品，在注重客户的体验和感受的同时，使客户资产获得保值、增值的成效，使银行服务在产品优化方面得到延伸。

我们要发挥科技、信息、人才密集的优势，通过大力开发高科技、高附加值、高文化品位的服务产品，为社会提供贴近市场、靠近客户的全方位、深层次的金融服务。一是努力给客户提供个性化、差别化的服务。例如，运用银行卡对客户实行分层，提供针对性服务。在工作中我行已通过"财富俱乐部""金熊猫卡"等尝试取得一定的成果。二是充分发挥现有网络资源，对营业机构、自助设备、虚拟网点、专职服务营销队伍进行有效整合，使网点布局与客户资源相互匹配，使自助网点与传统网点相互补充，完善虚拟网点功能，使电话银行、手机银行、网上银行等更多地承担对外服务重任，不断丰富差别化服务内涵。

（五）服务是评判专业与否的重要标尺

银行，作为一个服务行业，有其特殊的专业性。针对综合服务的一般

363

常识、针对专有产品的专业知识，是评判一个银行工作人员专业与否的重要标尺。

员工的专业，代表着银行的专业。所以加强员工培训，提高业务技能，是提升员工专业度的重要途径和方法。定期举办岗位练兵活动，通过评比提高员工岗位技能和服务效率；同时，从服务态度、服务水平、考核机制等基础工作入手，逐步培育每一位员工文明服务和优质服务的意识，不断提高服务的层次和水平，营造全员的服务文化。

（六）服务，重在坚持，贵在落实

服务工作，事关银行的品牌形象，是一项影响银行的各项经营活动的综合性工作。因此银行必须实行全员服务，银行的每个机构、每个部门、每个员工都要相互支持、相互配合，增强服务意识，顾全大局，发挥整体功能，提高服务水平和服务质量。客户的需求在不断变化，要求我们银行业的服务水平也必须适应客户的需求，不断创新，在创新中不断提高。银行业服务水平的提高是永无止境的，重在坚持，贵在落实。

（作者单位：南充市商业银行营业部）

浅议银行业专业论文写作过程中的几个问题

马　捷

内容提要：专业论文在银行工作中运用很广泛，本文就银行业专业论文写作过程中的选题、搜集和使用材料、结构、常见的逻辑错误、常见问题及解决渠道等进行了阐述，对银行专业论文的写作具有一定的指导意义和参考价值。

银行业专业论文是指描述、分析、研究过去、现在以及将来银行业务活动相关问题及提出对策建议的文章。这种文体在银行工作中运用很广泛，一篇好的专业论文能给从事相关银行业务的从业人员以启发。但是我们有些同志在专业论文的写作中，缺乏或者不注意相关环节，质量不高。笔者在此谈一些专业论文写作的粗浅体会，与各位同行分享。

一、选题

选择课题是专业论文写作中一个十分重要的环节。怎样选题？选择怎样的题？我们常常感到无题可选，自己想好的选题似乎别人已经研究过。课题的形成和选择，是一个十分复杂的过程，选题不当就如同决策失误一般，必然导致事倍功半甚至半途而废。

（一）怎样寻找选题

选题的范围很广，我们运用搜索模型，可以得出银行业专业论文课题搜索模型。运用搜索模型，就构成了一个搜索空间，空间上的任何一点都有可能构成一个课题（如下图所示）。

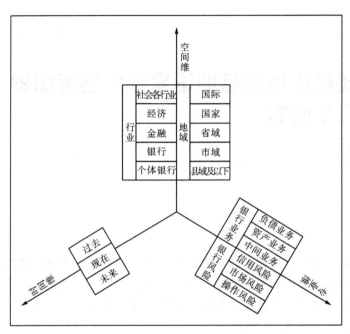

银行业专业论文课题搜索模型图

寻找课题既可以从行业、地域观测银行业经营状况；也可以从过去、现在和未来探索银行业发展趋势及规律；还可以从不同专业角度研究银行业具体的负债业务、资产业务、中间业务以及它们的外延所包含的子项。通过搜索模型，我们很容易发现这样一些课题：《当前国际银行业面临的危机及中国银行业的对策》《国际汇率剧烈波动对中国银行资产质量的影响》《四川银行业"十一五"期间经营状况分析》《仪陇村镇银行未来三年负债业务发展趋势展望》……因此，我们选题的范围是非常广的。

（二）选题的途径

选题的途径无外乎两种：一是由领导或上级部门指定；二是由自己提出来。撰写专业论文的基本功就是能够自己选题。选题主要来源于自己所掌握的经济金融知识、相关知识以及参与经营实践的感悟。专业论文的选题，应从空白处、空缺处、热点、交叉点中去寻找较佳的选题方向，这也是解决无题可选的根本问题。

（1）空白点就是经营实践尚未涉猎的课题。在专业论文选题中，选信贷资产的较多，选非信贷资产、表外业务的少；对已经发生过经营状况的静态研究的选题多，而对未来动态趋势研究的选题少。

（2）空缺处就是我们已经探讨了一些课题，但还有探讨余地。如《民生银行创新业务品种，不断提升中间业务盈利能力》，应当说，民生银行不同时期的业务创新都具有不同的特色。

（3）热点。当今银行业日发展变化日新月异，每个时期都有不同的热点。如在现阶段，热点问题有：财富管理、互联网金融、市场利率化、银行业务转型等。

（4）交叉点就是在银行经营中与其他行业、其他学科交叉地带选题。从其他行业、其他学科选题，比较容易发现问题。如信贷资产与房地产行业、钢铁行业、医药行业的结合研究，信贷资产与哲学、诚信环境与社会学、道德风险与心理学的结合研究等。

二、怎样搜集和使用材料

材料是形成观点的基础，是表现观点的手段。充分占有和使用材料是写好专业论文的前提。

（一）材料的搜集

获得材料的途径有以下几个方面：一是经营活动中积累的数据、资料及案例；二是根据课题有意识地制作提纲和表格搜集到的材料；三是根据课题有意识地搜集相关专题和近似专题的材料。第一类材料，是第一手材料，是与所研究课题的最根本的原始性材料，它包括原始的文字材料、数据材料，也是专业论文的"触发点"。第二类材料，是阐述专业论文命题的基本论据，是命题立得住的根本。第三类材料，是提高专业论文质量的重要来源，原因在于：①只有了解相关专题的研究成果，才能从他人的研究中得到启发和借鉴，并以此为出发点做进一步的深入思考，把他们没有解决或解决得不圆满的问题作为研究方向，将有价值的观点作为论据和提出对策的来源。②只有了解相关专题的研究成果，才可能使我们的分析有深度。比如说要对房地产行业信贷情况进行调查，就需要了解该行业的原材料来源、生产流程、市场环境、市场前景等专业知识。只有对相关专题和相关学科的研究，我们的语言表述才更贴切，更到位。

（二）材料的使用

专业论文材料的运用是一个复杂的问题。这里简单谈谈与专业论文的剪裁密切相关的详略、组合以及材料的引用问题。

（1）材料的详略问题。处理原则是：服从主题需要，能够充分表现中心观点的主要材料、重要材料要详写，与主题关系不大的次要材料、辅助材料要略写；不为人知或知之不多的新鲜材料要详写，人人皆知的陈旧材料要略写；复杂、深奥、难以明白的材料要详写，简单、浅显、容易理解的材料要略写。

（2）材料的组合问题。所掌握的材料要能够合理地组合起来，相互配合，形成一个相互印证、密切联系的系统。既要有反映具体的、个别的、局部的、特殊的点上的材料，也要有反映综合的、整体的、全局的、一般情况的面上的材料。点面结合，定性与定量结合，才可能避免内容的狭窄和空泛，全面深刻反映情况。我们使用材料常犯的错误是：一是冲淡了主题，将与主题不相关的材料过度引用；二是以偏概全，只有点上的事例难以支撑论点；三是支撑论点的定性描述多，缺乏定量陈述。这是由于对材料的搜集、分析、综合、演绎不够所致。

三、怎样构建逻辑严密的结构体系

结构是专业论文的组织构造，是对文章部分与部分、部分与整体之间相互关系的处理技巧。专业论文的撰写必须根据主题的需要，把分散的各种材料按照专业论文特有的结构原则，组织成论点集中、观点鲜明、内容充实、论据有力、层次清楚、衔接自然、全文完整、统一连贯，具有较强说服力、表现力、感染力的有机整体。撰写专业论文没有固定的格式，一般分为前言、基本情况、原因分析、对策建议四部分。

（一）前言

专业论文的前言部分，要用高度概括的语言描述文章的主旨，往往很难写。也是在专业论文形成后，经常要反复修改的部分。在写前言部分时，一是要简明扼要，高度概括；二是要开门见山，直奔主题。

（二）基本情况

这是专业论文的主要部分，为揭示主题做好铺垫。它要求要有支撑主题的面上的数据，进行客观的、定量的、定性的描述。为深入剖析的需要，应有历史的数据作纵向比较，也应有横向的数据作横向比较。

（三）原因分析

专业论文就是要通过对所掌握的大量事实和数据，进行分析和综合，揭示银行业务的发生、发展的规律和趋势。通过理性分析、理论思考表明自己的观点，这是论文的价值所在。然而，我们有的人在撰写专业论文时，往往忽略了这个问题，或者是分析草率，隔靴搔痒；或者是理论上都对，但用处不大；或者是概念的堆积。我们在分析时，要注意运用辩证逻辑思维。

一是要做到分析与综合相统一。分析是指把整体问题分解，分别对它们加以研究，揭示它们在整体中的地位和作用的思维过程；综合是指将问题的各个要素有机联系起来加以研究，把握认识整体问题的思维过程。

二是归纳与演绎相统一。归纳是由从个别、特殊到一般的推理；演绎是从一般到个别、特殊的推理。

三是抽象与具体相统一。从感性认识到思维抽象，再由思维抽象到具体的发展过程，这是对问题的认识由片面到全面、由贫乏到丰富的过程。

（四）对策建议

一篇完整的专业论文，简单地说，就是"摆事实、讲道理、出主意"。在进行理论思考、理性分析的基础上，要直接针对问题和现状，提出对策建议。对策建议的针对性、操作性要强。有些专业论文的对策建议写成了"通用标签"，千篇一律，适用于任何时间和任何空间，却没有参考和决策价值。如在对策建议中提出"贯彻科学发展观""深化金融体制改革"等。提出贯彻"科学发展观"这一对策建议，应当是在专业论文中涉及有违背"科学发展观"或者在"科学发展观"方面做得欠缺的具体经营活动时，其提出的对策建议应当是怎样改进和完善哪些薄弱环节。只有将贯彻"科学发展观"具体化，才是真正理解了"科学发展观"的精髓。"深化金融体制改革"这一对策建议也一样，不再赘述。对策建议应注意的几个原则问题：一是要有宏观视野；二是要有全局观点、战略眼光；三是要符合相关政策、法律法规。

四、银行专业论文常犯的逻辑错误

（一）种属并列

"种属关系"是指一个概念的外延包含着另一个概念的全部外延的这样两个概念之间的关系。在专业论文中的结构和表述中，要注意克服种属并列的情况。比如说，金融职工和银行职工这两个概念，前者就包含着后者的全部外延。如将金融业、银行业、信托业并列；将法人治理结构、"三会"、高级管理人员并列。事实上金融业包含了银行业、信托业；法人治理结构包括了"三会"，"三会"包括了高级管理人员。

（二）交叉并列

"交叉关系"是指概念的外延有且只有一部分重合的这样两个概念之间的关系。比如说，表外业务和非信贷资产这两个概念的外延就具有交叉关系。在写作中，陈述问题时也要注意克服交叉并列的情况。如将诚信环境与道德风险并列；将内控制度与内部管理并列；将业务创新与市场营销并列；将质量、数量、业绩、效益并列等。

（三）"定义过宽"或"定义过窄"

定义必须是相应相称的，违反这条规则就会犯"定义过宽"或"定义过窄"的逻辑错误。如有一篇专业论文，标题为《××市金融发展状况研究》，但引用的数据和事例都是银行业的，缺乏证券业、保险业、信托业等其他金融业的事实和数据。尽管银行资产总额占金融资产的比重较大，但它并不是金融资产的全部，存在标题"定义过宽"的逻辑错误。还有一种情况是刚开始定义项与被定义项是相称的，但由于金融体制改革，在历史的变迁过程中逐渐改变了其内涵，存在定义过宽。近几年，我阅读过一些专业论文，如《非银行金融机构经营状况分析》《股份制银行创新业务发展状况研究》等，其标题与阐述的内容就存在不相称。"非银行金融机构"在其文中特指信托公司、财务公司、金融资产管理公司等很窄的金融领域，而"股份制银行"在其文中特指 20 世纪 80 年代末兴起并组建的全国性或区域性股份制银行。在专业论文表述中，这是需要引起重视的。在初学专业论文写作时，有的人常常会犯"定义过窄"的逻辑错误，总想把一些自己掌握得很充分或自己认为很精彩的材料引用在与主题不相关的专业论文中，通常叫"跑题"。如《理财业务如何规避法律风险》这一专业论文，有的同志大量陈述的是本行理财业务的开发、业绩等与主题不关联或关联度不大的事实和数据，冲淡了主题。

需要说明的是，有的银行专业术语，虽然违反逻辑，但已经约定俗成，就应当遵从习惯。如逻辑学中概念的矛盾关系是指"两个概念是互相排斥的，而且这两个概念的外延之和构成所属概念的全部外延"，例如"男人"和"女人"构成所属概念"人"的总和。在银行业术语中常用到的"正常贷款与不良贷款"，并不构成所属概念"贷款"的总和。"正常贷款与非正常贷款"或"优良贷款与不良贷款"才构成了"贷款"的总和。诸如表外业务、中间业务、非信贷资产等银行专业术语，虽然存在这样或那样的逻辑错误，但在银行专业领域里已赋予了它特定的含义，我们应当掌握其真正的内涵和外延，正确使用，切忌望文生义，标新立异。

五、专业论文写作过程中的常见问题及解决的渠道

常见问题有：

一是不十分符合银行经营现实工作的要求。有的同志对同类研究的最新进展情况缺乏必要的了解，一开始就起点不高，形成课题低水平重复研究。

二是论文定位不准确。有些论文停留在从理论和概念出发，在概念之间进行逻辑推理，不能很好地结合实际，大而不当，空发议论。有些论文过于琐碎和细致，形成材料的堆积，淹没了其价值。

三是抓不住主题。一些论文动辄上万言，先导言再绪论，先国际再国内，洋洋洒洒数千字，还没有切入正题，让人根本无法抓住要点。还有些论文的观点不明确，不突出，自然也就让人不知所云。

四是完成的周期太长，时效性较差。有的数据引用的是前半年或上一年的数据。有的同志写论文没有紧迫感，思想上不重视，时间上不抓紧，一拖再拖，使研究效果大打折扣。银行专业论文对时效性有很高的要求，今天你的研究是领先的，明天就可能一文不值，因为实践已经走在了你的前头，别人的研究也可能已经走在了你的前头。

解决渠道有：

由于作者受理论和实践经验的积累以及资料、时间、精力等方面的限制，因此，要选择自己力所能及的专题，否则容易形成内容空泛的毛病。不要去选择范围过小或太容易的专题，否则影响专业论文的质量。要选择具有新意的专题，否则理论价值和实践价值不高。

一是要以全取胜。这里所谈的"全"，是根据专业论文主题，既有面上的数据，又有典型案例；既有纵向的数据和资料，又有横向的数据和资料；既有银行业的数据和资料，也有课题所涉及行业、企业以及个人客户的数据和资料。

二是要以新取胜。这里所说的"新"，就是选题要新，尽量选择别人没有选过的课题；切入点要新，换一个角度思考和论述问题，其效果就大不一样；表述要新，让人有耳目一新的感觉。

三是要以深取胜。专业论文，切忌简单归纳和整理，要像毛泽东同志所说的那样，要经过一番"去粗取精，去伪存真，由此及彼，由表及里"的精细加工。

"文有法而无定法"是写作学上的一句术语，说的是文章有其自身的内在法则，但没有固定的模式。如果不按照这个法则，所写的文章就没有明确的体例，就不能突出主题和中心；而如果只按一个固定的模式去写，那么文章又只会千篇一律、百文一面。专业论文写作也是如此。

　　（本文为在四川银监局"百名统信人才"培训班上的授课稿，发表在《四川银行业》杂志 2012 年第 2 期，编入本书时有删节和修改）

　　　　　　　　　　　　　　　　　　　　（作者单位：四川省银行业协会）

后记

关于编撰《银行业探索与实践——四川省银行从业人员辅助教材之一》的征稿通知发出后，各会员单位十分重视，积极组织稿件，截至 2014 年 10 月，共收到 118 篇文稿。

四川省银行业协会随即专门组织了专家组和编辑组对书稿进行挑选、整理和编辑。这项工作正值年终工作繁忙和传统春节到来之际，专家组的专家和编辑同志放弃了很多休息时间，逐篇逐段、逐字逐句审稿和编辑，反复斟酌、修改、润色、完善，其情可鉴。

审读和编辑的过程，也是我们学习的过程。我们深切地感受到，这些文稿都是四川银行业从业人员实践经验的总结、理性智慧的结晶。尽管有的观点还有一些瑕疵，尽管有的结论还有待于今后验证，但是，文稿作者大多来自银行业务活动第一线，所提出的问题、所思考的问题贴近实际，反映的问题直接、真实、准确，提出的对策和建议大多比较可行。有些文稿的内容、观点、思路、对策都很好，但论证不够充分，论据不够丰富。或许是由于时间的关系，其作者没有进行深入、细致的挖掘工作，最后成书的时候，我们只好忍痛割爱。呈现在读者们眼前的，就是我们最后精选出来的 47 篇文章。从文稿中，我们看到了作者们严谨的作风、深邃的思想、精湛的业务、执着的追求。

金融业的时代特征非常明显，每年都有莘莘金融学子投身银行业，但其中有一个重要问题是：学校学习的内容与实务操作有的区别很大，是不是理论错了？答案是否定的：不是理论错了，是实践走在了理论的前面！金融对经济活动反应最为灵敏，随着经济的发展和人们金融需求的日益增长，银行顺应时代，不断进行变革和创新，由此获得了近几年银行业的快速健康发展。我们阅读这本书应当学些什么东西呢？我们认为，一是认识问题、分析问题、解决问题的手段和方法；二是不断学习，勤于实践，勇于探索的思维品质，将所学的理论在实践活动中不断校正，碰撞出智慧的火花，形成新的理论以贴近银行实践活动；三是与时俱进，借鉴先进理论，提出新的观点以及持有解决当前热点、疑点、焦点问题的求实与求是的态度。

四川银行业未来的路需要四川银行业广大从业人员去实践、去探索，在银行业活动中从感性认识上升到理性认识，是对银行业务活动认识的第一次飞跃；从对银行的理性认识回到银行业务活动中，是认识过程的第二次飞跃，第二次飞跃对于我们银行业的发展来说尤为重要。我们相信，文稿中得出的一些结论以及解决问题的一些思路和方法，对指导银行的实践活动一定具有借鉴和指导作用，也希望从事银行业研究的专家和学者阅读这本书，能够得到某些启示。这是我们编撰这本书的初衷之一。

本书文稿从遴选到编印，始终得到四川银监局和会员单位的积极响应与支持，四川银监局王筠权局长全程关注。令我们备受鼓舞的是，中国银行业协会专职副会长杨再平先生充分肯定了我们的思路，并欣然为此书撰写了前言。在此，四川省银行业协会对所有关心、关注、支持和帮助此书完成的各界人士表示崇高的敬意和诚挚的感谢！

四川省银行业协会

2015 年 7 月